60年代新宿アナザー・ストーリー

タウン誌『新宿プレイマップ』
極私的フィールド・ノート

本間健彦

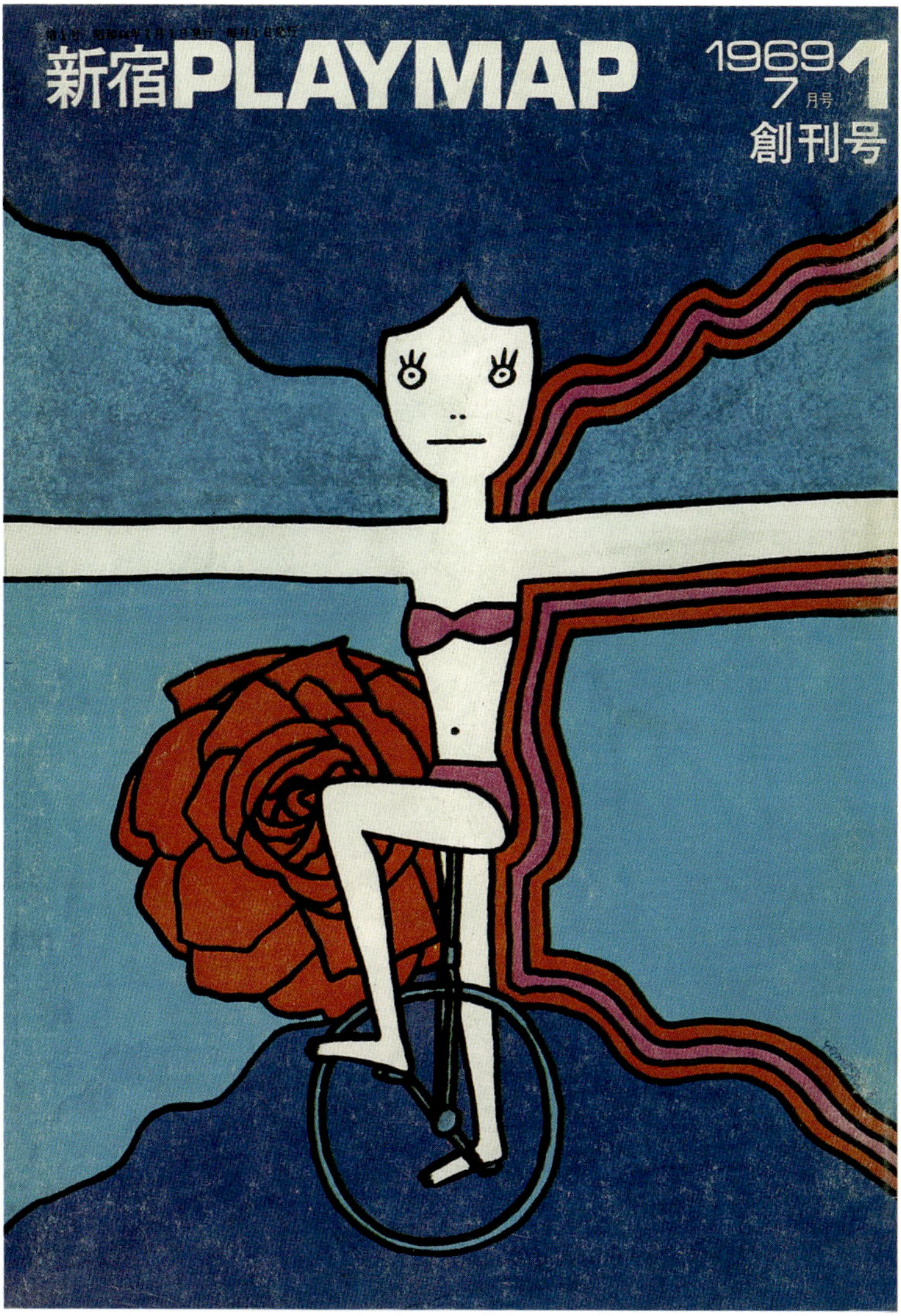

社会評論社

第 5 号（1969 年 11 月）

第 4 号（1969 年 10 月）

第 3 号（1969 年 9 月）

第 2 号（1969 年 8 月）

第 8 号（1970 年 2 月）

第 7 号（1970 年 1 月）

第 6 号（1969 年 12 月）

第 10 号（1970 年 4 月）

第 9 号（1970 年 3 月）

第 14 号（1970 年 8 月）

第 13 号（1970 年 7 月）

第 12 号（1970 年 6 月）

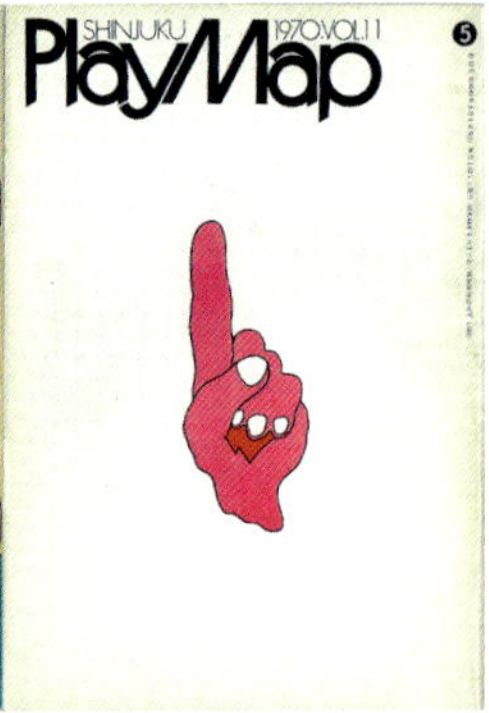

第 11 号（1970 年 5 月）

第 18 号（1970 年 12 月）

第 17 号（1970 年 11 月）

第 16 号（1970 年 10 月）

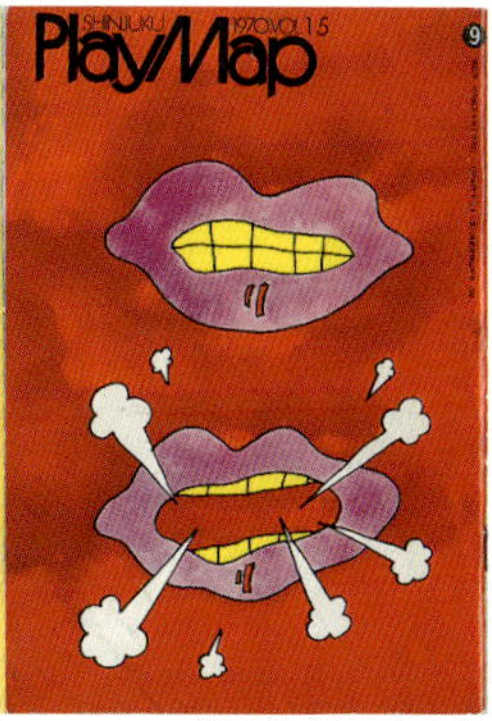

第 15 号（1970 年 9 月）

第 23 号（1971 年 5 月）

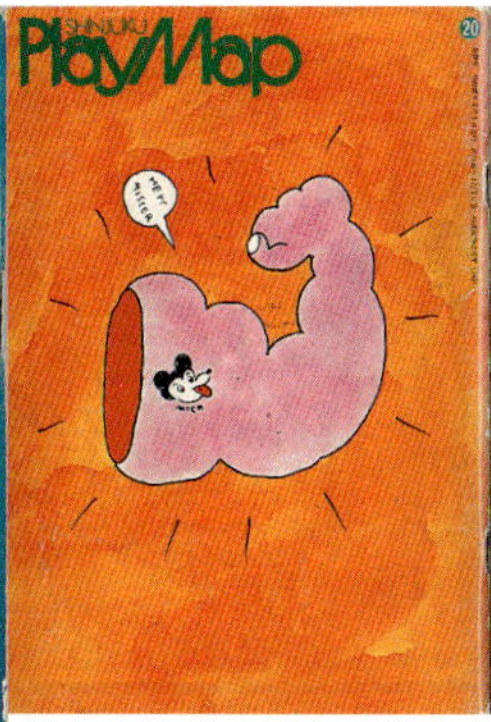

第 20 号（1971 年 2 月）

第 19 号（1971 年 1 月）

第 22 号（1971 年 4 月）

第 21 号（1971 年 3 月）

第 27 号（1971 年 9 月）

第 26 号（1971 年 8 月）

第 25 号（1971 年 7 月）

第 24 号（1971 年 6 月）

第 31 号（1972 年 1 月）

第 30 号（1971 年 12 月）

第 29 号（1971 年 11 月）

第 28 号（1971 年 10 月）

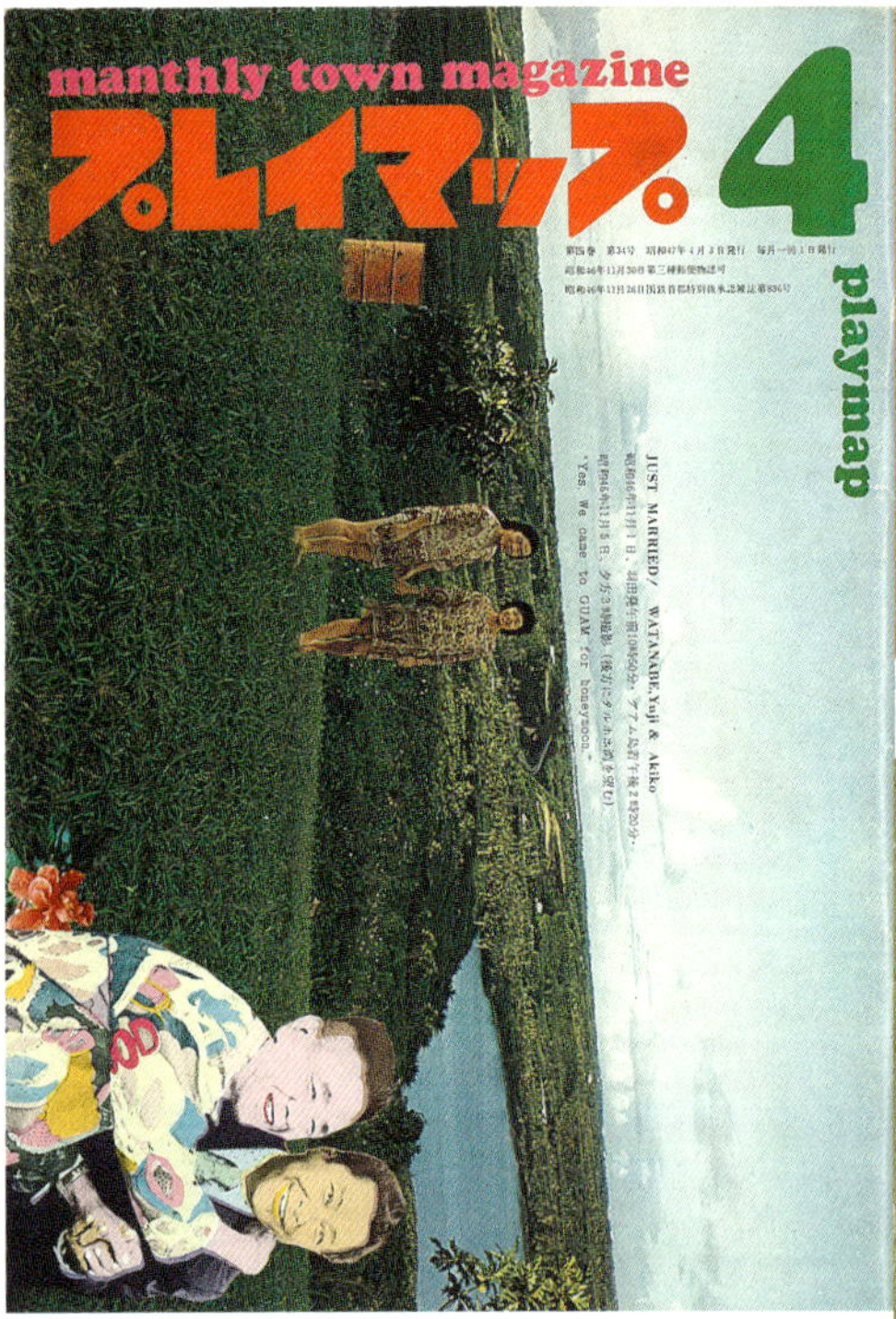

第 34 号（1972 年 4 月）

第 33 号（1972 年 3 月）

第 32 号（1972 年 2 月）

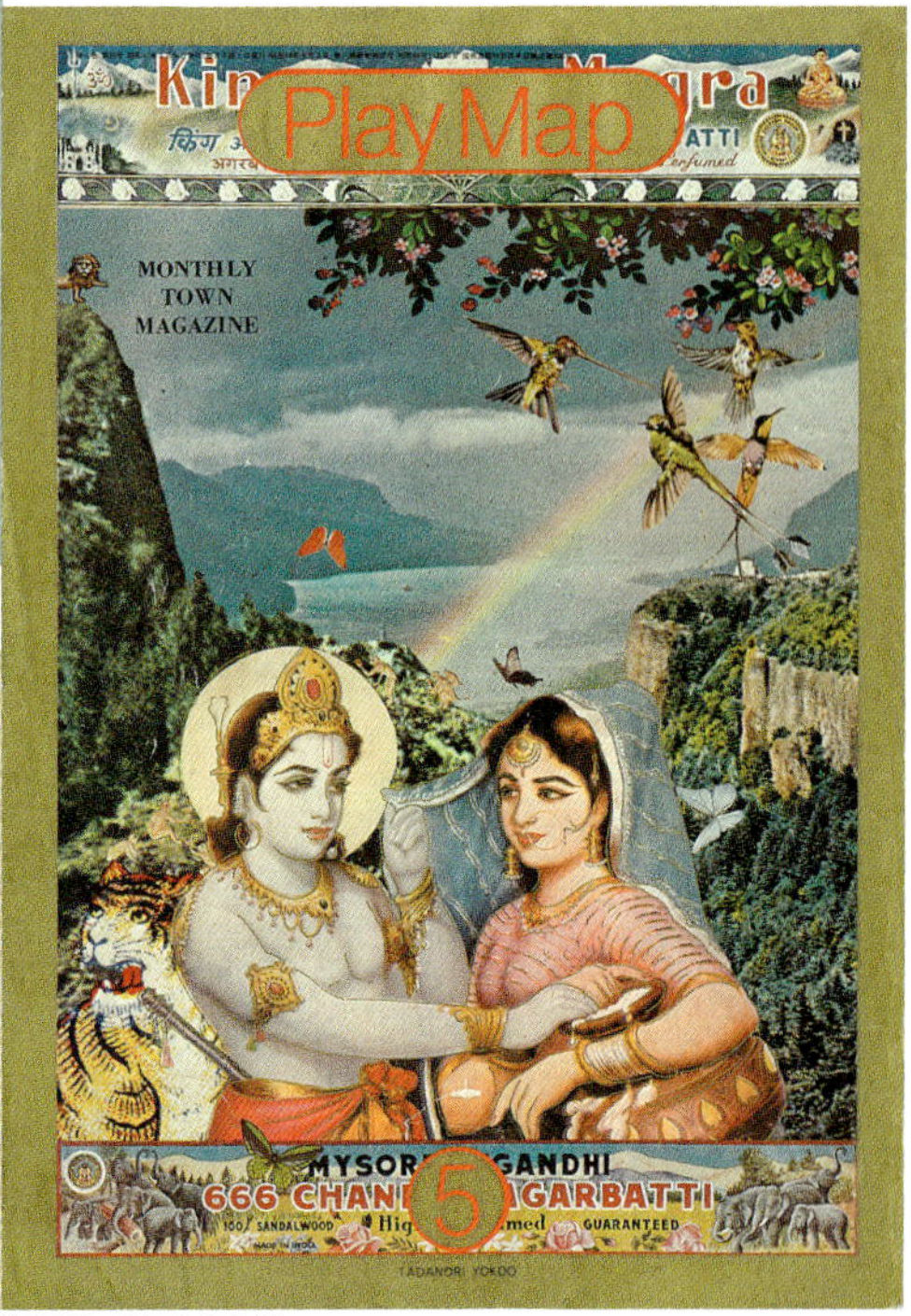

第 35 号（19732 年 5 月）

第 36 号（1972 年 6 月）

[表紙デザイン]
山下勇三●1 号～ 4 号
湯村輝彦●5 号～ 30 号
波羅多平吉●31 号～ 34 号
横尾忠則●35 号～ 36 号

60年代新宿アナザー・ストーリー　タウン誌『新宿プレイマップ』極私的フィールド・ノート＊目次

まえがき……7

第1章❖その頃、新宿は〈塹壕〉だった
●—新宿二丁目「きーよ」の青春……17
●—モダンジャズ開眼……20
●—ジャズの歴史から学んだこと……23
●—ジャズ喫茶店主・中平穂積の歩み……27
●—孤独な散歩者だった植草甚一……32
●—新宿ジャズ喫茶の終焉……36
●—中上健次・村上春樹に引き継がれたスピリット……39

第2章❖六〇年代から始まる自画像
●—夕刊紙の新聞記者時代……43
●—先輩・矢崎泰久と斎藤龍鳳の背中……45
●—〝遊撃戦士〟斎藤龍鳳伝説……47
●—優雅な生活への訣別……51
●—ヒッピーでもあった龍鳳さん……54
●—ゲリラに出て行く朝……55
●—万座温泉での番頭生活……61

第3章❖アナーキーな風に吹かれて

●―タウン誌『新宿プレイマップ』創刊……65
●―どん底時代の『話の特集』……72
●―『話の特集』〝居候〟編集者時代……75
●―いざ、新宿へ出陣……81

第4章❖焼け跡闇市派精神、ふたたび

●―野坂昭如の〝暴走対談〟顛末……89
●―焼け跡闇市派の逆襲……94
●―田中小実昌の小説『星のきれいな新宿』……100
●―私の愛した「アソビ人間」山口瞳……109
●―殿山泰司のゲリラ漫文……113

第5章❖コマーシャルの台頭、その光と影

●―創刊号合評会での激震……119
●―ボツ原稿ラッシュの乱……126
●―AD山下勇三の降板……129
●―ビジュアル・クリエーターの台頭……133
●―空中ブランコの恍惚と不安……141
●―PR誌としてのお墨付き……144

●—コマーシャルの光と影……147
スケッチ・オブ・新宿'60
その1●海のない港町……151
その2●書を捨てよ　町へ出よう……153
その3●紅テント・ゲリラ風雲録抄……159
第6章❖「新宿砂漠」の井戸掘り人
●—黒田征太郎の「TOWN69」……166
●—寄稿者たちの新宿観……173
●—広場の消えた〈巨大な無〉の街……181
●—創刊一周年に開廷した〈新宿裁判〉……187
第7章❖七〇年代を生き抜くための航海談論
●—全共闘世代の異端児・芥正彦……202
●—「三島由紀夫論」の衝撃……207
●—ビートルズ論という踏み絵……213
●—五木寛之と東由多加の「漂流」談論……215
●—移動共同体的劇団……222
●—戦争を知らない世代へ異議申し立て……226

◉―劇画家・宮谷一彦の熾烈なアクロバット……230

第8章❖『新宿プレイマップ』の同志たち
◉―〝新宿浪人〟たちが馳せ参じた編集室……239
◉―正規雇用なんかどこ吹く風……249
◉―同志・高田渡の発見、発掘……258
◉―巻頭コラム『街』に集った詩人たち……262
◉―我らの時代の雑文豪・草森紳一……271
◉―『新宿プレイマップ』の四人のデザイナーたち……290

第9章❖タウン・オデュッセウスの旅立ち
◉―『新宿プレイマップ』廃刊の予告……297
◉―地方にも読者のいたタウン誌……302
◉―克服できなかった根源的なジレンマ……307
◉―私にとっての六〇年代の終焉……310
◉―「敗北の美学」なんて歌えない……318

『新宿プレイマップ』総目次……330

まえがき

一九六〇年代の新宿は「若者の街」と呼ばれていた。とりわけ六八〜六九年当時の新宿の街には、同時代にユーラシア大陸の向こう側のパリで起きた五月革命や、対抗文化を志向するアメリカの若者たちのヒッピー・ムーブメントが飛び火したような様相や熱気があった。都市の歴史にも青春時代があるとすれば、あの頃の新宿は青春の真っ只中にあって燃えていたのだろう。もちろん、その渦中を生きた若者たちひとりひとりの心の奥底を覗くなら、「ぼくは二十歳だった。それがひとの一生でいちばん美しい年齢だなどとだれにも言わせまい。一歩足を踏みはずせば、いっさいが若者をだめにしてしまうのだ」（ポール・ニザン『アデンアラビア』）という、あの名高い箴言《しんげん》に共感する者たちの燃えながら燻っている炎のような心情が窺えたはずである。

一九六〇年代とは、どんな時代だったのか。

あの時代の若者たちの巡礼都市的な存在だった新宿とは、どんな街だったのか。

その時代からすでに半世紀になろうかという大昔の事象だから、その状況を正確に記録しようとすれば、歴史学や社会学の知見や学識に基づいた発掘作業などが必要なのだろうけれど、それは私の任ではない。

私自身にとっての六〇年代は、六〇年安保闘争のあった年から、背を向けて行かなかった七〇年の大阪万博の開催された年までの一〇年で、この一〇年は私の二〇代のオール・シーズンに当たる。その間に学生生活を終え、社会人の仲間入りをして、夕刊紙記者、スキー場旅館の番頭、新興の雑誌編集者などを遍歴した後、六〇年代末、新宿のタウン誌編集者になった。流れ者の履歴を披露しているようであまり誇れる足跡ではないけれど、これが私の六〇年代だった。

本書は、六〇年末から七〇年代の初頭にかけての約三年間、『新宿プレイマップ』という新宿のタウン誌の編集者を務めた私が、あの時代と、あの時代の自分の歩みや身の回りの出来事を追想し記録したものである。回想録とか伝記を書くような人物でも柄でもないので、「タウン誌『新宿プレイマップ』極私的フィールド・ノート」というサブ・タイトルを付すことにした。「極私的」という用語は、当時、詩人鈴木志郎康が『新宿プレイマップ』に連載していた「極私的盛り場潜りは夢の屋台組」というタイトルを思い出し、拝借したもの。私が本書で意図したことは、近年、多くの人びとが書き始めた自分史を、私も書いてみようということだったからだ。

それにしても公開することがはばかれるような、気恥ずかしい、そんな自分史になってしまった。〝遅れて来た青年〟のような生き方をしていた六〇年代の私の自分史を書くということになると、これは免れないことだった。だから長いあいだ書く気になれなかったのだけれど……。

だが、いつの間にか私も〝老兵〟となっていることに気づくようになり、あの時代をふり返り、気恥ずかしいなどという感情は振り払い、記録にとどめておこう、と、ようやく決心がついた。それは、六〇年代の私自身の未熟で青臭い体験こそが、良くも悪くも自分の原点だったということを認識できるようになったからだった。六〇年代に、変革を夢み、様々な文化蜂起を志した若者たちに愛読されていた詩人谷川雁の本のなかから「原点が存在する」と題した一文の一節を引いておこう。

「段々降りてゆく」よりほかないのだ。飛躍は主観的には生れない。下部へ、下部へ、根へ、根へ、花咲かぬ処へ、暗黒のみちるところへ、そこに万有の母がある。存在の原点がある。

繰り返すようだけれど、本書は回想録として書いたわけではない。ドキュメンタリーというものでもない。谷川雁が指し示した「存在の原点」へ降りてゆこうといった方法論に導かれて書いた、私の六〇年代自分史である。私は詩人ではないので、歌うことはできない。だから、せめて記録しておこう。そういう思いと、企てで、私は本書を書いた。

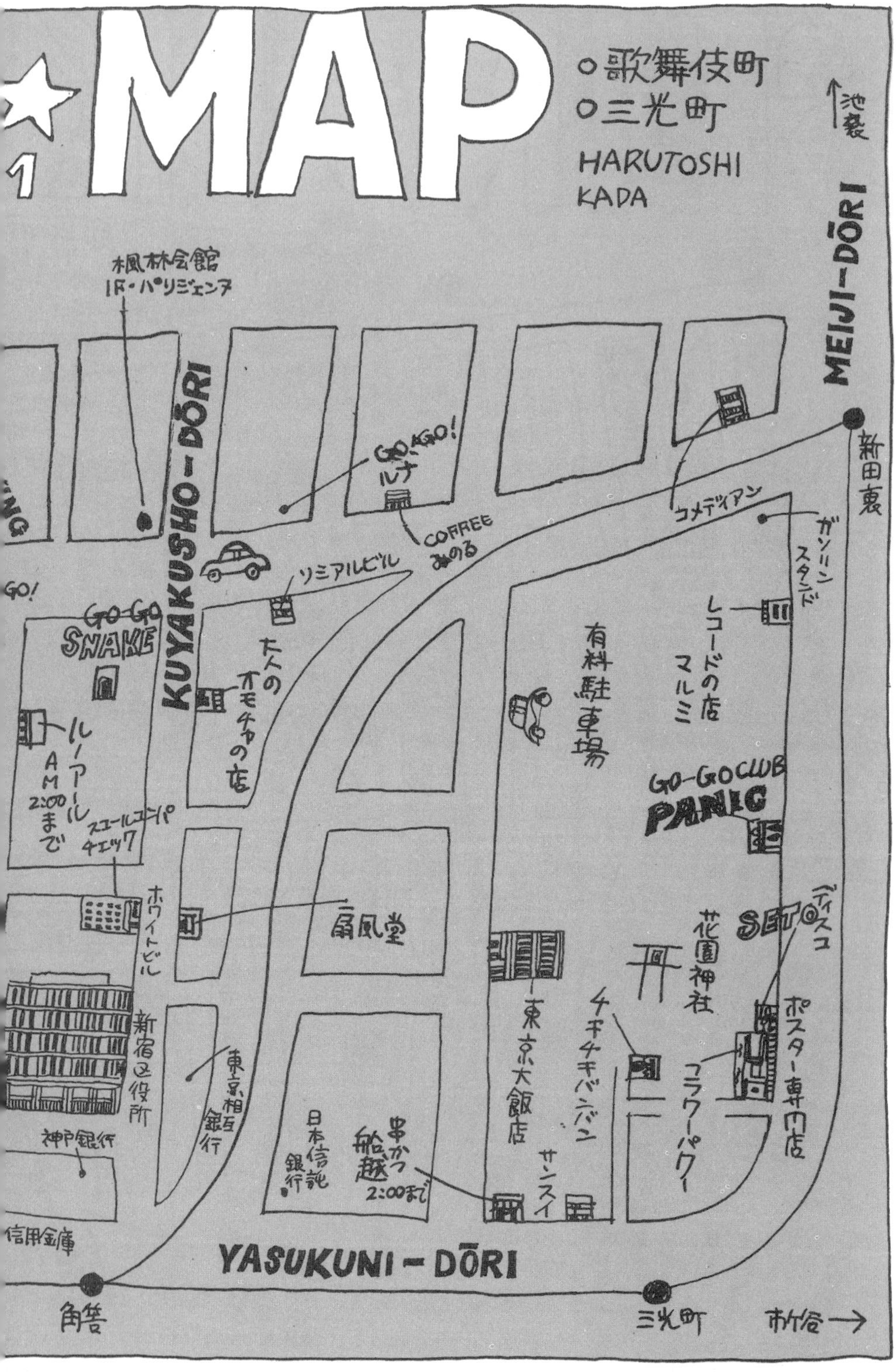
☆1 MAP
○歌舞伎町
○三光町
HARUTOSHI KADA
↑池袋
MEIJI-DŌRI
新田裏
楓林会館
1F・パリジェンヌ
KUYAKUSHO-DŌRI
GO-GO!
ルナ
COFFREE
みのる
リミアルビル
コメディアン
ガソリンスタンド
レコードの店マルミ
有料駐車場
GO-GO SNAKE
ルーアール
AM 2:00まで
スユールエンパイヤ
チェック
大人のオモチャの店
GO-GOCLUB
PANIC
SETO
ディスコ
花園神社
ポスター専門店
コラワーパクー
ホワイトビル
扇風堂
東京大飯店
チキチキバンバン
サンスイ
新宿区役所
東京相互銀行
神戸銀行
日本信託銀行
串かつ船越
2:00まで
信用金庫
YASUKUNI-DŌRI
角筈
三光町
市ケ谷→

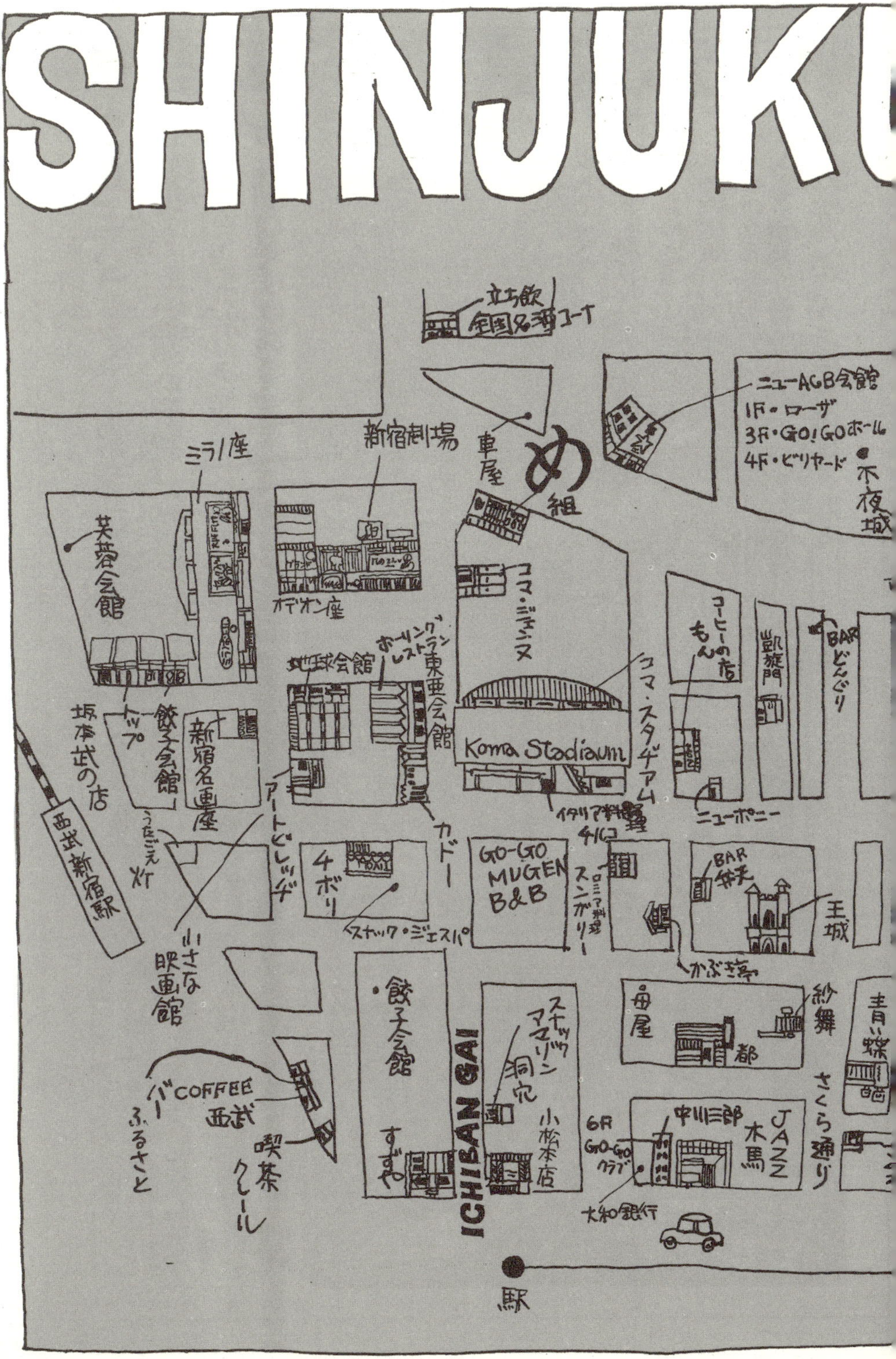
SHINJUK
立ち飲
全国名酒コーナ
ニューAGB会館
1F・ローザ
3F・GO!GOホール
4F・ビリヤード
不夜城
新宿劇場
車屋
め
組
ミラノ座
芙蓉会館
オデオン座
コマ・ジェンヌ
コーヒーの店
もん
凱旋門
BAR
どんぐり
ボーリング
レストラン
地球会館
東亜会館
コマ・スタジアム
Koma Stadium
坂本武の店
トップ
餃子会館
新宿名画座
アートビレッジ
カドー
イタリア料理
チルコ
ニューポニー
西武新宿駅
うたごえ
灯
4ボリ
スナック・ジェスパ
GO-GO
MUGEN
B&B
ローマ料理
スンガリー
BAR
弁天
王城
かぶき亭
小さな映画館
餃子会館
すずや
ICHIBAN GAI
スナック
マリリン
洞穴
小松本店
母屋
都
紗舞
青い蝶
さくら通り
COFFEE
西武
バー
ふるさと
喫茶
クレール
中川三郎
JAZZ
木馬
6F
GO-GO
クラブ
大和銀行
駅

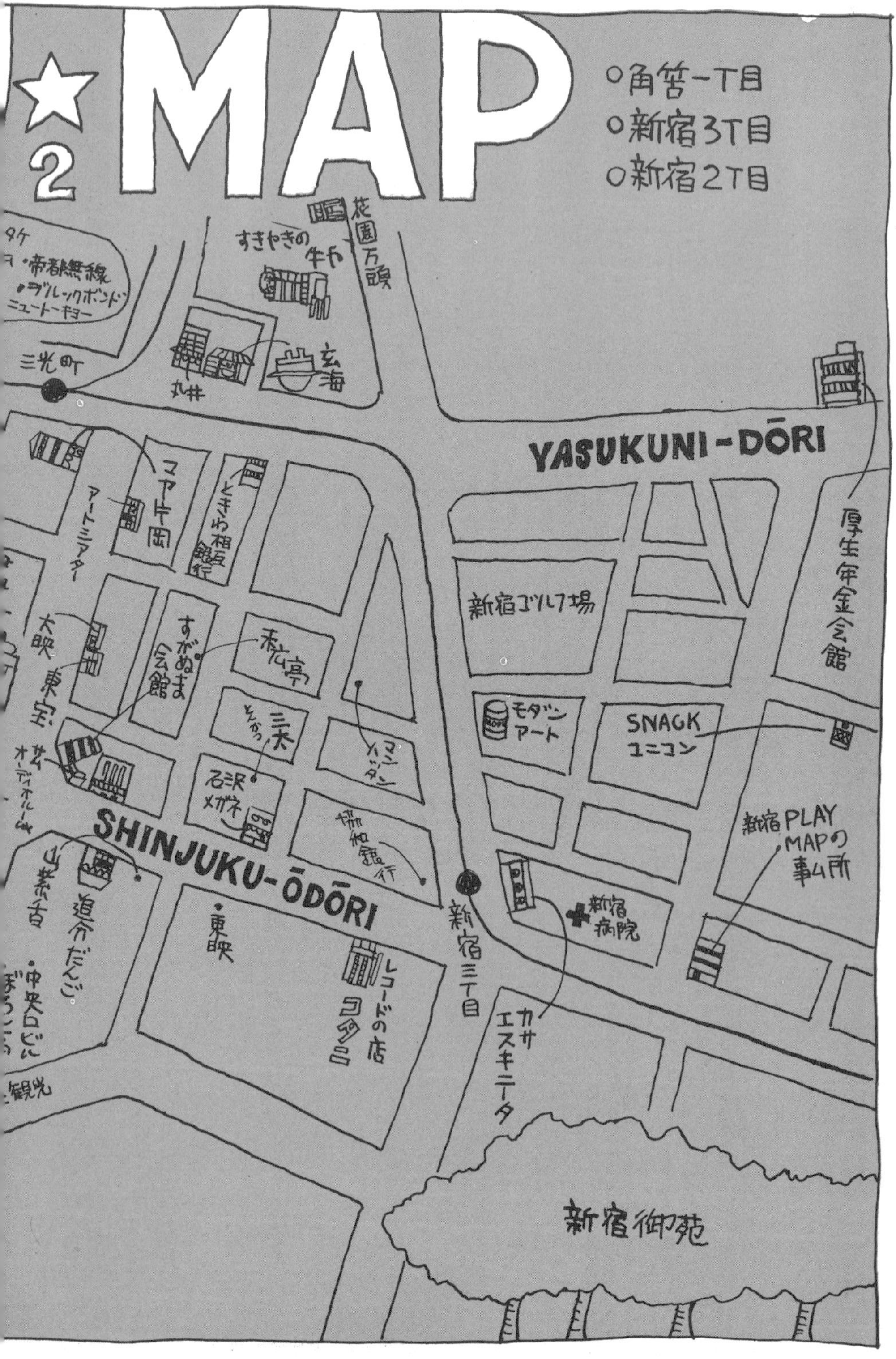

☆2 MAP
○角筈一丁目
○新宿3丁目
○新宿2丁目
花園万頭
すきやきの
丸井
玄海
三光町
・帝都無線
・ブルックボンド
ニュートーキョー
YASUKUNI-DŌRI
マヤ片岡
アートシアター
ときわ相互銀行
厚生年金会館
新宿ゴルフ場
大映
東宝
すがぬま会館
末広亭
とんかつ
石沢メガネ
マンハッタン
モダンアート
SNACK ユニコン
新宿PLAY MAPの事ム所
オーディオルーム
SHINJUKU-ŌDŌRI
協和銀行
新宿三丁目
新宿病院
追分だんご
東映
レコードの店
・中央ロビル
カサエスキニータ
観光
新宿御苑

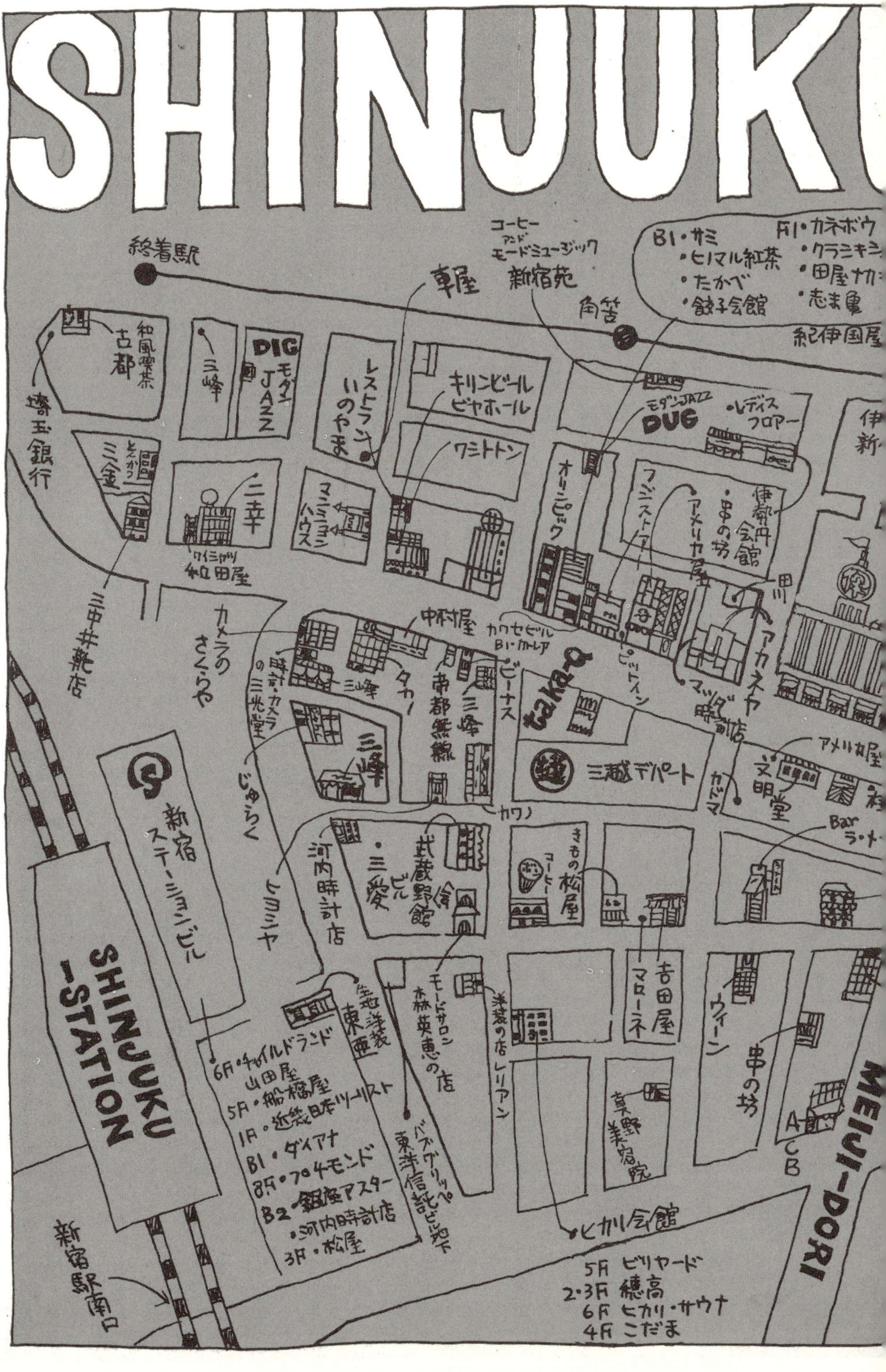

SHINJUKU
終着駅
コーヒー アンド モードミュージック
新宿苑
車屋
角筈
B1・サミ
・ヒマル紅茶
・たかべ
・餃子会館
F1・カネボウ
・クラシキ
・田屋
・志ま専
紀伊国屋
和風喫茶 古都
三峰
DIG モダンJAZZ
レストラン いのやま
キリンビール ビヤホール
モダンJAZZ DUG
・レディスフロアー
埼玉銀行
とんかつ 三金
二幸
ワイシャツ 紀田屋
マミーラヨシハウス
ワシントン
オリンピック
フジストア
アメリカ屋
伊勢丹会館
・串の坊
田川
三井井靴店
カメラのさくらや
中村屋
カワセビル B1・カトレア
ビッグウィン
アカネヤ
マツダ時計店
時計・カメラの三光堂
三峰
タカノ
帝都無線
三峰
ビーナス
taka-Q
三越デパート
カドマ
文明堂
アメリカ屋
Bar
じゅらく
カワノ
新宿ステーションビル
河内時計店
・三愛
武蔵野館ビル
きもの コーヒー 松屋
ヒヨシヤ
SHINJUKU -STATION
生地 洋装 東亜
モードサロン 森英恵の店
洋装の店 レリアン
マローネ
吉田屋
ウィーン
串の坊
6F・チャイルドランド
山田屋
5F・船橋屋
1F・近畿日本ツーリスト
B1・ダイアナ
2F・プチモンド
B2・銀座アスター
・河内時計店
3F・松屋
バスグリッペ 東洋信託ビル地下
真野美容院
A
C
B
MEIJI-DORI
ヒカリ会館
5F ビリヤード
2・3F 穂高
6F ヒカリ・サウナ
4F こだま
新宿駅南口

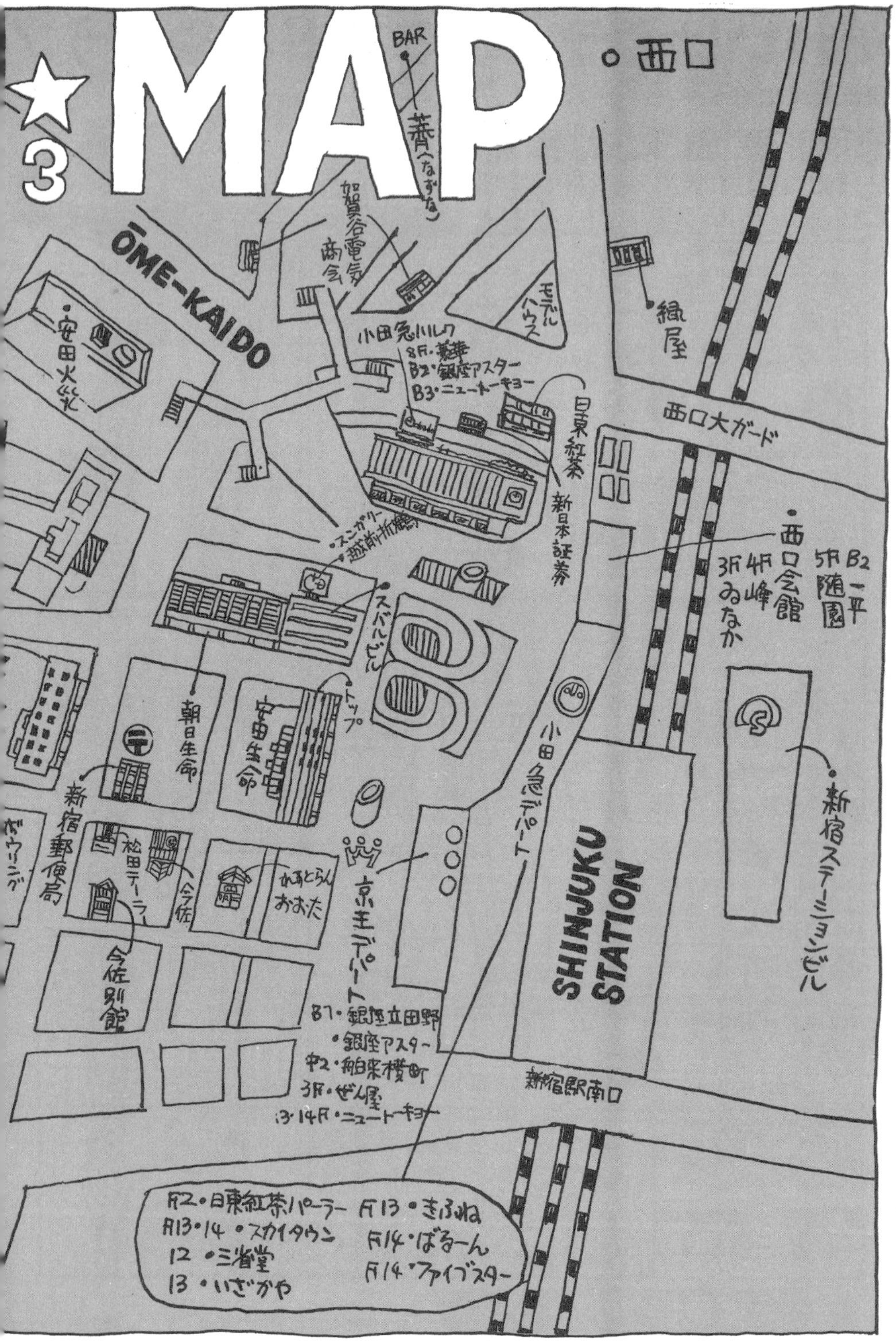

★3 MAP
BAR
薺（なずな）
・西口
加賀谷電気商会
ŌME-KAIDO
・安田火災
モデルハウス
緑屋
小田急ハルク
8F・萬華
B2・銀座アスター
B3・ニュートーキョー
日東紅茶
西口大ガード
新日本証券
・スンガリー
スバルビル
・西口会館
5F 随園
B2 一平
4F 峰
3F みなか
トップ
朝日生命
安田生命
小田急デパート
新宿ステーションビル
新宿郵便局
ボウリング
松田テーラー
今佐
れすとらん おおた
京王デパート
SHINJUKU STATION
今佐別館
B7・銀座立田野
・銀座アスター
中2・舶来横町
3F・ぜん屋
13・14F・ニュートーキョー
新宿駅南口
F12・日東紅茶パーラー
F13・14・スカイタウン
12・三省堂
13・いさがや
F13・きふね
F14・ばるーん
F14・ファイブスター

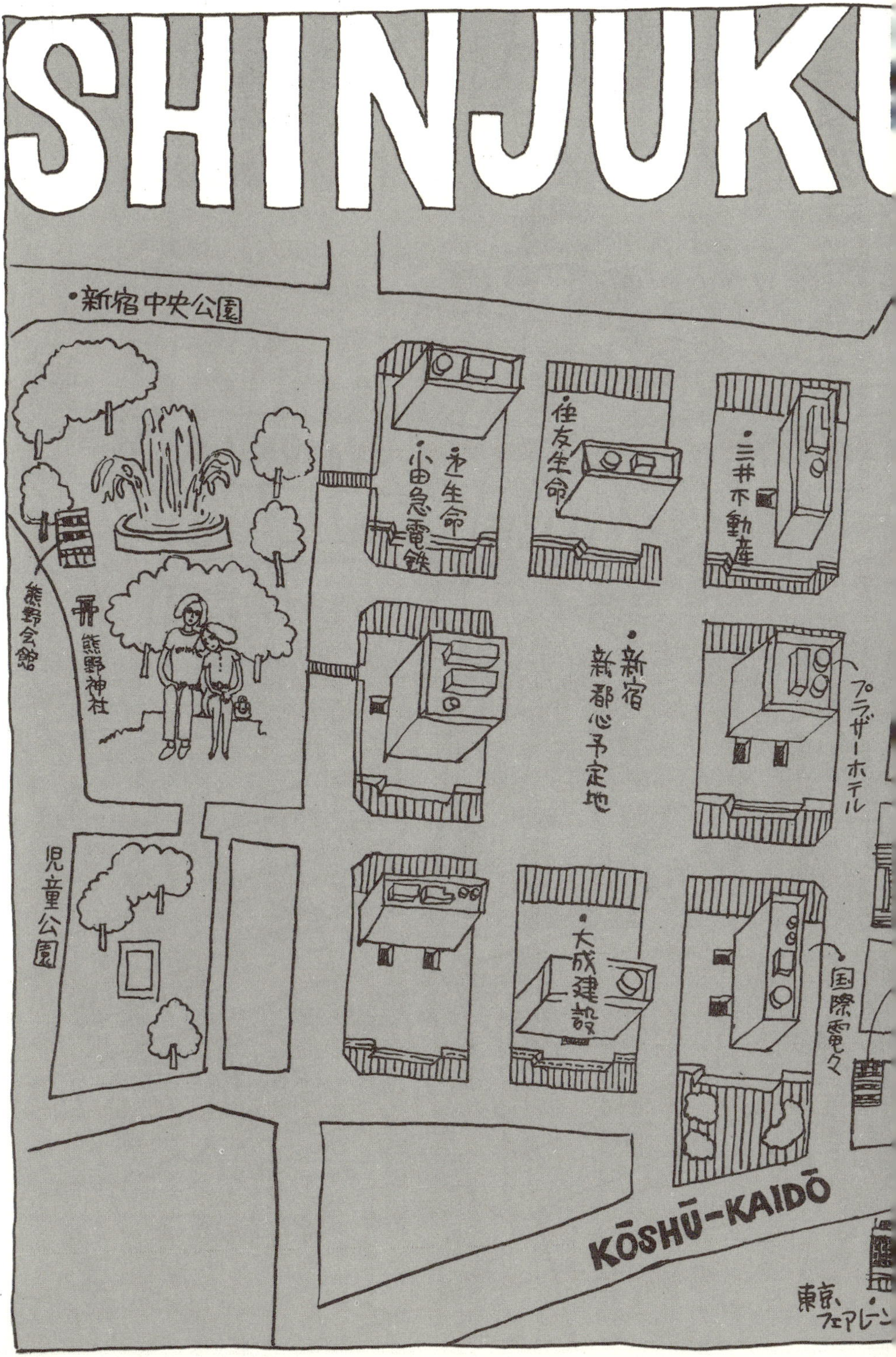
SHINJUKU
新宿中央公園
熊野会館
熊野神社
小田急電鉄
住友生命
三井不動産
新宿新都心予定地
プラザーホテル
児童公園
大成建設
国際電々
KŌSHŪ-KAIDŌ
東京フェアレーン

地図イラスト・加田晴俊　第３号（1969年９月）

第1章

その頃、新宿は〈塹壕〉だった

◉――新宿二丁目「きーよ」の青春

新宿繁華街はずれの靖国通りに面した新宿二丁目の角に「きーよ」という名のジャズ喫茶があった。このジャズ喫茶に初めて行ったとき、私は、その数年前の高校生の頃、この町に来たことを想いだした。新宿二丁目は、かつて〝赤線の町〟と呼ばれた公娼街だったのだが……。

「赤線がなくなっちまうらしいぞ。行ってみないか」

という悪友のアジに乗り、仲間数人でくり込んだことがあったからだ。男として一人前になるつもりだったのか、それとも社会見学のつもりだったのか、動機は忘れてしまったけれど、みっともない結果だったことだけはよく憶えている。

「ねえ、坊やたち。遊んでらっしゃいよ。可愛がってあげるからさあ〜」

などと厚化粧した女たちから声をかけられると、われわれは頬を染め、身を硬くして一目散に露地を駆け抜けてしまったからだった。

それからたった数年の歳月しか経っていなかったのだけれど、新宿二丁目はすっかり寂れた街と化していて、怪しげな飲み屋の灯りやネオンが暗い沼みたいな街の底に点在しているだけで活気がなかった。そんな新宿二丁目の街角に誕生していたジャズ喫茶だけが鮮烈で生気に溢れていたのが、まず、若者だった頃の私を虜にしたのだった。

ジャズ喫茶「きーよ」は木造二階建てのバラックのようなしょぼい店で、二階へ上がる階段などは歩くとギシギシガタガタ音をたてるような店だったけれど、なにしろモダン・ジャズが大音量で老朽木造店舗内をびりびり振るわせるように鳴り響いていたので気にすることはなかった。ドアを開けて店内に入ると、店の奥に酒瓶の並ぶカウンター席やボックス席が何卓かあるようだったけれど、チラリと見やるだけで、いつも一階は素通りして二階へ直行した。一階の席は常連客や黒人客が牢名主のような感じで陣取っていて、新参者やフリーの客がとても入って行ける雰囲気ではなかったからだ。若い女性では当時珍しかった常連客の一人、詩人・白石かずこの証言によると、立川や横田あたりのキャンプから黒人兵がよく遊びに来ていたという。

二階も狭い店内だったけれど、大きな窓があって開放感があった。ジャズ喫茶はほとんどがビルの地階にあって、窓がある部屋でも閉ざした内装が施されているという店舗が多かった。採光も落としているので、暗い穴倉のような店が多かった。それゆえジャズ喫茶の客には、滝に打たれる修行僧のように大音量で流されるジャズに打たれているようなストイックなイメージがあった。またジャズ喫茶では、図書館のように私語禁止というのが常識で、クラシック音楽を聴くように静かに行儀よく拝聴するといった不文律もあった。植草甚一流のボキャブラリーを借用すると、「ジャズ喫茶にお勉強しにいこう」というジャズ・ファンが目立った。じつは当時〝JJおじさん〟の愛称でジャズファンの若者たちに人気があった植草甚一は、「フリーダムに生きなよ!」といった精神で「お勉強」などという言葉を使っているのだけれど、学校へ「お勉強」をするために通っているようなジャズ・ファンも少なくなかったのである。

その点、「きーよ」はラフで自由だった。夜になると、酒場にもなるということもあったからだろうが、深夜になるにしたがって一階の客たちの高らかな笑い声やごきげんそうな会話の断片が二階にまで聞こえてきた。窓辺のテーブルに陣取ってぼんやり外を眺めていると、特飲街の女が男たちを誘う光景や、酔いどれ男がなにやらぶつくさ叫んでいる姿や、時には殴りあいの喧嘩をしているシーンや、夜通し走り続ける車のヘッドライトの光の河などを、無声映画のように観ることができた。そんな感じでマイルス・デイヴィス、ジョン・コルトレーン、クリフォード・ブラウン、セロニアス・モンクらのファンキー・ジャズを聴いていたひと時が、私にとっての六〇年代と新宿の最良の時だった。
この感覚は、私だけが感じたものではない。あの時代を、新宿で、あるいは他の街のジャズ喫茶で過ごした者たちなら誰もが共感した感覚だろう。「きーよ」が好きだった二人の詩人の思い出を紹介しておこう。

その頃、ふとしたことから私は酒場の女と同棲することになった。
彼女が私のアパートにころがりこんで来たのだが、収入からいえば、私がヒモになったようなものだった。
彼女は、ふみ子という名で、新宿二丁目の「えれがんと」という酒場で働いていた。私は、深夜になると彼女を迎えに行って、向かい角のモダン・ジャズ喫茶「きーよ」で、彼女が出てくるまで、ジャズをきいて待っていた。
そのうちに、だんだんモダン・ジャズの魅力の虜になっていったのだった。私は「きーよ」の便所の落書の
ジャズと自由は手をとりあってゆく
Jazz and freedam go hand in hand
という一行が、セロニアス・モンクのものである、ということを知った。
（寺山修司著『黄金時代』九藝出版、一九七八年所収「消しゴム」）

寺山修司は、例によって物語めかしてあの時代の心象風景をスケッチしているけれど、自由を希求しモダン・ジャズにぐいぐいのめりこんでいった六〇年代の青年像が彷彿としてくる。彼はこの文章の中でモダン・ジャズに惹かれて行くにつれ、「イエロー・ニグロ」になっていく自分を強く感じていたとも書いている。
次に紹介する白石かずこの一文は、「きーよ」の数少ない常連女性客だっただけあって、あの店の雰囲気や、若き日

の女流詩人の心模様がうかがえて懐かしい。

胸にトリイのトリミングしたウォーマックというパーの黒人がいた。紫のシャツの似合うノッポでおしゃれのニューヨークッ子ラビーもいた。マスターは夜おそく現れ金もうけが上手だった。お店の女の子のPは、意地悪してなかなか水をもってきてくれなかった。

ここでJAZZを、わたしは豪雨のようにきいたのだった。また、わたしの内側に思う存分ふらしたのだった。ニーナ・シモン、ホーレス・シルバー、マイルス・デヴィス。だがああ、クリフォード・ブラウンとマックス・ローチの演奏する〈スタディ・イン・ブラウン〉のB面の〈ジョージのジレンマ〉のせつなさよ。

わたしは、これをきいた時、人生のひどく悪い時にいた。たいてい、お金がなかったが、かならずといっていいくらい、〈きーよ〉ではチェリー・ブランディを注文した。

（現代詩文庫『白石かずこ詩集』思潮社、一九六九年所収「白石かずこのアルバム」）

◉─モダンジャズ開眼

私がモダン・ジャズを聴くようになったのは、六〇年安保の年の前後頃からのことだから、寺山修司や白石かずこが「きーよ」に通っていた同時代か、すぐそのあとぐらいの頃だろう。それより数年前、高校生の頃の私は、五〇年代末に大流行していたロカビリー・ブームの狼煙となる日劇で開催されたウエスタン・カーニバルを仲間と覗きに行ったりした記憶はあるけれど、ジャズが好きでジャズをよく聴いていたわけではない。ロカビリーは、ジャズやウエスタン、後のロックなどの影響を受けたポップ・ミュージックで、この音楽を歌い、演奏する和製ポップ・ミュージシャンが台頭し、かれらが生演奏をしていた「ACB（アシベ）」や「ドラム」という名のライブハウスが銀座・新宿・池袋などの繁華街に出現しているのだが、じつはこの種の店も「ジャズ喫茶」と呼ばれていた。こちらの「ジャズ喫茶」は、若い女の子たちが主要客層を占めていて、彼女たちの黄色い歓声が店内をこだます落花狼藉のようなライブハウスだった。一九六六年七月、ザ・ビートルズが初来日して武道館で公演したとき、私は新米の社会部記者として取材にあたっているのだが、あのときの狂騒劇の前哨戦というか胎動が五〇年代末のロカビリーの舞台だった「ジャズ喫茶」にはみとめられたのである。

「ロカビリーなんてダサイじゃない。〝ダンモ〟を聴きに行こうよ」

と、私にモダン・ジャズの世界に目を開かせてくれたのは、高校時代の同人雑誌仲間のT君だった。〝ダンモ〟というのは、モダン・ジャズのレコードを専門に聴けるジャズ喫茶のことだったのだけれど、その先人ファンたちは、ロカビリーのジャズ喫茶との違いを強調する意味で、そんなバンドマン用語みたいな符牒で呼んでいたらしい。その頃、T君は高校を中退して、写真専門学校に通い始めていたが、高校在学中は五〇年代のアメリカでビート・ジェネレーション文学として注目を浴びていたジャック・ケルアックの小説『路上』やギンズバーグの詩を読んで共感を寄せていたので、その流れからモダン・ジャズにも開眼したのだろう。

私はモダン・ジャズを聴くようになってから、それまで自分がジャズをまともに聴いてこなかったことや、ジャズという音楽のことも、その歴史についても何ひとつ知らなかったことに気づいた。映画は大好きだったからよく観ていた。『グレン・ミラー物語』や『ベニー・グッドマン物語』は高校生の頃に観ていた。それまでジャズの名盤をレコードで聴くということもなかったし、もちろん生演奏など見聞したこともなかったから、私がジャズの素晴らしさを初めて知ったのは、この二作のハリウッド映画だったのである。『グレン・ミラー物語』には、黒人ジャズ・プレーヤーのサッチモ（ルイ・アームストロング）がペットを吹き、あの独特のだみ声でブルースを歌うシーンが出てきて、凄いジャズ・ミュージシャンがいるなあ！と感嘆したものだったけれど、この二作の映画の中では、黒人ジャズ・ミュージシャンは影のような存在にすぎなかった。二人の優れた白人ジャズ・ミュージシャンが率いる白人ジャズ・プレーヤーが主体のビッグ・バンドの演奏するスウィング・ジャズでジャズの洗礼を受けてしまったミーハーの若者には「ジャズは明るく躍動感のあるアメリカの音楽」というイメージがすっかり刷り込まれていたのだった。

凡俗の陥りやすい傾向は、物事の実際やその本質を知ることなく、世間一般の通念や価値観、あるいはマスメディアなどからの情報を鵜呑みにして、安易に評価やイメージを決めてしまっていることだろう。私の青少年時代のジャズに対するイメージなどもそんなものだったのである。

二〇世紀初頭、アメリカ合衆国で南北戦争が終り、奴隷の身分を解放された黒人の中から南軍の軍楽隊などが放出した楽器を手に入れ、ニューオーリンズの公娼街のキャバレーやダンスホールで演奏する者たちが現れる。原初のジャズのスタイルとなる陽気でにぎやかなディキシーランド・ジャズはこの頃に登場しているのだ。また、草創期のジャズ・メンたちは葬儀の際に墓場へ向う行列の先頭に立ち、黒人霊歌などをおごそかに演奏するブラス・バンド役も務めたが、埋葬を終え家路に帰る時は陽気な曲を演奏したという。この世の苦しい人生が終わり、主の御許へ旅立った死者を祝福したのだという。ジャズの名曲として知られる『聖者の行進』は後者に演奏された曲の一つなのである。要約すると、こんなふうにジャズとジャズ・ミュージシャンは誕生したものらしい。こんなジャズの出自ゆえだったからなのか。「葬儀屋の音楽」という嘲笑はさすがになかったようだけれど、こちらの方が面白かったからだろう。「ジャズは女郎屋の音楽だ」という軽侮を受けてきた。

もうひとつ、ジャズの歴史の原点の箇所で見逃せないことがある。それはアメリカ合衆国の黒人が奴隷制度時代に親しんできた労働歌（ワーク・ソング）や黒人霊歌（ニグロ・スピリチュアル）から発生し、紡がれ、歌い継がれ、伝えられてきたブルースこそが、真のジャズの根っこだという主張だ。ブルースは、アメリカの黒人たちのスピリットが育んできた固有の音楽であり、黒人文化であるとする思想でもあった。

私はモダン・ジャズを聴くようになった頃、ジャズの入門書として読んだジャズ評論家相倉久人の次の文章に出会い、目を覚まされた。

◉―ジャズの歴史から学んだこと

ジャズの歴史を調べてみればわかることだが、南部のクレオール（フランス人と黒人の混血）が白人のブラス・バンドを真似て、カドリールやマーチを演奏していたプレ・ジャズ時代には、どのグループもほとんどブルースをとり上げていない。ブルースはバンジョーやギターの弾き語りで歌う、黒人専用の音楽として、クレオールたちからもさげすまれていたのだ。

（相倉久人著『ジャズからの挨拶』音楽の友社、一九六八年）

ジャズの歴史が語られる時、一般的には、「ジャズは黒人の音楽」と、あっさり定義されてきたが、この相倉のジャズ史解読によれば、発祥期のジャズは、スペイン領を経て長くフランス領だったニューオーリンズ地区のフランス人と黒人のクレオールが演奏していたプレ・ジャズが主流で、ブルースは黒人社会固有の音楽として蔑視されていたのだということがわかる。ジャズの主要な舞台はナイト・クラブで、客の大半は白人だった。したがってブルースが受け入れられる情勢はすぐには来なかったけれど、ジャズ・ミュージシャンの大半が黒人で占められるようになるにしたがい、しだいにブルースがレパートリーとしてとり上げられるようになっていったのだった。

時代が下り第一次大戦後の〝ローリング・トゥエンティーズ〟と呼ばれた狂瀾怒涛の一九二〇年代に入ると、ジャズの舞台は、シカゴやニューヨークへ移動し、禁酒法を逆手にとって暗躍したアル・カポネらギャングたちの支配下にあったナイト・クラブやダンスホールに迎えられ、ジャズは発展する。そのため「ジャズはギャングの音楽」という汚名を浴びている。一九三〇年代には、ベニー・グッドマンやグレン・ミラーに代表される白人ジャズ・ミュージシャンが進出して、ビッグ・バンドによるスイング・ジャズが全盛を誇る時代に入り、ラジオ放送やレコード産業の台頭するマーケットにも乗って、ここにおいてジャズは晴れて市民権を獲得し、「アメリカの音楽」となった。

だが、アメリカ合衆国の黒人たちにとっては、これで「めでたしめでたし」ということにはならなかった。むしろ「アメリカの音楽」になることにより、かれらは「白人社会の真っ只中に置かれた黒人の矛盾」に気づくことになったのだ、と相倉久人は前掲書の中で指摘しており、アメリカの黒人たちの背負ってきた矛盾の構造を次のように分析している。

　彼らは、都市の黒人ゲットーに暮らしながら、ゲットーの住民のためにではなく、もっぱら、クラブと酒場の白人客のために音楽を演奏した。（中略）

　多くの黒人が、このような状態を、彼らが社会の階段を白人社会にむかって踏みのぼってゆく第一歩とみたことは、疑いをいれない。ジャズメンたることは、とにもかくにも、白人社会に足がかりをつけることだった。そしてジャズメンとしての成功は、白人社会によって経済的に評価されることだった。

　だが、やがて彼らは、それが単なる錯覚にすぎないことを思い知らされる。三〇年代のジャズ・シーンで最大の経済的成功をおさめたのは、彼ら黒人ではなくて、白人のベニー・グッドマン（彼が成功した原因の第一が黒人編曲者フレッチャー・ヘンダースンの名編曲にあったことは衆知の事実だ）であり、トミー・ドーシーであり、グレン・ミラーだった。ジャズを種に稼ぎまくったナイト・クラブやレコード会社も、すべて白人のものだった。営々として積み重ねたものが、すべて白人の手にさらわれてしまうのである。

　ジャズメンとしての成功が、社会的には袋小路でしかないことをとことんまで思い知らされた後で、黒人は、ジャズを自分たちの手にとり戻すべく、バップ革命にとりかかる。時あたかも太平洋戦争のさ中であった。
ビバップは、ジャズを踊りのリズム（社交ダンスの伴奏）から解放し、内的な衝動にもとづく、自然発生的な音楽として蘇生させた。

（相倉久人、前掲書）

それが一九四〇年代に入って革新的な黒人ミュージシャンたちによって取りくまれるようになる「ビバップ革命」と呼ばれるムーブメントだった。相倉久人が指摘している「内的な衝動にもとづく、自然発生的な音楽」というのは、アメリカ合衆国の黒人が自己の内部に潜ませてきた「ブルース衝動」のことであり、黒人文化のスピリットともいうべきブルースを基調に据えたジャズを創出し、ジャズの復権を目指すことであった。

それ以前から黒人たちの間では、リズム・アンド・ブルースやソウル・ミュージックが愛好されていて、ブルースは黒人ゲットーでは根付いていた。黒人の情念のマグマを爆発させるようなリズム・アンド・ブルースは、後に白人社会の鬼っ子としてデビューするエルビス・プレスリー、ビートルズ、ローリング・ストーンズらに大きな影響を与え、ロックのルーツとなっていることは良く知られてきた。

ビバップ革命は、白人に奪われたジャズを、もう一度黒人の手に奪い返すムーブメントだったという見方もされてきた。しかし、それはジャズを単に黒人の民族音楽に引き戻そうとするものではなかった。そんなケチな変革ではなかった。ビバップ運動は、ジャズを進化させ、深めた。五〜六〇年代に、マイルス・デイヴィス、ジョン・コルトレーン、セロニアス・モンクら、おおくの優れた黒人ジャズ・ミュージシャンによって創出されてきたジャズは、モダン・ジャズと呼ばれるようになった。そして人びとは、ジャズが、現代音楽・現代芸術へと大きく変容している姿に出会い、感動し、目覚めさせられる。

忘れてならないことは、アメリカの黒人たちの変革ムーブメントが、単にジャズの変革にとどまるものではなかった点であろう。六〇年代前期に沸き起こる公民権運動、六五年二月に起きている黒人ゲットー派の指導者マルコムXの暗殺事件、その夏のロスアンゼルス・ワッツの暴動、ブラック・パワー宣言等々、太平洋の彼方から伝えられるニュースにも耳目を傾けざるを得なかったからだ。

私が六〇年代初頭に出会い、それから数年間、ジャズ喫茶に入り浸って聴いていたジャズは、そんな時代の、そんなジャズだった。六〇年安保世代の私はノンポリではあったけれど、三度に一度ぐらいはデモにも参加していたのだが、機動隊に押し込まれ棍棒で殴られたり、レイン・コートのボタンを引きちぎられたりして、常に敗退せざるを得ない自分自身や仲間たちの哀れな存在を直視するのは、情けなかったし、うんざりであった。そんな日はいつもより長時間、塹壕のようなジャズ喫茶にこもってモダン・ジャズを浴びるように聴いた。幻想であることは承知していたけれど、モダン・ジャズを聴いている時の方が、遥かに革命的な高揚感を味わえたし、自由であることの心地好さを感じることができたからである。

ところで、その時代の私も含めた中産階層の若者は、モダン・ジャズをジャズ喫茶で聴くしかなかった。まだ輸入盤のレコードしかなかったし、値段も高く、学生の小遣いで入手するのは大変だったこと。無理してレコードを購入したとしても、家や下宿にプレイヤーを持っている者もほとんどいなかったからだ。そんなわけで六〇年代に入ると、東京都内の主要繁華街や地方の中心都市にはジャズ喫茶が出現しているのだが、とは言っても各盛り場にせいぜい一〜二軒に過ぎなかった。ところが、新宿には、当時私が通った店を挙げるだけでも「きーよ」「ヨット」「汀」「木馬」「ポニー」「DIG」「DUG」「ピット・イン」など、十数軒のジャズ喫茶が点在していた。このジャズ喫茶の軒数だけを見ても、新宿が〈若者の街〉と称されていたことが立証できるだろう。

ジャズ喫茶の客は長っ尻だった。二時間、三時間は普通だった。コーヒー代金がいくらだったのか忘れたけれど、普通の喫茶店より少し高かった店もあったかも知れないが、安酒場の酒代より安かったことは確か。そんなコーヒー一杯の料金で二時間とか三時間を過ごすことができた。経営者にとっては極めて効率の悪い商売だったはずなのだが、コーヒー一杯の長っ尻客を嫌な顔もせずに容認していたのは、ジャズ喫茶の店主自身が客以上にジャズ狂が多く、商売というより、それぞれ自分好みのこだわったジャズ喫茶であり続けることに情熱を傾けている者が少なくなかったからだろう。

◉―ジャズ喫茶店主・中平穂積の歩み

そんなジャズ喫茶の店主のひとりだった中平穂積から、こんな話を聞いたことがある。これは八二～三年頃、私が『喫茶店経営』という飲食店専門誌に書いていた「ライフスタイルとしての喫茶店経営」（第四回・中平穂積）と題した連載記事からの抜粋。

あの頃は、モダン・ジャズを聴いているだけで、なにか新しい文化を吸収しているような気分になれた。精神的にとても豊かになるような気分になれた。当時の僕はジャズを聴かなければ一日たりとも過ごせないジャズ狂（キチ）だった。

中平が語っている「あの頃」とは、彼が一九五六年に郷里の和歌山県新宮から上京、日本大学芸術学部写真学科に入学し、一年留年して一九六一年に卒業するまでの時代だ。私とほぼ同世代の中平は、高校生の頃、やはり映画『グレン・ミラー物語』を観て、ジャズに開眼したという。格差の認められる点は、「最初は父親に買ってもらったポータブル・プレイヤーで、ポピュラー・ミュージックを楽しむごく平凡な音楽ファンだった」というところや、ジャズが好きになってからは「田舎町のレコード屋で入手できるかぎりのジャズ・レコードを買い集めた」という経済力の豊かさ。彼の実家は農業と林業を営む家庭と聞いたけれど、私らのような都会のサラリーマン家庭の中産（実態は無産）階層とは違い、有産階層だったのだろう。

大学時代の中平は、学校へ行くより、ジャズ喫茶、映画館、寄席にもっぱらいりびたっていたという。一年留年してからは、これ幸いと以前にも増して都内のジャズ喫茶巡りをしたというのだから半端ではない。一九六一年三月、中平は日大芸術学部写真学科を卒業しているが、同年一一月に新宿でジャズ喫茶『ＤＩＧ』を開店している。写真学科を専攻したのは写真家を目指していたからだったが、大学を卒業したからといっておいそれとプロのカメラマンとしてメシが食えるはずもない。かといってどこかへ就職するつもりもなかった。そこで思いついたのがジャズ喫茶だった。ジャズ喫茶なら、勝手も知っていたし、なんとかできそうな気がしたし、何よりジャズ喫茶をやってみたくなったからだという。

新宿東口駅前から歌舞伎町へ抜ける裏通りの老朽中小ビルの三階に安い物件を見つけると、中平は郷里の父親に事業資金の援助を頼んだ。銀行などからの借り入れなどできないことはわかっていたので、それだけが頼みの綱だった。

「本業にするわけじゃないよ。写真家として食えるようになるまでの繋ぎでやってみたいんだ」

と、中平はそんなふうに父親を説得したという。あの頃はまだ大学まで出た者が喫茶店を開業するなんてことが当たり前ではなかったからだろう。

父親は、黙って開業費の二五〇万円を投じてくれた。社会へ飛び立つ息子への餞だったのであろう。

こうして中平穂積は、ジャズ喫茶『ＤＩＧ』をオープンしている。まことに幸運な船出ができたわけだけれど、その後の航海も順風満帆だった。時代の風に上手に乗れた幸運のお陰だったという側面は否めない。創業の頃のことを、彼はこんなふうに語っている。

その年の初めにアート・ブレイキーとジャズ・メッセンジャーズが来日して、全国的にジャズ・ブームが起こったということなどもあって、『ＤＩＧ』は開店早々から大当たりとなった。一二坪・四二席という小さな店なので、土曜日などは通路でもいいから座らせてくれというほどの超満席。いまは午前一一時の開店だが、当初は一〇時で、客は開店前から並んで待っていて、オープンと同時にいっしょになって掃除を手伝ってくれる始末。そんな客たちみんなにコーヒーを一杯ずつごちそうし、それから営業に入った。

「お客さんは忙しいくらい来てくれるし。一日好きなジャズは聴いていられるし。こんな幸せな仕事はないなあ！」

中平は開店一年位たったとき、しみじみそう実感したという。

この中平の回想には、あの時代のジャズ喫茶の店主と客たちとの微笑ましい関係が彷彿《ほうふつ》されていて懐かしい。ところで中平の幸運というか、強運は、ここにも語られているように、日本のモダン・ジャズ・ブームの突破口を開いたといわれるアート・ブレイキーとジャズ・メッセンジャーズが来日したその年に、『ＤＩＧ』を開店したことだろう。そして以後も、六一年五月ＭＪＱ、六二年ホレス・シルバー、六三年セロニアス・モンク、六四年マイルス・デイヴィス、と毎年のようにモダン・ジャズの巨人と称された黒人ジャズメンが続々と来日公演を行うようになり、ジャズ・ブームが定着しているからで、これはジャズ喫茶の経営にも追い風となった。

熱狂的なジャズ・ファンであることが高じてジャズ喫茶の店主になってしまった中平だったから、当然、上記のジャズ・コンサートにはファンとして馳せ参じていたが、同時にこれらトップ・ジャズメンたちのエキサイティングな演奏シーンや、オフ・ステージの素顔や佇まいも追いかけて写真を撮っていた。そして六二年三月、中平は「ジャズ・アーチスト写真展」を新宿伊勢丹で開き、ジャズ写真家としてデビューを果たしている。

中平は六五年から七四年までの一〇年間、作品発表を兼ねて『ＤＩＧジャズ・カレンダー』を制作しているが、その六六年版と六七年版は和田誠がアートディレクションを担当している。また、和田は店名の書体も作り変えてくれたそうで、この新しい『ＤＩＧ』のロゴ・デザインが人気を呼んだという。ご存知の方も多いと思うが、和田誠は、六五年

NJUKU
DIG
MODERN JAZZ stick
stick
VILLAGE GATE

イラスト・高橋成器
第15号（1970年9月）

一二月に創刊された伝説的な月刊誌『話の特集』のアートディレクターであり、彼が同誌の表紙画作家に起用した横尾忠則と和田誠の二人は当時最も注目を浴びていたデザイナー兼イラストレーターであった。六八年版以降のカレンダーやそのほか『ＤＩＧ』の広告などデザインの仕事は、和田が紹介してくれたという矢吹申彦に引き継がれているが、彼も『話の特集』に集った新鋭イラストレーターの一人だった。なぜ和田誠や矢吹申彦が『ＤＩＧ』のデザインに関わったのだろうか。理由は単純だった。二人とも大のジャズ・ファンだったからなのである。

「六〇年代に世に出た僕らと同世代のアーチストたちは、あの頃はみんなジャズ喫茶にたむろしていましたよ」と、中平はこともなげに語っていたが、六〇年代というのは、そんな時代であり、状況だった。ただし、例外もあった。

◉──孤独な散歩者だった植草甚一

六〇年代サブ・カルチャーの教祖的な存在だった植草甚一は、中平が「植草先生」と敬称で呼んでいる間柄であって、同世代だったわけではない。二人が知り合ったのは新宿のジャズ喫茶だった。ある日、狭い店が混み合っていて、二人はたまたま隣り合わせの席になった。「この曲は、きみがリクエストしたのかい?」と、中平は隣の席のおじさんから話しかけられた。このおじさんが植草甚一だった。つまり、二人は客同士だったのである。

そんな関係だったのだけれど、数年後、中平がジャズ喫茶『ＤＩＧ』を開業した際、植草に相談を仰いでいるし、植草は常連客の一人にもなっている。また、中平の結婚の時は、生涯にこの一回だけだったという仲人も務めている。

二人が出会った頃、中平は二〇代前半の学生、植草はすでに五〇歳前後の中年のおじさんだった。もちろん、ただのおじさんだったわけではない。

植草甚一が一九五六年の夏、四九歳の時、モダン・ジャズをあたかも啓示を受けたかのように聴き始めたという逸話はサブ・カルチャー教祖の伝説となっているが、ご当人はその頃の気持ちをこのように記している。

モダン・ジャズにしびれだした最初のころは、半年くらいというもの毎日十時間たっぷりレコードをかけていたものです。もちろん、いまでもよくしびれちゃうのですが、いったいなぜこんなに人間的な音が出てくるのかハッキリ掴めないままに、こうした人間的な音の時代的変化と、そのつながりが知りたくなって、レコード店と家の間を毎日往復したり、ジャズ喫茶へ行っては、手にはいらないレコードを聴いていました。いい年をして急にジャズに夢中になってしまったので変人あつかいにされましたが、じぶんではいちばん健康な人間になりだしたという確信がありましたから、逆にそういう相手が古くさい人間にみえたりして、ひとりでいい気持ちになっていたものです。

（植草甚一スクラップ・ブック12『モダン・ジャズのたのしみ』晶文社、一九七六年所収「当世ファン気質」）

モダン・ジャズを聴くようになる以前の植草甚一は、映画や探偵小説の評論、エッセイを書いていた。音楽は難解な現代音楽を聴いていた。この頃の植草は知る人ぞ知るといった物書きだった。大化けするのは、彼がモダン・ジャズを聴き始めるようになって、ジャズの専門誌『スイング・ジャーナル』の常連寄稿者になってからだった。ジャズ喫茶やサウナ風呂などで、「植草さんですか?」と見知らぬ若者からよく声をかけられるようになったというのだ。筆者紹介のところなどに顔写真が載るようになり、それで顔を憶えられたからのようだった。でも、これまで映画や探偵小説の原稿を読んでくれているファンからはほとんどそういう反応がなかったのに、ジャズ・ファンからはどうして気軽に声をかけられるようになったのだろう? 植草さんは考えた。で、こんな解釈をしている。「ジャズが解放的だからだろう」。もちろん、植草甚一人気の秘密はそんなファジーな解釈で解けるものではなかった。六〇年代の若者たち（当初はモダン・ジャズ・ファンから始まったものだけれど）が植草甚一というおじさんにしびれてしまったのは、彼の独特な語り口と魅力的な考察を展開する文章だった。この引用がその特性を語るものとして適切かどうかわからないけれど、月並みなライナー・ノートやジャズ評論の文章との違いを知ってもらいたいので引いておこう。

セロニアス・モンクの偉大さはひとつには孤立した人間だということにある。だからパーカーやサッチモのように、おおくの弟子を生んだため、ジャズ・クラシックの人物になるかどうかは、いまのところ判断がつかない。彼自身が未完成であることを知りぬいているから、たえず心のなかで動揺している人間だということにもなってくる。モンクの過去をふり返ってみると、いろいろな間違いをやってきている。だが、それだけ大胆になることができたという意味で、この点が非常に高価なものとして、ぼくの眼にうつってくる。彼は孤独な散歩者であり、行きずりの人たちが振り向くようなことはない。彼自身が、友人などいないと考えているのかもしれない。

（植草甚一『モダン・ジャズの発展──バップから前衛へ』スイング・ジャーナル社、一九六八年）

植草甚一ブームが湧き起こるのは、六五年に創刊される『話の特集』に「緑色ズックカバーのノートブックから」という連載エッセイを書くようになり、また、同時期に創刊される『平凡パンチ』など若者雑誌で、〝JJおじさん〟とか、〝ファンキーおじさん〟といったキャラクターで紹介されるようになる頃からだった。そして六〇年代末から七〇年代の初頭にかけて、『ジャズの前衛と黒人たち』（晶文社、一九六七年）、『モダン・ジャズの発展──バップから前衛へ』（スイング・ジャーナル社、一九六八年）、『ぼくは散歩と雑学がすき』（晶文社、一九七〇年）などの著書が出版されると、植草ブームは一気に高まっている。

植草甚一は、引用した前文のなかでセロニアス・モンクを「孤独な散歩者」と評しているけれど、彼の半生・足跡をたどると、彼自身がまさにそんな生き方、歩みをしてきた人物だったということが感じられる。四九歳の時に、モダン・ジャズに出会い、烈しくのめりこんでいるのは、植草にとっては「変人」の世迷い事というものではなく、やっと探し求めて来た恋人に出会ったようなもので、いわば僥倖《ぎょうこう》だった。モダン・ジャズが、それまで「孤独な散歩者」として

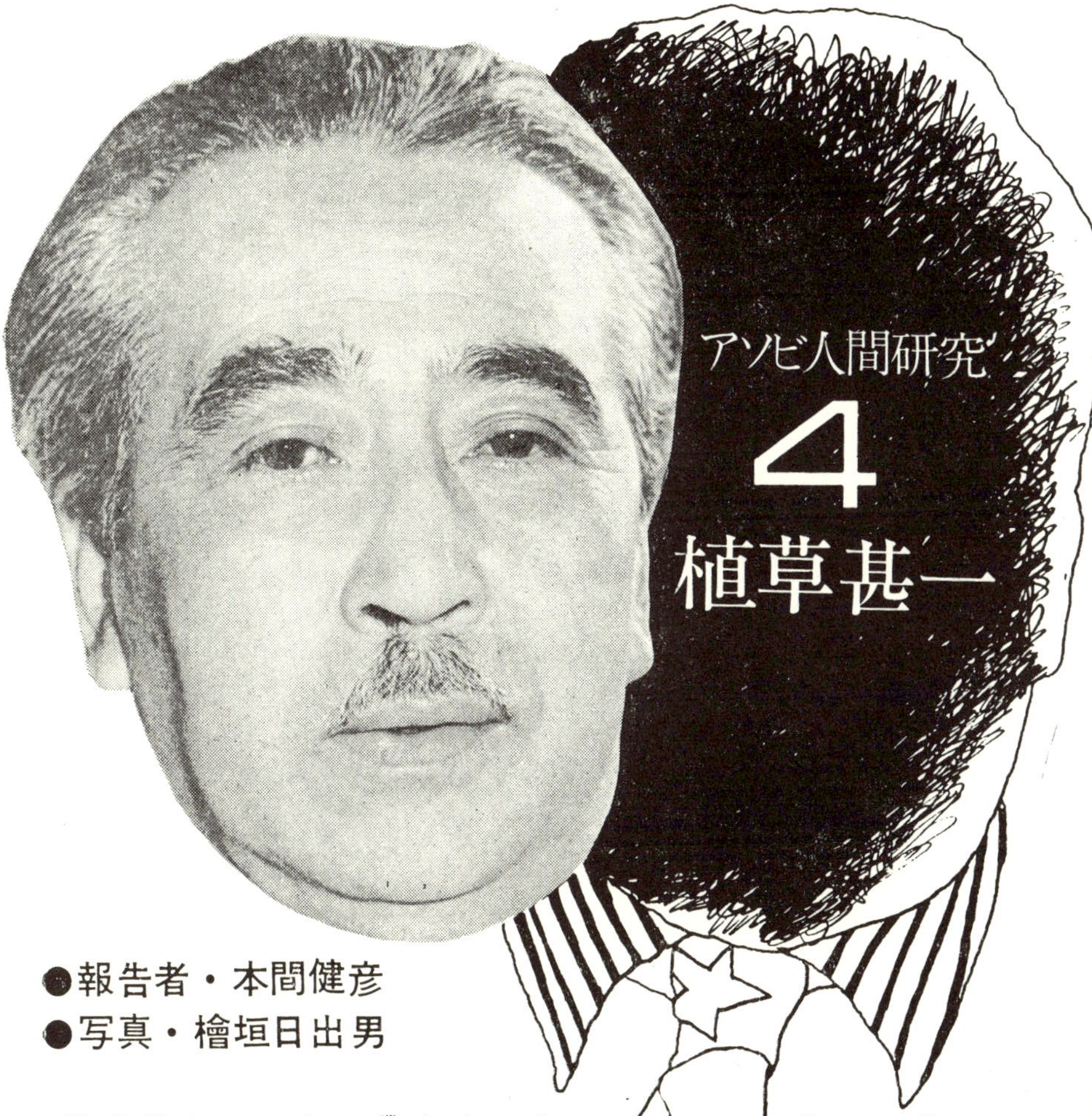

アソビ人間研究 4 植草甚一

●報告者・本間健彦
●写真・檜垣日出男

「好き勝手な事がして生きられたらなあ」——と考えない人はいないだろう。何かと自由を束縛されているサラリーマンなど特にその欲望が大きいはずである。けれども、「いやだやめたい」などとブツブツこぼしながら多くの人がやっぱりこの稼業から足を洗えないのはなぜだろう。生活がかかっているからか？

他に行く所がないからか？

さてまた一昔ほど前はやった唄の文句ではないが、やっぱり「気楽な稼業」だからだろうか？

おそらく理由の平均値はそんなところだろうが、いま一つ指摘できることは、サラリーマン社会が現代社会の〝類的存在〟になっているからではないかということである。なぜなら、動物という奴は（従って人間もこれに順じるわけだが）習性として類の中に棲みたがるものだからである。「喜びも悲しみも人様と同じ」という状態が多くの人々を安心さ生きてきた者の知性や感性を目覚めさせたのだった。
視点を変えて言えば、植草甚一というユニークな才能は、六〇年代とその時代の若い世代の熱い眼差しに迎えられ、開花したということがいえるだろう。

◉―新宿ジャズ喫茶の終焉

だが皮肉な話だけれど、六〇年代末はジャズ喫茶が終焉を迎える時代でもあった。都内の繁華街に点在していたジャズ喫茶が一軒、また一軒と次々に消えてゆき、新宿に十数軒あったジャズ喫茶も大半が、この頃、姿を消している。そんななかで中平穂積の『DIG』のみが新宿では孤軍奮闘していたが、八三年にテナントとして入っていた老朽ビルが防火上問題が生じたことをきっかけになって閉店している。中平は六七年、紀伊國屋書店裏のビルの地下に『DUG』を開店しているが、この店は「ジャズ喫茶」という看板を取り外していて、「ジャズを聴きながら酒が飲める＝ジャズ・バー」が目指されており、ジャズ・ブーズ（Jazz Booth）というキャッチフレーズが付けられている。命名者は植草甚一だったという。

ここまで、六〇年代と、この時代の代表的な都市だった新宿の特性を、あの時代の新宿文化のシンボル的な存在だったジャズ喫茶を考察することでお伝えできるのではないか、と考えて話を進めてきた。ところが、六〇年代後期に入ると、ジャズ喫茶の急速な斜陽化が顕著になってきたのだ。その問題について、私が八二年に中平穂積に取材した時に訊ねたところ、彼はこう語っていた。

大きな要因は、ジャズ・ファンの多くがレコードもハイファイ・セットも手軽に購入できるようになったことでしょうね。それからモダン・ジャズが六〇年代前期頃までのようにアングラ音楽ではなくなってしまったことかな。つまりジャズにもジャズ喫茶にも神秘性がなくなってしまった。ジャズを聴くためにジャズ喫茶へ行く必要がなくなっちゃったのですね。

六〇年代は日本の経済が高度成長時代に突入していく基点となった時代でもあった。七〇年代中頃から加速する消費化社会の前触れ現象は六〇年代中頃から起き始めていた。都市化が促進され、繁華街が商業資本の有力なマーケットとして注目されるようになるに伴い、家賃なども高騰してきて、ジャズ喫茶のような商売が成立しなくなってきたという側面は見逃せない。いっぽう若者たちの懐具合も六〇年代中頃になると急速に良くなってきていたから、中平が指摘しているような状況も招来していたのだろう。だが若者たちがジャズ喫茶へ行かなくなったのは、単に経済的な理由だけなのではなかった。

その最大の要因は、ロック・ミュージックとフォーク・ソングが、六〇年代中頃から末にかけて青春期を迎えた団塊の世代層の若者たちを二分するように席巻したことだった。ロックとフォークは音楽の内容、演奏スタイルなどが異なっていたので、そのファン層もロック派・フォーク派と分かれていたようだったが、ほぼ同時期に若者たちの心を捉えてブームを捲き起こしているのだ。当時の日本のロック・ブームが、ビートルズやローリング・ストーンズら英米に台頭して一躍寵児となったロック・スターや、六九年八月ニューヨーク州で三日間わたり四〇数万人の入場者が集って繰り広げられたウッドストック・フェスティバルの影響を受けたものであることは否めないけれど、日本の若者たち自身が「自分たちの音楽」として迎えたことも事実だった。また、フォーク・ブームが、ベトナム戦争反対を表明して立ち上がっていたアメリカの若者たちの気持ちや、その代表的な歌い手として脚光を浴びたボブ・ディランやジョーン・バエズらの歌に共感して拡がったことも明白だろう。フォーク・ソングについて補足しておくと、この時代になると多くの若者たちが手軽にギターを手に入れ、ギターを爪弾いて歌い、あるいは仲間とバンドを結成して演奏し歌う、そういう若者がどっと増えたことだ。このことはロックにも当てはまる特性で、フォークに比べると、楽器や音響機具が重装備になるという違いはあるけれど、やる気さえあればアマチュアでも自分たちのバンドを組み、演奏し歌うことができるという状況が拓けた。これはクラシック音楽やジャズだけでなく、従来の音楽マーケットがリスナー中心に形成されてきたことを思い起こすなら、音楽革命だったといえるだろう。

この音楽界の大きな潮流の変化が、六〇年代文化のシンボルだったジャズ喫茶を斜陽化に追い落したのだった。七〇年代に入り、ロックの全盛時代を迎えた頃、ジャズ評論家相倉久人がジャズとロックをめぐる状況論として書いている論文の一節を引く。

今日のジャズに見られる共通の特質は、それらがいずれも密室の祭りであるということである。否、むしろ、それを特質と呼ぶより本質であるといったほうが、あるいは正確かもしれない。独占の力が世界を急速に平板化させていく過程で、人びとが祭りをもとめて密室を志向するのは、ごく自然の欲求である。しかし、平板化のスピードは、今日すでに、密室をすら、ただちに一個の風景として風化せしめるほどにまで達している。（中略）

密室の祭りとしてのジャズの時代はおわったのである。（中略）

ジャズにたいして遅れてきた青年ともいうべきこの音楽世代は、その出現にあたって、もはやいかなる既存の密室をも持ち合わせていなかった。密室を持たぬ若者が、密室なき世界に祭りをもとめて群れ集う中から、ニュー・ロックは生まれたのである。

彼らは、自分たちが密室をのぞんでも結局は無駄であることを、なかば本能的に知っている。だから無理にもとめようとはしない。むしろオープン・スペースでの演奏を好んで、屋外へ出て行く傾向があることは、ウッドストックその他の例からも明らかである。

（相倉久人「密室なき世界の祭り――ジャズとロックをめぐる文明論的考察への試み」

（『ニューミュージックマガジン』一九七〇年七月号）

◉──中上健次・村上春樹に引き継がれたスピリット

しかし一つの時代は舞台の幕が下りるように終わるわけではない。燻っている焚き火も、かき混ぜてみると未だ燃え続けている炎が見えたりもすることもある。六〇年代後期の新宿のジャズ喫茶にもそんな現象が見られた。ジャズにたいして〝遅れてきた青年〟の世代にも数こそ少なかったけれど、必ずしもロックやフォークに走らなかった若者も存在した。そんな若者の一人が作家としてデビューする前の中上健次だった。

和歌山県新宮市出身の中上は、一九六五年三月、県立新宮高校を卒業すると、大学受験という名目で上京するが、受験をした形跡は見られない。そのことを裏付けるような一八歳当時の回想を、インタビュー記事から拾ってみた。

卒業式も出ないで東京に来た。その日の夜、新宿に出て、高校の先輩が経営しているという〝DIG《ディグ》〟へ行った。そこで大きな音ではじめて聴いて、言葉に言い表せない衝撃を受けたわけです。次の日にまた、一人で新宿へ出て、不思議な音のするほうへ歩いていって見つけたのが〝ジャズ・ビレッジ〟だったわけです。その二日目から毎日、五年間、〝ジャズ・ビレッジ〟に通ってジャズを聴いた。（中略）

シャワーとしてジャズを浴びながら、その時、自分のものの考え方が壊れていくというのがとてもうれしかった。紀州のど田舎から出てきた人間にとって、シャワーとしてジャズを浴びる事は自分がものすごく自由になっていくという感じと、ぶっ壊れていく感じが入り混じっているんだな。

（中上健次　インタビュー「ジャズから文学へ、文学からジャズへ」聞き手　高野晋太郎

『音楽の手帖「ジャズ」』所収、一九八一年六月、青土社）

中上健次が、上京した二日目から毎日、五年間通ったという「ジャズ・ビレッジ」という店は歌舞伎町にあったようだけれど、私がジャズ喫茶通いをしていた頃はまだなかったとおもうので知らない。歌舞伎町には、他に「ポニー」「木馬」「ヴィレッジ・ヴァンガード」というジャズ喫茶があって、前記二店には通ったことがあるが、「ヴィレッジ・ヴァンガード」という店も私は知らない。「ヴィレッジ・ヴァンガード」は、六七年頃、連続射殺事件の犯人永山則夫が早番、その頃大学を二年で中退して新宿界隈で当てどない日々を過ごしていたという無名時代のビートたけし（北野武）が遅番のボーイとして働いていたということで、後年知られているが、新宿のジャズ喫茶落陽期の番長格的なジャズ喫茶だったのだろう。

六〇年代と、その代表的な街だった新宿の特性を「ジャズ喫茶」という切り口で考察してきたわけだが、六〇年代後期に入ると、ジャズ喫茶が絶滅危惧種のように消えていく経緯がおわかりいただけたかどうか。少なくとも装置としてのジャズ喫茶は七〇年代中頃までに新宿からほとんどが姿を消しているけれども、中上健次のようにジャズ・スピリットをこよなく愛した反骨の若者は少数ながら存在し続けてきた。今や世界的な作家になった村上春樹は六八年に早稲田に入学し、学生時代は新宿のジャズ喫茶に通っていた。彼は大学に七年間在学していたようで、在学中の一九七四年に中央線沿線の国分寺でジャズ喫茶「ピーター・キャット」を開店させている。新宿でジャズ喫茶を開業できる時代ではもはやなかったということだろう。

六〇年代の新宿は「若者の街」と呼ばれ、カウンター・カルチャーの拠点と目されてきたが、六〇年代末になると、その看板を塗り替えなければならない事件が次々に起きている。

一九六八年六月　花園神社境内での状況劇場・紅テント公演の追放。
一九六八年一〇月　国際反戦デーの新宿デモに騒乱罪適用。多数の逮捕者が出た。
一九六九年一月　新宿西口公園内での状況劇場の無届け紅テント公演の摘発、主宰者唐十郎らの逮捕。
一九六九年五月　新宿西口広場で同年二月頃から毎週末行われていたべ平連主催の反戦フォーク集会が数千人の規模となり、機動隊が出動して解散を命じられる。六月、「西口広場」が「西口通路」と改称。

こうした若者たちの文化活動、政治活動に対する権力による弾圧は、新宿の「若者の街」としての終焉を告げる象徴的な事件だった。それは六〇年代新宿の対抗文化の代表的な装置の一つだった〈塹壕〉としてのジャズ喫茶や、〈密室の祭りの場〉だったジャズ喫茶に対しても物理的にも思想的にも成立不可能を宣告するものでもあった。

そんな新宿の「若者文化」が終焉を遂げようとしていた一九六九年六月、新宿のタウン誌『新宿プレイマップ』は創刊されたのだった。同誌の編集長となった私は、『新宿プレイマップ』の編集室が新宿二丁目の新宿大通りに面した角の店舗兼住宅だった小さな老朽ビルの二階に選定されたことに個人的な感慨を覚えた。なぜかといえば、新宿大通りと靖国通りを結ぶ、仲通りの反対側の角に、六〇年代の初頭、私の良く通ったジャズ喫茶「きーよ」があったことを想いだしたからだった。だが、『新宿プレイマップ』が創刊された頃、すでにジャズ喫茶「きーよ」はなかった。

第2章 ❖ 六〇年代から始まる自画像

◉―夕刊紙の新聞記者時代

私は六〇年安保の終焉した二年後の一九六二年に、夕刊紙を発行していた内外タイムス社に入社して社会部記者になった。内外タイムスは後発の大手資本が発行する夕刊フジや日刊ゲンダイの勢いに押されて何年か前に倒産して無くなってしまったが、五～六〇年代までは首都圏の大衆娯楽夕刊紙としてブルーカラーの男性読者の多くに愛読されていた。

私は、この夕刊紙内外タイムスの社会部記者を志望したわけではなかった。銀座二丁目の場外馬券売り場近くの裏通りにあった小さな社屋の一室で社長や編集局長といった人たちの前で面接試験を受けた時、中央にでんと座っていた黒メガネをかけたヤクザの親分のような風貌の社長から、

「チミ（君）はどんな新聞記者になりたいのかね？」と甲高い声で質問された時の情景を今でもよく覚えている。内外タイムスの創業社長は台湾出身の人だったので、当然中国人の話す日本語だったから、「君」と呼ばれたのが、「チミ」と聞こえたな、ということなども。その社長の質問に対して、私が大真面目に、

「はい、映画記者を志望します」と答えたことや。そのとたん、

「何？　映画記者だって。新聞記者を志望するなら、社会部記者じゃないのかネ」

と甲高い声で社長に一喝された言葉も脳裏に刻まれている。

　しかし、社長のその一喝は、当時の私には不本意だった。六〇年代に入るとテレビ放送が始まって、映画黄金時代に陰りが生じるようになるのだが、映画が娯楽の王様として君臨した時代に、映画を最新文化情報として享受してきた私たちの世代にとって、映画は司馬遼太郎の小説のタイトルを借用して喩えるなら〝坂の上の雲〟のような存在だったからだ。本当は新聞記者より、映画監督になりたいと思っていた。だが、当時の大手五社の映画監督はエリートの職業になっていて、東大や京大といった一流大学を卒業した優秀な者でないと入社はおぼつかなかった。そんな事情から私はせめて三流新聞の映画記者にでもなれるならなりたいと思っていたのだろう。けれども、私の思いは社長の一喝で吹き飛んだ。記者魂を持たぬ軟弱な青年と受け止められてしまったからだ。私は入社試験の不合格を確信して面接会場を後にした。

　ところが、入社試験は、なぜかパスしていた。だが、映画記者の志望は叶えられず、社会部に配属された。数か月間の社内研修を経て、私はサツ回り（警察署記者クラブ詰め）記者を命じられた。サツ回りの仕事というのは、所轄署管内で起きた火事、交通事故、窃盗事件、殺人事件等の諸事件や街ネタなどを取材して記事にし、編集部のデスクに電話送稿するというもので、社会部記者にとっては取材の基礎を学ぶ重要なステップとみなされていた。ただし私のように社会部記者をさして望まない者には退屈な仕事だった。

　それともうひとつサツ回り記者にどうしても馴染めないことがあった。それは警察官や警察署に対しての嫌悪感に由るものだった。これは私だけの固有の思いではなく、デモで機動隊員から棍棒を振りかざされて殴られたり蹴散らされた体験をした者には、警察アレルギーがトラウマのようにかき消せなくなってしまうからではないかと思う。サツ回りの記者は、所轄の警察署内に置かれている記者クラブに出勤し、ほぼ一日を過ごして帰宅するという日常で、本社の編

集局に出向くのは給料袋を取りに行く時とか、デスクとの特別の打ち合わせのために帰社するくらいだったから、ほとんど警察署に勤務しているような状態であり、それが私には耐え難かったのだ。

六七年六月三〇日、ビートルズが東京公演のため来日した時、私は羽田空港に雑感記事を書くことをデスクから命じられていた。ところが当日、私は女友達のアパートで寝坊してしまい、慌てふためいてかけつけたものの、すでにビートルズの一行は空港を去っていたという大ドジをやらかした。この時、私は、他社の記者からビートルズがタラップを降り立つ際の様子などを聞き、記事を書いて送稿している。私はじつにだらしのない不届千万の社会部記者だったのである。

◉――先輩・矢崎泰久と斎藤龍鳳の背中

「父親の背中」という言葉がある。父親もそうだが、まだ自分の確立されていない若者にとっては、「憧れの先輩」の背中も、それを見て育つ対象だろう。内外タイムス時代に、私は、そんな二人の先輩に出会った。社会部の先輩の矢崎泰久と文化部の映画記者だった斎藤龍鳳である。

矢崎泰久は、著書『「話の特集」と仲間たち』(新潮社、二〇〇五年)の中で「新卒者を教育する係を言いつけられていた当時同紙の社会部記者の私は、その年入社した五人の面倒を見なくてはならなかった。これが、本間健彦との縁だった」と記しているが、私には教育を受けた記憶はない。矢崎泰久は当時、内外タイムス社会部の花形記者として奮迅の活躍をしていた。社外でも新進ルポライターとして頭角を現していた竹中労と組んで週刊誌のライターなども手がけていて多忙だった。そのうえ大の遊び好きで麻雀や競馬にも人一倍の時間を注ぎ込んでいた。とても新米記者の教育係などやっている暇などなかったはずなのだ。

内外タイムス記者時代。左端著者、中央・矢崎泰久。

しかし、こんなことはあった。当時、千代田区内幸町の帝国ホテルの並びのビル（日比谷通りを中にした向かいにはNHKの放送会館があった）に日本社という出版社があって、そこは矢崎泰久の父・矢崎寧之が経営していた。矢崎寧之は戦前、菊池寛が創業した文藝春秋社の社員で、戦後独立して同社を設立した。創業当初はカストリ雑誌ブームで湧いた新興出版社の筆頭的な存在だったようで、坂口安吾、太宰治、織田作之助ら戦後の人気作家が執筆者と名を連ねた文芸誌や、マルクス・エンゲルス著『共産党宣言』、大ベストセラーになったというヴァン・デ・ヴェルデ著『完全なる結婚』などの単行本を発行して大いに気を佩く出版社だった。だが、私が立ち寄るようになった六〇年代前半の頃はだいぶ凋落していて、隔週刊の『週刊実話読物』と月刊誌『実話読物』という娯楽雑誌二誌と若者向けの人生雑誌『若い生活』の三誌を細々と出版する中小出版社に落ち込んでいた。私は矢崎先輩の紹介で、日本社で出していた娯楽雑誌や人生雑誌に雑文を書く、内職仕事をしていたのだが、それは内外タイムスの給料が安かったことを知っていた先輩の計らいによるバイトだった。

『話の特集』は六五年に、この日本社から創刊されたのである。編集発行人は、内外タイムスを退社して父親が創業した出版業を継ぐことになった矢崎泰久だった。『話の特集』というタイトルは、日本社からかつて出されていた娯楽雑誌のタイトルが流用された。その休刊になっていた雑誌のJR（当時国鉄）の駅売店の権利と第三種郵便の認可がそのまま使用できるというメリットからだった。

創刊当初、私は当時の日本社の情況から、あのような斬新で革新的な雑誌が誕生したことに驚きを禁じ得なかった。内外タイムス時代の矢崎泰久のニュースレポートの記事の巧みさにはいつも感嘆していたが、『話の特集』という新雑誌をあのような情況と基盤から創出させた錬金術師のような矢崎泰久の才腕にも、私は敬服したのだった。

◉――〝遊撃戦士〟斎藤龍鳳伝説

私は内外タイムス社の入社試験の面接で「映画記者を志望します」と答えて、社長から呆れられたような一喝を浴びたのだけれど、その時の私は、内外タイムスの名物映画記者だった斎藤龍鳳の存在を知らなかった。というのも、私は内外タイムス社に入るまで、この新聞を読んだこともなかったからだ。それゆえ斎藤龍鳳に「憧れ」て、映画記者を志望したわけではなかった。もし斎藤龍鳳の存在を知っていて「斎藤龍鳳さんのような映画記者になりたいのです！」などと面接の場で宣言したら、私の内外タイムス社への入社はなかっただろう。当時、内外タイムスでは、組合活動が盛んで、斎藤龍鳳は札付きのアジテーターとして経営陣からマークされていたからである。

斎藤龍鳳の有名な伝説のひとつに、各社の映画記者が銓衡委員だったブルーリボン賞の選考会において、他の中高年の記者たちがほとんどこの映画を見ておらず、「大島渚って女優か？」と失笑を買うような孤立状況の中で、大島渚の処女作『愛と希望の街』を、作品賞で落ちると監督賞で、監督賞でダメになると新人賞、それもダメだと特別賞でと、各部門で狂ったようにこの大島作品を連呼し続け、大島渚監督のデビューに大いに貢献したというエピソードがある。

これがたんなる伝説ではなく、日本映画史の裏面史として記録されているところに映画記者・斎藤龍鳳の真骨頂がうかがえるだろう。

斎藤龍鳳の映画評やエッセイの文章は、六〇年代の若者たちに人気があった。私も彼の文章の熱烈なファンになった一人で、かつて彼の映画評や文章の特質と魅力について次のような解読をしている。

> 斎藤龍鳳は、革命家として生きることに憧れや誇りや生き甲斐を感じていた人で、映画記者を職業としていながら、もの書きとして生きていることに恥の意識を持っていたようだったけれど、かなりの文章家だった。彼の文章の特質といっていい歯切れの良さというものは、アスリートの鍛え抜いた肉体と精神を思わせる。彼の文章は、彼自身が日常生活の中で流す血や汗や精液のようにほとばしり出たものなのである。だからこそ、その声は僕らのハラワタに沁みたのだ。
>
> 斎藤龍鳳の文章には、街路を駆け抜けて行った人の無念の叫びや憤りや希望や快楽のぬくもりがあり、それが僕らを妖しく惹きつけるのである。
>
> （本間健彦『街頭革命』サンポウ・ブックス、一九七二年所収「街路を駆け抜けたツムジ風＝斎藤龍鳳」）

斎藤龍鳳が内外タイムス時代に書いていた映画評の一篇を、さわりの部分だけだけれど、ご参考までに紹介しておこう。

> バイ煙にくすんだノッチンガムの工場街を背景に人間生活が描かれる。実際の――とあえて言うのは、それほど、従来、映画に描かれた生活にはウソが多かったからである。情事の前の女の息づかい、疲労した青年労働者の舌うち、そんなものまでジカに感じられる映画だ。ちょっと気のきいた若者なら、現代社会のしくみが、いかにインチ

キに満ちたものであるか、とっくに気がついているはずだ。この作品の主人公アーサー（アルバート・フィニー）もしかり。「働いて、スリ減って、戦争で死ぬのはゴメンだ」ということをちゃんと知っている。だから彼らにとっての生きがいは、週末、楽しく〝遊ぶ〟ことだけである。そのために、腹は立つけど働いている。そこで既成のルールとはちょいちょい衝突する。だが、アーサーは、いっこうに自分の生き方をあらためたりはしない。どこにもいる、だがすばらしい現代青年像を映画化した作品だ。

これは六〇年代のイギリスに台頭した〝怒れる若者たち〟と称された作家の一人、アラン・シリトーの原作を映画化したイギリス映画『土曜の夜と日曜の朝』（監督・カレル・ライス 製作・一九六〇年）の映画評である。斎藤龍鳳のこの映画評を今読み返してもけして古臭くない。けれども、半世紀前の映画に描かれている現実も、斎藤龍鳳が鋭く評している課題も、本質的には今も全然変わっていないなあ！ とあらためて感じて愕然とするし、妙に物哀しくもなる。

内外タイムスの映画記者になれなかった私が斎藤龍鳳と人間関係を結ぶきっかけとなったのは、入社後一年ぐらいが過ぎた頃の組合活動の集会で、ストライキを打つべきかどうかといった沸騰した議論で湧いていた会議の時だった。小柄だけれど大きなギョロ目とヒゲづらのドスの利いた表情の男が立ち上がって、こう宣言するように提案したのだ。

「一番若い本間君を青年行動隊長にしようじゃないか」。

その人物が斎藤龍鳳だった。私はサツ回りの外勤だったから、めったに社に上がらなかったし、斎藤龍鳳とは入社後挨拶も交わして顔見知りではあったけれど、他部の先輩記者だったので親しく付き合うこともなかったので、そんな彼の口から突然、私の名前が飛び出したことにちょっとびっくりした。多くの組合員に信任されていた斎藤龍鳳の動議は「異議なし」と承認され、私は青年行動隊長に選出された。あまり乗り気になれなかったが、龍鳳さんに推薦されたことが嬉しくて受けることにした。

戦後の一時期、ヒロポンに溺れていたという斎藤龍鳳は、酒を飲まないこともあって代わりにハイミナール等の薬を愛好した。彼と一緒の時など、「ヨォ、悪りーけど、薬屋で××買ってきてくれよ」と頼まれた。龍鳳の家は、当時JR（その頃は国鉄だったが）鶯谷駅前のラブホテル街の中にあった長屋形式のアパートだった。薄暗い家具など見当らないガランとした部屋の壁に緋牡丹お龍姿の藤純子と毛沢東の大きなポスターが並んで貼られていた。美人の奥さんがいたのだが、家庭の匂いがまるで感じられない家だった。「遊びに来いよ」と言うので、訪ねても、すぐに「ちょっと出るか」と連れ出された。行き先は決まって浅草だった。浅草は好きだが、新宿は嫌いだ、とよく言っていた。

自分勝手の思い出に浸っていてもしょうがない。「斎藤龍鳳って一体何者なの？」いまやそういう読者が大半だろうから、少し解説をしておきたい。

斎藤龍鳳は一九二八年（昭和三）生まれ。一五歳の時、旧制中学を中退して海軍飛行予科練習生となり、一七歳の時・特攻隊を志願、出撃を待ったが、飛ぶ飛行機がなく、敗戦を迎えた。戦後は小学校の代用教員、薬品のセールスマン、時局雑誌の雑誌記者などを務めたが、レッドパージで職場を追われたり、会社の倒産などで、職業を転々とすることを余儀なくされた。戦後の一時期、共産党に入党、長野県で山村工作隊の任務に従事したこともあったということだが、その後離党している。

斎藤龍鳳が内外タイムスに入社するのは、一九五六年（昭和三一）二八歳の時だった。斎藤は、娯楽夕刊紙内外タイムスでの映画記者の仕事が水に合ったようで、一九六五年一月に退社するまで九年間を過ごした。退社の際に書いた「優雅な生活への訣別」と題したエッセイに、その理由をこう綴っている。

私は企業内古参兵として優雅に暮した。本格的な合理化攻勢に、まだ見舞われていなかったせいもあるが、赤呼ばわりも、札つきになってしまえば何の苦もない。陽が高くなってからの出社、一時からの試写、「御苦労さん」そして月給。私はもう一度だけ、その日常性を破壊し、己に鍛錬の機会を課することに決めた。大企業の圧迫、反動化、そして社内の合理化を前に、私は残る人々に対して後ろめたい気がする。とりわけ職場内の若い抵抗者たちに……。

（『遊撃の思想』三一書房、一九六五年所収。初出『日本読書新聞』一九六五年二月一日号）

◉—優雅な生活への訣別

六〇年代は戦後日本の分岐点であり、大きな曲がり角を迎えた時代だった。敗戦の廃墟から立ち上がり、復興の旗印を掲げて飢餓や貧困を克服してきた日本人と日本が、欧米先進諸国から奇跡的と評された経済復興を成し遂げ、高度経済成長と経済大国への道を爆進するスタートの位置に着いたことを、多くの日本人が実感する時代を迎えたからだ。もちろん、良いこと尽くめであったわけではなく、水俣病に代表される公害問題や三井三池闘争に代表される炭鉱閉鎖と炭鉱労働者の大量解雇など数々の影の部分の問題点も噴出した。日米安保条約に反対する大規模なデモの展開や全共闘という新しい学生運動形態による大学闘争が燎原の火のように波及した。様々な文化蜂起や対抗文化を志向する芽生えも認められた。時代を大きく革新していけそうな道も見えては来ていたのである。

しかし、多くの日本人が選択したのは、高度経済成長の夢を追い求める道だった。高度経済成長の夢というのは、日本人にとって大河の流れのようなものだったのだろう。

けれども、斎藤龍鳳は、ささやかな「優雅な生活」に訣別し、自由ではあるけれど、生活の糧を得ることのきわめて厳しいフリーランサーの文筆業の道を選んだ。彼の言葉を借りれば「新聞労働者から映画評論家へ——恥多い商売ですけど、もうしばらくは続けるつもりです。それほど学問がなくても営業可能な、それは数少ない職業なので……」と処女作『遊撃の思想』の「あとがき」に書いている。

だが、斎藤龍鳳はフリーの映画評論家になってからは、ほとんど映画評論を書いていない。そのことは六九年四月に刊行されている斎藤の二冊目の論集で、結局これが最後の著作になってしまった『武闘派宣言』（三一書房、一九六九年）を読めばよくわかる。本書には一九六五年一一月に刊行された『遊撃の思想』以降、つまり彼がフリーランサーとなって雑誌や新聞に発表している評論やエッセイが収録されているのだけれど、映画について書いている文章は数本にすぎない。それも個々の作品に対する〝映画評〟というより、「映画現状の批判」「映画はなぜ武器でありえないか」と題して書かれている映画についての論評なのだ。しかも後者の論考では「現在の体制の変革なくして武器としうるかどうか……なまじな企業内ゲリラや独立プロ運動で、映画を武器にしえたと思いこむのは、マスターベーションというものだ。それよりも、路傍の石を投げること、変革の事業に参加すること、その方がてっとりばやい」とまで言い切っている。

『武闘派宣言』には、「走れ紅衛兵」（初出『現代の眼』一九六六年七月）、「白色テロへの血の債務」（『現代の眼』一九六七年九月）、「私の共産主義への道」（『現代の眼』一九六七年九月）、「暴動と戦術」（『NON』一九六八年一一月）といった表題の論文が収められている。書名も「よくぞ付けたり！」という物騒なタイトルだけれど、本書の論文に位置づけられている上記各論文のタイトルもその内容も著者のいかにも切迫した息づかいが伝わってくるような論述で、刊行されたその当時読んだ時には、顔が火照り息苦しくなったことを覚えている。

前述したように斎藤龍鳳は一九六五年一一月に出版された『遊撃の思想』の「あとがき」に「新聞労働者から映画評論家へ——恥多い商売ですけど、もうしばらくは続けるつもりです。それほど学問がなくても営業可能な、それは数少ない職業なので……」と記しているのだが、『武闘派宣言』には「〝映画評論家〟という虚業から、営業不可能な存在に、私を転換させなくてはならないと考えています」と、「あとがき」で決意を表明している。「営業不可能な存在」とは、革命の実践にほかならない。『武闘派宣言』の第六章「映画にたいする若干の発言」と題した章のリードに彼は次のような独白を記している。

＊映画批評でメシをくいはじめてから、はや十年は優にたった。その間、個人的な転変はあったが、とにかく怠

け者の私にはワリがいい商売だとわりきって、あちらこちらに書きちらしてきた。しかしここ数年、なんとも虚しい。それは、私が七〇年代階級闘争にむけて、私自身の立場を鮮明にしてきた時期と照応する。いまや私は〝映画評論家〟ではなく、一人の市井の〝運動実践者〟である。そういう私を〝対外盲従分子〟とそしるむきもあるが、それが〝革命的〟ということと同義語ならば、ソリャマタケッコウ！である。

「ソリャマタケッコウ！」という用語は、六〇年代に一世を風靡したコミックバンド・ハナ肇とクレージーキャッツのメンバーの一人、植木等が流行らせた言葉だけれど、斎藤龍鳳は、その流行語を戯《どう》けて用い、「俺は革命的に生きる！」と決意表明しているのである。

こうして斎藤龍鳳は「営業不可能な存在」にのめり込んでいる。

一九六七年は、斎藤龍鳳が三九歳の年だった。この年、彼は、一〜二月明大闘争、三月善隣会館闘争、五月砂川闘争などに関わっていて、八月の山谷暴動では同月一九日、浅草清川町で路上駐車していた自家用車の窓ガラスをバットをふるって破壊し現行犯逮捕されている。中国では六六年五月末、毛沢東の指導する文化大革命の火蓋が切られ、真っ赤な表紙の毛沢東語録を手にした中学生ら若者たちが組織した紅衛兵が反革命分子を吊るし上げたり、猛烈に攻撃するという運動が六八年七月、運動中止命令が下るまで猛威を振るっていた。『武闘派宣言』の表紙中扉に「……まちがいをなおすには、ゆきすぎをやらなければならない。ゆきすぎをやらなければ、まちがいはなおせない」という毛沢東の言葉をエピグラムとして掲示している斎藤龍鳳が、この紅衛兵運動に感化を受けたことは自明だろう。彼はすでに紅衛兵のように若くはなかったが、毛沢東が革命家の資質として挙げている「貧しく」「若く」「無名であること」という条件のうち、「若く」を除く二つを俺は持っているのだ！　と胸を張っている。

斎藤龍鳳は「遊撃戦士」というニックネームを持っていた。チェ・ゲバラを敬愛していて、最初の著書名を『遊撃の思想』としていた彼にとってそれは喜ばしい肩書き《トレードマーク》だったにちがいない。しかし「斎藤龍鳳の〝遊撃〟とは、〝女とクスリ〟だよ」と揶揄するむきが当時あったことも記しておくべきだろう。私生活については詳らかではないけれど、彼の薬物中毒症状については私も若干見聞しているし、斎藤龍鳳の享年四二という若すぎる死の要因がクスリ中毒に因るものだったことを思えば、そんな揶揄にも耳を傾けないわけにもいかないからである。

◉―ヒッピーでもあった龍鳳さん

だが私は、『武闘派宣言』の中の「ゲリラに出てゆく朝」（初出『朝日ジャーナル』一九六八年九月二二日号）、「遊撃伊豆日記」（『話の特集』一九六七年四月）、「一九六八年の夏」（『新日本文学』一九六八年一二月）という三本のエッセイに描かれている斎藤龍鳳の素顔と感性がじつはとても好きだ。そこに六〇年代という時代のときめきと風を感じるからであった。

六七年から六八年にかけて斎藤龍鳳は真っ赤な一〇段ギアのサイクリング車を駆って旅をしている。サイクリングはひとり旅が多かったが、盟友の石堂淑朗（シナリオライター）といっしょに走ることもあった。ある時など東京から瀬戸内海の弓削島という島まで一日二〇㎞のペースで三週間をかけて長駆したこともあった。また、伊豆半島最南端の南伊豆町入間の鄙びた漁村がすっかり気に入り、夏のシーズンだけでなく、冬場にも暇を見つけては出かけ、長逗留もした。東京の騒然さから脱出して、大好きな海辺で休暇を楽しむ旅だったようだが、自分では運動に不可欠の「体強頭強」のトレーニングの場であり、「私の内なる根拠地」と位置づけていた。「一九六八年の夏」というエッセイから一場面を紹介しておきたい。

一九六八年の夏、私は自転車で西にむかって走っていた。行く先々で泳ぎ、日が沈むとまた走った。誰とも話をする必要がないし、誰かと話をしたくなれば自転車を止めさえすれば、誰とでも話しあえた。水のなかはサイレントの世界である。水中眼鏡をかけ潜っている六〇秒弱の間、私はハンカクメイなのではないかと思えるくらい、世界の現実から遠ざかってしまう。芸術のことも政治のこともそっちのけで、十二・三センチ幅ぐらいのガラスに映る海底にみとれ、呼吸がもうとてももつづかないのを憤懣に思い、同時に、これ以上息を止めていたら死ぬと一方では考え、思い切り強く、ぬるりとした岩肌を蹴って水面に顔を出そうとする。しだいに頭上が明るくなり、水面を下から眺められる位置まで浮かび上がりながら、まだ水面に達しない時、私は私の肺が破れるのではないかとあせる。だが、まもなく浮上し、私の鼻腔や口腔が、いそがしく酸素をむさぼり吸う。積乱雲が水平線の上に浮かんでいるほかどこを見まわしても人がいないような時、私は太平洋のまんなかで、ひどく個人主義的な幸福感に浸る。大きく空気を吸い、また頭から逆落としに身体を水中に没して行く。

この文章世界には、〝遊撃戦士〟斎藤龍鳳の顔は全く見いだせない。代わりにあくなき自由を希求するヒッピーの若者のような龍鳳のもうひとつの顔を覗くことができる。だが待てよ、と思った。これは斎藤龍鳳のもうひとつの顔だろうか。もしかしたら、このもうひとつの顔の方こそが、彼の素顔なのではないか、と。〈個人主義的な幸福感に浸りたい〉という激しい不逞な欲望が、彼を常に遊びの世界へ回帰させたのであり、同時に革命に対する素朴で執拗なまでの幻影を抱かせ続けたのである。その生き方は、彼にとって矛盾ではなかったのだ。

◉—ゲリラに出て行く朝

「ゲリラに出てゆく朝」というエッセイで、斎藤龍鳳はスペイン革命の人民戦線派の老ゲリラ兵〈グレゴリー・ペック）を主人公にした映画『日曜日には鼠を殺せ』（フレッド・ジンネマン監督）の一場面をこんな眼差しで観ている。

主人公の老ゲリラ兵は、スペイン革命の戦いに敗れてフランスに亡命。二十余年の歳月が主人公を老いさせ、気力を失わせている。つい数年前までは年に数回は祖国に侵入してゲリラ活動を行っていたが、ここ数年ほどは酒びたりの暮らしをしている。そんな老ゲリラ兵が意を決して出陣するシーンである。

国境に間近の居酒屋でブドウ酒をひっかけるが、この居酒屋の女をペックがいちべつする際、カメラはごく普遍的な速度で、女の脚と胸と腰をみせた。それはそのまま、国境を越えれば間違いなく死ぬだろう英雄の目であり、いまわの際に、当り前すぎるほど当り前な人間の未練をも感じさせるアングルであった。（中略）

女はペックがじろりと眺めるのを意識し、身体全体をこれ見よがしにくねらせていた。老英雄は、もう戦うことがそれほど好きではなくなっている。感性的には女とベッドのなかで寝ていたいに違いない。にもかかわらず、テーブルにコップを置くと、すくっと立ち上がり、居酒屋を出、単身スペインへ侵入する。

どうして死が待ちかまえるスペイン行きを優先させ、いちべつした意識の下にねむる願望を押しきったのだろう。解放されないもの、抑圧されたままのものが、まだスペインには数多く存在するからである。それらの解放がなされない限り、性の解放もありえないし、性の享受が真に愉悦に満ちたものになるはずもないからである。スペインの民兵出身らしい諦めのよさで、彼は女に送った好色そうな目つきを、瞬時にしてゲリラの目に変えた。

斎藤龍鳳は「この場面を、私は記憶から消し去ることはできない」と記しているけれども、筆者の私にとっても、「この場面」を、このような眼差しで観て記した、彼の思いと、彼の晩年の姿とが重なって心の映像に刻まれている。

斎藤龍鳳の晩年は、「ゲリラに出てゆく朝」の老ゲリラ兵のように決してカッコよくはなかった。むしろ無残だった。六九年に入ってからの斎藤龍鳳は長年の薬物の乱用で身心がボロボロになっていた状態が一挙に顕在化し、精神病院等への入退院を繰り返す身の上になってしまったからだ。「俺は戦後ずっと負け戦を転戦してきたよ」と、さほど落胆した様子もなく日頃語っていた斎藤龍鳳だったのだが、東大闘争のシンボルだった全共闘の学生たちによる安田講堂の籠城が機動隊の圧倒的な武力に屈してバリケードが解かれ闘争が終焉を遂げると他の大学の闘争も潮が引くように消滅していったという状況は、弱りきってしまっていた身心にはもはや受け止めきれず、大きな衝撃を受けてしまったのかも知れない。注文が来なくなったのか、それとも書けなかったのか。原稿もほとんど書いていない。

『新宿プレイマップ』では、七〇年九月号に「エンコ者のジュク観」、七一年四月号には「緋牡丹のお竜命」と題した原稿を書いてもらった。前者は浅草（エンコ）が好きで、新宿（ジュク）嫌いの龍鳳が、新宿のタウン誌に寄せた原稿だった。冒頭の一節を引く。


「新宿の女」を歌う娘は浅草にいるんじゃあないかと思う。

私が四才の時、オリンピックの脇から出ている市電の周辺で迷い子になった記憶がある。

もう三十分もしたらサーカスに売り飛ばされていたと巡査から、母、父、そして私はえらく説教された。（むしろその方が今となっては身の為だったかも知れない）。

あの引き込み線がなくなり、大通りの都電がなくなり、いつの間にやら靖国通り（いやな名称だ）の都電がなくなった。

正直にいって、〝新宿〟にはあまりいい想い出がない。


この号の執筆者紹介欄には「『書くのと人に会うのが厭になった。この原稿書くために先日女房と新宿を久しぶりに歩いたんだが、二キロやせたよ』厄年を迎えたそうで、〝遊撃戦士〟も大分消耗の様子でした」と記されている。

後者は斎藤龍鳳が大好きだったヤクザ映画とそのヒロイン・藤純子扮する「緋牡丹お竜さん」へのラブレターのよう

緋牡丹のお竜命《いのち》

斎藤竜鳳

映画

矢野竜子さん。

一九六八年九月。一分の隙もみせない、引き締った構えで、「御当家の親分さん。おあねえさん。陰ながらお許しを蒙ります。向いまする上様とは今日向初の御意を得ます。したがいまして下拙ことは肥後能本にござんす。能本は五木の生れ、名前の儀は矢野竜子、通り名を緋牡丹のお竜と発しまして御視見の通りしがなきものにござんす。幾末お見知りおかれましてお引立を願い仕ります」と、しっかりとした口調で仁義を切る姿に接した時を想い出します。その述べる間に、華やかに咲いた牡丹は「酔顔」から「豊代」種へ変って行き、「緋牡丹博徒」とメインタイトルがくっきりと現われ、貴方の膝元いっぱいに大輪の牡丹がひろがる、それは鮮やかな出だしであったのを今も忘れる事が出来ません。

「幾末お見知りおかれまして……」といわれるまでもなく、また「お引立を願い仕ります」と貴女に言われるまでもなく、この映画はシリーズとして続くだろうことを、私は予感し、心底で盃をかわしました。

たしか鈴木則文さんのシナリオで、演出は山下耕作氏だったと思います。このおふたかたのメッセージとも受け取れ、藤純子、いや、正確にいうなら俊藤純子さんの観客大衆への丁重な挨拶とも聞くことが出来ました。闇の中で私は今後、長く長くつき合おうと一人誓い、あたりを見回しましたが、暗い場内を見渡した時、私の目に写った、人々の表情もまた、私同様、真剣なまなざしで貴女の切る仁義を聞き惚れ、腰を落した貴女の凛々しい姿に魅いられ、画面一ぱいに咲いた牡丹の花と、時として愛嬌を垣い間見せる右の片えくぼと決して崩れることのない、きりりとした貴女を見とれているのが、はっきりとうかがえました。

私は、その映画に対置する己れの目が、決して観客大衆のそれと異るものだとは思いませんでしたし、より抜きん出た、ヒョーロン家の冷静さ?　客観性?　思想?、そうした類いの爽雑物によって、裏をかえして眺めたり、したり顔で批評を下す選良民の目で望見していない事を確認し、むしろ、それらのいやらしさから解き放たれている、自由な個人的愛好者の群の中を楽しく泳ぎ回る、自分を再発見して大嬉びしました。

話は少々飛びますけど、此処二、三年、ずい分、沢山の「やくざ映画論」が登場し、映画雑誌の紙面を埋めました。

しかし、私は、その殆んど全部を信じませんでした。やくざ映画に〝思想〟があったり〝論〟が存在し得よう筈などあるわけはないと信じていたのですから。

やくざ映画を支えているのは、義理と人情であり、男と女であり、花と長脇差であり、陰と陽、裏と表、といった矛盾だけであり、それらは、どう衝突し合っても両者は止揚することは無く〝思想〟と呼べるような高邁のものへむけて一段と飛翔して行ける質を含んでいるとは、ゆめゆめ考えはしなかったからです。やくざ映画に現実を、仮託する程、私は甘っちょろい〝男〟ではありません。

私は芸術が娯楽であって悪いなどという教条主義も持ち合わせませんし、娯楽には芸術性も含有されていなければならないといった種の、前者を単に裏返しにしただけの思考をも持ちません。映画はかってハリウッドが資本主義の産物として、製作、配給、興行というルートにのせ、世界市場にバラまいて利潤をむさぼった「商品」だという認識以上に、私は考えた事はありません。もち論、後追いした日本でも同様です。

処が、芸術でも、娯楽でもなく、さりとて政治煽動力もなく、興行上のアガリさえ無くなって来ているとすれば、それは、もうすでに、商品でも、映画でさえもない。幽霊みたいなものです。にもかかわらず愚直な庶民は文化のママッ子たるカツドウシャシンでさえあれば惜しみもなくゼニを払い、ガタのきた映画を下部で懸命に支えます。貴女が「緋牡丹博徒」第一作のメインタイトル前に切った仁義の中には「有難とうさんですが、それでは作法に外れますので……」といった或る種の謙譲さが、ゼニを払う人々の心を打ったように思います。

「演歌は怨歌だ」とかいうチャンチャラオカシイようなコジツケを天下にむかって放言する意味づけ屋が横行したように、やくざ映画にも「大衆情念の噴出」だとか「抑圧された者の憤怒」とか小うるさい論理づけが、いやという程、垂れ流され、怒れる人民のエネルギーでもやくざ映画の中にはあるかのように一部、合理世界に安住する書斎から――つまり、義理人情やそれを裂く不合理世界を知らない人々、インテリとでもいうのでしょう――憧憬をまじえつつ持ち上げられる不幸に直面しました。

ガマンしてガマンして、ガマンし抜いた揚句、高倉健がドスを風呂敷にくるんで単身殴り込みに行く、そっと露地から池部良が現われ、二人が並び、その背に和洋合奏の、ちょっぴり私好みの俗な悲哀めいた旋律がかぶる。間もなく血しぶきを上げ斬られ、突かれ、もうひと突かれして蹴殺される天津敏や名和宏らの恐怖にひきつる顔つきを予測して、そこに軽いオルガスムスを私は感じこそすれ〝思想〟を発見するなどということはありませんでした。

この頃のやくざ映画の頽廃の第一はガマンしなくなった事でしょう。カポネの舎弟、極悪ナントカ、番長シリーズなど残念なことに先日みた貴女の「女渡世人」も、ひと頃のようにそれほどヤセガマンしたあとは冒頭から見受けられませんでした。ヤクザ映画を駄目にした責任の、大半はインテリのヤクザ映画〝論〟にあったことは先刻言及した通りですけど、まだ私は「女渡世人」の貴女をさえあきらめることは出来ません。本ビキをする時の堅い面持ち、横向き加減になった際の貴女のうなじ。もうすっかり板についた構え。まだまだ未練が残ります。それらは決してまだ女剣戟ではありませんでした。どうか、それに惰することなく、同時に〝論〟にまどわされることもなく、せいぜい感想文かファン・レターだけを信用して下さい。またまかり間違っても、マイクロだのミニ、ミデイ、マキシなどを着用なさらない事を蛇足としてつけ加えさせて戴き、貴女への期待に変えたいと存じます。「長髪の男がきらい」という事を何かで読みましたけど私も一貫して、今の角刈りは止めない覚悟です。「花札勝負」「お竜参上」と一作ごとに貴女の形式と内容は統一された美の方向へむかっています。

牡丹はシャクヤク台で二年、実生台だと咲かせるまでに六年はかかるといわれ栽培のむつかしい花だと聞きます。艶やかですけど一年一輪しか増えないとも聞きます。

それは貴女に相応しい花だとつくづく思います。細い茎で雫をのせた重い花弁を、何事までも支え耐え、綺麗に咲き誇って下さい。

な一文。結びの一節を引く。

牡丹はシャクヤク台で二年、実生台だと咲かせるまでに六年はかかるといわれ栽培のむつかしい花だと聞きます。艶やかですけど一年一輪しか増えないとも聞きます。

それは貴方に相応しい花だとつくづく思います。細い茎で雫をのせた重い花弁を、何時までも支え耐え、綺麗に咲き誇って下さい。

正直に言って、私には、二本の原稿とも物足りなかった。しかし、それが斎藤龍鳳の最晩年の衰えた状況の中で書かれたものだということを知った時には切なさが募った。

この号の執筆者紹介欄には「七〇年は二度も入院したが、七一年はすこぶる元気。毎朝マラソンと、腕立て伏せをなぜか一六回、午後三時になると銭湯に出かける」と記されているのだけれど、この記事が掲載された四月号は雑誌発行の慣例で三月上旬に出ていたわけだから、この原稿が同月二五日に死去している斎藤龍鳳の絶筆だったということも考えられる。執筆者紹介は、執筆者に訊いた近況を伝える小文だった。それゆえ状況から判断すれば、「すこぶる元気になった」とか、「毎朝マラソンや腕立て伏せ……」をしていたという執筆者の言葉は虚勢を張った物言いだったのかもしれないし、あるいは何とか再起を図ろうとしているのだという健気な表明だったのかもしれない。

後日、晩年の斎藤龍鳳と親しかった友人から聞いた話では、再婚した若い妻との間に初めての子ども（二歳の女児）がいたそうで、乳飲み子を抱えながらミルク代にも事欠き、若い友人にカンパを求めたこともあったというし、最晩年には新妻をキャバレーで働かせ、自身も製本屋の臨時工として働いていたこともあったという。

一九七一年三月二五日、斎藤龍鳳は中野区大和町のアパートで死去している。享年四三。彼は電気毛布にくるまって死んでいた。枕元にはアトラキシンやグレランといった日頃服用していた精神安定剤が散乱していて、「コーラが飲みたい。今日はよく勉強した。ＳＵＢ帰って来ない。寂しい」という走り書きが残されていたが、警察の調べでは自殺ではなかったという。ＳＵＢというのは、奥さんの愛称で、二日前に夫婦喧嘩をして妻は二歳の子どもを連れて家を空けていて、その留守中の出来事だった。

すでに時代は六〇年代を過ぎ、一九七一年になっていたのだが、普段人は新年を迎えるような気持ちで年代の移り変わりを意識しているわけではない。しかし、斎藤龍鳳の突然の死は、私には、あらためて六〇年代の終焉を宣告されたような事件に映った。

◉—万座温泉での番頭生活

私は一九六七年一〇月、内外タイムス社を退社した。同社には社会部記者として六年在籍したことになる。本当はその二年前の六五年に同社の先輩記者だった斎藤龍鳳と矢崎泰久がそろって退社してしまった時、私も二人の後を追って退社したかったのだけれど、私には彼らのような能力が残念ながら未だ具わっていないという認識があったので踏み留まるしかなかったのである。

それと私にはもうひとつ事情があった。この年の六月に私は結婚したからだ。当時暮らしていた北区の区民会館でささやかな式も挙げた。会社の上司を来賓として招くということはしなかったが、既に内外タイムスを退社していた斎藤龍鳳と矢崎泰久の両先輩には出席してもらった。「可愛いい嫁さんもらって良かったな！　かわいがってやれよ」。斎藤龍鳳は、大きな目玉に好色そうな微笑を浮かべて、そんな冗談口を叩き帰って行った。

その年の一一月、斎藤龍鳳は『遊撃の思想』を上梓し、同年一二月には矢崎泰久が編集発行人となる『話の特集』が創刊されている。私は二人の先輩の輝かしい活躍ぶりを夏の夜空に打ち上げられる見事な大輪の花火を仰ぎ見る思いで眺めた。何の確証があったわけでもないのに、自分にも何かやれそうな気持ちの高まり、その胎動を唯一の手がかりにして、私は私の冬の時代を生き抜こうとしていた。

そんな日々から二年後の一九六七年一〇月、私は内外タイムスを退社して、群馬県の万座温泉で旅館の番頭をすることになった。これは家業のホテル経営を継ぐために私より少し前に内外タイムスを退社した先輩から「よかったら、俺の仕事を手伝ってくれないかな?」と誘われたからだった。その先輩は、私が新聞記者の仕事に嫌気がさしていて、「辞めたい」とよく口走っていたことを覚えていて話を持ちかけてきたのだ。もちろん、私は旅館業を自分の生涯の仕事にしようなどと思っていたわけではなかった。新聞社を辞めた後、何をすべきなのかということも決めかねていた状態だったので、リセット休暇とアルバイトを兼ねた、モラトリアム期間のつもりで、私は先輩の誘いに乗ったのである。ニューヨークとかパリにでも出かけて、貧乏旅行を楽しむような洒落た感覚も、そんな経済的余裕も、私は持ち合わせていなかったのだろう。

しかし、私のこの選択は、家族から――とくに母親と妻からは強く反対された。

「じきに三〇歳になろうというのに、お前はいつまでフラフラした生き方をしているの。いったい何を考えているの⁉」

と母は詰問した。これまでの私の風来坊的な性格や生き方を大いに心配していた母の手厳しい説教だった。一方、妻のリツ子は、

「わたしはそんな所へ行くのイヤよ。寒い処も、雪で閉じ込められる生活も大嫌いなので。それがイヤで北海道を飛び出して、東京へ出て来たんだから……」

と、反対の狼煙を上げた。無口で普段はほとんど自分の意見など言わない彼女が、この時はきっぱりそんな表明をしたのだった。リツ子は函館の出身だった。函館は美しい港町で、冬季は凍《しばれ》る寒冷地ではあるが、雪深い土地ではない。でも、彼女にはその地を逃れたかったトラウマがあったのかも知れない。

けれども、私は、母の意見も妻リツ子の反対も無視し、万座温泉での番頭暮らしを目指して強行突破を図った。こう

いう態度は私の悪い癖のひとつだった。私たちの結婚生活が次第に壊れてゆき、七二年に『新宿プレイマップ』が遂に廃刊となった時代に、離婚を迎える導火線はこの時に起因していたのである。私たちの結婚が破綻し離婚することになったことを両親に告げると、父は私にこう言った。「女を泣かせるような奴は碌でもない男だぞ！」。父の刃のような言葉は今も胸奥に突き刺さっている。

万座温泉は白根山の五〜六合目位の高地にある温泉地でお隣の草津温泉と並び、古くから良好な湯治地として知られてきたが、その頃は空前のスキーブームに見舞われ、冬季はスキー場として賑わっていた。

万座温泉での冬場の番頭の主たる仕事というのは、深い積雪でホテルや旅館の点在する場所まで車が通行できなくなるため、約五〇〇メートル位下った地点のバス停まで夜行バスや自家用車で連日やって来るスキー客の送迎と、日中週に数回配達される食料品や日用品の荷運びを背負子を担いで行うことだった。腰まで埋まるような山の雪道を登り降りしての荷運びや吹雪の深夜の客の送迎は、ヒマラヤ登山のシェルパの仕事を想像してしまうようなシンドイ作業だったけれど、まだ二〇代の肉体と精神を失わずに保っていたので乗り切ることができた。私は暇を見つけては存分にスキーを楽しんだ。

だが、やがて山にも遅い春が訪れ、スキー・シーズンが終わってしまうと、当然のことなのだけれど潮が引いたように客足が途絶え、旅館は閑散として、番頭の仕事もほとんどなくなった。スキー・シーズンの冬季の間、県内の農村からパート従業員として働きに来ていた人々も下山して帰郷してしまうと、館内は板前の夫婦と正規の従業員が数人だけという状態で、〈俺はここで一体何をしているのだろう？〉と、急に哲学的な考察をしたりする心境に陥った。

ある日、人気のないガランとしたホールのジューク・ボックスからへんてこりんな曲が流れていて、その歌をいつもは無愛想な板前の男が一人で珍しくはしゃいだ感じで聴いていた。私の姿に気づくと、「この歌、面白いですよ」と声をかけてきた。この歌は当時、若者たちの間で爆発的な人気を呼んでいた、『帰って来たヨッパライ』（歌：ザ・フォーク・

クルセダーズ　作詞：松山猛・北山修　作曲：加藤和彦）だった。

おらは死んじまっただ
おらは死んじまっただ
おらあ死んじまっただ　天国に行っただ

たしかに、道化た子どものような甲高い声で、テープを早回し回転させて、フォークのコーラスグループがリフを繰り返すように歌っているこの曲は、若者の〈おれたちは誰にも束縛されないぞ！〉といった感じの自由奔放な精神が弾けていて、歌も歌詞も面白かった。私は難なく歌の世界に飛び込み、すぐに仲間に加わっているような気分になれた。

ところが、歌が一番の詞の結びの文句に入って、

天国よいとこ一度はおいで
酒はうまいし　ねえちゃんはきれいだ
ワーワーワッワー

と、コーラスでハモる部分に来たとき、なぜか私は、ウーッとこみ上げる気分に襲われ、気づくと、〈帰心矢のごとし〉という心境に様変わりしていた。東京が天国などでないことは十分承知していたが、地獄でもいい！　東京へ帰ろう！

そんな気分を抑えることができなくなってしまったのである。

第3章 ❖ アナーキーな風に吹かれて

かつて一時期、私たちを夢中にさせたのは、〈新宿プレイマップ〉だった。一九六〇年代の幕が降りる頃に登場したこのメディアによって、〈タウン誌〉という言葉がひろく市民権をもつようになったとされている。

（五木寛之『金沢望郷歌』文藝春秋、一九八九年所収「夏の挽歌」）

◉——タウン誌『新宿プレイマップ』創刊

冒頭に引いた一文は、五木寛之の『金沢望郷歌』と題した小説集の一篇に金沢の街でタウン誌を作っている男の話があって、その主人公に語らせている言葉だ。七〇年代初頭の頃、大学闘争に参加して高揚感や敗北感を体験し目覚めた学生たちのなかに、大学を中退して企業就職への退路を断つ「ドロップ・アウト」と呼ばれた現象や、卒業後東京の企業などへの就職に背を向けて故郷へ帰り、家業を継ぐとか喫茶店などの店舗を開業するといった若者の生き方が「Uターン」現象と呼ばれ話題を呼んだ時代があった。前掲の小説の主人公もそんな世代のひとりで、東京の大学に在学していた頃、新宿のジャズ喫茶に入りびたっていて、タウン誌『新宿プレイマップ』の愛読者だったという設定がされている。「夏の挽歌」は小説だけれど、この部分はノンフィクションとして読んでもらってもいいだろう。

『新宿プレイマップ』は、一九六九年六月に創刊されている。創刊号の月号は七月号となっているが、これは発行月を実際より一か月早くするという奇妙な雑誌の慣例に従ったものだった。前記の引用させてもらった一文で注目していただきたい箇所は「このメディアによって、〈タウン誌〉という言葉がひろく市民権をもつようになった」というところだ。

以下、あまり面白くもない説明になるので退屈だろうけれど、このことをわかってもらっておかないと話が前に進められないのでご容赦いただきたい。

『新宿プレイマップ』は、その名のとおり新宿の「街の雑誌」だった。発行元は新都心新宿ＰＲ委員会（委員長・田辺茂一）という団体で、新宿の百貨店・大手企業・商店街・専門店が会員となって構成されていた。委員長の田辺茂一はもはやご存知の方もすくないかもしれないが、紀伊國屋書店の創業社長で、作家、随筆家としても活躍、夜な夜な銀座を飲み歩き、若い頃からの華麗な女性遍歴を小説や随筆に書いていたことから、粋人、あるいは〝酔人文化人〟として名を知られていた。六九年度の大島渚監督作品『新宿泥棒日記』には、主演に抜擢されている横尾忠則が紀伊國屋書店で本を万引きする青年に扮し、田辺茂一が紀伊國屋書店社長役で出演して話題を呼んだものだけれど、六〇年代ならではの映画の作られ方だった。

新都心新宿ＰＲ委員会は、当時、新宿区四谷に放送局を構えていた文化放送のきもいりで結成された団体で、六八年一一月一日に文化放送から「新宿メディアポリス宣言」が発表されているのだが、これが同団体の旗上げセレモニーでもあった。

同委員会が設立された背景には、かねてより東京都が計画を進めてきた新宿西口旧淀橋浄水場跡地（敷地面積約五〇万平方メートル）の副都心構想がいよいよ実現される段階に入り、七〇年代末までにニューヨークの摩天楼街のような超高層ビルの街区が完成するという青写真が公表され、新宿にとってエポック・メーキングな時代が到来していたことが挙げられるだろう。現に翌六九年には超高層ビルの第一号となった京王プラザホテルの建設が着工されている。この絶好の機会を捉え、「新宿を新しい都心として飛躍的に発展させよう」というのが新都心新宿PR委員会の設立趣旨だったのである。ちょっとご注目頂きたいのは、団体名だ。というのも、東京都の計画では、新宿西口の超高層ビル街区を軸にした「新宿副都心」は、他の都内で計画されていた副都心構想の一つなのだけれど、新宿副都心をアピールしていこうという目的で結成されたこの団体は、高らかに「新都心新宿」と名乗っているからだった。当時の新宿の資本家たちの鼻息の荒さがうかがえるだろう。

「新宿メディアポリス宣言」のさわりの文句を紹介しておこう。

私たちは、いま——予感にみちた新しい都市のただ中にいる。
新宿というのが、その都市の名前である。
この都市に起っていることは、誰にも理解できない。ただ感ずるだけだ。

新宿は、日本の青春なのだ。
青春を動かすものは、権力でもない。金でもない。
青春を動かすものは、
それは「メディア」だ。
私たちは、新宿を「メディア」にあふれた都市にしたい。
新宿では、すべてのものが、すべてのことが、
「メディア」となる可能性を孕んでいる。

新宿は文明の子宮なのだ。
すべての萌芽が、文明の胎児が、ここで目ざめ、ここで育っていく。
新宿。
新宿だけが、ほんとうの都市なのだ。

身をつらぬくような生の予感と痙攣を呼びおこす場を
私たちは、この予言と啓示にみちた新宿をつくりたい。

それが「新宿メディアポリス　Shinjuku-Media Polis」なのだ。

この「新宿メディアポリス宣言」は、前述したように「新都心新宿ＰＲ委員会」が旗上げする際のスローガンとして書かれたもので、いわば「新都心新宿」を謳いあげたＰＲコピーだった。宣伝文だから、歯の浮いてしまいそうな表現が鼻につく箇所もあるけれど、六〇年代の新宿の文化状況や都市としての求心力を踏まえたうえで、明日の新宿を謳いあげた巧みな宣言だった。とりわけ「都市はメディアなのだ」という発想は斬新だったし、今日にも通用する都市論のテーマのひとつだろう。

だが、皮肉な事態に遭遇して「新宿メディアポリス宣言」は、空疎なＰＲコピーに変質した。というのは、この宣言が発表される一〇日前の一〇月二一日、一〇・二一国際反戦デーのデモ隊（約五〇〇〇人）が新宿に流れ、新宿駅を占拠するなどして機動隊と激突し、逮捕者数百人を出す「新宿騒乱事件」が起きていたからだ。自警団まで登場したと言われたこの事件は、「新宿は、日本の青春なのだ」と謳いあげた「メディアポリス宣言」の甘言を無残に露呈させてしまったのである。

皮肉な事態の連鎖はさらに続いた。翌年二月頃から新宿駅構内の「西口広場」で毎土曜日、べ平連（ベトナムに平和を！市民連合）の若者たちが中心に行ってきた反戦フォーク集会の輪が次第に大きくなり、五月に至り数千人に膨れ上がると、遂に機動隊が出動して集会の解散を命じ、力ずくで排除するという事件が起きたのだった。そして翌六月、構内に表示されていた「新宿駅西口地下広場」と記されたプレートが「地下通路」に改名された。「立ち止まってはいけない」「歩きなさい」（ここは「広場」ではない。「道路」です）と、「道路交通法」で明確に規制するための名称変更だった。この事件でも「私たちは、新宿を〝メディア〟にあふれた都市にしたい」と謳いあげている「宣言」の志はあっさり反故となった。

新都心新宿PR委員会が発行元の『新宿プレイマップ』が創刊されたのは、その六月一日だったのである。同委員会は今も現存しているようで、ネットの紹介欄を見ると、自らの歴史の発端がつぎのように綴られている。

新都心新宿PR委員会の発足は1968年（昭和43年）。当時の新宿は若者のメッカとして、アングラブーム、フォークブームなど様々な分野の文化を生み全国へその波紋を広げていった。
そうした新しい文化に注目、街もメディアになりうるとの観点から「新宿メディアポリス宣言」を発表、街の名を冠とした「新宿音楽祭」「新宿祭」の開催および日本初のタウン誌「新宿プレイマップ」の発行を主要事業として、新都心PR委員会をスタートした。（後略）

この一文でもわかるように、タウン誌『新宿プレイマップ』は、新都心新宿PR委員会創設当初の主要事業であり、一番最初に手がけた事業だった。私は、そのタウン誌の編集長として雇用されたのだが、六九年二月に初出勤したところは文化放送だった。まだ新都心新宿PR委員会は事務所がなかったのだ。上役も編集部員も営業部員もいなかった。

つまり新都心新宿PR委員会という団体は前年に発足していたが、実体はなかったのだ。私は、そんな団体の第一号職員として、この団体の生みの親としてプロデュース役を担っていた文化放送開発課の片隅に机を貸し与えられ、創刊号の企画作業を開始したのだった。

ここで簡単に私が『新宿プレイマップ』の編集者になった経緯についてのべておこう。

じつは、『新宿プレイマップ』の編集制作を請け負ってくれないかという話は、文化放送から『話の特集』の矢崎泰久編集長に持ちかけられたのだった。一九六五年一二月に創刊されている『話の特集』は、当初から斬新な誌面づくりで脚光を浴び、創刊三年目を迎えたその頃は六〇年代文化を象徴するリトルマガジンとして高い評価を受けていた。矢崎編集長に白羽の矢が立ったのは、そんな『話の特集』に対する評価と同誌編集長の手腕を買ったものだったことはいうまでもない。矢崎泰久著『「話の特集」と仲間たち』から、そのくだりの回想を引いておく。

新宿を新都心にしようという計画が進められて、これに目をつけた新宿区内にあった文化放送が、商店会のお歴々を集め、「新都心新宿PR委員会」なるものを発足させた。（中略）この計画の中心にいたのが、文化放送の家根敏明（後の社長）という人だった。実は、この人は私の義弟（妹の亭主）でもあったのである。

普通のPR雑誌ではない斬新なものを発行しようと考え、身内の私に相談にきたのだった。当時、『話の特集』はいろいろなメディアに取り上げられ注目を集めていたので、実際にPR誌の編集をやってくれないかという依頼だった。（中略）

ところが、いざ実行に移す段階になると、この委員会にはPR誌のための予算がほとんど無かった。文化放送から貰った準備金では、何一つできない。委員会は会議ばかりやっていたが、ほとんど何も決まらなかった。それにも関わらず委員たちからは無理難題ばかり吹っ掛けられた。（中略）PR誌を出す意志さえないのではないかと思った。

私は面倒になって、『話の特集』の編集部員だった本間健彦を私の代理に指名したのだが、年明け早々に始まったことが、初夏になっても形にならなかった。（中略）

超多忙になった本間健彦には、出向のかたちではあったが、『新宿プレイマップ』編集長の肩書をつけてもらうことにした。もっとも、編集部の部屋も、紀伊國屋書店内に用意して貰えなくて、四谷の文化放送の廊下に置かれたデスクに向かって、連日悪戦苦闘していたのであった。

この矢崎泰久の回想を読むと、草創期の新都心新宿ＰＲ委員会という団体は、新宿の商店会や百貨店などのお歴々が委員となって構成されていただけで、委員会は〝小田原評定〟ばかりやっていて、主要事業に掲げていた肝心のＰＲ誌の資金の手当てもできていなかったことがわかる。これでは矢崎編集長が「面倒になった」と匙を投げたのも無理もない。

だが、私は当時、そんな内幕など何ひとつ知らなかった。六九年一月末まで私は『話の特集』の編集部員だった。この年の一月一八日には東大全共闘が占拠していた東京大学の安田講堂に対して機動隊が出動し、屋上から火炎瓶を投げて抵抗する学生たちを放水と催涙ガス弾で応酬するといった烈しい攻防戦が繰り広げられ、翌一九日の夕刻に遂に陥落するという全共闘運動の終焉を告げる事件があり、『話の特集』でも矢崎編集長と私が取材に当っていた。同誌六九年四月号に矢崎泰久編集長の「話の特集レポート・東大闘争」と、私が担当した羽仁五郎へのインタビュー「東大闘争肯定の論理」と題した記事が掲載されているけれど、これが私の『話の特集』編集部員としての最後の仕事だった。

◉——どん底時代の『話の特集』

その東大全共闘闘争を取材していた頃の、ある日のこと。私は、矢崎編集長から、こんな話を聞かされたのだった。

「新宿でPR誌を出したいので、私にやってくれないか、という話がきているんだ。だけど、キミも承知のように、今、『話の特集』はそれどころじゃないんだな。で、俺は迷っているんだけど……。本間クン、やってみる気ある?」

それは話というより、私への打診であり、要請とも感じられた。矢崎泰久編集長は先方に答えを出さなければならず、さてどうしようかと思案に暮れていたのだろう。決心をつけかねていたのは寄り合い所帯の委員会が発行しようとしている雑誌の資金さえどうするのか決めていないことへの苛立ちもあったからにちがいない。けれども問題はそれだけではなかった。

じつはその頃、『話の特集』は創刊から数えると三代目の発行人に当る、直木賞作家で実業家の邱永漢から経営のギブ・アップを宣告され、新しい発行人を見つけるか、廃刊にするか、それとも独立経営の道を選ぶのかという事態に直面していたのだった。私が『話の特集』の編集部に在籍したのは、この邱永漢が発行人の時代だった。

当時、『話の特集』の編集室は、原宿の表参道と明治通りの交差点角地にあった。正確には交差点西側の渋谷に向かう明治通り沿いの角には交番があったので、その隣の木造老朽建物の二階にあった。一階に靴屋の店舗があって、店の脇の狭い階段を上がると、邱永漢が経営していた「求美」という会社の事務所があり、その片隅の天井の低い屋根裏部屋みたいな一室に『話の特集』の編集室はあった。

そこは原宿のど真ん中という立地で、対角にはデザイナーやカメラマンなどの事務所が集結していたことで後に有名になったセントラルアパートがあり、表参道を中にした向かいには白亜の教会の建物があった。いずれの建物も今はもう無くなってしまい、現在はそれぞれファッションビルに変わっているが、かつて原宿がファッション・タウンとして生まれ変わる前のこの街のシンボルだった。とりわけセントラルアパートは東京の都心にマンション・ブームが到来する前のはしりのマンションなのだが、六〇年代中頃から新興のアパレル・メーカーの事務所やデザイン事務所の入居が目立つようになり、マンションというより、六〇年代文化を発信する拠点といったイメージを発光させているような存在だった。じつは『話の特集』も二代目の三和実業（ブラザーミシンの関連会社で宣伝会社だった）が発行元の時代にはセントラルアパート内に編集室が置かれていたのだけれど、三代目の発行人となった邱永漢時代の二年間は先に述べたように原宿の交差点脇の木造老朽建物の二階に移転していて、六九年一一月に独立を達成した後に、セントラルアパートに再入居するという経緯を辿っている。

写真家浅井慎平は『セントラルアパート物語』（集英社、一九九七年）という小説を書いているが、この小説は実際に著者も事務所を設けていた原宿の「セントラルアパート」を舞台に設定した物語で、『話の特集』の編集室や浅井慎平の事務所を訪れたり、一階の「レオン」という喫茶店を溜まり場にしていた植草甚一・寺山修司・渥美清・伊丹十三・三上寛・タモリといった面々が次々に実名で登場している。この小説には、まるでセロニアス・モンクのピアノの音を聴いているような、ちょっと諧調のずれたフィーリングやファッショナブルな都会感覚溢れた物語が展開されているので、あの時代の気分が懐かしく蘇ってくる。次に紹介するシーンは本稿を読み進めていくうえで、ご参考になればと引用させてもらおう。


「あのね、田村君が消えた前の晩、またエレベーターが止まっちゃってね」

「ああ、また」

セントラルアパートのエレベーターは、古さのせいだろうかよく止まって、龍平もとじ込められたことが何度もあった。

「そうそう、そうしたらねぇ、そのとき田村君と吉永小百合さんだけが乗っていてね、運がいいことに十分間以上も二人だけでとじ込められていたんだよ」

「運がよかったか、松本さんも変な人だ」

龍平は田村のアンパンのような顔を思い浮かべた。田村はアシスタントや写真学校時代の仲間たちからアンパンと呼ばれていた。

「だってそうでしょう、わたしが乗ってれば世紀の恋が生れたかもしれないよねぇ」（中略）

「それで、田村と吉永さんはどうしたの」

「とじ込められている間、色々と話をしたと田村君はいってた」

「どんな話」

「いや、田村君の秋田の田舎話だったみたいだねぇ」

「秋田の」

「そう、秋田の雪女の伝説をねぇ」

「雪女の話か、やるなあ、田村も」

「やるでしょ、なにしろ、エレベーターが無事動き出した後、田村君は七階の『話の特集』まで吉永小百合さんを送って、お茶を一緒に飲んだんよねぇ」

「そんなことまで、松本さんに話したの」

「いや、いや、セントラルアパート中その話でもちきりだ」


この小説は小説と銘打って書かれているので、このシーンも実話なのかどうかわからないのだけれど、主人公である写真家の龍平は明らかに著者の浅井慎平であろうし、田村は彼の事務所のアシスタントの一人を、また、松本はセントラルアパート一階の喫茶店「レオン」のマスターをモデルにしている。このシーンは、当時大学生たちのマドンナだった映画女優の吉永小百合をヒロインに仕立てているのがミソだろう。その相方が、売れっ子写真家のアシスタントの青年で、彼は閉じ込められたエレベーターの中で彼女に自分の故郷の雪女の話を語って聞かせたり、エレベーターが動き始めると七階の『話の特集』の編集室まで彼女を案内して一緒にお茶を飲んだりしている。そんな噂話を写真家と喫茶店のマスターがキャッチボールするみたいに楽しんでいるのだ。

このシーンを読んで私が想起したことは、六〇年代に台頭した写真家やデザイナーのステータスの向上という現象だった。私はその現象を『話の特集』の編集者だった時に目撃し感じてきた。そのことについては後の章（第5章）でふれることとし、ここでは私が在籍していた時代の『話の特集』の状況について記しておこう。

◉―『話の特集』〝居候〟編集者時代

私が『話の特集』に入社した経緯は前章で述べたように、内外タイムスの先輩記者だった矢崎泰久との人間関係によって成立したものだった。

私は六七年一一月に内外タイムスを退社後、万座温泉の番頭をしていたことに前章でふれたけれど、スキーシーズンの終わる翌年四月に山を下った。わずか半年の番頭暮らしを〝リセット休暇〟だったなどと気取った言い方をしたけれど、発作的な放浪みたいなものだった。

東京へ舞い戻って一段落すると、私は帰京の挨拶をするため、妻リツ子と共に『話の特集』編集長の矢崎泰久を訪ねた。「こちらへ来て欲しい」ということで、内幸町の日本社に出向いた。すでに述べたように日本社は『話の特集』を創刊した、矢崎泰久の父・寧之が経営していた出版社で、草創期の『話の特集』の出版の累積赤字で六六年一二月に倒産したのだが、その後再興し、新社となって元の場所で出版業を再開していたのだ。

一方、『話の特集』の方はどうだったかといえば、三和実業という会社が発行元を引き受けてくれたものの、わずか九か月でギブ・アップしてしまい、六七年一一月からは作家で実業家の邱永漢が三代目の発行人を務めていた。

「そうか戻ったのか。キミが山暮らしなんて出来るわけないと思っていたけどね。ぶらぶらしてるなら手伝ってくれよ」。

矢崎泰久には、迷える子羊の後輩の胸の内などお見通しだったのだろう。そして就職の世話をしてくれるという話だった。だが当初の矢崎の目論見では、私をとりあえずは日本社へ送り込むつもりだったようなのだが、社長の矢崎寧之は首を縦にふらなかった。出版業界の荒波を潜り抜け、息子が手がけた新雑誌『話の特集』の不採算で会社を倒産させてしまい、新社を再建しようとしていた、歴戦の出版社社長は、「こんな風来坊は使いものにならない」と一瞬に見抜いたのだろう。

その代わりに、ということだったのかどうか。私に同伴して傍らにいた妻のリツ子に、

「奥さんはお勤めの意志がありますか？　今、当社では事務員を募集しているので、もしよろしかったら……」

と、日本社社長の矢崎寧之は言ったのだった。

そんな経緯で妻の日本社への就職はすぐに決ったのだが、夫の私は不採用となった。そして矢崎泰久からこんな代案が出た。

「本間君にはいずれ『話の特集』を手伝ってもらいたかったんだよ。だけど、今の『話の特集』にはお家の事情があってねぇ……」と、矢崎泰久は言った。その事情とは、「発行人の邱永漢には、毎号の印刷代・原稿料、それと現在いる編集員と事務員の五人までの給料と取材経費を賄ってもらっている。ただし、編集長の俺の給料は出ていない。――君が自由に雑誌を作りたいのなら、僕と君とが対等の立場で『話の特集』をつくっていくのなら、矢崎君の報酬は自分で賄ってくれ――そういう条件で発行人を引き受けてもらっているんだよ。だから、キミの給料は払ってもらえない。本間君の給料は俺のポケット・マネーから払うしかない。小遣い程度かもしれないけど、それで大丈夫か？」

そんなお家の事情の説明だった。私には異議などなかった。

「大丈夫ですよ。わずか半年の番頭生活でしたけれど、三食タダでしたし、国立公園の万座温泉街は飲み屋もありませんでしたからね。貯金がありますから……」

と私は答えた。それで私の『話の特集』への入社は決ったのだが、正確には発行人の邱永漢から雇用されたわけではなかった。いわば矢崎泰久の〝話の特集私設編集者〟みたいな存在で、居候の身分だったのである。

邱永漢は直木賞作家だったが、当時は投資コンサルタントとして活躍していて、〝金儲けの神様〟とか〝経営の神様〟などと称されていて、「求美」という会社ではハゲや水虫の予防薬の販売をしていて業績を伸ばしていた。邱永漢が、創刊以来評価はきわめて高かったにもかかわらず、ずっと赤字経営の続いてきた『話の特集』の経営を身請けする気になったのは税金対策のためだったという説もあるけれど、信憑性は定かでない。私はむしろ作家としての贖罪ではないかと思ったことがある。

初出勤の日のことだった。編集長の矢崎泰久はまだ出社していなくて、屋根裏部屋のような編集室には何人かの編集部員はいたけれど、私がどの机に座ればよいのかわからずに所在無く突っ立っていると、「お早う」と、朗らかな声で自ら挨拶の声を発して、頭の禿げ上がった色艶のいい、いかにも実業家といった印象の壮年の男が編集室に入って来た。発行人の邱永漢だった。

「君が本間君か。矢崎君から話は聞いているよ」。

「はじめまして。本間健彦です。よろしくお願いします」と、私は挨拶を述べ、

「私はどこに座ればいいのでしょうか？」と、邱永漢に尋ねた。

「そうか。君の机がないのか。そうだ、あれを使ったらいい。今、運ばせるよ」

と言って、邱永漢は編集室を出て行き、しばらくすると求美の若い社員が古ぼけた大きな木机を運んできた。〈こんな狭い編集室のどこにそんな大きな机を置くつもりなの！〉という冷ややかな表情で副編集長の井上保がチラリと睨んで

いた。

「本間君、この机はねえ、僕が直木賞をもらった作品を書いていた時、使っていたものなんだよ。とても縁起がいいものだから使いなさい」。

これは発行人の邱永漢からの、正規の編集部員ではなかった私に対する餞の言葉であり、優しい配慮だったのだと思う。しかし、その時の私には、あまり有り難くも嬉しくもなかった。邱永漢という人物が、とても直木賞作家とは思えず、禿の予防薬を売っているのに禿げ上がった頭をしたインチキ臭い実業家だな、という印象を抱いてしまったからだった。後年、私は邱永漢の直木賞受賞作品である『香港』という小説を読み、大いに感銘を受けて、この作家の力量に敬意を表すると共に、その時の生意気盛りの浅はかな自分を深く恥じたものだった。

編集者の主な仕事は原稿取りで、私も野坂昭如、植草甚一、栗田勇、小山内宏といった作家たちの原稿取りをした。まだその頃、金沢在中だった五木寛之の連載原稿が締切りに間に合わなくなったため、電話送稿してもらい、それを受けたこともあった。一番多かったのは草森紳一の原稿取りだった。彼はその頃、私と同世代だったので二〇代後半の年頃だったのだが、すでに『話の特集』だけではなく、『現代詩手帖』や『美術手帖』などの雑誌にも連載をかかえる若手ナンバーワンのライターだった。ただし遅筆で締め切りを厳守できない編集者泣かせとしても早くも有名だった。それゆえ草森紳一の原稿をもらうためには、新聞記者たちの取材の手法である〝夜討ち朝がけ〟をしばしばやらなければならなかった。

その頃、草森紳一は芝の赤羽橋に住んでいた。三角形のファサードの変わったアパートメントのように記憶していたのだが、後日聞くと、小規模のオフィスビルだったという。彼はオフィスビル二階の一室を事務所として借り、仕事部屋兼住居にしていたというか、事務所でたぶん賃貸契約条項違反の寝泊りしていたのだろう。入口のドアを開けると、古本屋に紛れ込んだような有様で、部屋中に図書館のように書架が立ち並んでいて、そこに収納できない本の山で空間が埋め尽くされている。部屋の中には住居としているような家具類は何もなかった。仕事机さえ見当たらない。僅かの

隙間に万年床が敷かれていて、

「俺はこの万年床の中で腹ばいになって原稿を書いているんだよ！」

と、草森紳一は誇らしげに語っていた。

初めてこの部屋を訪れ、この光景を目の当たりにして、この言葉を聞いた時、ヘミングウエイは立ったままでタイプライターを叩いて原稿を書いていたという伝説があるけれど、草森紳一の〝万年床での腹這い原稿書き〟もなかなか決まっていて格好がいいぞ！　と、私は妙に感心したことを覚えている。

草森紳一の原稿取りをしていた頃、「本間君はいつも不機嫌な顔をしているなあ」と彼によく言われた。それは彼から咎められたというものではなく、おかしそうな表情でフフと笑いながら言われた言葉だった。私の不機嫌な顔は、しばしば〝夜討ち朝がけ〟をしなければならなかった草森紳一の原稿取りを苦にしたものではなかった。その逆で私は草森紳一に原稿取りで会えることが大好きだった。同世代の卓越した才能の持ち主に対して、時に羨望や嫉妬の気持ちも抱いたけれど、輝かしい才能に接する喜びの方が大きかった。それは編集者が享受できる特権だろう。

草森紳一は晩年の二〇〇五年一〇月、『本が崩れる』（文春新書）と題した随想集を出して話題を呼んだのだが、これがいわば彼の遺書になってしまったような本で、それから二年有余後の二〇〇八年四月、隅田川永代橋袂のマンション自室で本に埋もれて死んでいるのを、死後数日後に原稿取りに訪れた編集者に発見されるという、いかにも草森紳一らしい死に方をしている。

これはどうしてそういう場面に遭遇したのか、今ではおぼろげだけれど、松本清張から自宅へ呼びだされ、厳しい叱責をうけたことがあった。私は松本清張の原稿取りをしたことはなかったので、なぜ私が出向いたのかということが思い出せないのだが、叱責の理由は覚えている。竹中労が『話の特集』に書いた記事でキューバに松本清張らと旅行した時の清張の行状を記した一文が著しく名誉を毀損するものなので訂正せよ、というものであった。その時私は編集長の代理で謝罪の挨拶に出向いただけだったので、その後の顛末については知らないが、「あんな記事を載せるなんて、『話の特集』は下品だぞ」と、松本清張に、あのもの凄い眼力で睨まれ、一喝された記憶は消えない。

雑誌編集者は裏方であり、黒子なのだ、ということがこの業界の長いあいだの慣習だった。その慣習を打ち破ったのが『話の特集』編集長の矢崎泰久だろう。彼は自分の雑誌に堂々と署名入りで記事を書いた。矢崎泰久は、編集長兼『話の特集』の看板ライターの一人だった。新聞記者出身で、ジャーナリストとしての強い自負を持っていた彼にとって署名入りで記事を書くことは自明の理だったのである。

そういう編集長の方針があったからだろう。私も、矢崎泰久が目玉記事として書いていた「話の特集レポート」を、代役を命じられて何本か書いた。前述したように、発行人の邱永漢から給料をもらっていなかったので、矢崎泰久は収入を得るためにテレビやラジオ番組の構成や台本書きなどの仕事を始めていて多忙だったということもあったからにちがいない。だが、「キミも書いてみろよ」と言って書かせてくれたのは「勉強させよう」という意図があったのだと思う。

しかし、私が代役を務めた「話の特集レポート」は、アートディレクターの和田誠に気に入ってもらえなかったようで、「和田君からクレームがついたよ」と矢崎泰久から伝えられ、頭に来たし、自信を失った。和田誠のデザイン・センスには敬服していたし、自分の書いたレポートが『話の特集』の目指していたセンスに不似合いなものかも知れないという自覚もあった。けれども、まだ若く未熟だった私の胸の内の許容量は小さかったようで、「『話の特集』には、編集長が二人存在するのか。やってられないな」と、反発を募らせてしまったのだった。こうなると〝居候編集員〟としてはますます居心地は悪くなる。

ちょうどそんな時期に、私は、矢崎編集長から、『新宿プレイマップ』の話を聞いたのだった。私が、その時、矢崎泰久からの要請とも感じられた打診に対して、

「新宿が舞台なら面白そうですね！」

と、すぐに賛同の意思表示をしたのは、その頃、私が抱えていたフラストレーションをどこかで晴らしたいという気持

ちがあったからだろう。

結局、私の『話の特集』の在籍期間は一年に満たない短期間だった。

私は一九六九年一月末付で『話の特集』を退社したのだったが、その年の一二月、『話の特集』は不死鳥のように蘇って念願の独立を果たした。株式会社話の特集編集室は、六〇年代に脚光を浴びた作家、写真家、イラストレーター、音楽家など三十余人が株主となり、その中の有力者の一人が運転資金として銀行融資を受ける際の保証人まで引き受けるという形で設立されている。そしてセントラルアパートに返り咲き、『話の特集』の黄金時代を築いた。私は、夜明け前の、どん底時代の『話の特集』の〝居候編集者〟だったわけだが、ふり返れば、それも良い修行だったのである。

◉―いざ、新宿へ出陣

そんな経緯で私は『新宿プレイマップ』の編集者として生きる道を選択したのだったが、前述したような個人的な事情のみが動機だったわけではない。「新宿が舞台なら面白そうですね」と、私が言ったのは、私なりの戦略が閃いたからだった。六〇年代末の新宿は、すでに見てきたように「若者の街」というトレード・マークをかなぐり捨て、「新都心新宿」の夢を実現する方向へ前のめりになっていたのだけれど、「まだ余熱は残っている！」「最後の一勝負はできる！」そんな確信みたいなものが、私にはあったからだった。

その頃のことだけれど、あるとき新宿の酒場で、私は仲間のひとりから、

「おい、おまえ本気なのか。薄汚いモンスターの新宿とファックする気なのか？」

と口汚い罵りをうけたことがあった。新宿の商業資本が出版するPR誌の編集者になることを決めた私への忠告のつもりだったのだろう。だが、私は、その挑発には乗らなかった。

代りに酒の勢いを借りて、こんな大見得を切ってしまった。

「俺は新宿のビートルズになるつもりなのさ。商業資本のど真ん中で〝人間の歌〟をうたってやるつもりなんだよ!」

仲間との酒席での話とはいえ、モノスゴイ大見得を切ってしまったてまえ、私は、能力以上にガンバラナクチャという破目に陥ったことを覚えている。


私は二月に入ってから『話の特集』を離れ、新都心新宿PR委員会で『新宿プレイマップ』の編集作業を始めることになったが、前述のように未だ事務所がなかったので、文化放送開発課の片隅(矢崎泰久の回想によれば「廊下」だったようだが)で、たった一人の職員として仕事をしていた。三月になって横尾成弘事務局長が現れた。新宿のいずれかの商店会の役員だった人のようで、この人が私たち編集員の直接の上司となった。次いで中央大学新卒の田家秀樹が編集部員として加わった。PR委員会のスタッフが三人になったところで、仮事務所が新宿商工会議所内に設けられた。

四月に入り、新都心新宿PR委員会の事務所兼編集室がようやく決まった。新宿二丁目、新宿大通りに面した個人商店の小さなビルの二階だった。第1章のところで、ここ新宿二丁目が元赤線街だったことについてふれたけれど、私は、ジャズの発祥地がニューオーリンズの公娼街だったというジャズの歴史を思い出し、肖《あやか》っているようで密かに満足していた。前掲の回想で矢崎泰久が、『新宿プレイマップ』の編集室が紀伊國屋書店のビルにでも置いてくれればよかったのに……とPR委員会の無力を批判してくれているけれど、もし紀伊國屋ビルや文化放送の中に編集室が設けられたら、『新宿プレイマップ』の編集内容はずいぶん異なったものになったのではないか、と私は思う。赤塚不二夫のマンガ『天才バカボン』の主人公の口癖を真似るなら「これでいいのだ!」ということだったのである。

『新宿プレイマップ』の編集室が設けられた新宿二丁目には、新宿大通りを隔てた御苑沿いの新宿二丁目の古いビルの一階に、七〇年一〇月、ミニコミ(自主流通出版)や小流通出版物を専門に扱う書店として設立された模索舎がオープンしている。創立メンバーは全共闘運動に参加した若者たちだったようだが、その後の経営は若者たちが次々にバトンタッチして今日まで四〇年にわたって営業を継続してきた。模索舎は六〇年代新宿のバック・ボーンだった対抗文化の精神を失わずに持ち続けてきた稀少な書店だろう。また、真の文化は辺境に生まれ、育まれる——そんな好例がみとめられる。

本章ではここまで、草創期の新都心新宿PR委員会という団体が、地元放送局開発課の企画・プロデュースで作られた寄り合い所帯のいかに実体のない組織で頼りないものだったかという点をあげつらってきた。待遇の悪さや予想外に薄給だったことには、私の場合さして堪えなかった。とんだところへ飛び込んでしまったな、と後悔を覚え始めたのは、いつになっても雑誌発行の運びにならなかったことだった。創刊号の原稿はほとんど揃い、レイアウトに回せるところまで作業は進められていたのだったが、なかなかゴー・サインが出なかったからだ。文化放送の担当者に事情を訊ねても、歯切れの悪い答えしかもらえなかった。編集者として雇用されたに過ぎない私には、新都心新宿PR委員会という団体がどのように運営されていくのか、最初の事業に掲げた『新宿プレイマップ』をどのように経営していこうとしているのか——という領域は雲の上の話であったから、それだけに苛立ちもつのった。

ただ一度だけ、私は、開発課の担当者とPR委員会の事務局長に対して、

「アルバイトを雇い、店舗の個別会員を集めたらどうでしょう?」

と進言したことがあった。

街のPR誌の先駆で代表格は、『銀座百点』だけれど、この種の雑誌はエリア圏の老舗や専門店、あるいは百貨店などを会員店とし、毎号一定部数を会員店に配布し、会費収入をベースとするシステムで発行している。新宿のPR誌として発行がめざされていた『新宿プレイマップ』も、当然、そのシステムが採用されることになっていたはずなのだが、創刊二か月前になってもその営業活動がなされていなかったからだ。

アルバイトの募集をすると、一番乗りでやって来たのが今上武蘭人と名乗る青年だった。彼は当時新宿のそこいら中

に居た長髪のヒッピー風の若者だったが、自分の足で作成したという新宿店舗情報を記したノートを持参して現れ、「僕に任せてください。新宿の店舗をくまなく一軒、一軒回りますから……」と頼もしいことを言うので、さっそくお願いをした。ちなみに、今上武蘭人は後に編集スタッフとしても活躍してくれた。その今上を中心に、あと一人か二人、アルバイトの若者が参加してくれ、彼らによって一か月足らずに一〇〇軒余りの会員店を集めることができた。考えてみれば、すでに新都心新宿PR委員会ができていて、いわばお墨付きがあったわけだから、その傘下の店舗を会員に集めることは、それほど難しい営業ではなかったのだろう。にしても、地味な営業活動をしなければ会員獲得もままならなかったのである。これで弾みがつき、『新宿プレイマップ』はようやく創刊の運びとなったのだった。

★何か新しいモノを創り出すのはイイ気分のものです。人の作ったレールばかり走るのは全くうんざりする。常日頃からそんな不逞な気持ちで暮らしているためでしょう。こんど新宿で新しい雑誌を出すそうだよ、やってみないかなどと声をかけられれば、二言返事でハナシに乗ってしまったのでした。

これは私が『新宿プレイマップ』創刊号の編集後記の冒頭に記した一文だ。やっと創刊号が出せたという喜びの溢れた後記だけれど、餓鬼っぽさが今読み返すと恥ずかしい。だが、その精神は今も変わることなく持続しているつもりだ。その精神とは、人様の作ったレールばかりを走りたくない、という気持ちである。言うまでもないことだけれど、人の世の仕組みは、先人が作り、築きあげてきたレールを歩き、走らされるようにできている。そういうことは十分に承知しているつもりだけれども、単に形骸化した面白味のない現実原則や、ただ経済優先の御旗だけを掲げているだけの現実生活――そんなレールの上を闇雲に歩かされ走らされるのはうんざりだということなのである。

『新宿プレイマップ』にも、もちろんレールは敷かれていたのである。まだ駅舎もなく、駅長や駅員の姿も見えないし、発車時刻もはっきり決められていなかったが、行き先が「新都心新宿」という輝かしい近未来都市⁉だということと、『新宿プレイマップ』号という列車名は決定していた。

私は、その列車の運転手として雇われたのだった。レールが敷かれていて、行く先も決められていた列車の運転手なのだから、運転方法に一定の制約が課せられていたにちがいない。だが、草創期の未だ組織がしっかり出来上がっておらず、ふつうの企業のような営利意識を持たなくても良いような寄り合いの団体であったことや、「新宿メディアポリス宣言」という大層な旗を掲げていただけで、その最初の事業にあげられていた雑誌発行についても、内容はほとんどおまかせするという状況だったことが、私たちにはまことにラッキーだった。いわばアナーキーな状況だったのだ。私たちが、創刊号をフリーパスで創ることができたのは、そのおかげだったのである。もちろん、次章でふれるけれど、創刊号を出す際にも早くも衝突の火花を散らす事件を生じている。しかし、まずは、私たちが、これから作っていく新宿の小冊子はこんな感じですよ、というイメージを創刊号に打ち出すことができた。

創刊号の編集後記のつづきを記しておく。

★「おい、新しい雑誌が出たな。イカシてるけど、どこの出版社?」「出版社じゃない。新宿の街で出してるようだな」「へえー。それにしちゃPR臭がない。なかなかやるじゃないの。新宿も……」——創刊号が町に出まわったとき、そのような会話があちこちできかれること。それが私たちのこの新雑誌に期待した唯一のイメージでした。そのような雑誌にしてこそ、(中略)真に効果のあるPRや新宿のイメージアップができると信じるからです。

ある特定の街を冠にした雑誌は、それまでは単に「街の雑誌」とか「街のPR誌」、あるいは「商店街雑誌」などと呼ばれてきた。「タウン誌」という呼称は、『新宿プレイマップ』が創刊されて評判を呼ぶようになり、マス・メディアなどから取材を受けるようになったとき、私たちが意識的に連呼してきたことで普及したのだった。

前章でふれたが、『新宿プレイマップ』の創刊される前月に、三か月余にわたり毎週末になると新宿西口駅地下広場で繰り広げられていたフォーク集会が機動隊の出動で駆逐され、「広場」という表示が「通路」に書き換えられる事件が起きていた。この事件は、『新宿プレイマップ』編集者の私たちにも衝撃だった。このままでは「若者の街・新宿」は終焉を迎えるだろう。そういう危機意識を抱かないわけにいかなかったからだ。

私たちは、せめても、「〈誌上広場〉を創ろう！」と決意した。そのような街の雑誌を作ることが、新宿の効果的なイメージ・アップにも繋がると思ったからだった。

課題は、「街のPR誌」という制約の中で、どうしたら〈誌上広場〉を確保できるだろうかということだった。その突破口として思いついたのが「タウン誌」というネーミングだった。アメリカの文化情報に強い仲間に相談してみたところ、「アメリカには、〈タウン・マガジン〉なんてない。〈シティ・マガジン〉というのはあるけどね……」と言われてしまったのだが、何となくタウン・マガジンというほうが親しみやすい感じがしたので、この和製英語を採用することにした。

私たちは、『新宿プレイマップ』の発行元だった新都心新宿PR委員会が、自らの名称を〈副都心新宿〉ではなく、〈新都心新宿〉とすり替えているように、〈街のPR誌〉を〈タウン誌〉と呼び替えることで、ジャーナリズムの未開拓領域のニューメディアとして世間にアピールしようという魂胆だった。

気持ちはそういうことだったのだけれど、言葉にするといささか大げさに聴こえてしまうかもしれないな、と思わないでもない。編集長の私は、その頃二〇代後期、もう少しで三〇代を迎えるという年代で、まだ元気だったから、気負いもあったのだろう。

当時の『新宿プレイマップ』評には、つぎのようなクールな（もしかしたらホットだったのかな……）こんな評価もあったので紹介しておこう。

『新宿プレイマップ』は、ジーパンに素顔といったラフなマチの雑誌であった。これが新宿の若もののイメージにマッチして受け入れられたのである。雑誌は昭和44年7月、四角ばった創刊の辞もなく、若ものがサンダルばきで新宿にぶらりやってくるように顔を出した。

（田村紀雄著『コミュニティ・メディア論』現代ジャーナリズム出版会、一九七二年）

第4章

焼け跡闇市派精神、ふたたび

◉──野坂昭如の〝暴走対談〟顛末

雑誌には目玉記事というものがある。一九六九年六月に創刊された『新宿プレイマップ』の目玉記事は当時黒眼鏡の異色新進作家として話題を呼んでいた野坂昭如と、こちらも気鋭のニュー・マガジンとして脚光を浴びていた『話の特集』編集長・矢崎泰久の「焼け跡派の〝じゅく〟望郷」と題した対談記事だった。じつはこの対談は、女優の江波杏子をまじえた座談会のはずだったのだが、発足間もなかった私たち編集サイドの大ドジで彼女は欠席となってしまい、野坂・矢崎対談に急遽替えたのだった。

二号目の八月号で江波杏子と矢崎泰久の「新宿育ちのお銀さん」と題した対談が実現しているのだが、その冒頭で創刊号の件がこんなふうに語られている。

矢崎　江波サンとは、この間（注、創刊号）野坂サンと一緒に、お話する筈だったんですよね。

江波　後からうかがったんですけど、二時間もお待たせしちゃったんですって？　本当に大変申し訳ない事しちゃって……。あれは、じつは、お断りしたんですけど、その連絡が通じなかったんですってね。

矢崎　実は、たった今迄野坂昭如とテレビの対談してたんですよ。これから江波に会うって云おうとしたけど、云って又、傷つけちゃ悪いから云わなかった（笑）。あの時は本当に傷ついていたな。江波杏子が来るからって呼んどいて、それにつられて来たのにってネ……（笑）。

江波　今度野坂さんに会わせて下さいよ。野坂さんが怒り狂うなら、あやまり狂っちゃう。

たしかに、あの時、野坂昭如は大変御冠《おかんむり》だったにちがいない。実際には江波杏子が欠席と判明するまで二時間も待ったわけではなかったけれど、その間、ふだんはいたって無口な野坂昭如が急ピッチにウィスキーの水割りを飲んでいた姿を、編集者の私は冷や汗をかきながらオロオロと眺めていたことを想い出す。

その怒りが露呈したものかどうか。対談はのっけから野坂昭如のエンジンを全開した暴走気味の発言がぽんぽん飛び出すものとなった。冒頭の部分を抜粋して紹介しておこう。

矢崎　野坂さんが初めて新宿へ来たというのは、いつごろのことになりますか。

野坂　二十二年の十月の初めですね。

矢崎　そうすると、焼け野原ですね。

野坂　もちろん焼け野原です。表通りのところにヨシズ張りの屋台があって、夜になると閉めてたけれども、昼間はそこにさまざまなものを売ってましたね。

矢崎　いわゆるやみ市ですか。

野坂　いや、やみ市じゃないんです。いわゆる露店ですよ。やみ市というのは二十二年にはまだなかった。だから、やみ市じゃなくて青空市場というのかな。

郵 便 は が き

料金受取人払郵便

本郷局承認

6421

差出有効期間
2015年3月12日
まで

有効期間をすぎた場合は、恐れ入りますが50円切手を貼ってご投函下さい。

113-8790

（受取人）

東京都文京区
本郷2-3-10

社会評論社 行

ご氏名

（　　　）歳

ご住所

TEL.

◇購入申込書◇ ■お近くの書店にご注文下さるか、弊社に送付下さい。本状が到着次第送本致します。

（書名） ¥ （　）部

（書名） ¥ （　）部

（書名） ¥ （　）部

●今回の購入書籍名

●本著をどこで知りましたか

□(　　　　　　)書店　□(　　　　　　)新聞　□(　　　　　　)雑誌

□インターネット　□口コミ　□その他(　　　　　　　　　　　　　　)

●この本の感想をお聞かせ下さい

上記のご意見を小社ホームページに掲載してよろしいですか?

□はい　□いいえ　□匿名なら可

●弊社で他に購入された書籍を教えて下さい

●最近読んでおもしろかった本は何ですか

●どんな出版を希望ですか(著者・テーマ)

●ご職業または学校名

矢崎　そうすると、野坂さんは学生だったんですか。
野坂　その時、ぼくは十六才になったばかり。だから学生は学生なんだけれども、学校には行ってなかった。
矢崎　そんなのがウヨウヨいましたね。
野坂　まあ浮浪児というか……（笑）ぼくはとにかく食わなきゃならなかったから、ワイ本の運び屋をやってたんです。その頃中村屋の裏のところに普通のカストリ雑誌を売っている露店があったんですよ。そこでワイ本を運んだり、人に売ったりして生活してた。
矢崎　だけど、当時の新宿というと、和田組、安田組といったぐれん隊の組織が非常に羽ぶりをきかしてた時代でしょう。
野坂　いや、あの頃のぐれん隊ってのは、とっても律儀だったですよ。しろうとには全く手を出さなかったな。（中略）ぼくは、少くともその連中とはかかわり合いはなかったから。
　それにぼくは二十二年の十月、たちまちパクられちゃって少年院に入ったんだけれども。
矢崎　さっきのエロ本売りが原因ですか。
野坂　いや、エロ本の運びだけじゃとても食えないからかっぱらいもやった。マージャン屋の下足かっぱらったり、進駐軍の毛布かっぱらったり、いろいろしてたんだけれども、そのうち代々木でパクられたわけですよ。（中略）次に来たのが昭和二十五年の四月。
矢崎　これは早稲田大学へ入学の時ですか?
野坂　そうね、その時からもうぼくは新宿に入りびたりになった。その近辺の新宿なら非常によく知ってます。
矢崎　でも、その頃ぼくが覚えてるのは、西口が全く例の迷路のごとくマーケットがあって、掘っ立小屋でトタンの屋根で、夜なんかとってもこわくて入れないみたいな……。
野坂　そうかな、おれは、とっても気軽だった。和田組の事務所なんかにぼくら金借りに行ったもんね。

焼け跡派の〃じゅく〃望郷

●時＝昭和四十四年四月十二日　●場所＝新宿西口会館・随園

●対談

野坂昭如
矢崎泰久

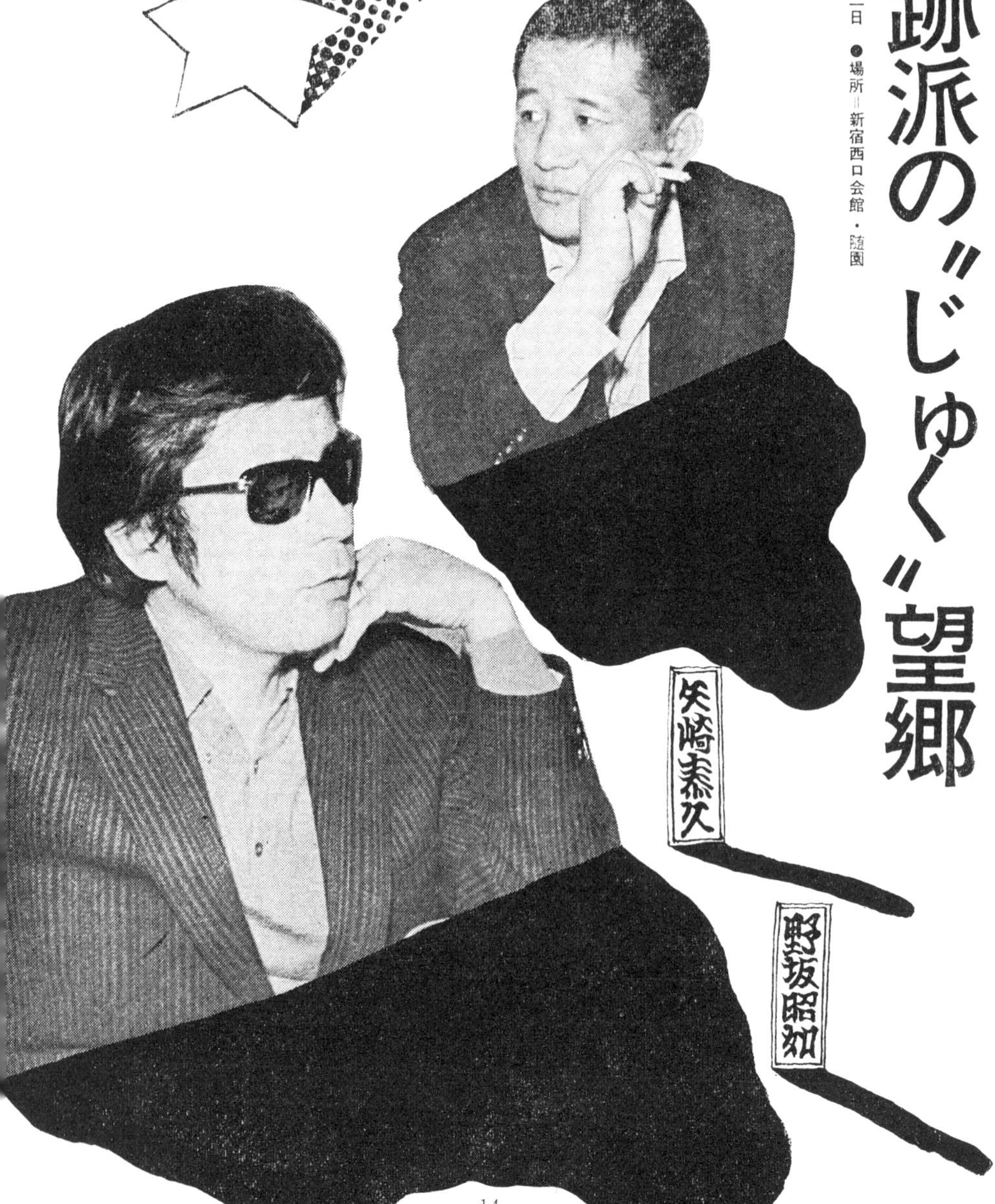

矢崎　何か〝新宿プレイマップ〟という雑誌ができるんで、その新宿についてあれこれ悪口なども含めて、いろんな人に新宿の話をしてもらおうということなんです。野坂さんが初めて新宿へ来たというのは、いつごろのことになりますか。

野坂　二十二年の十月の初めですね。

矢崎　そうすると、焼け野原ですね。

野坂　もちろん焼け野原です。表通りのところにヨシズ張りの屋台があって、夜になると閉めてたけれども、昼間はそこにさまざまなものを売ってましたね。

矢崎　いわゆるやみ市ですか。

野坂　いや、やみ市じゃないんです。いわゆる露店ですよ。やみ市というのは二十二年にはまだなかった。だから、やみ市じゃなくて青空市場というのかな。

矢崎　そうすると、野坂さんは学生だったんですか。

野坂　その時、ぼくは十六才になったばかり。だから学生は学生なんだけれども、学校には行ってなかった。

矢崎　そんなのがウヨウヨいましたね。

野坂　まあ浮浪児というか…（笑）ぼくはとにかく食わなきゃならなかったから、ワイ本の運び屋をやってたんです。その頃中村屋の裏のところに普通のカストリ雑誌を売っている露店があったんですよ。そこでワイ本を運んだり、人に売ったりして生活してた。

矢崎　だけど、当時の新宿というと、和田組、安田組といったぐれん隊の組織が非常に羽ぶりをきかしてた時代でしょう。

野坂　いや、あの頃のぐれん隊ってのは、とっても律義だったですよ。しろうとには全く手を出さなかったな。ぼくは今でも覚えてるけど、新宿の駅のすぐ裏側の荷物置き場の所で、足払いをかけられて、ズデーンとひっくり返される人間が何人もいた。でもそれは、皆悪い事をした人間か、同じ組の人間ですよ。ぼくらが何をやろうと、あんまり関係なかったような気がする。ぼくは、少くともその連中とはかかわり合わなかったから。

それにぼくは二十二年の十月たちまちパクられちゃって少年院に入ったんだけれども。

矢崎　さっきのエロ本売りが原因ですか。

野坂　いや、エロ本の運びだけじゃとても食えないからかっぱらいもやった。マージャン屋の下足かっぱらったり、進駐軍の毛布かっぱらったり、いろいろしてたんだけれども、そのうち代々木でパクられたわけですよ。だけどその後新潟へ行って、昭和二十三年の同じ頃に家出してまた来たの……やっぱり新宿へ来た。（笑）その時に、中村屋はもうカレーライスがあったし、高野ではフルーツパーラーがちゃんとあったね。なんだか、だんだん秩序ができつつあるという事が、肌身にしみてわかったね。だけど新宿には一日しかいなかった。すぐ関西に行った。それで、また捕《と》っつかまっちゃって新潟へ帰ったわけだ。次に来たのが昭和二十五年の四月。

矢崎　これは早稲田大学へ入学の時ですか？

野坂　そうね、その時からもうぼくは新宿に入りびたりになった。その近辺の新宿なら非常によく知ってます。

矢崎　でも、その頃ぼくが覚えてるのは、西口が全く例の迷路のごとくマーケットがあって、掘っ立小屋でトタンの屋根で、夜なんかとってもこわくて入れないみたいな……。

野坂　そうかな、おれは、とっても気軽だった。和田組の事務所な

矢崎　すごいね。
野坂　それから旭町に彼らのたまり場があったんだけど、そんな所へ押しかけて行って金借りた。ぼくはヒロポンの運び屋やってた。それで、和田組の連中なんかとよく付き合ってた。だからといって和田組の経営方針に身をまかせようなんて気はなかったね。おれたちは呑み逃げはする、強姦はする、それはもうすごかった。あの頃は。たとえばキャバレーへ行ってめちゃくちゃに飲むわけ。それから金ないといって、なぐろうと、蹴飛ばそうと、勝手にしろというんだ。向こうは学生証を見せろ、という、学生証あるわけだから見せる、そうしたら、あなたの下宿へ金を取りに行くというんだ。じゃ来てくれ、といって、来た女を、おれ強姦しちゃったもんね。その女はおれの女になっちゃうわけよ。今か考えたら、もう新聞ダネもいいとこだし（中略）、そういう事が一杯ありえた、当時は。
矢崎　ある意味でいえば、社会の秩序が出てくると同時に、大した事でもないことが、何か非常にクローズ・アップされる可能性というのはあるわけね。
野坂　それはそうでしょ。社会の秩序がちゃんとすれば、当然人間本来の欲望に基づいたものであっても、それはだめだ、といわれる。これはあたりまえだけれども、ただぼくらは、それが社会の秩序だとは思わなかった。ぼくら焼跡育ちだからね。何やってもいいと思ったわけよ。

●――焼け跡闇市派の逆襲

野坂昭如は、一九六七年（昭和四二）、『火垂るの墓』『アメリカひじき』の二作品で五八回直木賞を受賞している。受賞作はいずれも敗戦直後の世相と人情を独特の軽妙饒舌な文体で活写した小説で、これにより「焼け跡闇市派」と称されるようになった。作家として文壇デビューする前の野坂昭如は、TVの台本やCMソングの作者として活躍していて、黒眼鏡のプレイボーイとしても名を馳せていたが、「焼け跡闇市派」と称されるようになってからは反骨精神を貫く作家へと変貌し、同世代であり、ほぼ同時期に文壇デビューしている五木寛之と並び、六〇年代に登場した代表的な流行作家となった。

名作『火垂るの墓』は、先の太平洋戦争下の空襲で親を亡くした浮浪児兄妹が、栄養失調で餓死するという哀切、無残な物語だけれど、飄々とした語り口で戦争と社会の惨さを炙《あぶ》りだした。兄の清太は、人里離れた丘に穴を掘り、四歳で死んだ妹節子を行李におさめて、荼毘《だび》に付す。夜更けに火が燃え尽きると、周囲におびただしい蛍のむれが飛び交う光景が少年の眼に映る。「これやったら節子もさびしないやろ、蛍と一緒に天国へいき」。この幻想的なフィナーレにおくの読者は救われたのだった。

野坂昭如は一九三〇年生まれ、昭和一桁世代である。父野坂相如は土木官僚で後年新潟県副知事を務める人だが、昭如の誕生する前後に父母は別居、母は昭如を産んだ二か月後に亡くなり、生後半年で母方の縁戚にあたる神戸の張満谷家に養子に出された。敗戦の年の六月、神戸で大空襲に遭遇して養父を亡くし、その後、疎開先の福井で、まだ一歳だったという血のつながりのない妹を亡くしている。当時、旧制の中学生だった野坂少年には、妹の面倒をよく見てやれなかったという悔恨があって、その亡くした妹への贖罪と鎮魂の思いが、『火垂るの墓』を書かせた動機だったという逸話も残されている。

野坂昭如の戦後は、一六歳の時、神戸の養子宅を飛び出し、上京して新宿の焼跡闇市で浮浪児のような暮らしを始めるところからスタートしている。『新宿プレイマップ』創刊号の対談で彼が赤裸々に語っているのは、この時代の話なのだ。先に私は、この野坂昭如の対談について「暴走気味の発言」などと言ってしまったが、これは泰平の時代に慣れ親しんでしまっている小市民的感覚の評かもしれない。彼の生い立ち、年齢、敗戦直後の世相を鑑みるならば、こんな生き方をしていた少年が存在したとしても別に特異な光景ではなかったように思えるからである。

対談をよく読むと、敗戦直後一六歳で上京して焼跡闇市の新宿での浮浪児生活は一年もしないうちに窃盗容疑で逮捕され、少年院に送致されているが、実父が現れて引き取られているので、いたって短期間のことがわかる。けれども、野坂少年にとっては、それは掛け替えのない体験だった。当時の新宿は、〝光は新宿から〟といったスローガンを掲げ、新宿駅前の焼跡を占拠して闇市を開いていた何組かのアウトロー組織が跋扈する無法の街だったが、野坂少年には怖くも何でもなく、むしろ「気軽だった」からだ。第二次世界大戦下の国家の圧制や養子という身分の不条理を、戦争の敗北によって目覚めることになった一六歳の野坂昭如にとって、新宿の焼跡闇市は初めて知った自由の享受だったからである。

野坂昭如の新宿焼跡闇市時代は、少年院送りで幕となり、実父に引き取られ新潟の実家で初めて暮らすようになり、旧制新潟高校へ入学しているが、鬱屈と酒浸りの青春彷徨は深まるばかりで、家出して新宿や神戸で放蕩無頼の生活を送っている。対談の中でも語っているように、昭和二五年（一九五〇年）に早稲田大学に入学すると、実父が四谷愛住町に建てた継母の祖母の隠居所で一年間位住み、以後転々と引っ越しをしているが、昭和三〇年（一九五〇年）頃まで、新宿にいりびたっていたという。引用した対談の後半の新宿での狼藉ぶりは、この時代の話ということになる。

早稲田在学中に三木鶏郎事務所でアルバイト勤務をするようになる野坂昭如は、やがて同事務所の文芸部に所属して、ラジオ・テレビの台本、CMソングの作詞などを手がける売れっ子ライターとして活躍するようになり、大学を中退し、新宿からも一時遠ざかっている。野坂昭如が一九七六年に別冊文藝春秋に発表した『新宿海溝』と題した自伝的長編小説は、直木賞作家として小説家デビューするまでのネオン街を彷徨した日々が綴られているのだけれど、たとえば新宿を離れていた理由について「TV、ラジオ、CM業界に、新宿は縁遠い街なのだ」と記している。当時のこの業界のネオン海溝は、銀座であり、赤坂だったのである。しかし当人は、「この年の収入は、ほぼ一〇〇〇万円に達した、だがまったく張合いがない」「他に能がなければ、これにすがるしかないと、思い定めながら、常にいらだっていた」と書いている。この飢餓感が野坂昭如を作家の道へ駆り立てたのだろう。

六〇年代に入り、小説を書き始めるようになると、野坂昭如は出版社の編集者を伴って再び新宿のネオン街を回遊するようになるのだけれど、彼が愛した酒場は、たとえば新宿二丁目の「カヌー」で、「新宿にもう珍しくなったバラック建て、入口こそ戸障子ではなくドアだが、まず和田組の飲み屋に毛の生えた構え」の店だった。店の広さは二坪くらい、鉤の手のカウンターに七脚、他に小さなテーブルとチェアといった規模の、このうらぶれた酒場に、埴谷雄高、水上勉、田村隆一、野間宏、井上光晴、吉行淳之介ら当時の文壇を代表する文士達が夜毎集い泥酔していたという。下世話な解説をするなら、この店の女主人が元日劇ミュージックホールのスターダンサーで、赤いタイツなどの似合う大柄な美女だったということだから、ママの色香に魅せられてということだったのかもしれない。野坂昭如も、その例外とは思えないけれど、「新宿にもう珍しくないバラック建て」「和田組の飲み屋に毛の生えた構え」という店に注目しているあたりに、焼跡闇市派たる由縁を見出すこともできる。

私が本稿で記録しておこうとしているのは、『新宿プレイマップ』創刊号の野坂・矢崎対談で、あの時、野坂昭如が何に対して怒っていたのかということなのだ。確かに、彼は、対談相手に予定していた女優江波杏子と会えることを楽しみにしていたことであろうから、それが編集部の手落ちで欠席となってしまったことに腹を立てたであろうことは否めない。だが、野坂が、この時、本気で怒りをぶつけた対象は、大きく変容しようとしていた新宿だったのである。そのことを証明する発言を拾っておく。

野坂　おれは、新宿は、こっち側（注・西口）にできた建物でもって使命を制せられるような気がする。

矢崎　つまり終わりと……

野坂　終わりだね。こっち側があまり近代的過ぎますよ。つまり、ごった返す所は、もっときたくなきゃいけないよ。そんな所は今、ないでしょう。歌舞伎町には、わずかにあるけれども、でもそれなりに整備されてる。人間が来るのはきたない所に来るんですよ。きれいな所には人間は来ない。盛り場は常にきたなくなくちゃいけない。何もよごれてるという意味じゃないですよ。いつもバイタリティに富んでて……。

（中略）

野坂　……ぼくがさっきから云ってる放蕩無頼な事は、ぼくがそういう事を許してもらえた町がどんなに素晴らしい町だったか、っていう事ね。それを許してくれた新宿の町と、今許さない新宿と……。まあ、ぼくに対してはもう許さないけど今の若者に許してる。だからまだ許容度のある新宿はあると思うけど、それがいつまで続くかという感じがするね。

矢崎　今の風月堂を中心にした、いわゆるアングラ族や不思議な芸術家たちをどう思います？

野坂　あんなものは完全な退廃でしょう。

矢崎　でも、あの子達にとっては、あの子達なりの青春の触れ合いでしょう。その中からひょっとして……

野坂　どうかね。たとえば風月堂がそうだったのは、三十七、八年ぐらいだと思うけど、今はもう全く退廃だと思うけどね。そうじゃなくて、今でももっと違う所で若い連中がやってるわけですよ。たとえばピストルで射殺した人間がつとめてた店があるでしょう。おれは、ああいう所にあるんじゃないかと思うんだ。（中略）

矢崎　ピストル事件の犯人は〝ビレッジ・バンガード〟というジャズ喫茶につとめていたわけだが、別に目新しい店というほどでもない。ただ若い人たちは彼らにとって居心地のいいところへ、水が流れるようにしてたどりつく。澱みすぎると店が成り立って行かないんですよ。それをギリギリ許している店が新宿にはたいてい何軒かある。そこに新宿の特異性があるんじゃないのかな。

この『新宿プレイマップ』創刊号に掲載された野坂昭如と矢崎泰久の対談は、創刊号が発行される一か月半前の四月一二日、新宿西口駅に隣接するビル内のたしか中華料理店で行っている。当時の新宿西口は、新都心を目指す西口の高層ビル街の第一号、京王プラザホテルの建設が着工され、西口地下広場では同年二月頃から毎週末繰り広げられてきた反戦フォーク集会が数千人の規模となって話題を呼び、対談の行われた翌五月には遂に機動隊が出動して集会を解散させる事件が起きるなど、坩堝《るつぼ》のような状況だった。

繰り返しのべてきたように、『新宿プレイマップ』の出版は、新都心新宿を目指して結成された団体の最初の事業であり、つまりこの雑誌は新宿のPR誌として制作されたのである。その創刊号の目玉記事としては、穏便さを欠くというか、反抗的、挑戦的な発言内容の対談であったということは否めない。この対談は、司会者も兼ねてくれた矢崎泰久の「新宿のPRにはあまりならないみたいですけど（笑）、野坂さんの体験的新宿論がとっても面白かった」という結びの言葉で終わっているのだが、そうとでも言わなければ発行元への申し開きができなかったからだろう。

けれども、そうは問屋が卸さなかった。じつはこの対談には、新都心新宿PR委員会の委員の一人だった某氏から「挨拶も兼ねて見学したい」という要望があり、同席してもらったのだったが、対談が始まって一〇分も経たないうちに彼は憤然とした面持ちで席を立つと、私を別室へ呼び出し、「あんな酷い話を雑誌に載せるのか。話題を換えさせなさい」と激怒してそう言い残し帰ってしまったのだった。そんな空気は鋭敏かつ反骨の対談者には瞬時に察せられたに違いない。そんな一件も、焼跡闇市派作家の態度を一層硬化させ、「おれは新宿のPRなんぞには乗らないぞ」という姿勢を頑なに表明するような過激な発言の連発を招いた要因だったのである。それゆえ対談の席に戻った私は、その一件を司会役の矢崎泰久に伝えることもしなかったし、話題を換えてほしいとも要望しなかった。また、幸いなことに創刊号では、委員会による原稿のチェックをまだ受けなかったので、対談の内容はノーカットで掲載することができた。むろん、私はいつでもクビを斬られる覚悟をしていた。

◉――田中小実昌の小説『星のきれいな新宿』

『新宿プレイマップ』の創刊号の記事には、他にも街のＰＲ誌には似つかわしくないような記事が何本か並んだ。田中小実昌の短編小説『星のきれいな新宿』、編集長の私が担当したインタビュー連載記事「アソビ人間研究①殿山泰司」、草森紳一の映画エッセイ「人斬りお勝『邪悪の輝き』」などの記事である。

田中小実昌から原稿を受け取り、『星のきれいな新宿』というタイトルを見たとき、私は小躍りしたくなった。新宿のタウン誌創刊号にふさわしい小説に違いないぞ！　と思ったからであった。だが小説の舞台は、ここでも焼跡闇市時代の新宿だった。だからといってがっかりしたわけではなかった。いかにも田中小実昌らしい飄々とした文章と文体の好短編だったからだ。冒頭の一節を紹介しておきたい。

地図に裏側があるならば、そこの場所ものってるかもしれない。

あれだけたくさんの男のコや女のコが、ぶつかりあってあるいている新宿の町だが、その通りにはいると、ほとんど人かげはない。

まして、その通りからきた奥にまがりこんだ路地があることなんかは、だれも気がつくまい。すこし横巾のあるひとだと、からだをよこにしなきゃ、とおれない路地だ。

この路地を奥にすすんでいくと、一歩が一年と時間がさかのぼる。この路地は、時間の抜け道だ。

ある夜、ぼくはこの路地に迷いこんだ。さがして見つかる路地ではない。気がついたら、この路地にいた。

たいして長い路地ではない。それに、この路地はいきどまりになっている。そのいきどまりに、ちいさなうちがあった。

入口のガラス戸にはガラスはなく、ベニヤがうちつけてあって、なかは見えない。だけど、なかから、酒を飲んでるひとたちの声がきこえた。

そして、ぼくはその戸をあけ、たいへんおセンチな言いかただが、ぼくの新宿にめぐりあった。

二十なん年前の、新宿東口、和田組マーケットのなかのカストリ屋で、客も店の者も飲んでいて、あれ終電はなくなったのか、なんて言ってるうちに、まわりでは二十なん年かたっていた……、そんな飲屋さんが路地の奥にあったのだ。

ふつうの新宿の地図でいうならば、ここは新宿駅から、そんなに遠いところではない。

中央口をでて、お茶漬屋の五十鈴の前をとおって、甲州街道の下のガードをぬけてもいいし、南口から、線路の上をこし、共同便所のよこに石段をおりて、ガードをくぐってもいい。

だが、このガードをこすと、もう、腕を組んだ若い恋人たちの姿は見られない。恋人たちのいない新宿の道……なんとロマンチックな通りではないか。


小説『星のきれいな新宿』の舞台は、新宿南口のかつて旭町のドヤ街と呼ばれた界隈の路地奥にある飲み屋である。現在はJR線路沿いに高島屋デパートができ、町名も新宿三丁目と変わり、街の様相も様変わりしていて、腕を組んだ若い恋人たちが闊歩する通りにもなっている。

その頃、私は、田中小実昌に連れられて旭町の路地奥の飲み屋に行ったことがあったけれども、四十数年前の新宿にもすでに消失していた戦後の焼跡闇市の風景が映画のセットみたいに残存している、そんな界隈だった。そして案内されたその飲み屋の建てつけの悪いドアの窓もベニヤがうちつけられていたことを良く憶えている。たぶんそこが小説の舞台となったモデルの飲み屋だったのだろう。

一九二五年生まれの田中小実昌は、野坂昭如より五歳年上なので、旧制高校を繰上げ卒業して兵役に服し、中国戦線

星のきれいな新宿

田中小実昌

Illustration＝阿部隆夫

地図に裏側があるならば、そこの場所ものってるかもしれない。あれだけたくさんの男のコや女のコが、ぶつかりあってあるいている新宿の町だが、その通りにはいると、ほとんど人かげはない。ましてや、その通りからきた奥にまがりこんだ路地があることなんかは、だれも気がつくまい。すこし横巾のあるひとだと、からだをよこにしなきゃ、とおれない路地だ。

この路地を奥にすすんでいくと、一歩が一年と時間がさかのぼる。この路地は、時間の抜け道だ。

ある夜、ぼくはこの路地に迷いこんだ。さがして見つかる路地ではない。気がついたら、この路地にいた。

たいして長い路地ではない。それに、この路地はいきどまりになっている。そのいきどまりに、ちいさなうちがあった。

入口のガラス戸にはガラスはなく、ベニヤがうちつけてあって、なかは見えない。だけど、なかから、酒を飲んでるひとたちの声がきこえた。

そして、ぼくはその戸をあけ、たいへんおセンチな言いかただが、ぼくの新宿にめぐりあった。

二十なん年前の、新宿東口、和田組マーケットのなかのカストリ屋で、客も店の者も飲んでいて、あれ終電はなくなったのか、なんて言ってるうちに、まわりでは二十なん年かたっていた……、そんな飲屋さんが路地の奥にあったのだ。

ふつうの新宿の地図でいうならば、ここは新宿駅から、そんなに遠いところではない。

中央口をでて、お茶漬屋の五十鈴の前をとおって、甲州街道の下のガードをぬけてもいいし、南口から、線路の上をこし、共同便所のよこに石段をおりて、ガードをくぐってもいい。

だが、このガードをこすと、もう、腕を組んだ若い恋人たちの姿は見られない。恋人たちのいたない新宿の道……なんとロマンチックな通りではないか。

よこにならなければとおれないようなせまい行きどまりの路地だが、この路地の奥には広っぱがある。何m^2という地図の表側の計算をすれば、針のさきでついたよりもちいさな面積かもしれないが、ベニヤ板をうちつけた戸をあけ、ここにたってションベンをすると、二十なん年か前の新宿聚楽の建物の裏の焼跡の空地みたいに、まわりがひろびろと広がり、ある夜、立ションをしながら、空をふりあおぐと、星がまたたいていた。

時間の抜け道の路地の奥にきて、二十なん年か前が一時間前みたいなカッコで飲んでるひとたちのあいだに腰かけ、ガラスのコップに酒をついでもらって、ぼくも飲みだしたが、いちばんはしで、ぼくといっしょに日本酒のおかわりをした女の客が、ねえ、ちょっとと声をかけた。

女は奥の板壁によっかかり、からだをこちらにねじまげて、ぼくのほうに手をふり、それから、タイミングがずれた外国テレビのアテレコみたいに、口がうごき、それを言葉がおいかけた。

「あんた、もと……木島さんのところにいなかった?」

女の酔っぱらいはめんどくさいので、さっきよばれたときも、しらん顔をしていたが、木島という名に、ぼくはガラスのコップを下においた。「そうじゃないかとおもって、……さっきから、じろじろ見てたのよ」

じろじろ、と言って、女はクスッとわらい、かわいい顔になった。

での戦闘体験もある。復員後、東京大学文学部哲学科に入学するが、ほとんど大学には通わなかったようで、やがて除籍となった。大学に通わなかったのは、在学中から進駐軍将校クラブのバーテンとして働いていたり、テキヤの子分になって（正規の舎弟だったのかアルバイトであったのかは不明だが）香具師や大道易者をやっていたり、ストリップ劇団文芸員といった仕事をしていたからだった。田中小実昌のこういう職歴が単なる伝説でないことは、たとえば永六輔著『芸人たちの芸能史』（番町書房、一九六九年）の中のつぎのような記述でも、いわば史実だったことが裏書されている。

今日につながるストリップ劇場が生れたのが昭和二十二年、まず秦豊吉による新宿でのバーレマウが額縁ショウをみせ、つづいて渋谷ではヌードが踊って観客を呆然とさせ、感動させた。この日本最初のストリップ・ダンスで幕の後についてブラジャーをはずす係だったのが田中小実昌（作家）である。

この一件については田中小実昌自身も『ストリップ誕生』（『かぶりつき人生』三一新書、一九六四年所収）という文章に、その史実の生まれたいきさつを記しているので、要約して紹介しておこう。

「文芸部員といっても、ぼくのやることは、小道具をはこんだり、タライのなかで豆をころがしたりして波の音をだしたり、幕をひっぱったりする雑用だった」――ある日、若い踊り子がスネークダンス（蛇踊り）をやっていたら、「おっぱいはどうした?」「テンプラじゃねえのか!」という野次を浴びたんですよ。楽屋に戻って来たその若い踊り子はすっかり頭にきていて、「あたし乳バン（ブラジャー）とるわ」といいだし、「インチキみたいにいわれるのいやよ。ちょっと乳バンはずすぐらい、あたし平気だから……」とブラジャーをかなぐり捨てて再び舞台に飛び出して行き、観客からやんやの喝采を浴びたということなのだが――。このとき舞台の袖で若い踊り子のブラジャーのホックをはずす役を務めたのが、田中小実昌だったというのである。

田中小実昌は、兵隊帰りの復員学生だった。そして野坂昭如より少し年上だったが、敗戦後の数年間を新宿の焼跡闇市で過ごした。進駐軍将校クラブのバーテンダーを務めたり、テキヤの舎弟になって香具師や大道易者を行ったり、ストリップ劇団の雑用係りの仕事をしているのは、その時代に青春期を迎えた者の証しであろう。『星のきれいな新宿』には、その時代の青春像が脱力したような飄々とした独特の小実昌節で描かれている。その一節を引く。

みんな、というのは、新宿駅西口の改札をでたところから、東口の駅前にかけていうちいさなガードまで線路沿いのバラックに巣くっていたふうてん学生たちのことだ。そのころでも、ふうてん、という言葉はあった。たいてい、線路に面したバクダン焼酎屋の中二階（ふつうの言いかたをすれば、天井裏）あたりに巣くっていた復員学生で、なかには喧嘩が強いのも、女をだますのがうまいのも、かっぱらいが商売らしいのもいたが、安藤組やなんかの学生さんたちみたいにマジメにグレてるのはいなくて、グレかたもいいかげんで、つまりはふうてんぞろいだった。

だいいち、ぼくやせっちんにしても、グレてるという気などはなく、ヤクザなのに、自分がヤクザだとおもったこともない。

みんな無責任で、あっけらかんで、たいてい腹をへらし、戦後の虚脱状態なんておセンチな気持もなく、ヤケノヤンパチといった、おもいつめた気持もない。

だからといって、あかるくニヒルに生きるのよ、といったわけではなく、カラクリがあれば、朝でも昼でも夜中でも、わいわいさわいで飲み、どっかからバクダン（焼酎）がころがりこんでくると、飲めないやつまでがガブ飲をしてひっくりかえる。

小説『星のきれいな新宿』には、作者がモデルと思われる復員学生、ヤクザの親分、チンピラ、パンパン、ヒモ、オカマ、飲み屋の姐さんといった連中が登場するが、物語の内容は、野坂昭如の対談発言のように烈しいものではなく、ダルで冴えない感じの老いぼれアウトローたちの青春懐旧といったお話。物語の主人公は、語り部を務めている当時復員学生だった「ぼく」と、その頃〝マーケット小町〟と評判だった「おキヨちゃん」、それと彼女の連れ合いの「せっちん」。

ある夜、「ぼく」は二十数年ぶりに迷い込んだ冒頭の路地奥の飲み屋で、「あんた、もと……木島さんのところにいなかった？」と女に声をかけられる。「おキヨちゃん」だった。木島さんというのは、新宿のテキヤの親分で、「ぼく」はその木島親分の若い衆だった。「おたくは？」と訊ねると、「わたし……川口節男の家内です」と目尻は笑っていたけれど、あらたまった言いかたをした。その名前には覚えがなかったが、「新宿西口でピーナツを売ってた……」女の補足説明で、「学生のピーナツ売り？」と、「ぼく」は「せっちん」のことだとわかる。

せっちんは、当時新宿西口のバラックに巣くっていた復員学生の一人だった。復員学生は、みんな空腹でやせこけていたが、とりわけせっちんはからだがうすっぺらだった。二十二、三だったのに、せっちんはしなびたじいさん臭いカッコをしてた。あるとき、西口の線路にそった安田組のマーケットの雪隠《せっちん》にサイフを落としたといって何日もぐずぐず悔やんでいたことがあった。それで「せっちん」というあだ名が付いたのだろう。「ぼく」と知り合うようになってから、ピーナツ売りをやめて、易者になったが、口下手で易者はつとまらず、またピーナツ売りにもどり、やがて宝くじ売りにかわった。宝くじ売りは、ならべておいとけば、だまって売れていくいい商売だそうで、やがてせっちんは、宝くじ売りの権利を三つもつようになり、アルバイト学生を雇って羽振りがよかったらしいが、その頃のことは、新宿を離れた「ぼく」は知らなかった。

「うちのひとがよろこぶから……」

と、「ぼく」はせっちんの女房になったというおキヨちゃんにアパートに連れて行かれた。

ふたりの家は新宿二丁目の元赤線の町にあった。アパートの二階の部屋に通されると、すっかりおじいさんになってしまっているせっちんがテレビを見ていた。このあと、おキヨちゃんが「タバコを買ってくる」といって出かけた合間に、せっちんが「ぼく」に打ち明け、お願いしている話は、これといったストーリーや山場のないこの短編小説の中で唯一ドラマチックな場面だけれど、そこは読んでのお楽しみということで、代わりに私がこの小説の中で一番好きなくだりを紹介しておこう。


この路地にはいると、一歩が一年、距離が時間になる。時間の抜け道のいきどまり、ガラスのないガラス戸をあけて、ぼくは、ぼくの新宿の酒を飲み、ぼくの新宿の女のコのくちびるにさわる。

「しかし、そんなからだのせっちんと、よくいっしょになったなあ」

「愛しちゃったのよ」おキヨちゃんは、古い流行歌の文句をいった。

「できなくても、愛せるかねえ」

「逆よ。愛してても、しちゃうと、愛がでていってしまう」

「で、おれとは、いつやるんだ」

「いつだっていいわ」

「ほんとに、おれの子供をつくりたいのかい?」

「とんでもない。ただの浮気よ。子供は口実で、うちのひと、わたしに浮気させてやろうって気持なの。いっしょになったはじめは、こんなんじゃなかったのよ。すごくやきもちをやいて、自分は飲めなくても、どこにでもくっついてきたわ。でも、愛のありかたがかわってきたのね」

「おまえさん、美容院にある雑誌の読みすぎだよ。めんどくさくなって、ダレてきただけさ」

ぼくは、おキヨちゃんのくちびるにさわった。口もとに、ちいさなえくぼができる。赤いくちびるに赤いルージュを塗った——。

「星のきれいな新宿」は、そんな内容のたわいない小説だった。人生とはおおむねたわいないものであり、そのたわいない人間模様を一篇の物語として綴っているのが小説というものだろう。小説の真髄とは、面白く読め、読者の心に届く物語であるかどうかという点にあるのではないかと思うのだけれど、あんがいそのあたりが見過ごされている。こういう価値観は明確な意味や目的を持たないものに理解の乏しい現実社会の反映であり所産だろう。『新宿プレイマップ』の創刊号に掲載された田中小実昌の『星のきれいな新宿』は、読者の評判は良かったけれど、発行元新都心新宿PR委員会の委員たちから「何なのこの小説?」という感じでソッポを向かれてしまったのは、そんな価値観に起因したものだったのである。

ソッポでは済まず、創刊号が出た後の発行元の合評会で大目玉を食ったのが、編集長の私が担当した「アソビ人間研究①殿山泰司」というインタビュー記事だった。この連載を始めるに際して、私はつぎのような前口上を述べている。

アメリカの作家ノーマン・メイラーは、「二〇世紀後半の**文学的冒険家**にのこされた未開地は**セックス**の領域だけだ」といっている。私はこの文章のゴシック体にしたはじめの部分に「**日常生活の冒険者**」、あとの部分に「**アソビ**」という言葉を書きかえることもできると思う。そうすれば、二十世紀後半に生きようとする私たちにとって「アソビ」というものがどんなに大切なものかが、みなさんにもナットクしていただけると思う。

口上はもう少し続きがあって、「『アソビ』の領域は、普通一般に考えられているように狭いものではない。太平洋をヨットで渡ることや、月世界にロケットをぶちこむことも『アソビ』なのだ」といった解説をしている。というのも、古来わがニッポン国では、「遊び」といえば、「飲み・打つ・買う」といった男どもの道楽を意味する用語として用いられてきたからだった。私が「アソビ人間研究」において対象としたのは、もちろんそういう「遊び」ではないし、そんな「遊び」に長《た》けた人物をラインナップしたわけではなかった。

◉—私の愛した「アソビ人間」山口瞳

それゆえ「アソビ」という仮名文字を用いたのだけれど、これはその数年前、『江分利満氏の優雅な生活』（第四八回直木賞受賞作品）でデビューした山口瞳の『マジメ人間』という小説のタイトルをもじったものだった。小説『マジメ人間』は、作者の山口瞳がモデルのような主人公が登場して独白エッセイ風の物語を展開する。たとえば、こんな独白。

私のようなものでもどうにかしてこの世に生きたいと願う。安穏を欲する。一所懸命になる。それがマジメに見えるのだろう。マジメとはそういうものだろう、おそらく。
私には女をひっかけるというような度胸がない。女をこしらえて適当にうまく処理してゆくという才覚がない。もし私に女が出来たら心中ものだろう。そうなってしまうだろう。
だからコワイ。女に手をださぬことが、いまの日本の世の中ではマジメにみえるのだろう。本質的にいえば、私は肉欲に関するみだらでけがらわしい欲望を抱いている。猥褻漢である。そのことを悪いことだとは思っていない。できないだけである。

（山口瞳『マジメ人間』文藝春秋新社、一九六五年）

山口瞳は一九六三年に直木賞を受賞していて、たしかその翌年だったと思うのだが、当時夕刊紙の新米記者だった私は、山口瞳にインタビュー取材している。川崎市郊外のサントリーの社宅住まいだった山口宅を訪問したのだが、所定の時間に到着して、社宅前で、さて、どこの家なのかな……とうろうろしていたら、
「おーい、ここだ、ここだ」

と、ベランダから手をふって声をかけられた。気鋭作家の気さくなその第一印象が今でも鮮やかに蘇る。

どんなインタビューを予定していたのだったかは忘れてしまったけれど、じつはこれがインタビューにはならなかったというお粗末な失敗談も記しておこう。

山口家の茶の間に通され、挨拶を終えて、インタビューにかかろうとしていたところ、

「インタビュー記事ではなく、僕にエッセイを書かせてくれないかなァ？」

と、山口瞳は言ったのだった。虚を突かれたように、私は一瞬驚いた。だが、すぐに私は満面に笑みを浮かべて、こんな返答をしたのだった。

「えっ、本当ですか？　書いていただけるとしたら大変嬉しいです！」

後になって、山口瞳のこのときの提案が、新米記者に危なっかしいインタビュー記事を書かれるくらいなら、自分が書いたほうがいいという判断からのものだったのではないか？　そんなふうに解釈したら、あさはかな自分の対応に気づいて、とたんに身がちぢまる思いに駆られた。そのときの私のとっさの判断は、自分の拙いインタビュー記事などより、直木賞作家のエッセイを戴いたほうが遥かに価値があるし面白いと思ったからだったにちがいない。けれども、その判断が自分のやるべき仕事のことをすっかり忘れてしまった、ミーハー的な解釈だったことに気づいたとき、私は冷や汗をかき深く恥じた。でも、その時は作家の奇抜な提案に有頂天になって乗っていたのだった。

「よし、それでは書きます。三、四〇分で書き上げますから、ちょっと待っていてください」。

山口瞳はそう言うと、茶の間の卓袱台に原稿用紙をひろげ、鉛筆で原稿を書き始めた。その風貌は甲子園球場のマウンドに立ち、一番打者に向って第一球を投じようとしている高校生投手のように凛々しかった。ジャーナリストであることを失念し、〝観客〟になってしまっていた私は、作家が熱心に執筆しているかたわらで、作家の奥様の接待を受け、昼間からビールやら寿司をご馳走になり、すっかりご機嫌になっていたのだった。こんな自分の姿も、後になって痛く恥じ入ったものだ。

しかし、その日の私は、山口瞳からエッセイの原稿をもらうと、意気揚々と社に戻り、担当のデスクに、事情を手短に説明してその原稿を手渡した。私は、愚かにもお手柄を褒められるものと思い込んでいた。これがとんだ勘違いだった。

「馬鹿者!」

と、デスクから一喝されたのだ。新聞記者がインタビューに行って、原稿をもらって帰って来るとは何事だという叱声だった。新米記者は、そこで初めて自分の非を悟らされたのだった。けれども、その山口瞳のエッセイ原稿は、もちろんわが夕刊紙に堂々掲載されている。世の中には「建前と本音」のあることも、そのとき実感した覚えがある。

私が、こんな失敗談を思い出したのは、前述したように『新宿プレイマップ』の創刊号から「アソビ人間研究」と題したインタビュー記事を担当することになり、そのタイトルが山口瞳の小説『マジメ人間』をもじったものだったことを思い出したからだった。作者の山口瞳は、なぜ真面目という言葉を「マジメ」と仮名で表記したのだろうか。じつはこの点に六〇年代文化や思想のキーワードがあるのではないかな、と直感したことが、「アソビ人間研究」というタイトルに決めた理由だった。六〇年代という時代は、様々な既成概念に異議申し立てや変革の蜂起がなされているのだが、例えば従来までの真面目とか遊びという言葉の概念が大きく変容したことなども、六〇年代文化の特徴に挙げられるだろう。

真面目と遊びに関していえば、真面目の反語は不真面目だけれど、その不真面目の代表例として挙げられてきたのが「遊び」だった。なかでも「飲み・打つ・買う」といった遊びに……うつつを抜かす輩（遊び人）は不真面目な人間と烙印が捺されてきた。

ところが、六〇年代に入ると、既存の価値観が変容し様変わりする。本書に登場している人物を事例に挙げるとすれば、一九六二年に『プレイボーイ入門』という本を書いて脚光を浴び、翌年には小説『エロ事師たち』を刊行して作家デビューを果たしている野坂昭如などが、その象徴的な存在だろう。プレイボーイというのはアメリカ文化所産のライフスタイルであり、六〇年代頃までの戦後日本文化はアメリカ文化をお手本にし追従する傾向が顕著であったから、プレイボーイをヒーロー視するようになったことなども、そんな文脈で解釈できるのかも知れない。しかし単に外来文化礼賛によって生じた現象だったということでもない。長い間日本人を縛ってきた儒教規範が敗戦後四十数年を経て溶解し解体した所産とも言えるからである。

黒眼鏡のサングラスをトレードマークにし、プレイボーイを売り物にして登場した野坂昭如は、六〇年代の象徴的な存在だったけれど、例外だったわけではない。私が『新宿プレイマップ』創刊号から七回にわたって連載している「アソビ人間研究」で対象に採り上げた〈アソビ人間〉たちは、殿山泰司・横尾忠則・浜口庫之助・植草甚一・永六輔・唐十郎・寺山修司といった面々だった。もちろん、野坂昭如は、私が分類した「アソビ人間」候補の最上位にランクされていた。田中小実昌も草森紳一も入っていた。彼らを連載に加えなかったのは、この三人が創刊号に華々しく登場してもらっていたからだった。じつは小説『マジメ人間』の作者山口瞳も「アソビ人間」に加えたかった。なぜなら、私の解釈では「マジメ人間」と「アソビ人間」は、コインの裏表といった関係の間柄だったからである。

私の見解によれば、ここには名を挙げなかったけれど、六〇年代に登場しているアーチストたちの大半が「アソビ人間」に分類できる。もちろん、それぞれ作家としての表現形態やライフスタイルなどは異なるのだけれど、それぞれのタイプやスタイルの〈アソビの精神〉を大事にした作家活動を展開し、独自のライフスタイルを持っているという点に共通する姿勢が認められた。彼らによって六〇年代文化が形成されてきたのである。

ということで、ずいぶん引っ張ってしまった感もするけれど、『新宿プレイマップ』創刊号から始めた連載記事「アソビ人間研究」のトップ・バッターを務めてくれた殿山泰司のインタビュー部分のさわりを紹介しておこう。

◉—殿山泰司のゲリラ漫文

——ずいぶん若い時から女アソビを始めたようだが。

殿山　好きだった。玉野井、亀戸あたりはほとんど毎日行っていた。金がなくて上がれなくても、出かけたもんだ。ブラブラ歩いて一廻わりしてくるだけでもよかった。でないと眠むれなかった。玉代？　そう当時（昭和5〜6年）大学出の月給が五、六十円だったと思うが、一円位でやれた。安かった。この界わい*にもよく来たよ。新宿っていう町は、その頃から新しがり屋なとこがあって、オレの馴染みにしてた「美人座」という処なんか、当時としては珍しい〝本牧スタイル〟（ベッドでおネンネさせてくれた）だったもんだ。

＊新宿二丁目。昔赤線のあった町で、今はヌードスタジオなんかがタクサンある所。殿山氏とのインタビューは、この町の「**ユニコン**」なる酒場でおこなった。

——戦争時代はどうでしたか。

殿山　兵隊に召《と》られて四年間シナ（中国）にいた。辛かったけど遊びたいと思ったことがなかった。戦争が忙しかったからだ。男だけの世界だからやりたくて仕様がないと想うだろうけど、全くそうじゃない。慰安婦がいるんだけど、軍隊には階級制が厳としてあるからやるのもエライ人順なんてことになる。で、あまりやる気になれなかった。女アソビは平和でなくちゃダメだな。

——手を切るときの文句はどうです。

殿山　だいたい女には言葉は通じない。こっちが真剣に話しても全く受けとめようとしないし、何でも感情的に処理したがる。だから論理的に説得しようとしてもダメだ。かえって話がこじれるだけだ。これは先輩に教えられたんだけれど、別れの理由を女にきかれたら〝お前のモノが悪いからだ〟の一言に限る。

――恋愛感情は抱かないのか。

殿山　〝やりたい〟と思って、二人が合意してコトをオコナウというその瞬間が恋愛じゃないのかな。オレはその短い時間の中に何かが生まれればそれでいい。今の若いもんは信じないらしいけれど。だから娼婦との間にだって何かほんのりとした温かみはあったんだ。

――家庭について。

殿山　今オレにはどうしようもないババアと、少しイケる若いのとの二つの家がある。子供も両方にいて、若い方のは五歳の男の子だ。でもその両方の家にもあんまり帰るということはない。上の娘なぞ小さな頃はよく「お前の親父はスケベェで悪い奴だ」なんて言われたようだ。それでどうしようもないズベ公になるかと思ったら案外マトモに育った。近く嫁に行くよ。

――自分の生き方をやくざと思うか。

殿山　そうとは思わない。ただ自分のやりたいように遠慮せずに生きたいと思うし、生きてきたとは思う。（中略）ポックリ行くまでやりつづけたい。

この殿山泰司のインタビュー取材は、記事の中の注でも触れているように、その頃新宿二丁目にあった「ユニコン」という酒場で行われた。ここは映画監督大島渚グループが根城にしていた喧嘩や論争で常に沸きかえっているような酒場として知られていた。殿山泰司は新藤兼人監督率いる近代映画協会所属（独立プロ）の俳優だったが、バイプレーヤーとして映画界に欠かせない存在だったし、何よりも遊びと酒には目のない人だったから、この酒場の常連でもあったのだろう。

そのときが初対面だった私に目を見張らせたのは、彼がこちらの質問にじつに生真面目に答えてくれたことだった。前記の紹介したインタビューのさわりでもおわかりのように話の内容は天衣無縫というか簡明直裁というか、あえてい

殿山泰司 アソビ人間研究 1

●報告者＝本間健彦

スチール提供＝大蔵映画

■研究を始めるための短い前説

「マジメ人間」という言葉がある。数年前、山口瞳氏が同名の小説を書いてから、ガゼン流行語になったのだった。

小説「マジメ人間」の主人公は、作者山口氏とおぼしき「マジメ人間」である。ところが作者は、「マジメ人間」を単なる「マジメな人間」としてみなさない。ややこしい説明で恐縮だが、つまり、かなりえば男同士が酒場で交わすバカ噺といった類の一般的にはいたって品が悪いと顰蹙《ひんしゅく》を買いそうな話なのだけれど、それが彼の含羞《がんしゅう》を秘めた軽妙な語り口から発せられると滅法面白いのだ。ただ面白いだけでなく、殿山泰司の文章には、インディペンデントの精神が横溢していて、その無頼の自由思想が庶民の心を晴れやかにする効用があった。それゆえ殿山泰司は六〇年代から七〇年代にかけて『三文役者あなあきい伝』『三文役者のニッポンひとり旅』『三文役者の無責任放言録』『JAMJAM日記』などの怪著を次々に刊行し、名バイプレーヤー的な物書きとしても名を馳せたのだろう。

殿山泰司は〝ペエペエの三文役者〟を自称し看板にしてきたが、物書きとしては、それを一種の隠れ蓑にして言いたいことを白昼堂々と広言してきた。たとえば、こんな発言を繰り返してきた。

ミリタリズムとはエンもユカリもない徴兵された下級兵士にとっては、日本軍隊は言語につくしがたい苛酷な地獄のような世界であった。おれは追憶しただけでも激怒のあまりヘドが出る。毎度のことだけど、大日本帝国の糞ッたれ!! 国家なんか死ね!! と、叫びたくなる。

（『三文役者あなあきい伝』PART1、講談社、一九七四年）

若い頃から遊び人だった殿山泰司は、慢性の淋疾で苦労していたようだけれど、召集検査のときは「肝じんのウミがドボッとチンポの先端から出てくれないのだ。ああツイテナイ」という状態で乙種合格となり、二等兵（一番下の階級）として直ちに中国戦線へ送り込まれ、「言語につくしがたい苛酷な地獄のような」軍隊生活を体験してきた。幸いにも彼は戦死することなく帰還できたのだったが、彼の最愛の弟は戦死している。それがトラウマとなって、こういう文章を書かせている。

弟のことを思うと、いつも悲しみと憤りが、おれの胸の中を嵐の如くゴウゴウと吹きまくり、つらくてツラクテやりきれないのです。弟は敗戦直前の七月、ビルマのインパールの泥の中で戦死してしまった。日本帝国の糞野郎‼　弟の戦死を知ってからあとのおれのテーマは、日本帝国の糞野郎だ。戦争で肉親を亡くしたのは、何もおれだけではない。そんなことは分ってるよ。そんなことは関係ねぇ。おれは憎むんだ。憎むのは自由だ。天皇陛下といわれればウンもスンもなかった、あの暗黒時代。字イちがうがな、それは一階二階のカイや、天皇へイ下のへイは、陛と書くのやで。どうでもええわい、ヤマザキ、天皇を撃て‼　どこかできいたことあんな。つまりやね、弟のことをいろいろ考えると、おれは異常に興奮するんだ。あッいけねえ、鉛筆が折れてしもうたがな。

（前掲書）

こんな漫文は、たとえば大新聞の記者やテレビのコメンテーターと称する先生たちには書けない。ぺいぺいの三文役者を看板にしていたから書けた文章だろう。そういう意味では、殿山泰司という人物は、弱者庶民の智慧というか、ゲリラ戦略をよく心得ていた天晴れの物書きだったのである。

類は類を呼ぶというけれど、殿山泰司の僚友といっていい映画監督の新藤兼人（先日、一〇〇歳で遂に亡くなられたが）は、「タイちゃんは、野坂昭如、色川武大、田中小実昌と親交を重ねた。いずれも直木賞作家で個性豊か、名もなき人間の哀歓を書いた人たちである」と『三文役者の死［正伝殿山泰司］』に記している。殿山泰司は直木賞作家ではなかったけれど、三文役者として生き抜いたじぶん自身の哀歓を見事に書ききった。

色川武大は、当時はまだ阿佐田哲也の名で麻雀小説を書き飛ばす流行作家だったので見過ごしてしまったのだったが、野坂昭如、田中小実昌、殿山泰司の三人は、『新宿プレイマップ』の創刊号に名を連ねてくれた。そして彼らの記事や小説は読者に愛読され、新宿と新雑誌のイメージアップを図るうえで大いに貢献してくれたのではないかという手ごたえを感じることができた。しかし、この雑誌のスポンサーたちには、真逆の印象と不快感を与えたようで、創刊号発行後に開かれた新都心新宿ＰＲ委員会の合評会で多くの委員たちから編集長の私はこっぴどく吊るし上げを食うことになった。

第5章 コマーシャルの台頭、その光と影

◉──創刊号合評会での激震

『新宿プレイマップ』の創刊号は、まず、山下勇三の斬新なイラストレーションの表紙画が人目を惹いたようだった。その表紙画は、ビキニ水着の若い女性が一輪車に乗って海底から今まさに浮上したといったような図案で、光背に真っ赤な薔薇の大輪があしらわれていた。よくよく眺めていると、ちょっと怖い絵だなと思ったのは、主人公の若い女がバランスをとるために左右に伸ばしている腕が十字架の横柱のように見え、裸身に纏った赤い縞模様のストールが紅蓮《ぐれん》の炎のように映り、どんぐり眼《まなこ》の若い女が髪を逆立て蒼穹に飛び込んでいくかのような姿が描かれていたからだった。当初は六〇年代の新宿にぴったりのポップなイラストレーションだな！　そんな凡庸な印象を抱いたに過ぎなかったのだが、歳月が経つにつれ、それが非常に皮相な評価だったということにやがて気づいた。優れた表現者には、時代を射抜く鋭い感性があって、その精神は作品に暗喩化して現れるものなのだけれど、この表紙画のイラストレーションにも、それが感じられたからだ。

『新宿プレイマップ』は、A5判・中綴じ（『話の特集』と同じ体裁）の、八二ページ（うちグラビア一六ページ）という

小冊子だったが、定価一〇〇円で販売されることになった。ちなみに『話の特集』は倍くらいのページ数で当時一八〇円だった。値段のことにこだわったのは、繰り返すけれど『新宿プレイマップ』が新宿の街のPR誌として発行されたものだったからで、従来この種の街の小冊子は、加盟店のカウンターに置かれていて、無料配布されているものだったからだ。一般雑誌のように販売していくのか、街のPR誌として無料配布していくのか、その判断は発行元の裁量事項だったわけだけれど、販売して行こうという方針を打ち出してくれたことが、編集者の私たちに希望というか、やる気をもたらしたからである。

端的にいえば、『新宿プレイマップ』は、既存の商店街PR誌路線ではない一般市販雑誌路線を選択したこと、しかもその時代と舞台が、六〇年代の最晩年に滑り込みセーフといった感じで潜り込んだ新宿だった点に、わずか数年間ではあったけれど街の雑誌としては異例の、話題のニューマガジンの仲間入りを果たせた要因があったからだ。

しかし、編集者としては内心不安に慄いていた。経営基盤弱小の発行元が出版する雑誌が〝三号雑誌〟の運命をたどる事例を少なからず見聞していたからだった。新宿は当時既に日本有数の繁華街だったから、しっかりとした発行組織であれば、街のPR誌を発行してゆく力は十分に有していたにちがいない。だが、前章で述べたように発行元の新都心新宿PR委員会という組織には、市販雑誌を出版してゆく経営基盤も経験もなかったことを知ってしまっていた編集者の私には全く確信が抱けなかった。もし創刊号の評判が芳しくなく、ほとんど売れない事態を迎えたなら、〝三号雑誌〟

で廃刊とならないまでも、遅かれ早かれまず若輩かつ未熟編集長の私のクビが吹っ飛ぶであろうことは十分予測できたからだった。それゆえ不安におびえていたのだろう。

幸いにも『新宿プレイマップ』創刊号の評判はすこぶる良かった。何よりの朗報は、紀伊國屋書店の雑誌コーナーで販売してもらったところたちまち数百部が売れたという報告だった。西口駅構内のタバコ店でも早々に五十余冊が売れたし、加盟店からも「とても評判がいいよ。売れてるよ」という声が聞かれ、ようやく手応えを感じることができた。幸先の良いスタートが切れたのである。

だが、その喜びはつかの間のことだった。創刊号が世に出て間もなくに開かれた発行元新都心新宿ＰＲ委員会の「創刊号合評会」に呼び出された私は、そこで致命的な手厳しい批判を受けることになったからだ。

その合評会は、編集長の私を裁く法廷だった。場所が紀伊國屋書店だったか、それとも高野ビルの会議室だったか、もう忘れたけれど、発行元の新都心新宿ＰＲ委員会の十数人の委員に包囲され、飛礫《つぶて》を浴びるような叱声を受けた記憶は今も鮮烈に覚えている。批判の内容を要約すると、「編集が偏っていて不健全」「こんな雑誌、恥ずかしくて家に持ち帰ってもらえない」「新都心新宿のイメージを汚した」「女性の読むページがない」「ヌード写真のグラビアを組むのなら、もっときれいなヌード写真を載せなさい」というものだった。確信犯の私には反論の余地はなかった。陪審員と裁判長の裁きを待つしかなかった。

わずか一ラウンドでノック・アウト寸前に追い込まれた編集長の私に救いの手を差し伸べてくれたのは、レフリー役というか、この合評会の裁判長役を務めていた田辺茂一委員長だった。

「でも、ウチの店ではとてもよく売れているんだよ。街のＰＲ誌が書店で非常に良く売れるなんてスゴイことなんじゃないかナァ！」

田辺茂一はいつもの飄々とした態度で、そんな発言をしたのだったが、これが決定的な援護射撃となってくれて、私は命拾いをしたのだった。

新宿は吹きだまりだ。あらゆる地方の出身者がいる。また、あらゆる国籍の人種がいる。その男は、恐ろしく長い手足を持った大男だった。（中略）

素足に、人工皮革の紐の切れかけたインド風サンダルをひっかけていて、傍らには南京袋を利用して作ったようなズタ袋がほうりだされている。

新宿、紀伊国屋ビル前のカラータイルの上、男は赤毛の蓬髪をばさっとひろげて、仰向けに横たわっているのだ。

これは第二号の八月号に掲載された河野典生の「反戦旗手チャンドラー」と題した小説の主人公が登場する冒頭部分の文章だけれど、このあとにその場所を通りかかった学生がこんな会話を交わすシーンがある。

——ほんとに、うれしそうに眠ってるぜ。

——全くなあ。そういえば、ここの社長もよく酒場で寝ちまうんだってなあ。

——どこの社長だ。

——この本屋のよ。ほら、天井の低い家で育ったジャン・ギャバンなんて、誰だかが書いてたじゃねえか。知らねえのか。有名人だぜ？　年寄りだけどよ。女にもてるんだって。

——ああ、あれか。知ってるよ。新宿泥棒日記に出てただろう。

——そう。御名答。

『新宿泥棒日記』は、大島渚監督の六九年度作品で、人気イラストレーターの横尾忠則が主演、田辺茂一が映画の主要ロケ現場となった紀伊國屋書店新宿本店の社長役で出演し話題を呼んだ。じつは田辺茂一は、この年東宝が制作した『新宿広場』という映画にも〝チョイ役〟で出演していたようだけれど、私は翌年に封切られたこの映画を観ていないので、どんな映画で、田辺茂一がどんな役を演じていたのかは知らない。ただし、『新宿プレイマップ』の六九年一二月号では、この映画に出演している伴淳三郎・森光子・黒沢年男の三人をゲストに招き、田辺茂一がホストを務め、「〝新宿広場〟今昔」と題した座談会を中村屋サロンで行っていて、私も編集者として同席していたので、その時に『新宿広場』という映画の概要は聞いた。それによると、この映画は西口広場のフォーク集会の再現を企む若者たちの活動を、喜劇映画として描いた作品だった。だが、封切りされて評判になったという情報も聞かなかったし、「広場シリーズ」の第一弾と謳っていたにもかかわらず、その後シリーズ化もされなかったところをみると、いくら喜劇とはいえ、現実のあの新宿西口広場事件との滑稽なまでの乖離が、若者たちをシラケさせソッポを向かせてしまったからなのだろう。この映画を観た人の話だと、田辺茂一は、ここでも紀伊國屋書店社長役で出演していたらしいが、セリフは「いやいや」という一言だったとか。ただし、ゴーゴー・バーで伴淳とゴーゴーを踊るシーンは圧巻だったという。

おそらく、この『新宿プレイマップ』での座談会は、田辺茂一の提案により、映画『新宿広場』のＰＲを兼ねたタイアップ記事として組まれたものだったと記憶する。この座談会記事から当時の新宿の空気を伝える部分を紹介しておこう。

田辺　黒沢さんのお友達は新宿に来るでしょ。
黒沢　来ますね、多いですよ。
田辺　僕の友人では生島治郎、あれも横浜だけど新宿によく来ますね。
黒沢　ネタになるものがたくさんあるんじゃないですか。新宿には江戸っ子なんていう正統派もいないし、ただ雑種の集まりで、誰でもここで住める様な所があるし。
田辺　**雑種は新宿、雑誌はプレイマップ**って、これはいいね。(笑)
黒沢　例えば僕は横浜の人間のことはわかるんだけど、あそこでは「ああこいつは東京の人間だ」なんて違う目で

座談会

〝新宿広場〟今昔

●ゲスト　伴淳三郎
　　　　　森　光子
　　　　　黒沢年男

●ホスト　田辺茂一

●10月11日中村屋サロンにて

田辺　今度東宝さんで、一九六九年の新宿をテーマにした喜劇・「新宿広場」をお撮りになるというんで、今日撮影の合間をぬってお集まりいただき、新宿のことを話そうという次第です。話を始める前に、一寸宣伝臭いことなんですが、御承知のように中村屋さんは新宿の老舗ですが、今度民族料理というキャッチフレーズで再出発したわけです。そこで最近テレビなどでその文化的貢献が脚光を浴びている先々代の相馬愛蔵さんの香りを復元しようというんで作ったのがこの部屋なんです。ご覧のように、その頃お世話してた高村光太郎とか荻原録山さんの彫刻やなんかが壁にかかってますし、新宿とは切っても切れない所になってるわけです。ですからこの映画を記念しての座談会の場所としては適当なんじゃないかと思って決めたんですが、どうでしょうか。長くなりましたけど伴さんはムーランなんかとは関係なかったんですか？

伴　関係ないというより私たちは浅草《エンコ》の方でして、あそこはエリートということでしたね。浅草の人間にもエリート意識はありましたけど、新宿《ジュク》っていうのは何かｋｅｉｏボーイが集ってる様な感じでしたね。場所とすれば武蔵野館とかムーランっていう辺りですね

田辺　でもお世辞じゃなく昭和初年の頃は新宿より浅草の方が何にしても本場だったね。浅草は長かったわけ？

伴　長かったですよ。でも浅草から出てムーランに上った時は誇りと思いましたね。やっぱりホンも良かったし作家も揃ってましたしね。有島一郎にしろ自分にしろムーランは長かったもの。

田辺　ムーランに佐々木さんという方がいたでしょう。あの方は御殿場でしてね、私の親類に御殿場の炭焼きがいたんですよ。そういう事で私はその頃赤坂で飲んでたんだけど、佐々木さんの口ききでタダで行きましたね。

伴　炭屋だったんですってね社長は、びっくりしちゃった。

田辺　何の因果か知らないけど(笑)そうなんですよ。森さんは新宿との御縁は？

森　私は生れは京都なんですよ。

田辺　伴さんの喫茶店のレジを手伝ってらしたとか？

森　そうなんですよ、一日のうち半日くらいお邪魔してましたね。それからこっちへ来て映画やお芝居に足をつっこみかけてたんですけど、やっぱりムーランの方の前なんか出ると劣等感でまともに目が見れなかった。

伴　この人とは小っちゃい時からつき合ってますけど、ちっとも変わんないですね。

田辺　進歩がないっていうわけではないの？

森　ハー？(笑)

田辺　イヤ、進歩がないっていうのは、変らないっていう…お若い訳ですね(笑)

伴　そうそう

森　進歩がないっていう方があたってますね(笑)

田辺　グッとお若い黒沢さんはどうですか？

黒沢　僕はね、新宿に来るとすぐ迷い子になっちゃうんですよ。何か恐ろしくて、だから全然知らないんですよ。今も駐車場捜すのに苦労して、グルグルまわって高田馬場まで出ちゃって一時間ぐらい走ったかと思ったら十分しか走ってなかった(笑)

森　でも見た目はピッタリ来ますね、新宿と。

黒沢　僕は家が横浜なんですよ。

田辺　そういえば洗練さが違いますね、何となくハマッ子らしいムードがある。

黒沢　本当に迷い子になっちゃうんですよ。なにしろここは日本で最高の街だとは思いますね。ごちゃごちゃして何かわけがわからなくでっかいし。

田辺　迷い子になったのに最高っていうのは面白いね(笑)

伴　黒沢年男ってのは、本当に新宿的って見える時があるけどね、紀伊国屋を始めて見てこんなにデケェと思わなかったって怒鳴るんだから。

黒沢　紀伊国屋で対談やるってはじめ聞いたでしょ、それだけ聞いても何処でたずねればいいかも判らないし、五階へ行けば判るくらい言ってくれればいいのに何も聞いてなくて判らないから、もう帰ろうかと思った(笑)

田辺　大変な誤解(五階)があったわけだ(笑)

伴　でも新宿って街は、恐いけど親しんじゃうといい街なんだよ。オレなんて歌舞伎横町なんて言ってた時代から知ってるし、浅草に居る時から新宿族に入りたかったもんね。だから今でもヒッピーの中やジャズ喫茶の中へ、ぞうりばきで入ってみたりするけど、何かしっくり溶け込めそうな気がするね。プレイマップにも書いてあったけど、街全体が音楽の様な所だね。

森　私は終戦直後、目黒にありました家が焼けまして、その後新宿に移って第一劇場ウラのアパートにいたんですよ。そこの女中さんに大変親切にしてもらったんだけど夜中に見られるし、孤立してるでしょ。

森　それがないからフーテンやヒッピーも来れるんでしょうね。

あの時代の新宿の特性というか、フィーリングを伝えている話なのでちょいと引用したのだけれど、特に強調したかったのは、田辺茂一がお得意のダジャレで『新宿プレイマップ』のＰＲをしている部分なのだ。

田辺茂一は、紀伊國屋書店の創業社長であり、粋人の文化人として当時大変有名だった。そんな人物が新都心新宿ＰＲ委員会の委員長だったことも、『新宿プレイマップ』が〝三号雑誌〟で終ることなく、三年近く発行を継続できた要因のひとつだった。

◉――ボツ原稿ラッシュの乱

結果的にはそういうことだったのだけれど、その道のりはなだらかではなかった。なんとか〝三号雑誌〟に終ってしまうことや、編集長解雇という事態は免れたものの、第四号（一九六九年一〇月号）の発行の際にはさらなる激震に見舞われた。一〇月号に予定していた和田誠の巻頭イラスト・ルポ、嶋岡晨の小説、柳沢信の巻末写真グラビア、以上三本の原稿に対して掲載を見合わせるようにという指示が横尾事務局長を通じて私に下されたのだ。

もちろん、「掲載不適切」という断を下したのは発行元の新都心新宿ＰＲ委員会であった。

不適切と烙印を捺された理由は明白だった。和田誠のイラスト・ルポは、新宿二丁目で当時流行していたヌード・スタジオ（店舗バージョンのストリップ劇場のような業態だった）とトルコ風呂を対象にしていたからであり、柳沢信のフォトグラビアは西口広場のフォーク集会を撮影したものだったからだろう。嶋岡晨の小説は、どんな物語だったか内容についてはは忘れてしまったけれど、たしかフーテンだったかヒッピーだったかの若者を主人公にした小説だったように憶えているので、たぶんそれがいけなかったのだろう。

巻頭のイラスト・ルポは、人気イラストレーターたちに、新宿風俗をイラスト・ルポしてもらうという企画で、イラストレーションを描くイラストレーターがニュー・アーティストとして脚光を浴びていた時代だったから、読者に人気のページだった。湯村輝彦・黒田征太郎・伊坂芳太郎・真鍋博・矢吹申彦・古川卓・河村要助・小林泰彦らに依頼して描いてもらったが、イラスト・ルポは編集サイドで対象を決めてお願いしていたわけではなく、作家たちに描きたい対象を自由に描いてもらうという方針で進めていた。

和田誠に依頼した時、依頼はアートディレクターの山下勇三が担当したのだが、「新宿二丁目のヌード・スタジオとトルコ風呂を描くよ」という返事をもらったと聞き、私はちょっと驚いた。というのも、和田誠は、グラフィックデザイナー、イラストレーターのいずれのフィールドにおいても飛び切り洗練されたデザイン・センスを誇るアーティストというイメージが当時すでに確立していたからだった。そんな存在の和田誠が、新都心新宿を目指す人びとから〝新宿の恥部〟として唾棄されていた風俗戦線の坩堝に興味を抱き、イラスト・ルポを描いてくれるということがとても意外に思えたからなのである。

意外と思った反面、期待も抱いた。泥臭く、田中小実昌用語を借用するなら「ババッチィ」風俗世界を、和田誠がどのように表現してくれるかな……という覗き見するようなお愉しみが期待できたからだった。その期待は裏切られなかった。和田誠のイラスト・ルポは、当時人気上昇中の漫画家東海林さだおの漫画『アサッテ君』の主人公を新宿二丁目のヌード・スタジオやトルコ風呂にくりこませたというような仕立てで描かれていて、飄逸で軽妙な作品だった。

だが、この和田誠のイラスト・ルポは、前記の小説と写真グラビアと共に、『新宿プレイマップ』三号に掲載してはならないという発行元からの命令でボツになった。理由はあえて確認するまでもないことだったが、「創刊間もない新宿の雑誌に掲載する内容としてふさわしくないというPR委員会の見解なのだ」と事務局長は口ごもった調子で説明した。それに対して私はあえて反論しなかった。この一件には〝確信犯〟だという自覚があったからだった。突っ張って意を貫こうとしたら、解雇されるか、辞任するか、いずれかを選択しなければならないことがわかっていたからだ。そのどちらの選択も避けようというのがこの時の私の気持であり、態度であった。で、私は上記の原稿の掲載を取り下げ、掲載を見送らざるを得なくなった作家たちへのお詫びの挨拶や、急遽代わりの原稿とイラスト・ルポの制作依頼などの対応に追われた。このため第四号（一九六九年一〇月号）は半月ほど遅れて発行されている。この一件について、私は一〇月号の編集後記で次のように記した。

☆発刊が遅れました事、まずお詫びいたします。
☆和田誠氏、嶋岡晨氏、宇野亜喜良氏、一村哲也氏、柳沢信氏ら五作家の作品が入稿した段階で掲載を見合わせる事態となってしまったのです。不手際の全責任は、編集責任者である私の不明に起因したものであり、御多忙のところを本誌のためにお仕事して下さった五人の作家の方々にはなんとお詫びをしたらよいのやら、分かりません。

なんともそっけない報告だった。発行の遅れをお詫びし、残念ながら依頼した原稿が掲載できなくなってしまった五人の作家たちに陳謝しているだけで、そんな事態がどういう事情で生じたのかという説明のないお詫びの告知であり、姑息な態度と詰《なじ》られても致し方ないものだったからだ。もちろん、五人の作家個々には事情を説明し、容赦を乞いはしている。だが、それで済む問題ではなかった。

「これはどういうことなんだ？　君は編集長として、不掲載ということについて抗議したのか」
と、アートディレクターの山下勇三から私は厳しく詰られた。冒頭で触れたように山下勇三は創刊号からの表紙画を担当してくれていたイラストレーターであったが、グラフィックデザイナーでもあった彼は、『新宿プレイマップ』のアートディレクターとしても起用されていたのである。アートディレクターの仕事は、辞書をひも解くと「①映画・演劇などで、衣装・舞台装置・小道具・照明などを指導する人。美術監督。②広告製作で、デザイン・コピーなどを総合的に企画・決定し、製作する人」(大辞林)と定義されている。英語の原題どおりに解釈すると、アート部門のディレクター(監督・演出家・指揮者)という役割だ。

日本の雑誌で、このアートディレクター・システムを本格的に導入したのが、一九六五年に創刊した『話の特集』だった。編集長は矢崎泰久だったが、和田誠がアートディレクターとして、全ページにわたる雑誌のグラフィックデザインを担当するだけでなく、表紙画・グラビア写真・本文内の挿画・写真撮影などの企画および作家の選定も和田に任されていた。矢崎がこの仕事を依頼した時、「自由にまかせてもらえるなら、デザイン料なんかいらないよ」と和田は条件を出したという。真偽のほどはともかく、革新的な雑誌デザインを創出した『話の特集』の誕生の秘密を物語るようなエピソードとして興味深い。いわば和田誠は、『話の特集』のアート部門の編集長という役割を担っていたのである。

和田誠は、グラフィックデザイナー、イラストレーター、エッセイスト、後には映画監督なども手がける多彩なアーティストとして活躍していて、六〇年代に台頭した様々な分野のアーティストとの交遊関係も有していたから、そのネットワークが『話の特集』の編集にも存分に生かされていた。草創期から中期にかけての『話の特集』は、六〇年代に台頭したアーティスト、作家、文化人たちの同人誌のような存在で、六〇年代文化を切り拓く新雑誌として燦然とした輝きを放っていたのは、異彩のジャーナリスト矢崎泰久と異才のアーティスト和田誠がコンビを組み、導入したアートディレクター・システムが功を奏したからと見なしても過言ではない。

◉—AD山下勇三の降板

『新宿プレイマップ』の創刊時に山下勇三をアートディレクターとして起用したのは、新都心新宿PR委員会の設立をプロデュースした文化放送開発課だった。私が一番乗りで編集部に入る前に、この人事と、山下の作った『新宿ＰＬＡＹ　ＭＡＰ』というタイトルとロゴ文字、そして表紙画を山下のイラストレーションで行くということは企画段階で決まっていたのだ。第3章のところで触れたように、『新宿プレイマップ』の編集業務は当初、『話の特集』編集長の矢崎泰久に持ちかけられたものだったので、同誌の成功の要因となっていたアートディレクター・システムを導入することが、まず企画案に取り上げられたのだろう。そしてアートディレクターとして山下勇三が選ばれたのである。

山下勇三と和田誠は多摩美術大学図案科の同窓であり、デザイン会社でも同僚で、二人は盟友だった。そんな間柄だったから山下は『話の特集』でも、井上ひさしが一五年にわたって長期連載した小説『江戸むらさき絵巻源氏』のイラストレーションを担当するなど、エース・イラストレーターとして活躍していた。山下勇三を『新宿プレイマップ』のアートディレクターに推薦したのは矢崎編集長だったに違いない。

しかし、山下勇三をアートディレクターに起用した『新宿プレイマップ』のアートディレクター・システムは、『話の特集』のように事はうまく運ばなかった。理由は簡単でＰＲ誌という制約・足かせに阻まれたからだった。「タウン誌」などと標榜して、その制約から逃れようという戦略を立ててはみたが、ＰＲ誌の壁・限界を打ち破ることは至難の業だった。四号でのイラスト・ルポなど数本の記事が「掲載不適切」と発行元の委員会から通告され、これを受け入れるしかなかった事態に遭遇して私は今更のようにそのことを痛感したのだった。

「俺は降りるよ」と、山下勇三は決然と宣言した。「新宿の宣伝屋などになるのは真っ平だからな」。それは弱腰の編集長と映った私に対する侮蔑の言葉に聞こえた。

私も「新宿の宣伝屋」などになるつもりはなかった。ただ三号雑誌で終わらせたくないな、という思いが強く働いて踏みとどまっただけだった。山下勇三も、こちらの事情や私の気持ちなどよくわかっていたはずだ。彼も当時はすでに自分の事務所を構えて活躍していたデザイナーだったからだ。デザイナーの仕事は、コマーシャルの世界と無縁どころか、主としてコマーシャルの世界で大きな役割を果たすようになってきていたビジュアル部門のクリエーターとして確を食む職業だったからである。

高度経済成長期を迎えた六〇年代は、民間放送（テレビ・ラジオ）の普及、マイカーや家庭電化製品などを中心にした消費の拡大、ファッション産業の興隆等に伴い、広告デザインが華やかな脚光を浴びるようになる時代だった。広告制作では、従来までのようにコピーで人びとの購買欲を誘うという手法から、ビジュアルで感覚に訴え、消費者の欲望をかきたてるという変換がなされた。グラフィックデザイナー、カメラマン、イラストレーター、コピーライター、などといったいわゆるカタカナ呼び名の職業が、この六〇年代に台頭しているのは、そのような情勢によるものだった。当時、新宿の街にイラストレーターやカメラマン志望の若者が目立って多かったことなども、その現象の一端だったのである。

和田誠や山下勇三が勤めていたライトパブリシティという会社は一九五一年に日本で初めて広告制作専門の会社として設立された広告プロダクションだった。同社には当時アートディレクターの第一人者といわれていた細谷巖、田中一光、フォトグラファーの坂田栄一郎、名コピーライターとして知られた土屋耕一、秋山晶など優秀なクリエーターが先輩として活躍していた。

和田は一九五九年にライトに入社しているが、その前年の多摩美在学中に制作した映画『夜のマルグリット』のポスターで「日宣美賞」を受賞するという俊英で、入社一年目から第一線でデザインワークを手がけ、タバコの「ハイライト」のパッケージデザインのコンペで採用されるといった飛び切りの新進デザイナーだった。

赤塚不二夫の『天才バカボン』に「カメラ小僧」の愛称でモデルになった写真家篠山紀信は、日本大学芸術学部写真学科と併行して東京綜合写真専門学校でも学んでいて、専門学校を二年で卒業すると、日芸写真学科に在学中の一九六一年にライトパブリシティに入社している。大学と専門学校の写真学科に在学中から新進写真家として頭角を現していたという存在だったので、大卒の肩書きなど不要だったのだろう。

「天才アラーキー」の愛称で知られる写真家荒木経惟も、六〇年代の典型的なアーティストの一人だろう。荒木は

趣味の写真

荒木　経惟

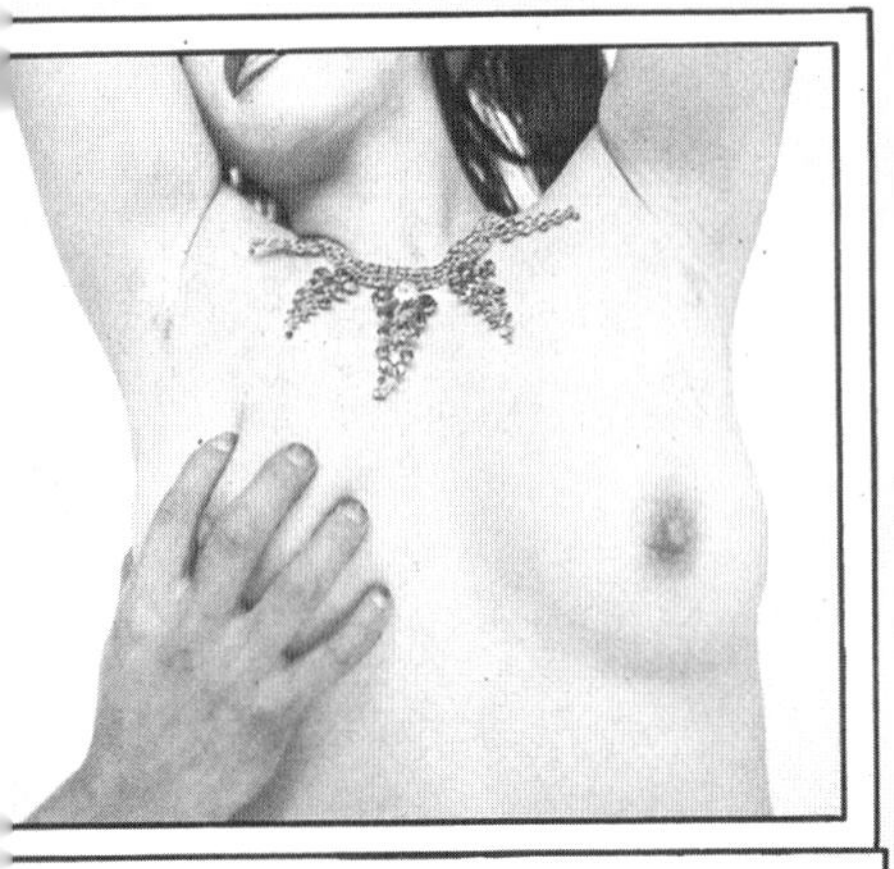

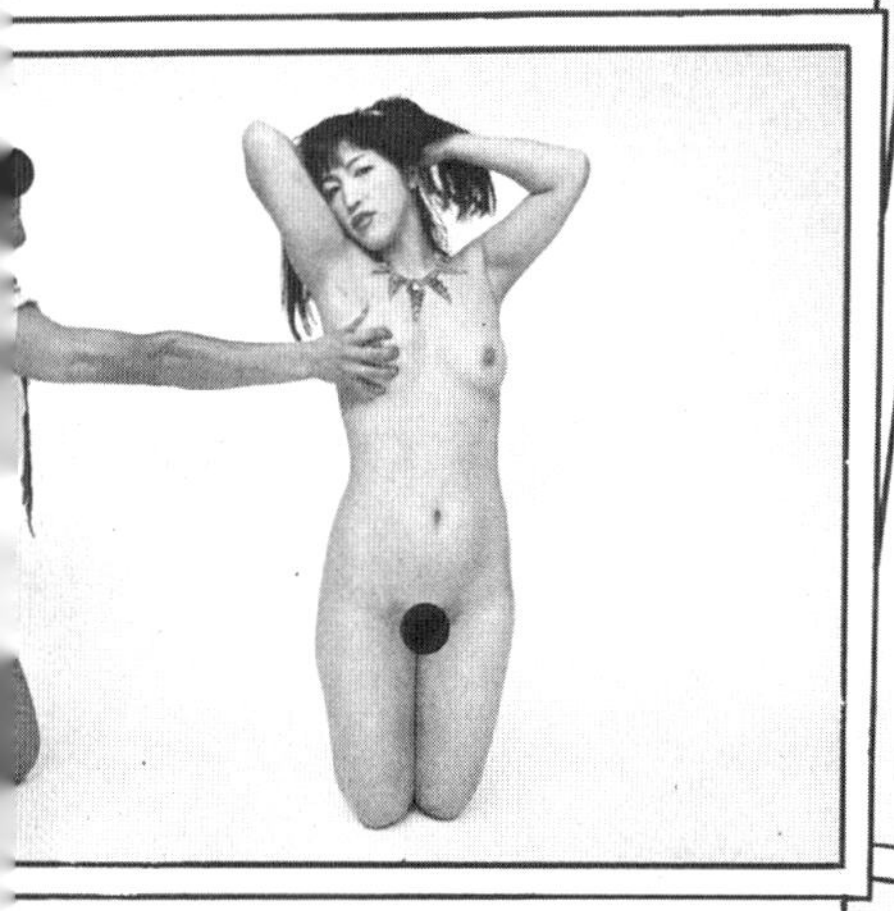

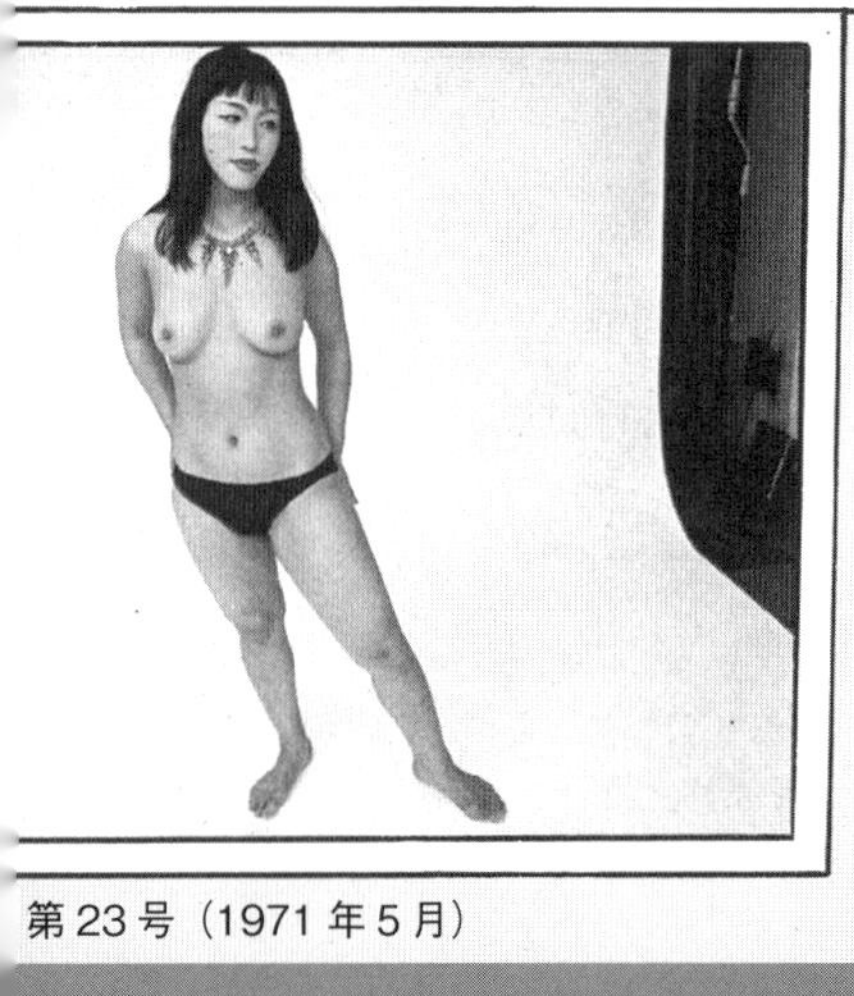

第23号（1971年5月）

一九六三年に千葉大学工学部写真印刷工学科を卒業、大手広告代理店の電通に入社、宣伝用カメラマンとして勤務しているが、翌年の六四年には写真集『さっちん』で第一回太陽賞を受賞、新進写真家としてデビューを果たしている。荒木が電通を退社してフリーになるのは一九七二年なのだけれど、この電通社員時代の頃から、コピー写真で作った『荒木経惟写真帖』や、『センチメンタルな旅』と題した写真集を私家版として発行し話題を呼んでいた。つまり広告代理店でコマーシャル写真を撮る勤務の傍ら、写真作家としての活動にもゲリラ的に取り組んでいたのである。

ここに紹介した和田誠、篠山紀信、荒木経惟たちが二〇代の頃から第一線で華々しく活躍できたというのは、かれらが傑出した才能の持ち主だったからであるということは言うまでもないのだが、他にも六〇年代に若くして世に出ているデザイナー、カメラマン、イラストレーターは大勢いる。こうした現象は近年のＩＴ時代を拓いたのが、コンピュータの情報技術に偏見や恐れを抱いたりすることなく、むしろその大きな可能性に夢を馳せた、新時代の若い俊英たちだったことを想起していただけば理解しやすいだろう。

◉―ビジュアル・クリエーターの台頭

六〇年代は、ビジュアル・デザインの需要と評価の高まった時代だった。それは例えばこれらの職業の呼び名が変わった点などにもうかがえる。従来、「商業美術」と呼ばれていたものが「グラフィック・デザイン」となり、記事や小説などに添えられていた「挿絵」が「イラストレーション」、その描き手が「イラストレーター」と呼ばれるようになっている。ちなみに和田誠や山下勇三は多摩美術大学図案科を卒業しているが、その後同学科はデザイン科と名称を変えている。

これに対して私たち編集者の場合はどうだったのだろうか。私は新聞記者出身だったので、六八年に『話の特集』の

★座談会★ ヨーロッパ悪口雑言

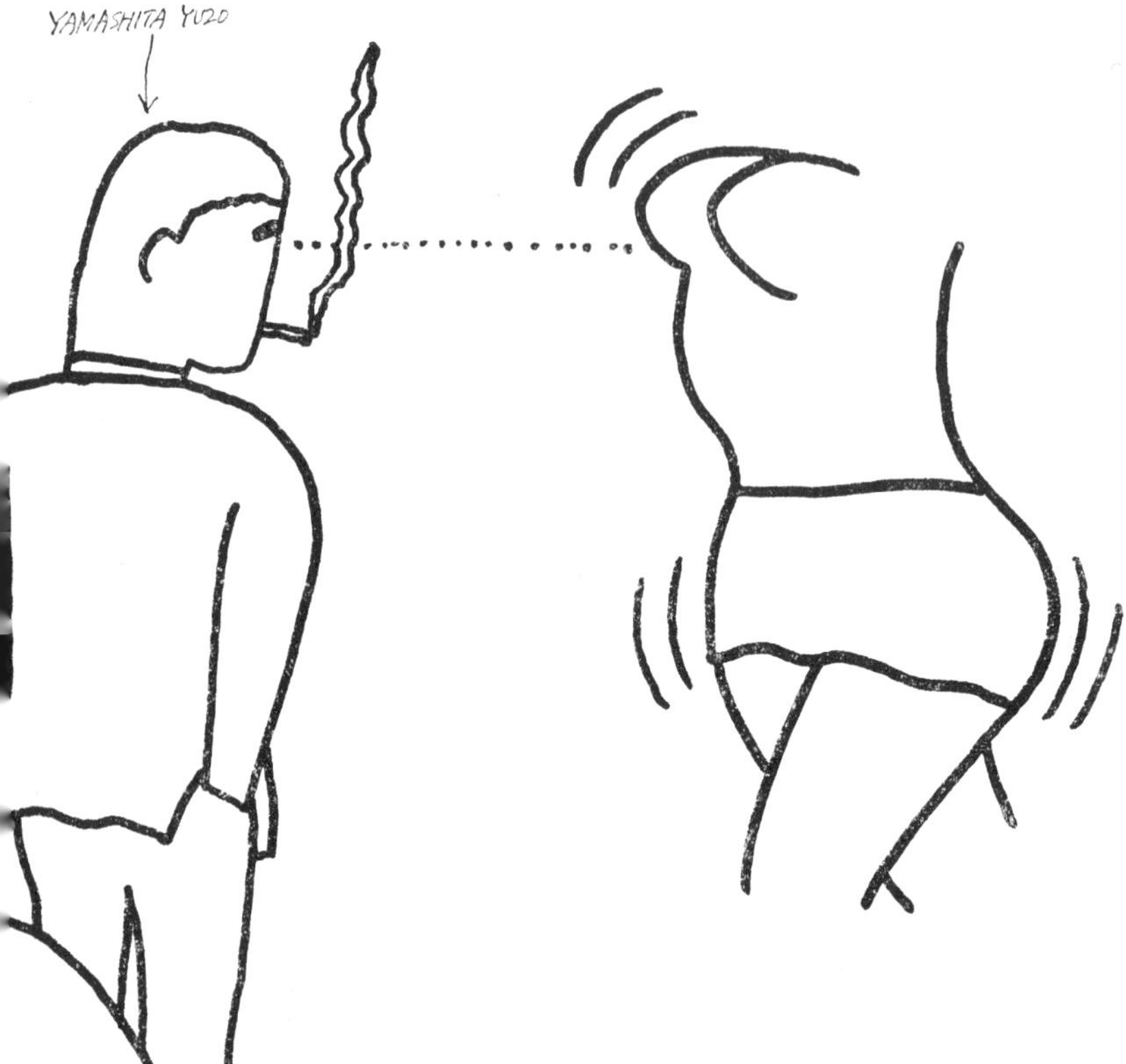

司会＝矢崎泰久

●和田誠（わだまこと）33才
多摩美大3年の時、日宣美賞をとり最年少受賞記録を作った。「話の特集」のアートディレクターを創刊以来やっている。先日、文春漫画賞を受賞した。

●山下勇三（やましたゆうぞう）33才
多摩美大卒。多忙な本業のほかに母校の講師を勤め、自動車レースに出場するという精力的な人。本誌のアートディレクターでもある。

●**阿部隆夫（あべたかお）36才**

早大卒業後、電通にコピーライターとして入社したが、いつの間にかデザイナーになっていたという。風変りな作風通りの人である。現在電通国際広告製作室勤務。

●**湯村輝彦（ゆむらてるひこ）26才**

多摩美大卒。東京イラストレーターズクラブ第1回新人賞受賞。新宿に住み、現代的フイーリングは抜群。現在週刊読売の表紙イラストを担当して好評中。

イラスト・山下勇三　第3号（1969年9月）

編集者となるまで、編集作業の現場は知らなかった。新聞記者は取材をして記事を書くだけでよかったからだ。ただし友人や知人には出版社勤めの編集者がいて、その職場を覗いているので、彼らがどんな作業をしていたかは見聞していた。私の知っている六〇年代中頃までの雑誌編集者は、自分が担当するページのレイアウト（当時はそれを「割付け」と言っていた）を自分自身でやっていた。それは原稿の字数を数え、タイトルや小見出しを付け、活字の種類や大きさを指定し、挿絵や写真の位置を決め、二段組みとか三段組みの誌面作り（レイアウト）をするといった作業だった。つまり後にグラフィック・デザイナーやアートディレクターが行う作業を編集者がやっていたのである。

「まるで家内工業だな」と、私は編集者の友人を、同情したり冷やかしたりした。

そんなイメージを抱いていたので、私は二八歳の時に『話の特集』の編集者になるまで、編集者になろうなどと思ったことはなかった。編集技術を持ち合わせていなかった私が『話の特集』の編集者になれたのは、前述したように『話の特集』が他誌に先駆けアートディレクター・システムを導入していて、編集者が割付けなどせずに誌面が作られていたからだった。

「目から鱗が落ちる」という故事があるけれども、私は、『話の特集』の創刊号に出会った時に、そんな体験をした。横尾忠則の表紙イラストレーションをはじめとした全てのページが斬新かつ完璧までにアートディレクションされていたからだった。雑誌には様々な種類があるけれど、写真専門誌や女性向けファッション雑誌などを別にすれば、共通項は記事や読み物を売り物にしていることだろう。『話の特集』の出現以降、雑誌のビジュアル化が目立つようになってきたが、記事や読み物を目玉とする原則は今も変わっていない。だが、『話の特集』には、そんな売り物が目に付かなかった。草創期の『話の特集』に読むに値する記事や読み物がなかったと言っているわけではない。記事や読み物までが見事なまでにデザインされていたので、ビジュアル作品を愛《め》でるように読むことができたからだった。そのことに、私は、「こういう雑誌の作り方があるのか」と衝撃的な感銘を受けたのである。

私がもうひとつ注目したのは、『話の特集』では、野坂昭如、五木寛之、小松左京、小田実、深沢七郎、植草甚一、寺山修司、井上ひさしといった物書きの作家たちと、和田誠、横尾忠則、篠山紀信、立木義浩、浅井慎平らデザイナー、イラストレーター、カメラマンなどビジュアル系のクリエーターたちは誌面の上で同格ということだった。これは身分の上下問題などというものではなく、イラストレーションや写真が、記事や読み物の添え物ではなく、独自の作品として描かれるようになったということであり、誌面の中で同格の売り物、目玉作品だったということなのである。

私は映画が大好きだったので、写真やイラストレーションを観るのも好きだった。見映えのする雑誌づくりに異存があるわけではない。しかし、やはりどんな記事や読物が載っているかということに関心を抱いてしまう。この時代からマンガを愛好する大学生や高校生が目立つようになり、「マンガ世代」という呼称が生まれているけれど、そういう現象も含めて私は自分を「活字世代」なんだなと感じるようになった。そして『話の特集』の編集者になってからはそのことを一層意識するようになった。

誤解のないように補足すると、決して「活字世代」のほうが高尚などと思っていたわけではない。むしろその逆で、私は『話の特集』に集うデザイナー、イラストレーター、カメラマンたちを、黒船と大砲で日本に開国を迫ったペリー提督ら異人一行を畏怖と羨望で見つめた江戸末期の日本人のような立場と自分を位置づけていたのである。早々に広告代理店や広告制作会社のデザイナーやカメラマン勤めを卒業した出世頭の彼らは独立を果たし、原宿や青山周辺のマンションなどにファッショナブルなオフイスやスタジオを構え、広告業界でクリエーターとして颯爽と活躍していた。しがない雑誌編集者でしかなかった私などからは、彼らはじつにまぶしい存在だった。この構図は第3章のところでふれたように、私が、邱永漢が発行人だった時代の『話の特集』の編集室があった木造二階建ての屋根裏部屋からセントラルアパートを仰ぎ見ていた光景を想い起こす。

「俺は降りるぞ」と、アートディレクターの山下勇三から引導を渡された時、私は、彼らとの身分の格差、勢いの差を痛感した。山下は、『新宿プレイマップ』のアートディレクターとして盟友の和田誠に依頼した仕事がボツにされたことに腹を立て、断固とした態度で辞意を表明したのだったが、私には、その時、山下勇三のような決意ができなかったからである。悔しかった。しかしその時の私には嘆いている余裕はなかった。掲載ができなくなったページの穴を至急手当しなければならなかったからだ。さらに山下勇三は問題が起きたその四号でアートディレクターの任務だけでなく、表紙のイラストレーションを担当することも降りてしまったので、次号からの体制をどう建て直すかという緊急課題にも取り組む必要があったからである。

激震の座礁だったけれど、何とか沈没だけは免れ、『新宿プレイマップ』六九年一〇月号（第四号）は半月遅れで発行することができた。この四号から読者欄を設け、新宿西口広場が「広場」ではなく、「通路」に変えられてしまったことをもじって「読者の通路」というタイトルを付けた。しかしこのネーミングはあまりひねり過ぎて好評ではなかったので、次号からは「読者の広場」と素直に改称した。当然の話で、やっぱり「読者の通路」は酷い！　この一回きりの「読者の通路」欄の便りにこんなのがあった。

●ＰＲ誌でありながらＰＲくさくないところが大変ユニークで気に入りました。新宿という街の寛容さ、ゆとりと自信。さすが新宿だと思いました。新宿に集まる人たちが何を求めてやって来るのか、その魅力の原点をピタリと言い当てている見事な内容だと思います。

（東京都港区高輪一丁目、桜井功――一九六九年一〇月号）

本来なら嬉しいお褒めの言葉なのだが、舞台裏で大変な修羅場に直面していた私たち編集スタッフの気持ちは複雑だった。次号一一月の「読者の広場」には、四号の発行の遅れを心配してくれていた、こんな投書も掲載されている。

●ＰＬＡＹＭＡＰの予約購読をしていますが、十月号が九月十日現在まだ到着していません。どうしたんですか？　待ちきれませんので至急送ってください。

読者の通路

●PR誌でありながらPRくさくないところが大変ユニークで気に入りました。新宿という街の寛容さ、ゆとりと自信。さすが新宿だと思いました。新宿に集まる人たちが何を求めてやって来るのか、その魅力の原点をピタリと言い当てている見事な内容だと思います。

港区高輪一　桜井　功

●とても面白く、二十代のわが息子たちはベタボメでした。これからが楽しみです。なによりも、若者による若者のための町の雑誌——という点が強烈に胸にこたえました。新宿を舞台に思い切ってあばれることを祈ります。

北区中十条一　榎本　昌秀

●今年五月に横浜から新宿の方へ移り、今ようやく新宿の良さをしみじみ味わっている。今ベッドハウスの片スミのフトンの上でこの文章を書いています。この雑誌の良い所はアーチスト的でしかも知られていない事を編集しているのがすばらしい。しかしもっと人間的でありたい様な気がする。そんな事を求めるのはまだ号が浅いので無理かも知れないが、そうなって欲しいと望んでいる。野口　和義

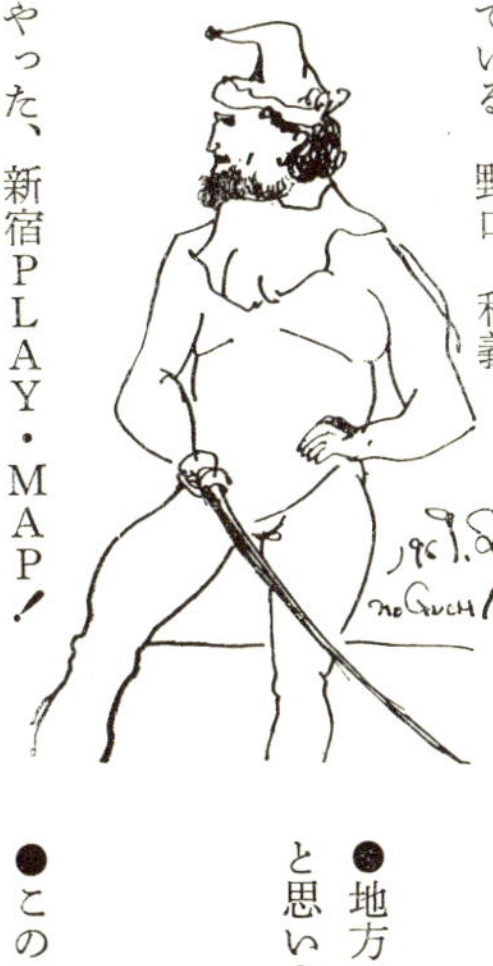

●やった、新宿PLAY・MAP！　ジュクのプレイボーイと自他共に認める私であってもここ新宿を見わたし、混沌としてその全貌を知ることは複雑で大き過ぎる。この町、あの町の一つ一つの出来ごとあるものを教えてくれるなんてすばらしいことだ。またとない〝虎の巻〟となるだろう。今後に期待してます。がんばってね！

新宿区角筈一
西城寿栄（28才）

●先日、新宿に出た時、アート・ヴィレッジでPLAY・MAPを買いましたが、内容が大変気に入りました。今後発行される部も欲しいのですが、確実に手に入れる方法がありましたら、お教え下さい。

大阪市東淀川区十八条町三　岡山　元

●地方にも読者がいるタウン誌すばらしいと思います。

静岡市駒形通り六　高橋　光幸

●このページは読者のみなさんたちにうめていただくつもりです。ご意見やご批判などありましたらどしどしお寄せ下さい。カットや写真の投稿も歓迎いたします。なおお便りは住所、氏名、年令、職業を明記して欲しい。ただし誌上匿名を希望される方はあらかじめ記して下さい。送り先は、東京都新宿区新宿二の一七　新宿PLAYMAP編集室

（今月のカットは野口和義さん）

＊『話の特集』の付録かなと思ったけど、そうじゃなさそうですね。四号をはやく。
（千葉県千葉市宮野木町、大里英文
——一九六九年一一月号）

『新宿プレイマップ』の読者欄では、時々、このページの担当編集者のコメントが付されていたが、ここにはこんなコメントが記されている。

（待たせすぎちゃって、本当にすみません。色々事情もあったのです。それにしても、あの高名（？）なる『話の特集』の「付録かなと思った……」なんて、ワタシどもとしては喜んでいいのやら悲しむべきなりや、悩んでしまいます。まあ精々「付録」だなんて思われないよう努力いたします。乞御期待。）

因みに読者欄の担当は、三号から編集部に加わった長島一郎で、映画シナリオライター志望の寡黙な青年だった。彼も、私同様、あの時代の新宿に漂着したような若者のひとりだった。腰掛けのつもりだったかもしれないけれど、〝三号雑誌〟で終わってしまっては困ってしまうわけで、だからこそ『話の特集』の「付録」だなんて思われないよう努力します、と読者に誓ったのだろう。

こうして「色々な事情」を乗り越え、『新宿プレイマップ』は再スタートを切った。六九年一一月号（第五号）

からは、山下勇三に代わって、若者たちの間で人気上昇中の新進気鋭のイラストレーター湯村輝彦が表紙画を担当してくれることになり、全誌面の総合レイアウト作業は、当時東京芸術大学ヴィジュアルデザイン科四年に在学中の安原和夫に託した。同号の編集後記には、二人のプロフィールが次のように記されている。

☆表紙が山下勇三氏から湯村輝彦氏にバトンタッチされました。湯村青年は新宿に住んでいて、音楽が大好き。古いシカゴ派のR&Bを沢山コレクトしているそうです。とても素晴しいフィーリングの表紙を画いてくれるものと大いなる期待が持てます。

☆レイアウトも安原和夫君に変りました。東京芸大のヴィジュアルデザイン科四年に在学中ですが、ひまをみつけては上野の森からはるばる新宿へジャズをききにくる好青年です。

◉—空中ブランコの恍惚と不安

『新宿プレイマップ』は、『話の特集』と似ているとよく言われてきた。判型も、中綴じの小冊子仕立てである点も同じだったし、初期の頃は『話の特集』で活躍していた作家やイラストレーター、写真家たちが誌面に登場してくれているし、何よりも編集長の私自身が『話の特集』出身の編集者なのだから、雑誌の作り方が似てしまうのも致し方なかった。あまり事情を知らない読者に『話の特集』の「付録」と思われてしまっても、読者欄担当編集者の長島一郎のように「喜んでいいのやら、悲しむべきなりや、悩んでしまいます」と、私も微苦笑するしかなかった。

しかし、『話の特集』と『新宿プレイマップ』は根本的な違いがあった。いちばん大きな違いは、一般商業誌とPR誌という点である。商業誌と位置づけたが、その中でも特殊な性格を有していた。端的にいえば、前述したように六〇年代に台頭した作家、デザイナー、写真家、イラストレーター、音楽家たちの俊英が集い、自分たちのメディアとして関わってきた雑誌だった。彼らはすでにコマーシャルの世界で認知され、活躍の場を持っていたが、それに飽き足らず、自分たちが自由に発言し、創作のできる場を希求して、『話の特集』に集ったのである。いわば六〇年代の新鋭クリエーターたちの同人雑誌のような真のリトルマガジンだった。そこに数度の倒産の危機に瀕しながら創刊五年目に不死鳥のように独立を果たせた土壌があったのである。

当たり前の話だが、新宿のPR誌として発行されることになった『新宿プレイマップ』には、『話の特集』の特性は何ひとつなかった。特性として存在したのは、新宿の街が隠し味のように内包していたアナーキーな文化風土とそれが培った「若者の街」という残光、残り火だけだった。私たちはそれだけを手がかりにしてタウン誌というニューメディアをでっちあげ、誌上に「広場」を構築しようと目論んだ。それが私たちの目指す新宿のPR誌だったのである。

だが、私たちのこの試みと挑戦は、前述したように創刊当初から猛烈なノック・アウトパンチを浴び続けてきた。これがコマーシャル世界の現実であることも思い知らされた。

創刊当初、私は、最初の編集部員だった田家秀樹に「遺書を書くつもりで、毎号、一冊、一冊作って行こう!」と檄をとばしたことを覚えている。大卒新人編集部員に対してなんと夢のない残酷な物言いをしたものだと今では反省しないでもない。その頃の私には、確信犯としての覚悟が常に求められていたからなのだろう。

『新宿プレイマップ』は創刊一周年を迎えた一九七〇年七月号で「満一歳記念特集号」を組んだ。私は編集後記に「〝満一歳〟を迎えることが、これほど大変なことだとは、不覚にも想像しておりませんでした」と記している。こんなふうに記すと、単にしんどさだけを印象づけてしまいかねないが、この〝満一歳〟を迎えられたという述懐には、新宿の街でサーカスの綱渡りのようなアクロバットを何とか一年間展開できたぞ! そんな手応えや喜びの感情もこめられていたのである。この特集号では寄稿者、読者からたくさんのメッセージが寄せられ、特集号の記事の一本として掲載されているが、その中からSF作家山野浩一の一文を紹介しておきたい。

都市というものは機能的に発展するほど人間を疎外するものであり、もともとそういうものに〝人間的〟なものを求めること自体欺瞞である。新宿がそうした欺瞞を脱し、高層ビルの立ち並ぶ〝本来の〟都市の姿になりつつあることは大いに喜ばしい。今後更に人間疎外の街として発展してほしいと思う。

私は新宿へ疎外されに行き、大いに復讐心を燃え立たせ、いつか訪れる廃墟を想像しながら楽しみたいと思う。

新宿万才！

付け加えるなら『プレイマップ』は都市としての新宿へのレジスタンスを貫くべきである。新宿の街が出している雑誌だけに街の発展と同じ方向へ向うのでは意味がない。私が自己存在へのレジスタンスとして小説を書くのと同じようなものであるべきである。新宿プレイマップ万才！

（一九七〇年七月号　特集③「新宿縁我帳」所収）

さすがはSF作家の優れた透視力というべきか。山野浩一の皮肉に満ち満ちてはいるけれど、リアルな新宿観＝都市観は今もそのまま通用するものだろう。

また、SF作家の鬼才、筒井康隆も、同号の特集記事の一本として「新宿博物誌」と題した、いかにもこの作家らしい諧謔心溢れた一文を寄稿してくれている。その記事内に『新宿プレイマップ』についてこんな愉快な定義をしているので紹介しておこう。

しんじゅくぷれいまっぷ［新宿 Play Mop］

遊び半分で新宿の街を掃除している、巨大なゾーキン。

鬼才に、『新宿プレイマップ』を、「遊び半分で新宿の街を掃除しているモップ」――しかも「巨大なゾーキン」と評されたのは大変光栄なことだった。

二例しか挙げられなかったけれども、このような寄稿者たち、それから大勢の読者たちの声援や激励、時には揶揄や野次も飛んできたけれど、まだ新宿という街に好意や関心を持っていた人びとの応援がバリアの役割を果たしてくれ、二年一〇か月、通巻三四号まで刊行が可能だったのではないかと思う。

◉—ＰＲ誌としてのお墨付き

ちょうど創刊一周年を迎えた頃、『新宿プレイマップ』は第八回ＰＲ誌コンクール（ＰＲ研究会主催）において「準優秀」賞を受賞した。同賞は前年六九年の一年間に発行されたＰＲ誌の中から応募作二一四点を対象に詮衡されたもので、創刊一年未満の初出場で「準優秀」の栄冠は初ケースとのこと。七〇年七月七日、東京商工会議所で行われた表彰式には、新都心新宿ＰＲ委員会を代表して編集長の私が出席して、賞状をもらったのだったが、正直にいえば、ＰＲ誌という分類、分野での評価であって、タウン誌というニューメディアに対する評価でなかったことが、私には少々不満で心から喜べなかった。しかし表向きには、とりわけ新都心新宿ＰＲ委員会に対しては喜んでもらえる朗報のはずだったので、『新宿プレイマップ』七〇年九月号では、「ＰＲ誌ＰＲＡＹＭＡＰ自身のためのＰＲ」というタイトルを付けて大きく報道することにした。その記事の要約をご覧いただきたい。

★成績

最優秀　資生堂　花椿

準優秀　新宿ＰＲ委員会　新宿プレイマップ

特別名誉賞　東洋インキ　東洋インキニュース
他　技術賞5点　奨励賞22点

★審査委員
早稲田大学教授　小林太三郎
東京ADC委員　向　秀男
電通参事　井上　優
評論家　俵　萌子
PR研究会代表　池田喜作

★審査討議抜粋
向　私は「新宿プレイマップ」を積極的に推します。
井上　私も推します。これは従来の商店街PR誌が、「銀座百点」を手本にして、商店を中心に作られていたのに対して、街を中心に発想したということ。
池田　まさにタウン誌ですね。
井上　そうなんです。そこのユニークさがすばらしいと思ったんです。
池田　それに「銀座百点」をまねた一連のPR誌が、回顧趣味というか、有名人に語らせたり、書かせたりしていますわね。ところがこれは前向きに、無名のコピーライターやデザイナーを動員して、新宿というふんいきを出してるんですね。
向　そうなんですね。僕はこのPR誌が出ていることは知ってたんですが、しみじみ見たのははじめてなんです。

それでまさに、ジス・イズ・シンジュクだと思った。（笑）

小林　たしかにそうですね。私は、新宿に近い大学に勤めているんで、街でよく見かけていたんですが、この雑誌を開いて、なるほど新宿というのはこういう街か、ということをあらためて教わりました。だから若い人たちが見たらなおさらそうなんじゃないでしょうかね。

向　街のフィーリングがあるんですね。読まして知的に頭のなかのフィルターで消化し、こうだという意識をもってあるイメージを作りあげよう、それを期待するというんじゃなくて、さっと読んだだけで感覚的に新宿というのを感じさせてくれる雑誌だ、と思うんですよ。

池田　たしかにユニークですね。準優秀出しましょう。（全員賛成）

『新宿プレイマップ』に「準優秀」賞を出すことは（全員賛成）だったように記されていたけれど、審査員の中で紅一点の評論家俵萌子の評が見当たらないのがちょっと気になった。創刊号の合評会で女性が対象客層の店舗やデパートの委員から、「こんな内容のPR誌は恥ずかしくてお客様に渡せない」とこっぴどく叱られたことがチラリと脳裏をかすめた。俵萌子委員は、反対票こそ投じなかったものの、『新宿プレイマップ』はあまりお気に召さなかったのかな？そんなことを思ったりした。

だが、このPR誌コンクールの「準優秀」受賞は、『新宿プレイマップ』の発行元新都心新宿PR委員会には予想以上に効果てきめんだった。それはこんなかたちで現れた。私は一年前に「不適切」の烙印を捺されてボツにされお蔵入りしていた和田誠のイラスト・ルポの話を持ち出し、「次号の一一月に掲載したいのだが、どうでしょうか？」と、横尾事務局長にお伺いを立てたところ、「もう、いいんじゃないかな。いちおう委員会の役員に打診してみますが……」と、あの時のように顔をひきつらせることもなく、ニコニコした表情で応じてくれたからだった。

事務局長の予測どおり、和田誠のイラスト・ルポの次号への掲載の件はすんなりパスして、一年後にようやく陽の目を見ることになった。私は胸のつかえは取れたものの、この結果には拍子抜けというか、何か割り切れないものを感じたものだった。

◉―コマーシャルの光と影

六〇年代はコマーシャルが大きな力を持つようになり、人びとの生き方や生活を全面的に支配するようになった時代だった。コマーシャルの光と影が誰の目にもくっきりと映るようになった。けれども、コマーシャルの圧倒的な力と網の目から逃れることは至難だった。六〇年代世代のコマーシャルに対しての処し方は二分していた。コマーシャルを危険視して背を向ける人びとと、力を持つようになったコマーシャルに乗り、上手に活用して豊かな人生を目指す人びとである。私自身についていえば、高層ビル街を建設し、新都心を目指していた新宿のPR誌編集者に身を投じたわけだから、後者に分類されるのかも知れないが、その明確な自覚も野心もなかった。私の心の奥底には、『西遊記』の孫悟空が得意になって筋斗雲に乗り、一跳び十万八千里走破したつもりだったのに、気づけばお釈迦様の手のひらの上だったという物語が健在だった。それゆえ筋斗雲のようなコマーシャルの力に全面的に身を任せる気持ちにはなれなかったからだ。

一九七三年一二月一二日、CMディレクターの杉山登志が東京港区赤坂の自宅マンションで首を吊って自殺した。享年三七。若すぎる死だった。彼はこんな遺書を残した。

リッチでないのに、リッチな世界などわかりません

ルポその①

NUDE STUDIO

イラスト・和田誠
第17号（1970年11月）

ハッピーでないのに、ハッピーな世界などえがけません
「夢」がないのに、「夢」をうることなどは……とても
　嘘をついてもばれるものです

杉山登志は、テレビ草創期から数多くのテレビCMを手がけ、名CMディレクターとして知られてきた。仕事に行き詰まっていたわけでもない。リッチというのがどの程度の金持ちをいうのかわからないが、すくなくとも彼自身は貧乏だったはずはない。売れっ子CMディレクターの名をほしいままにした三七歳の死だったからだ。

世間的には出世の頂点に立っていたはずなのだが、彼自身はハッピーと感じていたのかどうか、本当に「夢」がなかったのかどうか、その真相もつまびらかではない。杉山登志の自死の理由は謎に包まれたままだったが、彼が書き残したCMコピーみたいな遺書は当時大きな反響を呼んだものだった。それは彼の自死が六〇年代に台頭したコマーシャル社会の光と影を象徴する事件だったからだろう。

スケッチ・オブ・新宿'60

その1●海のない港町

新宿要町に今もある寄席「末広亭」の前あたりの路地奥に「でん八」という酒場があった。エレベーターのない老朽小規模ビルの二階の店で、あまり愛想のよくない男兄弟がマスターだった。何の変哲もない女っ気のないガランとした酒場で常連客は男たちばかり、女性客などにお目にかかることはほとんどなかった。

常連客で賑わう繁盛店とか隠れ屋的な有名店というわけでもなかったのだが、夜ふけに五木寛之と野坂昭如が連れ立ってふらりと現われたり、真っ赤なデニムのつなぎで決めたロング・ヘアーの若者が一人でやって来たので、こいつ誰だろう? とよく見たら、岡林信康だったり……といったそんな酒場だった。

色添えといったら、店の片隅にでんと置かれていたジュークボックスとそこから流れる音楽ぐらいで、そのころは淺川マキの『夜が明けたら』や『かもめ』といった曲がよく流れていた。

一九六〇年代末の六九年は、歌謡曲やポップスの名曲が数多くオン・パレードした年でもあった。『ブルー・ライト・ヨコハマ』(いしだあゆみ)、『白いブランコ』(ビリー・バンバン)、『風』(シューベルツ)、『涙の季節』(ピンキーとキラーズ)、『長崎は今日も雨だった』(内山田洋とクールファイブ)、『時には母のない子のように』(カルメン・マキ)、『夜明けのスキャット』(由紀さおり)、『港町ブルース』(森進一)、『どしゃぶりの雨の中で』(和田アキ子)、『フランシーヌの場合』(新谷のり子)、『いいじゃないの幸せならば』(佐良直美)、『恋の奴隷』(奥村チヨ)、『手紙』(岡林信康)、『ひとり寝の子守唄』(加藤登紀子)、『真実一路のマーチ』(水前寺清子)、『新宿の女』(藤圭子)、『黒猫のタンゴ』(皆川おさむ)、『今日でお別れ』(菅原洋一)といった曲が次々にヒットしていて、私などはBGMといった感じで聴き流していたにすぎないのだけれど、今でもこれらの何曲かの一節を口ずさんで歌うことができる。

六九年のヒット曲のなかで、私にとってちょっと意外な楽曲なのは、由紀さおりの『夜明けのスキャット』だろう。というのも、二〇一一年にアメリカでリリースされた由紀さおりとアメリカのジャズ・オーケストラ「ピンク・マルティーニ」とのコラボレーション・アルバム『１９６９』に収録されている『夜明けのスキャット』が、アメリカやカナダのヒット・チャートで一位になり、海外で四十数年ぶりに再生・復活した日本のポップスとして話題を呼んだからだった。由紀さおりは一九六九年にこの歌でデビューを果たした。当初はラジオの深夜番組のテーマソング（作曲・いずみたく）で、イントロ部分の「ルルルルル～ラララララ～」というスキャットのみだったという。当時、ラジオの深夜番組は若者たちの解放区のような世界だった。テレビの歌謡番組ではお目にかかれない歌手やミュージシャンたちのポップス、フォークソング、ロック、ジャズなどの新曲を聴くことができた。『夜明けのスキャット』は、ラジオの深夜放送で人気を博し、レコード化される際に歌詞（作詞・山上路夫）が付いて歌われることになり、これが大ヒットし，一九六九年の年間ヒットチャートで第一位に輝く歌になった。だが、その時代の私は深夜まで新宿の街を徘徊しているような日々をすごしていて、すでに若者でもなかったからラジオの深夜番組も聴いていなかったし、テレビの歌謡番組を楽しむという暮らしもしていなかったので、この歌の存在に気づかなかった。もちろん、ある時代のヒット曲というものは「時代の風」みたいなもので様々な場所で流れていたわけだから、特別に耳を傾けなくとも、私の耳にも届いていたはず。ただ私のその時の感性がヴィビットにその歌に反応していなかったということなのだ。こういうことは単に歌に限らず、色々な経験とか物の考え方にもいえることで、たとえ同時代に生きていても、その時代の年齢や男女差や境遇など、立ち位置の違いによって物事の受け止め方は違うということなのだろう。

私がアメリカから逆輸入した『夜明けのスキャット』に注目したのは、この歌を収録したアルバムに『１９６９』というタイトルが付けられていたからだった。そして改めてこの歌に耳をかたむけてみたら、あの頃見過ごしていたこの歌から六〇年代末の情感が鮮やかに甦ってきたからだった。

だが、こだわるようだけれど、新宿の裏町の酒場「でん八」のジュークボックスでは、『夜明けのスキャット』を、私は聴いた覚えがない。この歌も流れていたのかもしれないが、私の心情に届いていなかったのだろう。「でん八」のジュークボックスからは、浅川マキの『夜が明けたら』や『かもめ』が、まるでこの酒場のテーマ曲みたいに繰り返し流れていた。それとカルメン・マキの『時には母のない子のように』なども。上記に挙げた六九年のヒット曲はテレビの歌謡番組などでのべつ流れていたようだけれど、浅川マキやカルメン・マキの歌はたぶんそうではなかったろう。けれども、新宿の酒場「でん八」では大ヒット曲だったのである。

『かもめ』（作詞・寺山修司／作曲・山本幸三郎）は、こんな詞の歌だった。

　おいらが恋した女は港町のあばずれ
　いつもドアを開けたままで着替えして
　男たちの気をひく　浮気女
　かもめ　かもめ　笑っておくれ

『港町ブルース』や『新宿の女』、その他の歌もみんな悪くはなかったが、新宿の路地裏の酒場では、浅川マキがけだるそうな感じで唄っていた『かもめ』や『夜が明けたら』という歌のほうがなぜか似合っていたのだろう。

新宿には海がない。けれども、その時代の新宿は港町みたいな感じがあった。

その2●書を捨てよ　町へ出よう

六〇年代と、その時代の新宿のヒーローは誰だったか。ヒーローなどと言うと、映画黄金時代の銀幕の大スター高倉健や石原裕次郎の名が浮かんでしまいかねないので、「あの時代とその頃の新宿を最も体現していた代表的な人物」と言い換えてもいいのだが、一番に頭に浮ぶ人物は、やっぱり寺山修司と唐十郎の両人だろう。これはべつに私の恣意的な選出ということでもない。あの時代の文化状況にふれて共感し、その街頭分野のメイン・ステージだった新宿の街に親しんだ者なら、たぶん異存のない選定だろう。

では、六〇年代新宿のヒーロー伝説はどのようなものだったのか。

まず、寺山修司の足跡をテキストにして見てみたい。

寺山修司は一九三五年青森県生まれ。父親は太平洋戦争が終った年の九月南方セレベス島で戦病死し、母子家庭の子供として育った。世代としては戦後世代第一期生である。自伝抄と銘打った文章には、生い立ちの一端がこう綴られている。

> 私は、母と同じ屋根の下に暮らした記憶はほとんど持っていない。
>
> 少年時代の私は、青森の港町の映画館にあずけられて育ち、母は三沢の進駐軍のベースキャンプで働きながら、中学の学費の仕送りをしてくれていた。ある日、青森へ出てきた母が、「しばらく遠くへ行くことになった」と言った。
>
> 「もっと沢山仕送りするからね」。
>
> 私は駅まで母を送っていき、そこで連絡船の汽笛をききながら、二人で夜泣きソバをすすった。
>
> 美空ひばりの「悲しき口笛」がきこえていた。
>
> （寺山修司『黄金時代』所収「消しゴム」九藝出版、一九七八年）

寺山修司は、自伝風の文章を沢山書いているが、それは正統の自伝ではなく、寺山修司が自分の本の読者や芝居の観客を泣かせたり、喜ばせようとして作り上げた物語だったといわれてきた。だが枝葉の部分の信憑性はともかくとして、幹の部分の叙述はノンフィクションと考えたい。たとえば別の本では、母親が米軍白人将校のオンリーだったということや、立川や九州方面に転勤する米軍人と連れ添うために母親と別れたという記述もある。いずれが幹で枝葉なのか、私立探偵にでも調査を依頼してみなければ判断のしようがない。

自伝と略歴との整合性が認められるのは、一九五六年（昭和二九年）に早稲田大学に入学するために一八歳で上京するのだが、翌年、腎臓ネフローゼ病と診断され、三年近い長期入院を余儀なくされている箇所だろう。彼は青春真っ盛りでの、この身の不運を嘆いてはいるが、屈しはしなかった。むしろスプリング・ボードにした。かつて私は、その頃の寺山修司の不屈の精神を次のように記している。

……その時代は彼と同世代のヒーローが性の解放と海の美学を謳歌していた「太陽の季節」なのだった。新宿西大久保の小さな病院にとじこめられながら寺山修司は

「ちえっ！　反時代的な青春とは、ブルジョア家庭に育たなければできぬものなのか」

と舌打ちし、「反逆」の権利の不当な配分に歯ぎしりしていたというのである。

だが、「地獄めぐり」というものは人を変えるものだ。

大学をわずか半年通っただけで捨ててしまった寺山修司は、病気が快復すると、

「書を捨てよ　町へ出よう」と心を決めた。彼の好きな言葉で言えば、「ネオンの荒野」に歩いて行ったのである。

彼は新宿歌舞伎町に棲み、バーテンダーやテキヤの友人たちと飲み歩くようになった。賭博するようになり、ポーカーや競馬で食べていた時期もある。

酒場の女の子と同棲したりもした。

要するに――

私は強い人間になりたいと思った。少なくとも新宿歌舞伎町のホメロス位になりたい。

（本間健彦「アソビ人間研究・寺山修司」『新宿プレイマップ』一九七〇年二月号）

上記の記事に関して若干補足しておくと、「太陽の季節」というのは、一九五五年に石原慎太郎が一橋大学在学中に同名の小説を書いて芥川賞を受賞し、一躍時代のヒーローになった事象を指している。『太陽の季節』の主人公の青年が勃起させたペニスで障子を破るという行為は対抗文化が一斉蜂起する六〇年代を予告するセンセーショナルな事件だった。その頃、甘ちゃんの落ちこぼれ高校生だった私などは、当時若者たちの間で大評判になっていた映画『エデンの東』『理由なき反抗』の主人公ジェームズ・ディーンに憧れ、同化するような気分で太陽族たちに拍手喝采を送ったものだった。こういう追想は、『太陽の季節』の作

アソビ人間研究 ⑧

寺山修司

報告者・本間健彦

「勝敗ってものは戦う前のニラミ合で決まるものなんだなあ――」

というのが、ぼくが活劇映画から学ぶ「人生哲学」の一つである。

ヒーローはたいてい鋭い光を宿した大きな目を持っているものだが、決め手の武器はこれなのだ。すなわちその眼光によって対峙の一瞬敵の心臓を射抜いてしまうのである。こういう目を持ち合わせていないと敵だけでなく仲間をナットクさせる時などにも「俺の目をみろ、何もいうな、男同志の腹の内」などといった、ドスはきかせない。

人に会うのが商売なのでこれまでにずいぶん多勢の紳士淑女諸士にお目にかかっているがその経験からいうと、「人物といわれる人の目は光っていて強いものがあるな」という結論をぼくは抱くに至っている。「もしこの男と合まみえたらオレはあっさり殺られているな」と、思わず慄然としたこともしばしばである。幸いなことに現実人生には決闘しなければならないような「OK牧場」がめったにないので救われてきたのである。

しかしながらこんな具合に勝ったか敗けたかがつまびらかでない現実人生のなかにとっぷりとつかって安住しているうちに堕落して

しまったのが現代人なのではないだろうか？現代人とか堕落とかいう言葉が大げさすぎるなら、「男が去勢された」といい改めてもよい。勝敗を決すべき「戦場」を喪ったり捨てたりした男たちの落ち行く先が何処であったかは、すでに皆さまもご存知の通り。

ふりかえってみると、ぼくたち戦後世代の共通項的な欠点は、あまりに「敗ける」ことに馴れすぎてきたことだったように思う。

「敗けて嬉しい花一文匁」

――はじめはやけ半分にうたっていたそんな唄の思想をいつの間にか肉体化してしまったのである。

ところが、戦後世代の一人である寺山修司の場合は、ちがう。

彼は決して「敗けて嬉しい花一文匁」などという唄をうたいはしなかった。彼の愛したフレーズは、「勝ったものはみんな美しい」というものだった。彼は鋭い光を宿した大きな目を持った男として生きてきたのである。彼ははっきりとこう宣言している。

私はなにごとにつけて勝負ごとが好きだった。私はさまざまのものに勝ちたかった。勝つための手段は思想にはならないが「勝利」は思想だからである。

「遊撃とその誇り」

寺山修司が、「何が何でも勝たねばならぬ」といった、当世の青年気質とくらべたらいささか古風すぎる、ジュリアン・ソレル型の生き方を貫いてきたのは、一つには生い立ちの「不幸」に負う所が多いように思う。たとえば次のような状況である。

父は巡査であったが、私が五十のとき兵役にとられて、それっきり帰って来なかったし、水商売をしていた母にも構って貰えなかった。私は仲間たちと共に「ちびっこギャング」になって裏通りの運動具店や本屋を攻撃目標にし、ときには盗みを働いて死にものぐるいで逃げた。

ボクシングの方はなかなか上達せず、テクニックよりさきに反則ばかり覚えてしまった。親指で相手の目を突いて目をつむらせ、ひるむところへラッシュをしてゆく「サミーング」や、頭で相手の顔をこすりまくって、パンチ以上の効果をあげる「ヘッドブラッシ」。

それらは親なしの私にとって、試合上の技術というよりは、むしろ処世上の知恵として役に立ったと思われる。

実際、戦後のドサクサ期には、戦略なしに生きられたものなど一人もいなかったのである。

「書を捨てよ、町へ出よう」

「憎しみこそ、もっとも有効なコミニケーション」だと思いこまされて、育った寺山少年にとって、ボクシングは殴りあいのかたちで行なわれる「肉体の対話」であると同時に「処生の武器」でもあったのである。

さて、詩人・寺山修司の出発点は、中学から高校時代にかけて手を染めた俳句ということだが、それへのかかわり方も彼自身の告白によるとひどく非文学的なものなのである。

少年の私にとっての投稿欄の魅力は、その階級性にあった。毎月新しい雑誌が届くたびに、四十人ほどの投稿家に与えられたランキングに目を通し、自分の「階級」の上下をさがす楽しみが、私を夢中にさせた。

「話しことばの思想」

底辺の子女が「下剋上」を果たすには、芸

者のその後の生き方や、つい最近まで首都東京の首長に君臨し、新宿西口高層ビル街の一角から傲岸な発言を繰り返している様子を見聞するにつけ、若気の至りとはいえ自らの無教養と無思想を吐露するようなもので、ただただ恥じ入るしかない。

だが、寺山修司は、「反逆」の権利の不当な配分という格差を、思想として明白に意識していて、それに打ち勝っていくための戦略を立て、「新宿歌舞伎町のホメロス」を果敢に目指していたのである。

寺山修司は、中学・高校時代から俳句や短歌を作るようになり、一八歳の時には短歌新人賞を受賞している。大学生になり長期入院をしてからも、病床で書いて投稿したラジオ・ドラマが放送されて注目を浴び、二〇歳の時に書いた処女戯曲が大隈講堂で上演されている。そして大学を中退した二一歳の時に第一歌集『われに五月を』出版、一九六〇年の安保闘争の最中、二五歳の時には戯曲『血は立ったまま眠っている』が劇団四季（演出浅利慶太）で上演され、劇作家としてデビューを果たしている。

この簡単な若き日の寺山修司の足跡をたどれば一目瞭然のように、彼は一九六〇年、弱冠二五歳で世に出ていることがわかる。これは寺山修司が天才的な才能の持ち主であったがゆえに達成できたものだということは自明なのだが、対抗文化が一斉蜂起する六〇年代の拠点だった新宿で青春期を過ごしていなかったら、多才があれほど多角的に開花できたかどうか。おそらく寺山修司はそのことを鋭敏に察知し、「新宿歌舞伎町のホメロス」を目指すなどというかにも寺山好みの修飾用語の宣言をしたのだろう。

実際に寺山修司は、デビューするまでの無名時代を新宿の街を根城にしてきた。長い入院生活から抜け出した寺山青年が「書を捨てよ　町へ出よう」と、「ネオンの荒野」への彷徨を開始したことは事実だろうけれど、無類の本好きで博覧強記だった彼が書を捨てるわけはないし、歌舞伎町の酒場でバーテンダーやテキヤの友人たちと飲み歩いていたわけでもない。寺山修司は一滴も酒は飲めなかったからだ。その頃の寺山修司は、六〇年代新宿の伝説的な喫茶店「風月堂」を一時期事務所代わりのように活用していたし、もう一軒の伝説的ジャズ喫茶「きーよ」でブラック・パワーの音に熱心に耳を傾けていたのである。

一九六七年一月一日、寺山修司は、演劇実験室「天井桟敷」を結成、同年四月草月アートセンターでの旗揚げ公演で『青森県のせむし男』を上演、次いで同年六月の第二回公演は新宿末広亭で『大山デブコの犯罪』、九月の第三回公演はアートシアター新宿文化で『毛皮のマリー』を上演して、いずれも評判を呼び、唐十郎率いる「状況劇場」と並ぶアングラ演劇の旗手となった。また、同年三月には評論集『書を捨てよ　町へ出よう』を刊行。六〇年代新宿のヒーローとしての座を不動のものにしたのだった。

その3●紅テント・ゲリラ風雲録抄

唐十郎は一九四〇年東京台東区生まれ。下谷万年町の長屋で育った。六二年明治大学演劇学科を卒業、劇団青年芸術劇場（青芸）に研究生として入団するが、一年後に退団し、自前の劇団（六四年「状況劇場」に改名）を旗揚げしてアングラ演劇活動を始めた。八三年に状況劇場を解散して、劇団唐組を旗揚げ、今なお役者・演出家・座長として精力的な演劇活動を続けている。また、岸田國士戯曲賞（七〇年）、鶴屋南北戯曲賞（〇三年）などの受賞、さらには『佐川君からの手紙』という小説作品での芥川賞受賞（八三年）など、文筆家としても高い評価も得てきた。

本稿で私が書こうとしていることは、唐十郎が寺山修司と覇を競うように登場する六〇年代の話なので、ここでも、私がかつて唐十郎の芝居に初めて出会い、衝撃を受けて書いた記事の一節を、まず紹介しておきたい。

> 唐十郎は不吉な役者である。
> 彼の芝居を一度でも観たことのある人なら誰だってそう思わざるを得ない筈だ。彼の芝居には舞台を華麗な灰かぐらに一変してしまう磁力があるからだ。
> （中略）ところで、ぼくが唐十郎に初めて出会ったのは三年前の四十二年二月十一日の深夜、新宿のピットインという店であった。なんでも十三年ぶりとかいう大雪が二日続きで降り続く夜更けのことで、さすがの新宿の街もまるでゴースト・タウンみたいに深閑と静まりかえっていたことを憶えている。
> 昔から大雪と事件は、赤穂浪士の打ち入りや二・二六事件なんぞでも思い出されるように、変に因縁めいた結びつきがあるものだけれども、まったくその背景、不吉な役者の不吉な芝居に恰好であった

といえる。

（本間健彦「アソビ人間研究・唐十郎」『新宿プレイマップ』一九七〇年一月号）

さて、その大雪の日の深夜、新宿のジャズ喫茶ピット・インで上演された〝新宿オペラ〟とも銘打たれた『ジョン・シルバー』という芝居では、異才のジャズ・ピアニスト山下洋輔とそのグループが演奏をつとめていて、この時が山下洋輔と状況劇場の初セッションだったというプレミアムも話題を呼んだ。ここではさわりのシーンを少し紹介することで、この芝居のあらすじと雰囲気の一端をお伝えすることにしよう。

☆暗闇の中から一人の男が登場する。彼は殺人者だ。屠殺人のように両手を真っ赤に染めている。男は風のような存在の自分を呪い、風でなくなるために父母兄弟、そして妻を殺してきたという。殺人者は観客の若い女性の一人からハンカチを借り、そのハンケチで手をふくと、「お嬢さん、私と貴女はやっと他人ではなくなりましたね。私たちはもう風ではない」と言う。

☆「小春」という名の女が登場する。彼女は三年前に「山手線の長い灰色のホーム」から背を丸めるように海へ行ってしまった夫、シルバーの義足をヴァイオリン・ケースにつめこんでいて、「もう海も宝島も船も仲間もいないのに、シルバー、お前はなぜ行っちゃったの？」と嘆き悲しむ。

☆お互いに七回も強姦され、七回とも子供を堕した経験を持つ双子の姉妹少女は、そのいずれの体験も、まるで「空っぽの急行電車」が通過してしまったみたいなものだったために、何一つ男の思い出がない。そんな彼女たちは、蒸発した夫を懐かしむ小春に対し、「男の思い出ってどんなもの？　それはどこにあるの？　ねえ、ズロースの中？　脇の下？　それとも足袋の中にしまってあるの？」と詰め寄り、小春を押し倒す。

この芝居は、子供の頃誰もが読んだ、あの懐かしい『宝島』の主人公を引き出してきて、芝居の主人公に仕立て、現代人の喪失感覚をテーマにしていることがおわかりいただけるだろう。けれどもさわりのシーンの紹介でも察せられるように、シリアスなドラマ展開とは真逆の通俗、グロテスク、ナンセンスの姿勢が貫かれている。つまりドタバタ喜劇調の芝居で観客を大いに笑わせている。観客がドキリとするのは、主人公のジョン・シルバーが遂に最後まで登場せずに幕が閉じられてしまう時ではないか。

唐十郎の芝居の特色は、エログロ・ナンセンスまがいの仕立てで大いに客を楽しませ、あるいは不快にさせるという趣向で手元に引きずり込んでおきながら、不意にグサリと心を射抜く命題を客に突きつけ、ふと考えこませてしまうところにあるからだ。

唐十郎は、新劇の劇団を一年足らずで退団すると、自前の劇団を旗揚げし、むろん無名劇団の演劇では食ってはいけなかったので、女流画家の卵たち相手のヌードモデルや浅草のストリップ劇場での幕引きや照明係など、アルバイトで食い繋いできた。状況劇場と改名してからも、相方役の女優兼女房の李礼仙と組み、キャバレーなどのアトラクションで金粉ショーを演じてきた。北海道から九州まで五〇〇軒位のキャバレーを回ったということだけれど、これは稽古場を借り、紅テントを購入する資金を獲得するための出稼ぎだった。

同時に初期の唐十郎とその仲間たちの、この生き方は役者修行でもあった。なぜなら、「役者とは、常に《奈落》という地獄から這い上がって来た者」であり、そういう役者こそが「かどわかしの芸」を身に付けることができるという確信があったからである。彼はこの「かどわかしの精神」を江戸の《遊行民族》（歌舞伎者）から学んだという。

《遊行民族》とは、河原乞食などと蔑視も受けた江戸の芝居者たちのことなのだけれど、そんな芝居者たちが「ホンノリ化粧で、若き江戸の子弟に、家を捨て、親を捨て、現実原則を捨てよと手招いて、夜毎人さらいのように《暗い芸》の彼方に連れ去っていった、このかどわかし方こそ、かぶくというのかもしれない」と唐十郎は『幻の観客へ』と題した演劇論の中で書いている。

唐十郎は、六〇年代の新宿こそ、現代版の《遊行民族》が跳梁跋扈《ちょうりょうばっこ》できる恰好の舞台だと認識していたのだろう。状況劇場は、前述のジャズ喫茶ピット・インでの公演以前にも、新宿歌舞伎町での路上演劇や、新宿戸山ヶ原の

アソビ人間研究

⑦ 唐十郎

報告者・本間健彦

唐十郎は不吉な役者である。

彼の芝居を一度でも観たことのある人なら誰だってそう思わざるを得ない筈だ。彼の芝居には舞台を華麗な灰かぐらに一変してしまう磁力があるからだ。

それにしても、不吉でない役者がなんと多勢いることか。タレントとかスターとかいう名のノッペラ棒が。だからこそ、真の役者のみが具備している不吉さというものが、ひときわ光芒をはなつのだろう。

ところで、ぼくが唐十郎に初めて出会ったのは三年前の四十二年二月十一日の深夜、新宿のピットインという店であった。なんでも十三年ぶりとかいう大雪が二日続きで降り続く夜更けのことで、さすがの新宿の街もまるでゴースト・タウンみたいに深閑と静まりかえっていたことを憶えている。

昔から大雪と事件は、赤穂浪士の打ち入りや二・二六事件なんぞでも思い出されるように、変に因縁めいた結びつきがあるものだけれども、まったくその背景、不吉な役者の不吉な芝居に恰好であったといえる。

この夜の大雪は偶然の天の恵みにすぎないのはいうまでもないが、だいたい役者兼作者兼演出家兼座長という八面六ぴの人、唐十郎は、その劇団名を「状況劇場」と名付けていることでも想像できると思うのだが、芝居を成功に導くための状況作りの天才なのである。彼はこの喫茶店を劇場に仕立てての深夜公演をやる以前に、新宿歌舞伎町の路上でメロドラマをやったり同じく新宿の戸山ハイツの廃墟で野外劇をやってきているのだが、これは別に人の意表をついたことをやってのけて人気を勝ち得ようなどというサモシイ根性のためではなかった。結果的にはそのようなことにもなったかも知れないが、狙いはただ一つ、「いかにしたら観客に劇的体験を与えることが出来るだろうか?」という命題あっての変り身なのである。すっかり有名になった、紅《くれない》の天幕《テント》による小屋掛芝居に到達したのもそうした方法論からあみ出されたものと考えればナットクがいく筈だ。

さて、その深夜の喫茶店劇場で展開されたのは、〝新宿オペラ〟と銘打った「ジョン・シルバー」という芝居。——暗闇の中に一人の男が登場する。彼は殺人者である。屠殺人のように両手を真赤に染めている。彼は風のような自分を呪い、風でなくなるために父母兄弟妻を殺してきたという。殺人者は観客の女性の一人からハンカチを借り、そいつで手をふくと、「お嬢さん、私と貴女はやっと他人ではなくなりましたね。そう、私達はもう風ではない」といったりする。——〈小春〉という女。彼女は三年前に「山手線の長い灰色のホーム」から背を丸めるように海へ行ってしまった夫〈シルバー〉の義足をバイオリンケースにつめこんでいて、「もう海も宝島も船も仲間もないのに、シルバー、お前はなぜいっちゃったの?」となげき悲しんでいる。——お互いに七回も強姦され、七回とも子供を堕した経験を持つ双子の姉妹少女は、そのいずれの体験もがまるで「空っぽの急行電車」が通過してしまうみたいなものだったために何一つ男の思い出がなく、蒸発した夫を懐しむ〈小春〉に対し、「男の思い出ってどんなもの? それはあんたのどこにあるの? ねえ、ズロースの中? 脇の下? それともたびの中にしまってあるの? と詰めよって押し倒したりする。——あの昔懐しい〈宝島〉の主人公をアレンジして現代人の喪失をテーマにしたらしいこの芝居にはこれといった筋というものはなく、一端の紹介でもおわかりのとおり、半気違いの人物ばかりがヒョイヒョイと登場してくるのだけれど、主人公とおぼしきシルバーは遂に最後まで姿を見せない、という点が最大のミソなのだ。このミスティフィケートがあるために、一見俗っぽくナンセンスな、ドタバタ調に笑いころげながら、ふと、「ジョン・シルバーとはそも何者か?」という命題に、観客はドキリとせざるを得ないのだ。

この手法は彼の十八番のようで、「由比正雪」にはたとえばこんなくだりがある。正雪が夜鷹(娼婦)のお銀に惚れた丸橋忠弥にいう。

「忠弥、女の手に決して男の約束をゆだねるな。男はただ、女の上を通りすぎればいいのだ。国というたいそうな女もしかり。女に仕え

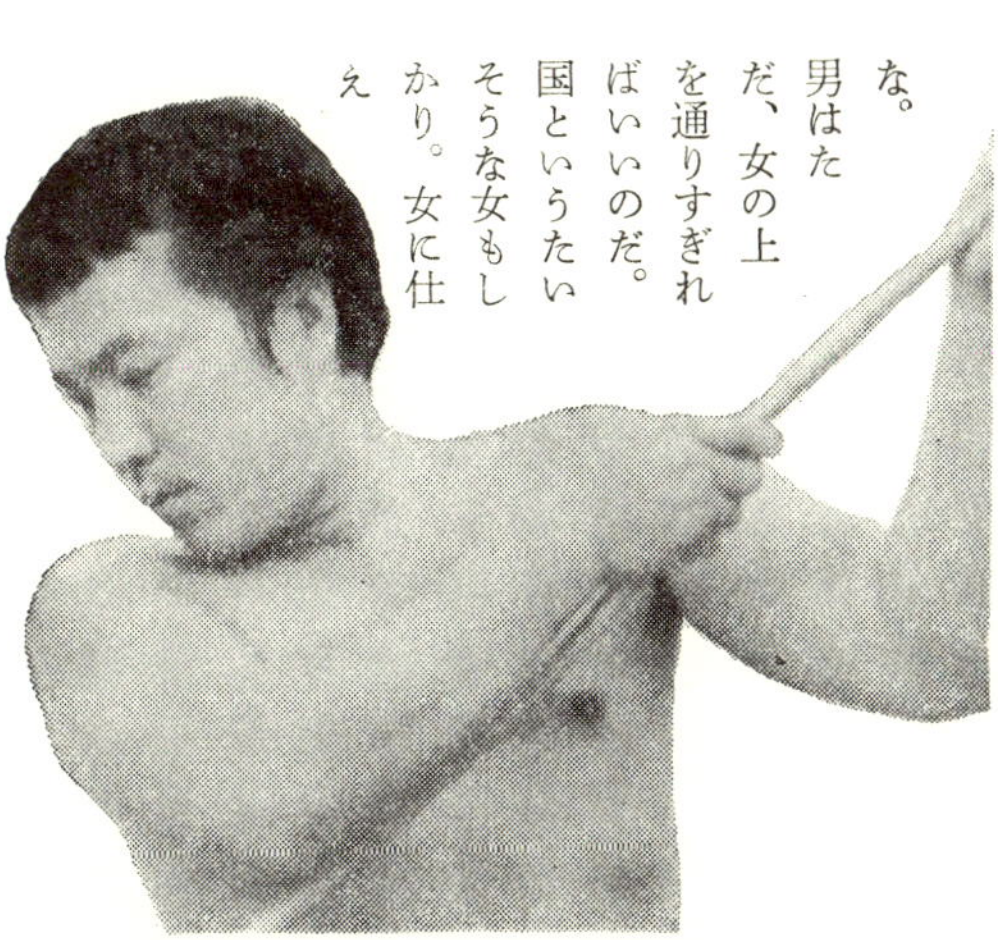

廃墟での野外劇を行ってきた。そしてピット・イン公演の成功に手応えを感じた唐十郎は、同年八月、新宿花園神社境内に紅テントを建て、『腰巻お仙――義理人情いろはにほへと篇』を上演したのだった。これが大反響を呼び、唐十郎と紅テントの状況劇場の名声は一挙に高まったのである。

　話題を呼び、多くの集客が見込めるようになったので、花園神社境内での状況劇場の紅テント公演は、その後第二弾、第三弾と公演が打たれ、新宿名物・新宿名所とさえ言われるようになっていったのだが、批判の風当たりも急速に強まってきた。状況劇場の紅テント芝居は公序良俗に反するとして地元商店街連合会などから排斥運動が起こり、ついに神社から六八年六月以降の神社境内の使用禁止を通告されてしまったのである。

　唐十郎と状況劇場は、花園神社境内での紅テント公演を追放された際に、

〈新宿見たけりゃ　今見ておきゃれ　じきに新宿　原になる〉

　そんな落首を記したビラを撒いて立ち去っている。

　しかし、筋金入りの遊行者であった唐十郎は、それで屈することはなかった。

　一九六九年一月三日、状況劇場は新宿西口公園に東京都の中止命令を無視して紅テントを建て、『腰巻お仙・振袖火事の巻』という芝居を機動隊に包囲された状態で公演し、上演後、唐十郎ら劇団員三名が都市公園法違反で現行犯逮捕されている。正月三箇日《さんがにち》という間隙を突いてゲリラ公演を敢行したわけで、いわば確信犯であり、六〇年代の新宿が舞台だったからこそ実現できたパフォーマンスであろう。

第6章 「新宿砂漠」の井戸掘り人

「『新宿プレイマップ』って、どんな雑誌だったんですか?」と、よく尋ねられる。こういう人はかなり本好きの方だから、いい加減な説明はできない。でも説明するのはなかなか難しい。それで、「タウン誌です」などと答えたりすると、「どんなタウン誌だったのですか?」と追求される。現物を見ていただくしかないのだが、なにしろすでに半世紀ほど前の遺物、しかも古雑誌でとっくに紙屑として処分されてしまっているからご覧いただくこともできない。さすがに私の手元にはバックナンバーが一セット残されているが、表紙の角がささくれていたり、なかには破れているものもあるし、本文ページの用紙なども赤茶けたり毛羽立ったりしていて見る影もない。復刻版でも出版すればいいのだろうけれど、名著とか伝説的な雑誌というわけではないので、そんなものを出版する物好きな出版社があるはずもない。

本書の出版は、「まえがき」でも書いているように、六〇年代の新宿とはどんな時代だったのかという考察を、僭越にも私の自分史として記録しておきたいという気持ちと狙いから思い立ったのだが、その時代に私が関わっていた『新宿プレイマップ』という新宿のタウン誌がどんな雑誌だったのかということもお伝えしておきたかったからだった。

うまく説明ができないとすれば、どう伝えたらいいのか。迷った。でも、そんなに迷うこともなかったのだ。第4章で『新宿プレイマップ』の創刊号がどのような雑誌かということを、創刊号の主要記事を紹介する手法で書いたが、その手法を踏襲すればよいではないかと思ったからだった。というわけで、本章、及び次章では、『新宿プレイマップ』通巻三三号の中から主要記事をアトランダムに拾い出し、その記事のさわりを引用させてもらい、その補足説明をするという手法で、『新宿プレイマップ』というタウン誌がどんな雑誌だったのか、その概要と、できればフィーリングを、お伝えしてゆきたい。

◉――黒田征太郎の「TOWN69」

皮切りは一九六九年八月号に掲載された黒田征太郎のイラスト・ルポ「TOWN69」から。イラスト・ルポだからイラストレーションで描かれたルポルタージュだったわけだけれど、本書では残念ながら原作をすべてご覧いただくことはできない。有難いことに、作者は絵に手書きの文章を添えてくれているので、それを手がかりにして黒田征太郎作イラスト・ルポ「TOWN69」全七ページの概要を紹介してみたい。

一ページ目は、作者が深夜遅くまで新宿で酒を飲んでいて帰宅する早暁、仰ぎ見た朝焼けの空が描かれている。薄墨色の大地は新宿御苑の森だろうか。「エエ朝ヤケやナー」と作者は後のページで述懐しているけれど、血がにじんだような朝焼けの空だ。扉ページなので、作者手書きの「TOWN69」というタイトルが入っているが、タイトル文字が反転して描かれている。

二～三ページの見開きページには、影のようなひとりの人物、道、電柱、空の上に縦横に走る電線などが素描風にモノクローム な色調で描かれていて、こんな文章が付されている。

★かなりトシ取ったオッサンが一人

ポッツリ　ポッツリ歩いていきよった
新宿の西口の柏木一丁目の辺でのこと……
　一九六九・五・三十一（土）夜の七時過
　今にも雨がふりそうな　変な空
★かなりトシ取ったオッサンは
段々小《ちい》そうなって新宿の灯の中に
消えてしもた

新宿西口には超高層ビル街の建設計画が発表され、その第一号を目指して京王プラザホテルの建設が始まっていたが、すぐお隣の柏木一丁目辺りはドヤ街や木造老朽アパートが密集している地区だった。作者は、この街に棲んでいるらしい〝かなりトシ取ったオッサン〟を影のような人物に描いていて、その影のオッサンがやがて新宿の灯の中に消えてしまうという情景をモノトーンなイラストレーションで描いているのである。

四～五ページ目には見開きで群衆が黒々と描かれている。添え書きの文を見ると、右ページには「名物フーテン無情の最期」と見出しが付けられている五月二八日付朝日新聞よりという次のような記事が作者の手書きで引かれている。

二十七日午後七時半ごろ東京都新宿区角筈一―一三、三越裏で○○方店員H・Kさん（二一）運転のモーターバイクに若い男がはねられ、近くの病院に運ばれたが二十八日午前二時半死んだ。［被疑者の名はイニシャルに変えた。注：筆者］

男は黒ズボン、茶のセーターを着ており、シンナーのビニール袋を手にした自分の写真を持っていた。フーテンとみて、淀橋署で調べたところ、中野区沼袋三―五相田方、渡辺敬さん（二〇）とわかった。渡辺さんは一昨年夏から新宿界わいにたむろしているフーテンの古顔で通称「ハングラ」と呼ばれていた。フーテン仲間は散り散りになっているので今はフーテンのリーダー格。この冬は新宿区百人町のアパートを借りて十人前後のフーテンの世話をしていた。ことしにはいってシンナー乱用がひどくなり、ガリガリにやせ細っていたという。死因については外傷もないところから同署はシンナー乱用による中毒死とも考えられるため、慶大病院で司法解剖して調べている。

H・Kさんの話では道のわきからフラフラと出てきたため……

そして左ページには、新宿駅西口広場のフォーク集会をルポした次のような文章が綴られている。

✶五月三十一日　午後八時　新宿駅西口の地下広場

八時半　西口派出所前に数百人の若者が集まりさわぎ始めた。

九時頃　気が付くと僕の回りは人でいっぱい、数千人はいるだろう、素人カメラマン?も沢山いる。こんなに沢山の人が集まるとは……。まんなかに日大の学生らしきヤツが四、五人、いっこうに拡声されんスピーカーでなんかしゃべってる。前のほうから順番に座りだした。数千人の若いモンが車座になっているほぼ中間くらいにいたけど臭かったナー。演説はスピーカーが安もんやから聞こえへんし、クサイし、足はシビレてくるし、解放広場もシンドイナー。そやけど若者が集まる気持はなんとなく解るような気がするんや。マスコミの連中は遠くから見てるだけとちがうやろか。中に入ったらどれだけ足フマレルか知っとんのかな?　マア、知ったかてどうってことはないけども、とにかく僕は間違いなく、新宿に行ってきたでー。

新宿西口フォーク集会は、一九六九年二月ごろから、べ平連の若者たちが、毎土曜日、ギターを抱えてこの広場に集い、岡林信康の「友よ」、高田渡の「自衛隊へ入ろう」、反戦歌「ウイ・シャル・オーバーカム」などのフォークソングを歌う集会を繰り広げるようになったのが始まりだった。当初、この歌によってベトナム戦争反対や反戦を訴えるというムーブメントは十数人の若者たちの集いに過ぎなかったのだけれど、時代の空気が助勢したのか、それとも当時の新宿の街が保持していた熱気が磁力となったのか、フォーク集会の輪は次第に大きくなり、数百人、数千人という規模に膨れ上がった。大学闘争の終焉により街に流れ出した学生、労働争議中の労組組合員、それに勤め帰りのサリーマンなどの飛び入り、野次馬なども多数参集して、一挙に輪が拡大したのだ。

本末顛倒的な現象となってしまったのは、集会の規模が膨れ上がるにしたがってフォークの歌声が聞こえなくなっていったことだった。五月一四日、淀橋警察署が広場での集会や署名活動禁止を打ち出し、従わない者は機動隊によって実力排除するという方針を表明すると、反発から集会の規模は三千、五千、七千と増大していく。黒田征太郎が目撃したのは、そういう群衆の集いと化しつつあった集会だった。群衆で埋め尽くされた広場には、フォークの歌声は聞こえないし、広場さえ見えない。黒田征太郎は、ただ黒々とした群衆の塊を描いている。

そして黒田征太郎はイラスト・ルポ「TOWN69」のフィナーレのページにこんなイラストレーションを描いた。ここも一枚の絵が見開きページにまたがって掲載されているのだが、右ページ上段には怪鳥のような大きなカラスが一羽、御苑の森と新宿のビル街の早暁の上空にバタバタと羽音を立て飛ぶ姿が描かれている。

そのカラスの絵の下には、次のような文章が添えられている。

★五月の上旬　朝の五時頃迄四ッ谷で酒、飲んでて、帰ろかと思て車で新宿御苑の横の道を「エエ朝ヤケヤナー」と思いながら通ってた、ら、ネコが一匹死んどった。五〇米ほど走ったらこんどは犬が死んどった。死んだ犬のハラの肉。赤いハラの肉をぶらさげた、カラスがバタバタ、バタバタ、背景は動き始める都会。新宿、皆んなウー

✿五月の上旬 朝の五時頃迄 四ッ谷で酒、飲んでて
帰ろかと思て車で新宿御苑の横の道を
「エエ朝ヤケやナー」と思いながら通ってた、ら ネコが一匹《イッピキ》
死んどった、五〇米ほど走ったらこんどは犬が死んどった、
死んだ犬のハラの肉。赤いハラの肉をぶらさげた、カラスが
バタバタ、バタバタ、背景は動き始める都会。新宿、
皆んなウーンとなんか感じた、デー、
あんな場面、ダイナミックでドライな場面 新宿以外のとこでは
似合わんやろナー カラス迄 新宿のやつはタクマシイ
そう言うたら 銀座はスズメやったナー
現代感じさすのはカラスやな、
結局 全員 みように張切って
東名 走ってマナズル迄 行って
しもた、

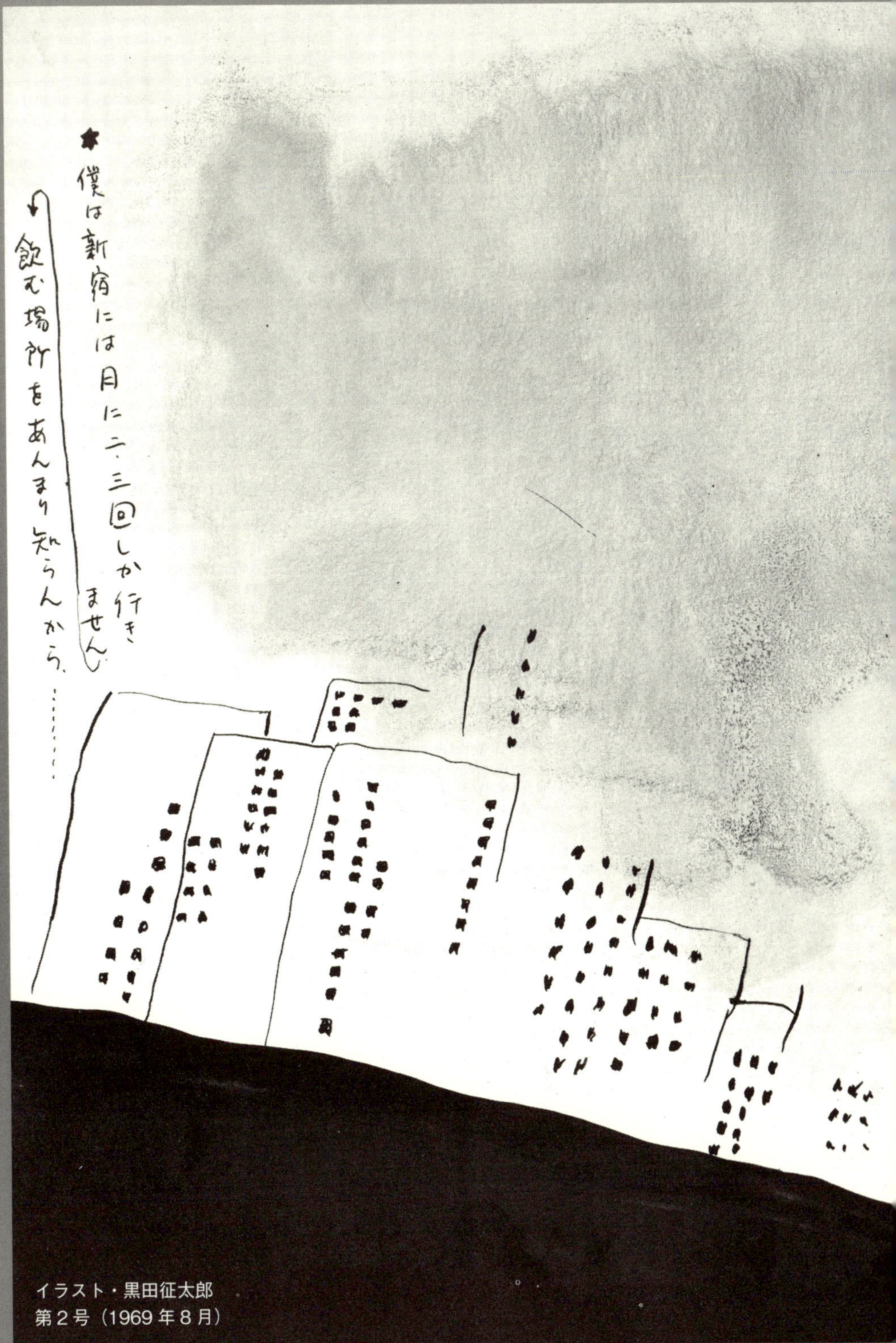

イラスト・黒田征太郎
第2号（1969年8月）

ンとなんか感じたデー。
あんな場面、ダイナミックでドライな場面　新宿以外のとこでは似合わんやろナー　カラス迄新宿のやつはタクマシイ
そうゆうたら銀座はスズメやったナー
現代感じさすのはカラスやな、
結局全員みょうに張切って東名走ってマナズル迄行ってしもた。

作者は、新宿のカラスを〝タクマシイ〟と驚嘆し、飲み仲間皆んなで〝ウーンとなんか感じたデー〟〝現代感じさすのはカラスやな〟という感想を記しているけれど、〝結局全員妙に張切って東名走ってマナズル迄行ってしもた〟とも記している。彼らはたぶん真鶴半島へ初日の出でも見に出かけたのだろう。

最後のページでは、御苑の森の上に新宿のビル街が傾いた感じに描かれていて、その横に次のような文が記されている。

★僕は新宿には月に二・三回しか行きません。飲む場所をあんまり知らんから……

当時、新鋭のイラストレーターとして登場して間もなかった黒田征太郎の、このイラスト・ルポ「ＴＯＷＮ69」は、現代版の墨絵のようなモノトーンな画風の異色のイラストレーションとして評判を呼んだ。しかし大阪弁の飄々としたコメントを添えることで毒消ししているとはいえ、鋭い批評性と皮肉な眼差しを込めたイラスト・ルポであったことは紛れも無い。それゆえ掲載にあたっては、創刊号で予定していた新宿西口広場フォーク集会のグラビア写真（撮影・柳沢信）が新都心新宿ＰＲ委員会幹部からの強い要請で掲載を見送ったことが脳裏をよぎり身構えた。だが、黒田征太

郎のイラスト・ルポ「TOWN69」は、クレームも付かずにすんなり掲載できた。

掲載是非問題で創刊号から躓いてきた私は、当局（ここでは『新宿プレイマップ』の発行元を指す）の良否の判定基準は、記事や写真に比べて、イラストレーションの場合は少しゆるいのかな、と思ったりしたものだった。しかしそれがとんでもない甘い認識であったことは、前章で述べたように和田誠のイラスト・ルポ「TOWN69」不掲載事件で思い知らされるのである。

◉──寄稿者たちの新宿観

タウン誌には目玉記事のひとつとして著名人のエッセイが掲載されている。その種のエッセイの共通項は筆者と当該の街との関わりや好きな場所（お店など）についてちょっとおしゃれなセンスで語られていることだろう。街のPR誌としてのタウン誌では、そのことが執筆者と編集者、発行者との間での暗黙の約束事になっているようにさえ思える。

『新宿プレイマップ』にもエッセイ欄が設けられていたが、そういうエッセイはごく稀で横紙破りのエッセイが多かった。たとえば、これは映画評論家の佐藤重臣のエッセイの一節だけれど、こんな塩梅《あんばい》──。


私が五年ぐらい前、ほんとに仕事がない時があった。いや、私だけでなく友人たちが、みなそうだった。やることがないから、オテント様が西に傾くと新宿へ出掛けてくる。

その頃、いまのカプリコンのマスター謙ちゃんが、御苑街に八人ぐらいしか坐れない店を開いた。これが今のユニコンの前身である。我々は、これを三角ユニコンと呼んでいるが、なにしろ小さいから、すぐ、いっぱいになるから、早くから行って場所取りしなけりゃならない。そこそこに行ってみると、もう長部日出雄、吉田喜重、浦山桐郎がいる。

暫らくすると大島渚が一党をひきつれてやってくる。これでもう満員なのである。ところが不思議なもので、後から来た連中も席がなくても平気で立って呑んでいる。百円の水割りで百二十円のスパゲッティ。お献立ては、これだけである。夏ともなると、外に縁台を出して蚊を追いながら呑む。

なにしろ、みんな仕事がないんだから、こうやって空景気をつける以外ない。

（佐藤重臣「新宿の酒呑童子《エイガヤ》たち」一九七〇年二月号）


筆者は「五年ぐらい前」と書いているので、このエッセイでは一九六五年以前の新宿とそこに集った自分と仲間たちを回顧しているのだけれど、山谷や釜ヶ崎辺りの夏の屋台光景が目に浮かぶ――そんな新宿が描かれている。若者たちは面白がり共感してくれた。でも、新都心新宿を目指していたタウン誌の発行人やスポンサーからは歓迎されないどころかソッポを向かれた。

もっと過激で奇跡的にボツを免れたようなエッセイもあった。六〇年代のラジカル派の若者たちに熱烈なファンを持っていた評論家平岡正明のこんな一文だ。


新宿は東京オリンピック前後に変った。深夜条例は夜のコーヒーの値段をあげただけだ。新宿ビート族、アングラ派、ジャズ派、六七年のフーテン、アナルコフーテン、フォーク・ソング派、学生行動部隊と、新宿の外側からやってきて新宿を騒然とさせた役者たちが変り、追いだされたり追んでたりして交替し、残ったものは、自警団を組織して客をぶんなぐる商店主たち、つまり新宿の私的所有者と、ヤーサンと、意外にも拠点の壊滅があたりまえのジャズ・グループ（ジャズの歴史を通じて拠点の盛衰は、絹の道沿いの、楼蘭とかカラコルムとか、アジアの諸都市の盛衰に近しい）などである。

新宿は自分ではなにも生みはしなかった。この町は外からの力で変化してきたのだ。「新宿にはわかっただけで現在、十三ヵ国、六十五人のヒッピーが簡易旅館などを泊り歩いており、〝日本へ行ったらシンジュクへ〟という合言葉が世界を放浪する仲間の間に流れていることがわかった。」八月一九日、簡易旅館「相模屋」（風月堂とならぶかれらのメッカといわれる）で、麻薬容疑で外人ヒッピーがふんづかまったときの毎日新聞の報道である。

このことは新宿の吸引力によるものではなく、逆に、こういう連中が外側からやってきて新宿を新宿らしくする。

（平岡正明「新宿は外側の町」一九七〇年一一月号）

平岡正明は「犯罪的革命と革命的犯罪」を称揚してやまない異端の論客であったが、この六〇年代新宿史観は的を射たものだろう。新宿は六〇年代末、外からやって来て新宿を新宿らしくしてきた輩《やから》を次々に駆逐していたからである。平岡のエッセイのように過激ではないが、「もうそういう旧弊な新宿観は卒業してくれよ」と発行人やスポンサーからクレームが付けられたのがこんなエッセイ。

新宿とストリップ、新宿と芝居、新宿と映画、どれも同じニュアンスで似合うセットのコトバだ。新宿というのは、きっとクサ味があるのだ。何クサいというと、人間くさくて、若者くさくて、すこし野武士風インテリくさくて（六本木や銀座だと、野武士というコトバはでてこない）東京だが土俗的で、いつまでたってもいくら道がチャンとなってもアスファルト的感覚にはならないでいる。上等というには、野卑さがまざっている。いくらスティションビルだの、グリーンベルトだとかいって、きれいなビルや庭ができても、どこか、たくましい野鼠の走ってるフィーリングが新宿という街そのものにある。

（白石かずこ「新宿と映画」一九七〇年二月号）

新宿は外側の町

・平岡正明

　わたしは執念ぶかい。どこまで遠くざりがにをつかまえに行っても日暮れには家へ帰ってこなければいけない。母親のしつけが厳しかったせいもあって、こどものころから、執念ぶかい帰巣本能がしみついている。

　いま小田急線の町田市に住んでいる。帰宅するための最終の急行電車が、夜十一時三五分、地上ホームを出る。ほとんどこの電車に乗る。友人との歓談をきりあげてこの電車に乗るし、用事がはやくすんでしまった時には、中央口の「メトロ」でパチンコをはじいて時間を浪費してから最終電車に乗る。

　なぜそうするのかは自分でもよくわかっていない。胎内時計のようなものがあるにちがいないのだ。胎内時計の動作原理を二つほど考えたことがある。その一つはクレイジーの恒常性である。もう一つは、疲労がなければ拠点はつくることができないという奇妙な確信である。

　たぶん、人にはそれぞれもって生まれたクレイジーの恒常的な量があるのだ。ただそれがある瞬間に集中的に獲保されるか、コンスタントに、メカニカルなかたちで放射されて保持されるかというあらわれかたの差異があるだけなのだ。

　ほとんどきまった店、ほとんどおなじコース、ほとんど一人、それから十一時三五分の電車で帰宅。わが新宿は宵の口の町だ。

　仕事の話は歌舞伎町の「蘭」か駅ビル八階の「プチモンド」喫茶部。三ヵ月ほど前までは中央口の「ポルシェ」が多く、ここに集まる連中はポルシェビイキと自称していたが、目下改装中。ジャズ派の屯所、「ピットイン」や「イレブン」にもあまり行かない。飯は要町「柱花」の九州ラーメンを好む。ぼんやりする場所は、御苑裏のジャズ・スナック「セラヴィ」で、最終コースはメトロ・パチンコ店の、アタマクラゲ台ということになる。

　一月前は連戦連勝で、欲しくもないタバコやかんづめを一山当てて帰ったが、景品を金に変える知恵がでなかった。いまはつきと根気が落ちて連戦連敗中である。

　酒と女がにがてだからわたしの新宿生活は安くあがるのだ。それで満足しているというよりも、変える気がない。ものめずらしい場所やキラキラする店は飽きたし、コースを変えるとうまく疲労が蓄積されないのだ。このコースのなかでわたしの観念の大半が形成され、活動のおおくも新宿に集中している。つまり、新宿はそこに住むものによってではなく、そこにやってくるものの町なのだということがわたしにもあてはまる。

　新宿は東京オリンピック前後に変った。深夜条例は夜のコーヒーの値段をあげただけだ。新宿ビート族、アングラ族、ジャズ派、六七年のフーテン、アナルコフーテン、フォーク・ソング派、学生行動部隊と、新宿の外側からやってきて新宿を騒然とさせた役者たちが変り、追いだされたり追んでたりして交替し、残ったものは、自警団を組織して客をぶんなぐる商店主たち、つまり新宿の私的所有者と、ヤーサンと、意外にも拠点の壊滅があたりまえのジャズ・グループ（ジャズの歴史を通じて拠点の盛衰は、絹の道沿いの、楼蘭とかカラコルムとか、アジアの諸都市の盛

衰に近しい）などである。

　新宿は自分ではなにも生みはしなかった。この町は外からの力で変化してきたのだ。

「新宿にはわかっただけで現在、十三ヵ国、六十五人のヒッピーが簡易旅館などを泊り歩いており〝日本へ行ったらシンジュクへ〟という合言葉が世界を放浪する仲間の間に流れていることがわかった。」八月一九日、簡易旅館「相模屋」（風月堂とならぶかれらのメッカといわれる）で、麻薬容疑で外人ヒッピーがふんづかまったときの毎日新聞の報道である。

　このことは新宿の吸引力によるものではなく、逆に、こういう連中が外側からやってきて新宿を新宿らしくする。またこの町の国際性の一面は、伊勢丹会館「エル・フラメンコ」で踊るスパニッシュ・ダンサーたちのように、観光や放浪だけでなく、ジプシーの裔たるかれらが、働いて生きているというところにも見出せるのだ。

　八月末の月曜日、わたしは禁を破って「セラヴィ」で一夜をすごした。一夜を語りあかすということはわたしにとってはぜいたくな友情ということになるが、その店のママ、つやちゃんが女房の従妹にあたり、朝五時、つや子ちゃん、その夫の酋長、店の女の子の四人で、朝食をもとめて青白い町をさまよったにもかかわらず、いまにいたるもかれらの本名や前身を知らない。

② 新宿・しんじく・シンジク

宮井陸郎

〈アングラポップ〉　〈サイケデリックショー〉　〈LSD〉　〈マリハナ〉　〈ハイチャン〉　〈ナロン〉　〈ハッシシ〉〈風月堂〉　〈プレイメート〉　〈アップル〉〈蝎座〉　〈ジャズ〉　〈ナベサダ〉　〈ガリバー〉　〈ハレハレ〉　〈ピットイン〉　〈ユニコン〉　〈新宿泥棒日記〉　〈新宿文化〉〈毛皮のマリー〉　〈花園神社〉　〈唐十郎〉　〈ヤクザ映画〉　〈横尾忠則〉　〈新宿の四谷シモン〉　〈ユニオンジャック〉〈チダウイ〉　〈レスビアン〉　〈金坂健二〉　〈アメリカアメリカアメリカ〉　〈ハプニング〉　〈0次元〉　〈10・21新宿騒乱〉　〈フラワーパワー〉　〈ヒッピーポスター〉　〈ジャズロック〉　〈日野皓正〉〈広場〉　〈フォーク〉　〈フーテン〉〈グリーンハウス〉　〈ファッション〉〈高野・三愛・鈴屋〉　〈ドンクのフランスパン〉　〈ヘッドパワー〉　〈まさのり大江〉　〈LSDシネマ〉　〈映画〉　〈ゴダール〉　〈新宿・しんじく・シンジク〉……

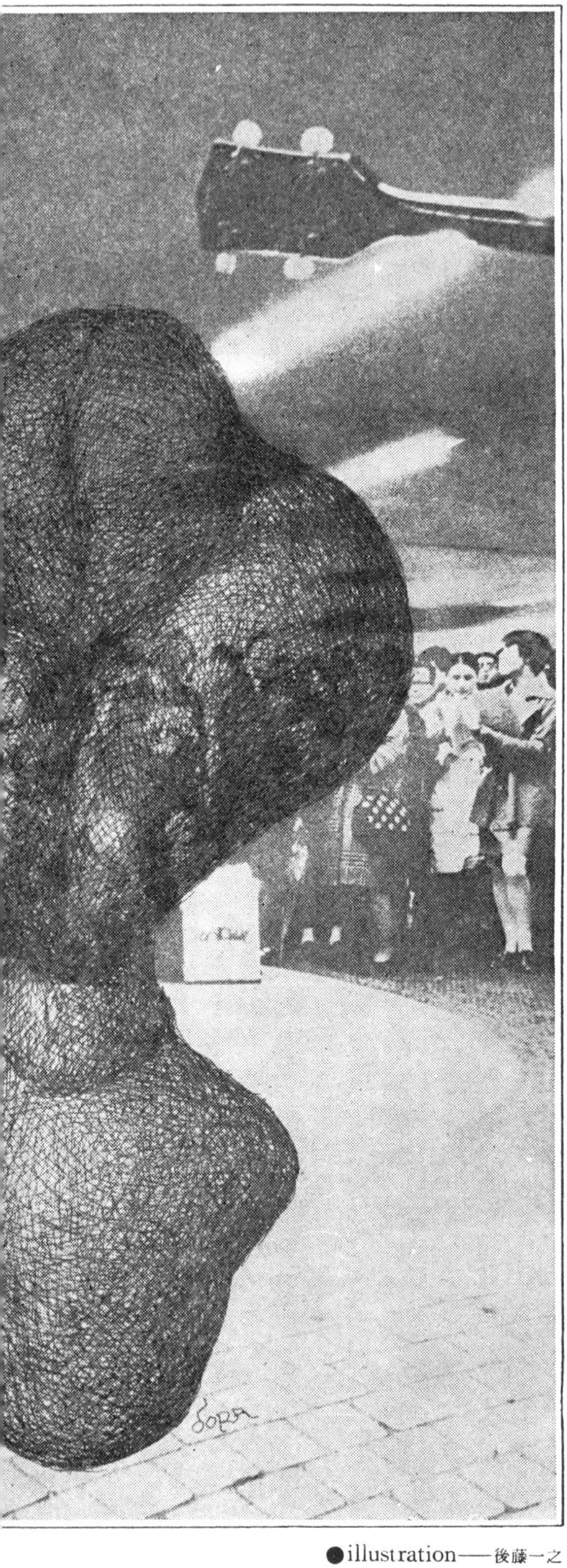

●illustration——後藤一之

新宿は映画でいうと、ゴダールの世界である。

〝愛〟〝憎しみ〟〝アクション〟〝暴力〟〝死〟そして〝一言で云えば感動〟これはゴダールの「気狂いピエロ」で主人公のフェルデナンがあるパーティで映画監督と会う場面で出てくる〈ポップワード〉である。

ゴダールは、彼の作品の中でベートーベンの「運命」であるとか、フォクナーとかポーの一節であるとか、ボードレールの詩の一節であるとか、彼自身の作品である「立派な詐欺師」であるとか、ありとあらゆる〝言葉〟と〝作品〟と〝物〟を、ポンポン機関銃の如くはじき出す。日常にひしめき合いあふれかえっているゴダールの〈もの〉たちは、一見中心的ストーリーのない日常的なアクションや、モノのつみ重ねによって全体的なイメージを積分してゆくという彼の映画である。しかも、これらの各々のイメージやモノが、全体の中では、孤立し独立しており、一つずつにおいて何を云おうとしているのかという事を直接的に問いかけるやいなや、それは作品の全体の中の無用性の中にすべりおちて行く。

ゴダールは、現代の〈偶然性〉と〈アクション〉を媒介として、現実の「コラージュ」を行なっているのである。

「新宿」という街は、ゴダールのコラージュのように〈偶然性〉や〈アクション〉にみちている。

だからゴダールの作品と同じように一つのアクション、一つの言葉から「しんじく」にアプローチをしようとしても無駄である。

それらの全て総体として「シンジク」なのである。

確かに現在の新宿には〈騒乱〉もあれば、〈フーテン〉もいれば、〈無関心〉もある。

だが、それらが積分され〈新宿〉という大きな〈メディア〉をつくっているのである。

ゴダールの〈混乱〉と、新宿という現実の〈混乱〉の中に日本の若者たちは、〈現代〉を見いだしていく。

混乱と未完成であることが、若者たちに、にがにがしさに包まれた陽気さと〈アクション〉を起させるのだ。

この混乱と新宿という都市のメディア化が極限までいったらしんじくという街は、〈巨大な無〉となる。

あと何年か経てば新宿は死の街となり〈巨大な無〉のとりことなる。

その時、あのアメリカのポップアーチスト、アンディ・ウォーホールのアッケラカニズムが生まれてくるに違いない。

その時新宿の〈アクション〉や〈偶然性〉のとりことなった若者たちが、シンジクの〈外面性〉と〈原色の無〉へのとりことなるであろう。

第1章で触れたが、白石かずこは新宿が最も新宿らしかった頃、新宿のジャズ喫茶「きーよ」で青春を過ごした、とびっきり飛んでいた女流詩人。その彼女が述べている新宿観なのだからこれも正鵠を射たものだった。だが、そこから飛躍を図ろうと意気込んでいる側には急所を突かれるのがたまらなかったのだろう。それにしてもイラストレーターの黒田征太郎が〝たくましいカラス〟に、詩人白石かずこが〝たくましい野鼠〟に、それぞれ新宿を譬えていたことは、新宿のタウン誌編集者の私としても、その時にはいささか愕然としたことを覚えている。

当時、ニューヨークでの創作活動体験を有していた映像作家の宮井陸郎は、ゴダールの映画やポップアーチスト・アンディ・ウォーホールを念頭に置いたうえで、六〇年代の新宿が突出させていた様々な文化的な混乱こそが、若者たちを惹きつけているのだ、と指摘している。

「新宿」という街は、ゴダールのコラージュのように〈偶然性〉や〈アクション〉にみちている。

だからゴダールの作品と同じように一つのアクション、一つの言葉から「しんじく」にアプローチをしようとしても無駄である。

それらの全て総体として「シンジク」なのである。

確かに現在の新宿には〈騒乱〉もあれば、〈フーテン〉もいれば、〈無関心〉もある。だが、それらが積分され〈新宿〉という大きな〈メディア〉をつくっているのである。

ゴダールの〈混乱〉と、新宿という現実の〈混乱〉の中に日本の若者たちは、〈現代〉を見いだしていく。

混乱と未完成であることが、若者たちに、にがにがしさに包まれた陽気さと〈アクション〉を起させるのだ。

この混乱と新宿という都市のメディア化が極限までいったらしんじくという街は、〈巨大な無〉となる。

あと何年か経てば新宿は死の街となり〈巨大な無〉のとりことなる。

その時、あのアメリカのポップアーチスト、アンディ・ウォーホールのアッケラカニズムが生まれてくるに違いない。

（宮井陸郎「新宿・しんじく・シンジク」一九七〇年二月号）

しかし、新宿の〈混乱〉は六〇年代末にピリオドが打たれた。〈混乱〉が排除されたまま、都市のメディア化だけが極限まで進行する路線が選択された。宮井陸郎が、このエッセイで期待した、新宿が〈巨大な無〉となる道は閉ざされ、新宿からゴダールやウォーホールが生まれる可能性は消えたのである。

◉―広場の消えた〈巨大な無〉の街

「新宿西口広場」が消えたことは、六九年の新宿の大きな事件だった。その直後に誕生した『新宿プレイマップ』が誌面を広場化するという編集方針を打ち出したのは、「西口広場」が「通路」に変えられてしまうという、あの事件が起きたからだ。このままでは新宿は、宮井陸郎が指摘するように「死の街となり〈巨大な無〉」と化してしまう。そういう危機感からだった。新宿を真の意味でＰＲしていくためにも、『新宿プレイマップ』の誌面を広場に解放しなければならない。そんな使命感さえ感じていた。

評論家の小山内宏は「新宿は〝新宿〟だから　新宿を〝広場〟に」と題したエッセイを寄稿してくれた。彼はこのエッセイで「世界のくにの都市にあって……、日本の都市にないもの。それは……広場だ」と述べている。そして日本の都市にない広場（PLAZA）を次のように定義している。

広場……PLAZA……がある。そしてPLAZAは、住民たちが、市民たちが、生きているしるしを示しあう場所なのだ。あるときは、もの憂げに……あるときは、しっとりと落ちついて……あるときは、熱っぽく語りあい……また、騒々しく歌い、踊りまくる……その場所なのだ。

だが、この大東京には、ほこりっぽい空地、寒々しいビルの谷間、そして小じんまりとした公園などはあるが、この生命と生命が触れ合い、語り合い、騒ぎ廻るPLAZAは……ないのだ。

この小山内宏のエッセイの真骨頂というか、新宿のタウン誌編集者の私を勇気づけてくれたのは、「日本の都市にない広場が実は唯一新宿にはある」と明言している以下の一節だった。

戦前。ぼくの青春にとって、新宿は広場だった。そして、戦後。ぼくの、平和へ再起の夢にとって、新宿は広場だった。だが、戦後の波瀾はぼく自身を新宿より遠ざけて、それから長い年月がたち、だが逞しく成長した新宿は大都市東京のなかの中都市と言えるまでの姿になっていたが、ぼくは変らない親近のこころをもって再び新宿と触れ合うことができたのだ。いかに都市化しても、新宿にはその広場の体質が生きつづけていたからである。

広場のない街。

それは、生きている街ではない。現代は断絶の時代などと言われるのだが、広場と広場の精神こそ、その断絶なとどいう人間社会の空洞、いわば現代を支配する機能主義の虫喰い穴を埋めてくれるものであろう。

広場のある街。

それは、成長する街となろう。エゴイズムで窒息しそうな、プラグマティズムで亀裂を生じそうなこの大都会に、豊かで柔らかな雰囲気を生み出してゆくものこそ、広場と広場の精神なのだ。

新宿の可能性は、広場の精神ゆえの可能性だ。新宿の発展性は、広場の体質ゆえの発展性だ。新宿を素通りの街銀座では、普段着のままでは気がひけるという堅苦しさがあって、こうした心境にはなれません。

また、大好きな片瀬の海へ続いている小田急線のプラットホームも健在でしょう。

私にとって、新宿は、メトロプロムナードと小田急駅とデパートと本屋があれば充分なので、十年後の新宿は現在とちっとも変わっていなくてもよいわけですが、十年後は、自動車と名のつくものは一さい、見かけられないでしょう……。

両側に伊勢丹と三越があり、自動車がたえまなく走っていた車道では、子供たちが無心に蠟石で悪戯がきをしています。紀伊国屋書店の前では、石けりをして遊んでいる子供がいます。

ここは「子供の遊び場」なのです。まわりにはかこいがあり、しっかりした係員がいますから誘拐される心配はありません。

大人は買い物をしている間、子供をここに預けておくことができます。しかし、ここへ入場できるのは学校へ上がる前の子供だけです。

「三歳児《みつご》の魂百までも」といいますが、どんな子でもどことなく可愛いところがありますけれど、学校へ上がる頃になると、すでに「足をひっぱる」ことを、本能的にこころみている子供をみかけます。

子供は影響を受けやすいので、先生や両親を軸として、将来の顔がはっきりと見えてくるのでしょうか。

私は、自家用車（持っていませんが）もタクシーもバスも、乗るたびに気分が悪くなってしまうから大嫌いなので、自動車の姿がまったくなくなった新宿の街がますます好きになるでしょう。

❷ 新宿は〝新宿〟だから新宿を〝広場〟に

小山内宏

世界のくにぐにの都市にあって……

日本の都市にないもの。

それは……広場だ。

東南アジアの、中南米の、そしてヨーロッパの都市……いや、町や、ちいさな村でもいい。

広場……ＰＬＡＺＡ……がある。そしてＰＬＡＺＡは、住民たちが、市民たちが、生きているしるしを示しあう場所なのだ。あるときは、もの憂げに……あるときは、しっとりと落ついて……あるときは、熱っぽく語りあい……また、騒々しく歌い、踊りまくる……

その場所なのだ。

だが、この大東京には、ほこりっぽい空地、寒々しいビルの谷間、そして小じんまりとした公園などはあるが、この生命と生命が触れ合い、語り合い、騒ぎ廻るＰＬＡＺＡは……ないのだ。

アメリカの首都ワシントンは、美しい街である。もっとも緑地と公園の占有面積では世にしてはいけない。トンネルや通路にしてはいけない。新宿は、大東京のなかで、ただ一個所の〝広場〟の世界なのだから。

（小山内宏「新宿は〝新宿〟だから新宿を〝広場〟に」一九七〇年一月号）

小山内宏は、新宿のタウン誌に書く原稿だったからということで〝ヨイショ〟して書いてくれたわけではない。彼自身が青春を過ごした戦前の新宿、戦後の焼け跡闇市時代の新宿、そして六〇年代に入ってからの都市化した新宿、そのいずれの新宿もが宿していた広場の体質と広場の精神というものを体験として感じ取っていて、広場性こそが新宿の特性だと述べているのである。

新宿にも、じつは、広場などなかったのだ。物理的な空間としての広場はなかったが、新宿の街自体に広場の体質や広場の精神が、新宿の最大の魅力であり、多くの人びと、とりわけ若者たちを吸引してきたのである。

新宿西口広場でのフォーク集会が話題を集めるようになった時、私は、あの場所が「広場」だったことを知らなかったので不覚を恥じた。と言うのも、私は、それまでJR西口駅の改札からタクシー乗り場へ向う天井の低い地下空間――たしかに「通路」としては広い空間だったが――、あの場所を「広場」と感じたことはなく、私には、新宿駅構内の通路としか見えなかったからだ。しかし標識版にはちゃんと「新宿西口広場」と標示されていたのだ。フォーク集会を始めた若者たちは、その場所が「広場」だと知って、毎土曜日に集まって集会を開くようになったわけである。

ところが、フォーク集会が会を重ねるにしたがって規模が拡大し、数千人という規模になると、当局の規制が強まり、規制がきかなくなると、機動隊を出動させて実力で排除にかかる。さらには「新宿西口広場」という名を、「新宿西口通路」と改名している。もともと通路でしかないような場所に「広場」と名称を付け、都合が悪くなるや「通路」と名称変更したわけで、その手口と対応は詐欺とまでは言わないとしても真に姑息としか言いようがない。新宿の特性と見なされてきた広場性の神話はこの事件で失墜したのだった。

新宿西口広場の消失は、新宿の文化戦線に様々な波紋をもたらした。〈若者の街〉の終焉、渋谷・下北沢・吉祥寺への若者文化拠点の移動など、若者たちの新宿離れが目立った現象だったが、自分自身の生き方を変革しようという気運も高まってきた。次の一文は劇作家の内田栄一がファッションについて考察したエッセイだけれど、彼は「自分のからだは広場なのだ」というコンセプトを打ち出し、「自分の広場を〈他人〉に明け渡すと、たとえ流行の先端を行くみたいなカッコをしていても全然身につかないよ」と警告を発し、こんなアジテーションを展開している。

広場にこじつけていえば、自分のからだだけはいつまでも残しておくべき広場だろう。ところがその〈からだの広場〉さえ、いろいろな理由で外部からの規制に甘んじているが〈着る〉ことの実情といえる。(中略)今年の夏が無理なら、来年あたりは水着姿の女のコが新宿にあふれ、新宿を〈海〉にしてしまうとたいへんな混乱や混沌がうまれるにちがいない。あるいは今の新宿に欠けているのは、〈広場〉なんてケチなものではなく、ときには完全な〈ココロの凶器〉になる『海』なのかもしれない。

「でも、今年は無理だろう」

あるいは沖縄と内地とが〈完全〉にくっつくという七二年あたり、新宿は女のコたちが水着で歩きまわることによって〈海〉がごうごうと渦巻くかもしれない。

(内田栄一「からだの広場——新宿ファッション仁義」一九七〇年九月)

一九七二年六月、沖縄返還は成ったが、残念ながら内田栄一の予言したような、新宿の街に女のコたちが水着で歩きまわり、海がごうごうと渦巻くという現象は招来しなかった。密約の闇に封印された閉塞状況に阻まれたのかもしれない。

詩人の鈴木志郎康は「極私的盛り場潜りは夢の屋台組み」と題し、浅草・人形町・銀座など都内の盛り場巡りを行っていて、全六回の連載の最終回を新宿で締めくくっている。このエッセイで鈴木志郎康は次のような新宿観を語っている。

初めて新宿に行くものは、そこに新たな新宿をまた一つ生み出すことになるのだ。新宿は新たに訪れる人々によって次々に生み出されて行くのだ。新宿は無数にある。新宿は人々の胸の中に自己増殖を続けて、どんどん殖えて行く。人々の心から心へ、憧れから憧れへ、人々が欲望を果すその瞬間に、新宿は人々の肉体の中に生れて行く街なのである。いや、新宿は街というものではなくて、人々が欲望に突き動かされて行う行為のことなのである。
（中略）
新宿は人に新宿という行為をさせる一つの巨大な装置なのだ。そこでは、新宿を訪れた各自がそれぞれの新宿を行うところなのだ。二十才前後から新宿に足を運ぶようになった私も又、新宿という装置の中で、私の新宿を行って来たのだった。

（鈴木志郎康「新宿言葉言葉潜り」一九七一年六月号）

六〇年代末、新宿に絶望した人びとは、新宿の街に背を向けるか、詩人鈴木志郎康のように新宿を客体化して、「新宿は街というものではなくて、各自がそれぞれの〈新宿〉を行うところなのだ」という生き方を目指したのだった。けれども、少数派ではあったけれど、こんな〈新宿ゲリラ〉も生んだ。その一人、相倉久人のエッセイの一節を引く。

真に新宿を知る人間は、オアシスをもとめてウロチョロするようなことはない。敢然として砂漠に井戸を掘るのだ。たとえ水が出ないことはわかっていても。それが新宿ゲリラの心意気というものである。またそうして掘りつづけていれば、いつか水脈を掘り当てることもあるかもしれない。なぜなら、井戸とは深層心理学でいうところのイド（内的自我）の謂でもあるからだ。

（相倉久人「新宿砂漠をジャズが吹く」一九七〇年九月号）

『新宿プレイマップ』の編集者の私も、〈新宿〉を行う人や、〈新宿ゲリラ〉を目指していた。

◉—創刊一周年に開廷した〈新宿裁判〉

『新宿プレイマップ』では、創刊一周年を迎えた一九七〇年七月号で満一歳記念特集を組み、特集記事の一本として「新宿裁判」と銘打ったイベントを開催し、その実況再録記事を掲載した。「裁判」などと大上段に構えたが、実際はファルス（笑劇）として企画したものだった。ファルスは広場の催しに欠かせない出し物のひとつだったからである。「新宿裁判」は、以下の顔ぶれにより、以下の日時と場所において開催された。その一、二のシーンを再現する。

裁判長…………内田栄一（劇作家）
検事……………小中陽太郎（作家）
弁護人…………田中小実昌（作家）
被告代理人……本間健彦（『新宿プレイマップ』編集長）
傍聴人…………一〇数名
時………………一九七〇年五月七日
法廷……………新宿歌舞伎町「アートビレッジ」

撮影……………………遠藤正（写真家）

小中検事　森厳氷の如き告発に移る。罪状は三つある。とくとお聞き願いたい。すなわち一つめは、**アオカン野合の罪**、二つめは、**回顧の罪**、三つめは名前は判然としないけど、とりあえず**マスの罪**としておきます。各々の説明に入りますとまずアオカン野合の罪というのは、少々むつかしい言葉を使うと権力との野合ということなんですが、去年の10・21の国際反戦デーに登場した街の自警団の存在。ああいう私設暴力団、トナリ組のような連中が街を徘徊するというのは憲法違反だと思うし、それより何より自警団と警察とが野合したという点で、まさにアオカンの罪であって、天地人道に恥ずべきものとして告発すべきと思います。（編集部注＝アオカンの〝アオ〟は機動隊員の青ヘルの意味らしい）

二番目の回顧の罪に関して云うと、新宿の人には、やたらと回顧談をする人が多い。これが、腹立たしいわけだけれど、こうなった非常にイケナイ原因の一つに、新日本文学が新宿にあったというのがあるのではないか、だから、やや革新風を名のる人間は、新宿こそ改革と進歩の砦であって、どこの横丁を曲ると何があって、その奥の店は、ということを話したり知っていたりしなければならず、そうでない人間は、反体制ではないというような風潮を生んでしまった。もっと古くなると田辺茂一風の回顧があるし、その先にはチャンドラ坊主がどうしたとか中村屋のカレーライスの話とか更に深作光貞に至っちゃ内藤新宿の昔まで回顧するわけです。新しくは新日本文学から、そこまで延々と続く回顧というのは若者に対して非常な疎外感をもたらすのではないだろうか。場所の疎外感というのは、その場所へ行けば回顧できるわけだけど、時間、歴史への疎外感というのは、人間にとって回復不能のものであるから、これは新宿の一番悪い所ですよ。上野だって今時彰義隊の話する奴はイナイし渋谷にもない。ここだけですよ、各時代ごとに、そこに自分の青春を埋めた墓掘り人夫みたいなのが、夜々横行してるのは。これは非常にイカン。

大体東京という街は、農村共同体が崩壊して流れて来る人間を引き受けてるいわばハエトリガミのような役割を持ってるんですが、特に新宿は、そういう若い人を吸い集めてしまって、新しい社会の建設、変革のエネルギーをいわば舌なめずり、猫なめずりをして、マスターベーション自慰のごとく若いエネルギーをなくしてしまう。これは、マスの罪、手淫の罪ともいうべきもので、わが愛する神田解放区、渋谷にはないことである。このアオカン野合の罪、回顧の罪、そしてマスの罪、この三点を総論としてきびしく告発します。

●回顧の罪

内田裁判長　一応小中検事から三点にわたって告発が行なわれたので、それに沿って進めたいと思いますが、まず、回顧の罪ということに関して、田中小実昌弁護人、弁護をして下さい。

田中弁護人　これは、しかし弁護の余地ないですよ（笑）。何故かというと、ボク自身が昔、新宿の西口で香具師《やし》をやってたとかいう話ばかりしてる。これはボクがオジィになってくたばりかけてる証拠なのよ。だからここにいる傍聴のオニイサンたちやお嬢さん方は、回顧なんてしないよ、回顧しようにも、回顧すべき過去がないもの。ゃっぱり、回顧する奴はオジィかオバァですよ。

小中検事　でも、バーなんか行くとよく見かける光景なんだけど、回顧している人の周りでそれに迎合してる若い人が多いね。彼等は昔、バクダンがどうだとか高見順が飲んだ所とかいうこと耳学問でイヤに知っているよ。だから別に若者は免罪ということではない。

田中弁護人　青春なんてこと考えだしたのは最近のことですよオレは。今まで考えたことなかったけど、オジィになってくると考え出すんだね。大体青春の物語っていうのばかりだもんね。

小中検事　だから新宿はもうオジィの街だというわけなのよ。

田中弁護人　オジィかどうかって今の話はオレのことだから、新宿はどうか知らねえよ。でも回顧だけはいけませ

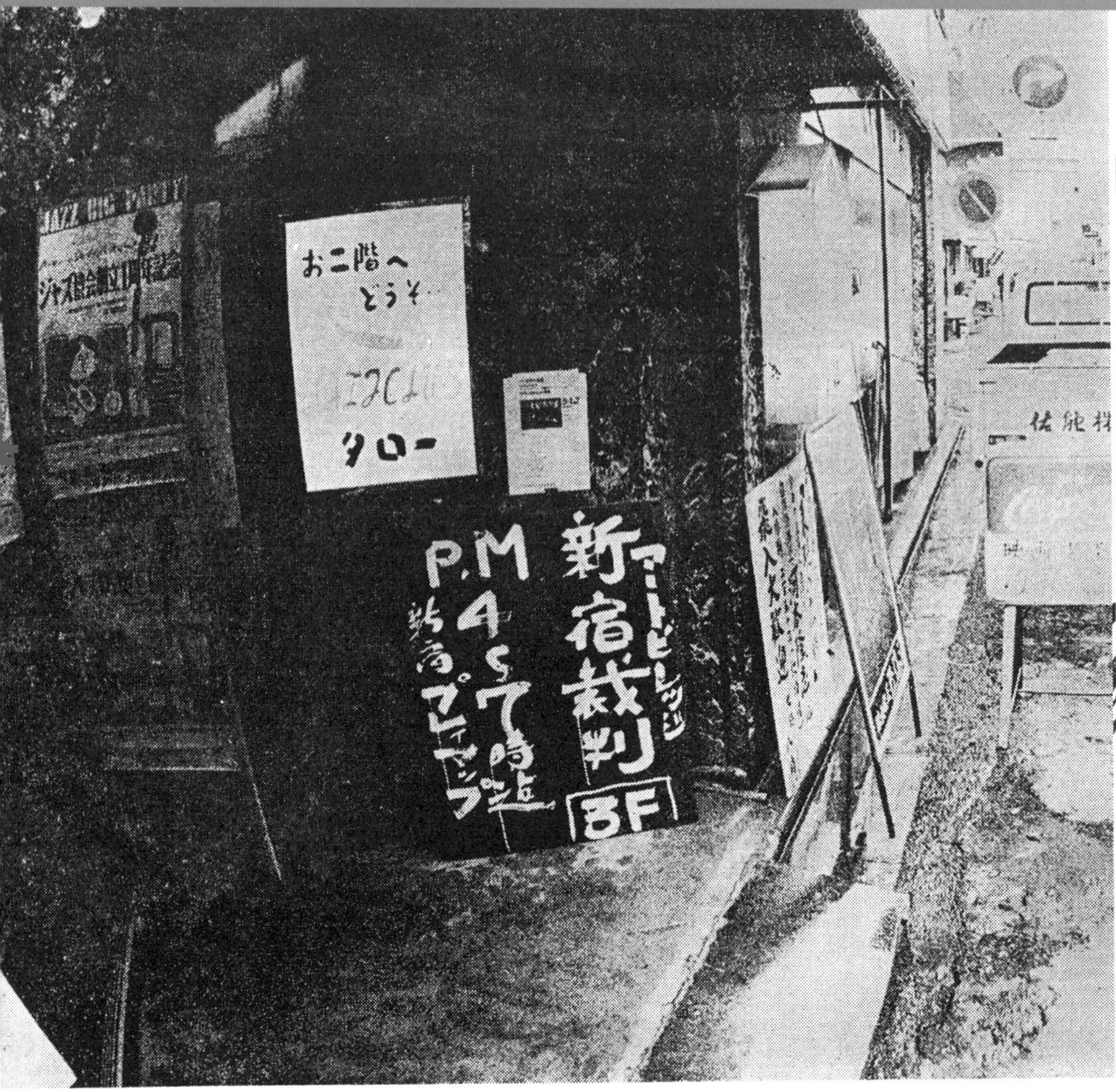

特集①

新宿裁判

（撮影……遠藤　正）

裁判長……内田栄一
検事……小中陽太郎
弁護人……田中小実昌
被告代理人……本間健彦
傍聴人……10数名
時……5月7日
法廷……歌舞伎町アートビレッジ

●開　廷

内田裁判長　開廷にさきだって重大な発表をおこないます。当局の調査によると、本日の検事である小中陽太郎と弁護人である田中小実昌は、昨夜新宿花園町かいわいで酒食を提供しあいながら不当に談合、この裁判の神聖をいちじるしく傷つけている。こんなことがあっていいのか、どうですかみなさん。裁判長としては、その席に参加させてくれて、共に新宿裁判の神聖を傷つけさせてくれなかったことの非を糾弾し、ここに小中検事、田中弁護士を共に忌避したいけど、こんど飲ませてくれるだろう希望を抱いて、まア我慢します。我慢ぎりぎり新宿裁判、それでは開廷！

まず最初に検事の小中陽太郎さん、論告を行なって下さい。

小中検事　裁判長なにをいうか、きみが裁判長として適当であるか、どうかをまず問いたい。忌避の理由は、第一点が新宿に住んでいるということ。（編集部注＝内田栄一氏は新宿区若松町の在）第二点は新日本文学に所属していること。前者の場合は、新宿といってもでまあ許せるが（笑）後者の場合は、特定の団体加入者、思想の持主は裁判官としてふさわしくないって、先日も青法協問題であった位でゆゆしきミスキャストであると思われるが……。

内田裁判長　新日本文学会は二月七日付で止めました。この裁判あるを予期して、涙を飲んで……（笑）

小中検事　それでは許そう。そして森厳氷の如き告発に移る。罪状は三つある。とくとお聞き願いたい。すなわち一つめは、**アオカン野合の罪**、二つめは、**回顧の罪**、三つめは名前は判然としないけど、とりあえず**マスの罪**としておきます。各々の説明に入りますとまずアオカン野合の罪というのは、少々むつかしい言葉を使うと権力との野合ということなんですが、去年の10・21の国際反戦デーに登場した街の自警団の存在。ああいう私設暴力団、トナリ組のような連中が街を徘徊するというのは憲法違反だと思うし、それより何より自警団と警察とが野合したという点で、まさにアオカンの罪であって、天地人道に恥ずべきものとして告発すべきと思います。（編集部注＝アオカンの〝アオ〟は機動隊員の青ヘルの意味らしい）

二番目の回顧の罪に関して云うと、新宿の人には、やたらと回顧談をする人が多い。これが、腹立たしいわけだけれど、こうなった非常にイケナイ原因の一つに、新日本文学が新宿にあったというのがあるのではないか、だから、やや革新風を名のる人間は、新宿こそ改革と進歩の砦であって、どこの横丁を曲ると何があって、その奥の店は、ということを話したり知っていたりしなければならず、そうでない人間は、反体制ではないというような風潮を生んでしまった。もっと古くなると田辺茂一風の回顧があるし、その先にはチャンドラ坊主がどうしたとか中村屋のカレーライスの話とか更に深作光貞に至っちゃ内藤新宿の昔まで回顧するわけです。新しくは新日本文学からそこまで延々と続く回顧というのは若者に対して非常な疎外感をもたらすのではないだろうか。場所の疎外感というのは、その場所へ行けば回顧できるわけだけど、時間、歴史への疎外感というのは、人間にとって回復不能のものであるから、これは新宿の一番悪い所ですよ。上野だって今時彰義隊の話する奴はイナイし渋谷にもない。ここだけですよ、各時代ごとに、そこに自分の青春を埋めた墓掘り人夫みたいなのが、夜々横行してるのは。これは非常にイカン。

大体東京という街は、農村共同体が崩壊して流れて来る人間を引き受けてるいわばハエトリガミのような役割を持ってるんですが、特に新宿は、そういう若い人を吸い集めてしまって、新しい社会の建設、変革のエネルギーをいわば舌なめずり、猫なめずりをして、マスターベーション自慰のごとく若いエネルギーをなくしてしまう。これは、マスの罪、手淫の罪ともいうべきもので、わが愛する神田解放区、渋谷にはないことである。このアオカン野合の罪、回顧の罪、そしてマスの罪、この三点を総論としてきびしく告発します。

ん（笑）そりゃあなたがおっしゃるように。

内田裁判長　回顧の罪について、つまり青春の街かオジィの街かという所まで含めて、傍聴人の意見を聞きたいと思います。あんまり勝手なことというと、権力を楽しんで退廷させるかもしれませんけど（笑）。

傍聴人A（メガネ・22才）　回顧するといっても僕らに回顧するものがあるかというとやっぱりなかったたって気がする。それに、何か期待を持って新宿に来ても何も起きないんじゃないだろうか。出来事が皆言葉になってしまう。言葉になることしか起きない。

内田裁判長　そうすると、できあいのオトナの街になっちゃってるわけですか。

傍聴人A　前は何か未知の街というイメージだったけど、今は三光町から歌舞伎町へ歩いて行っても、自分の無能力と何も起らないということだけ判っちゃう。

小中検事　それは検事と同じだ。ヨーシ今夜はやってやろうってデモに来ても、結局ダメ（笑）。

傍聴人A　だから昔の赤線の情報なんか頼りにやって来る人は、期待はずれで帰るんじゃないかな。

田中弁護人　ボクはよくストリップへ行くんだけど、あそこはフラストレーションのある人、この場合には性的なものに限るんだけど、それを発散解消させるというより、返ってひどくなって帰って来る所だと思うんだ。赤線だってアーアやったたって満たされる人は少いんじゃないの。検事！　赤線へ行った時のことを言いなさい。私は行ってないから（笑）。

小中検事　検事はですね。裁判長に指摘されたとおり昨日弁護人と引込線の近くの元青線の界わいで飲んだわけだが、ふと、その昔このあたりでユデ卵を食ったのを思い出し懐しく思ったな。女とやりに行く前に食べるより、その後の体力の回復のために食べるという、極めて倒錯した喜びを味わっていたのだよ、あの時は。ところが今の新宿ではユデ卵売っておらんじゃないか（笑）。

田中弁護人　売ってるよ。なんぼでも売ってるよ。今がやすい時だよ。一ケ二十円だよ。

小中検事　昔二十円もしなかったよ。
田中弁護人　あたりまえだ。昔は二十円もしないさ。検事はどうしてそう回顧をするのだ（笑）。
小中検事　そういうのが新宿の悪だよ。人を後退させるのだよ。
内田裁判官　発言中止！　検事、弁護人、並びに傍聴人の今の話を聞いていると、告発した筈の検事までもが回顧の罪に陥ってる気がする（笑）。だから新宿はどうしようもないと思えたりするんだけど、他にはありますか。
傍聴人B（ボサボサ髪・24才）　今の話の場合、被告は新宿のわけでしょ。でも回顧するのは新宿を通り過ぎる人なわけですね。そうすると回顧する人が告発されてるわけであって新宿が告発されてるんじゃないですね。ボクは新宿に来て一年だけど、回顧すべきものはありませんね。人と話しててキーヨとか昔のフーテンの話とか耳にしてもそれ程不快じゃありませんね。例えば戦艦大和の話を聞いてオレも見たかったなって感じで返って楽しませてくれますね。
内田裁判長　そうするとキミは回顧というものを容認してるわけですね。
傍聴人B　そうですね。回顧するのは通り過ぎる人があるからで、街そのものには何の罪もないですよ。
内田裁判官　その点について、ここに、新宿の街そのものである、被告代理人、プレイマップ編集長の発言を求めます。本間健彦クン！
被告代理人　ボクは、回顧するべきものがないのが、新宿の良さなんじゃないだろうかという気がします。キーヨがどうしたと言っても、たかが十年前のことですよ。ウチの本は回顧談を載せないというのが建前ですけど、その中で唯一例外は創刊号に載せた田中さんの小説「星のきれいな新宿」で、それも二十年前の焼跡関市時代のことです。共通の回顧なんて誰もできない。十年前はおろか、きのうのことさえも回顧できない流れ者たちが日に新たに新宿には集まってくる。新宿の良さの一つはそれだと思いますね。
小中検事　回顧がなぜ起るかと言えば、主体的な青春や人生をそこで送ったという過去の体験から来ると思うんで

田中弁護人　残念ながら検事の言うことがよく判るんだけど、最近、雑誌なんかでやたらと新宿のことが多いでしょ。前は銀座だったけど、今は圧倒的に新宿ね。それもオジィみたいな人なら判るんだけど若い人が多い。何故そんなことが起るかというと、実際に自分が参加してれば、他人が私の新宿なんて書いても読みやしませんよ。自分が参加してないから参加してる人の書いたものを読みたがるわけ。それとさっき言葉になる、という話が傍聴人からありましたけど、回顧というのは、言葉になっちゃってるわけですよ。言葉になってるということ自体、参加してないことですよ。古い言葉に純粋体験というのがありましたが、ええ、私は哲学科ですから……（笑）この言葉の意味は、実際の経験は言葉にならないということですから、もし新宿の街が参加の街なら、新宿に言葉はいらないわけですよ。

内田裁判長　整理する！　検事が言った回顧の罪というのは、新宿が閉鎖的な街であり、参加できないヨソヨソしい街になっている。そういう実にカンタンな内容であると考えます。

●マスの罪

内田裁判長　マスの罪というのはオナニーの罪であるという総論の際の検事の説明では判りにくかったので、これは裁判長の独断でありますが意味としては傷をなめあう罪と解釈して裁判に入ります。（小中検事、「そうそう」の声）

しかし私の個人的な意見を述べれば、傷口をベロベロするのも別に罪ではないという気がする、田中弁護人、どうでしょうか。

田中弁護人　傷をなめあっている人がいても彼等だって仕方なくてなめあっているわけですよ。小中検事は何か世の中を良くしていこうとか、きれいにしようとかいう気持のあるいうなれば進歩主義者ですね。進歩主義者というのは帝国主義者なんですよ（笑）。

だから、そういう人には、はっきり言っちゃえば関係ない街なんだ。

小中検事　人間には上昇志向と下降志向っていう二つのタイプがあるけど、ここは下降志向の街。飲み屋なんかでも大体汚いし、皆それに自己満足しちゃってる。

田中弁護人　あなたは渋谷の人だから汚い所は知らないかもしれないけど、汚い所なんてのは浅草にだってありますよ。六区あたりでも向島でもチュウを飲ませたりするけど、下降志向はないよ。いわんや新宿には傷をなめあってるなんて思ってる人間はいないね。

小中検事　生活者にはないが、通過者にはある。例えば浅草でも芸人さんがチュウを飲んでてもああの人は落目だなんて思えないけど我々がそこに行ってチュウを飲むと、少し違ってくるわけ。これでオレは何かの真髄に触れたとか言ってね。新宿もそうだと思う。家へ帰れば金があるのに汚い所でチュウを飲んで、アアこれが新宿だなんて嘆いてみたりする。これは日本の進歩的文化人の昔からの悪癖なんですよ。これを告発することは小市民的プチブル小中陽太郎の〝内なる新宿〟を同時に告発することになるわけですけどね。

田中弁護人　自分チのトイレは汚くても平気だけど他所のトイレは汚く見えるっていうのがあるけど、オレなんかも大阪へ行くと周りが汚く見えたりするよ。それと同じで小中検事が新宿の汚さを告発したのは、〝内なる新宿〟じゃなくて〝外なる新宿〟を告発したという気がするね。

小中検事　外なる新宿という言い方をしても〝内なる渋谷〟もないわけだ。つまり都会生活者全般にわたって、街というのは〝外なる存在〟なわけでこれからはもっとヨソヨソしくなると思うよ。それを回復して内なる街にするには暗い気持で生きるか、それとも自警団に対決する道しかないとオレは思う。

田中弁護人　サトウハチローみたいに〝ボクの浅草〟なんて恥ずかしくて云えないもんね。

小中検事　田中小実昌にサトウハチローのごとき詩の心がないともいえるんだけど、もう一つ云えば一般的に云って〝オレの国〟とか、〝オレの地球〟なんてもうないんだよ。

内田裁判官　男は黙ってマスをかく、その罪について被告代理人はいかがなりや。やってますか？

被告代理人　マスをかくのが悪いという考えは大変時代錯誤だと思う。人生案内のオバサマたちだって、ほどほどのオナニーはしょうれいしてるんですからね。だいいち、オナニーを楽しむのが青春なんじゃないか、とボクは考えます。若い連中は〝本番〟をやろうって目的で新宿に来てるわけじゃないのではないか。それをやろうったって、今の新宿じゃ金もかかるし、チャンスも少いからね。重要なのはオナニーするのが可能な街ってことだと思う。

小中検事　新宿の人間は嘘をついてるような気がするんだ。例えば、ボクも新宿に来るけど、ここに来る時は無理して反体制になってみたり、破滅型になってみたりする。家に帰れば、マイホームだし、大学を卒業すればチャンと就職もして行く。でもここにいる時はナントナク落ちたようなムードでいる。そんな二重性がオナニーとして映るわけですよ。釜ケ崎なんかとは全く違う。

内田裁判長　新宿の人間は、本当に落ちてるんじゃなくて、何らかの留保を持って落ちてる。悪い意味でカッコウつけて楽しんでる。だから新宿フィクションの街、ああ新宿ウソの街であるというわけ？

小中検事　サギ罪だな。

内田裁判長　被告代理人、本間健彦クン！

被告代理人　検事はわざと汚いカッコをしたりしてると〝新宿族〟を批判するけれども、ボクに云わせればわざとじゃない。お金がないからそうなるんです。汚い所により集ってイイカッコしてるんじゃなくて、汚い所は安くて、気がおけないから群れ集うんだな。銀座なんかキレイな格好してなきゃ恥しくて歩けないみたいな所があるけど新宿はそんなのない。平気で汚いカッコしてられる。それが若者の街になった一ばん大きな要因だったとボクは思う。〝ウソの街〟ってことについてすよ。つまり、新宿はかって参加できる街だったわけですよ。加われた街だった。フーテンにはフーテンの新宿があり、小市民には小市民の新宿があった。でもそれがなくなって作られた街になってしまった。だから回顧という現象が起きるんじゃないだろうか。

田中弁護人　残念ながら検事の言うことがよく判るんだけど、最近、雑誌なんかでやたらと新宿のことが多いでしょ。前は銀座だったけど、今は圧倒的に新宿ね。それもオジィみたいな人なら判るんだけど若い人が多い。何故そんなことが起るかというと、実際に自分が参加してれば、他人が私の新宿なんて書いても読みやしませんよ。自分が参加してないから参加してる人の書いたものを読みたがるわけ。それとさっき言葉になる、という話が傍聴人からありましたけど、回顧というのは、言葉になっちゃってるわけですよ。言葉になってるということ自体、参加してないことですよ。古い言葉に純粋体験というのがありましたが、ええ、私は哲学科ですから……（笑）この言葉の意味は、実際の経験は言葉にならないということですから、もし新宿の街が参加の街なら、新宿に言葉はいらないわけですよ。

内田裁判長　整理する！　検事が言った回顧の罪というのは、新宿が閉鎖的な街であり、参加できないヨソヨソしい街になっている。そういうじつにカンタンな内容であると考えます。

（中略）

●アオカン野合の罪

小中検事　これは非常にハッキリしているのですが、そもそも商店のオヤジが客にコン棒をふりあげるとは何事ですか。もっと許せないのは黄色い帽子をかぶった隊列を組んだ自警団やってる連中だよ。あれは本当の商店の主人じゃなくて警察がまじってるんだよ。西口でもってわざわざ店を休んでトランシーバー持って「第三機動隊前へ！」なんてやってるマンジュウ屋さんがいますか。たしかに商店の人は、自分の店が危いから守れと云われれば守りますよ。ボクだってもし商人だったらべ平連が来たっていわれれば店閉めますけど、それをたきつけてるヤツがいるんだよ。デモに行けば機動隊の楯が見えるけど、さっきの幻想と一緒でボクらには見えざる楯が無数にあってそれを見分ける必要があるから自警団を告発してるんだ。もう一度基本的な問題を云う。客を追い出すとは何事だ。

田中弁護人　検事が今言ったことは警察の問題と自警団の問題を混同してるフシがあると思えるね。あなたたちはよく権力への戦いっていうけど、権力っていうのは抽象だよ。抽象に対して体を張ってなぐるなんておかしいよ。権力なんてなぐれるわけないですよ。だからケンカというのは、あくまでもこれこれの考えの人間とこれこれの考えを持った人となぐりあうということですよ。その意味で自警団の出現は当然である。つまりあなたたちも自由とか解放とかについてどういう自由でどういう解放かの考えはあるんだし、自警団の方にもある。自警団がでてきてケンカするのはいいことだよ。やっとケンカの格好がついてきたんだから。自警団に比べれば警察なんて機械、ロボットみたいなものじゃない。

小中検事　あの自警団はそんなふうにできたんじゃないんだよ。明日は危いから自警団を作りなさいってオフレが回ってきてできたんだから、他警団だよ、あれは。

田中弁護人　新宿の人間っていうのは、他所から来てる人間が多いわけだ。いわば流れ者のわけだけど、下町の人間はそこに住んでる人間が多いから下町ということに誇りを持ってるのね。これはオカシイと思うよ。何も誇りを持つことなんてないのさ。そういう人は保守的なんだけど、流れ者の街新宿のオヤジさんたちもいつの間にか下町的に保守的になっちゃったのかね。

傍聴人C（ヒゲ・22才）　新宿の店は、昔は客を呼ばなくちゃならなかったんだろうけど今は、客がたくさんくるようになったから少しうぬぼれが出て、宗教や政治に手を出してきたんじゃないかと思いますね。

傍聴人D（ハナデカ・25歳）　たしかに赤穂浪士や勤皇の志士をかくまった大商人の侠気というのは新宿の商人に

はありませんね。
田中弁護人　商店のガラスを割りに来たらケンカをすればいいし、それは当然だけど、テキが何もしないのにすることはないと思うんだけどね。イケネエ、オレは弁護人だったな。
小中検事　例えば、新宿の10・21の時、何の被害があったかということ。駅前のスシヤのガラスが割れるのは見たけど、あそこは衝突の最中も休業しないおかしな店なんだ。だから閉店していた他の店は殆ど被害がないわけだ。それなのに自警団を作るのはおかしいじゃない。
田中弁護人　そりゃ他がこわされりゃウチもこわれると思うのは当たり前じゃない。むこうがやってきたらこっちもやるっていうのがケンカだよ。
被告代理人　これは田中さんの言われたケンカの仕方とも前の幻想の問題とも絡み合ってくるんですけど、コン棒と石で権力とかいう得体の知れない怪物みたいなものにぶつかっても得るものは少ないわけですよ。そんな武器で解放区を作れると思ったり、新宿を占拠できると考えたりするのは、それこそ幻想の罪だな。だから負けてばかりいる。ケンカの手口が単純すぎるように思いますね。
小中検事　その戦い方というか方法というかそれはひとまず不問にして、なにしろ自警団というのは一度徹底して調べる必要はある。あれは戦中のトナリ組ですよ。
内田裁判長　これで一応検事が提出した罪状についての審理は終るわけだけど、ここで気になるアオカンの罪。本来アオカンというのは、青天井の下でやるということなんで、そういうすばしいことも今の新宿ではできない。男と女ではなく、自警団と権力が、アオカンやっている、それが悪いという意味だと解釈します。それでは、これにて閉廷。場所を移して判決を行うことにする。

●判決

内田裁判長　思案の末、判決は歌でやることにした。裁判長としても、新宿を実際に遠いはるかな網走刑務所などへ閉じ込めることができない以上、歌というゲイジツ的方法を選ぶことしかできない。では、世紀の歌判決。しかし、裁判長には作詩の才能がないので、新宿ジャック君という、新宿二丁目の自称詩人の作品『**新宿ジャックの子守唄**』を無断盗用します。

『新宿ジャックの子守唄』

作詩・新宿ジャック
作曲・あなた

新宿は海になって欲しいのです
エビにマグロに人魚の涙
そんなものはいらへんけれど
あのコと住める四帖半
毎日ごろごろころがって
水だけ飲んで暮らしたい
全国のみなさんおねがいしまーす

セッセッセ　パラリコセ

なぜ　なぜ新宿に夜がくる
なぜ　なぜ新宿に朝がくる
なぜ新宿に恋がある　なぜ
きょうもあこがれ　新宿ジャック子守唄

新宿は　海になって欲しいのです
新宿は　空になって欲しいのです
新宿は　ぼくになって欲しいのです

セッセッセ　パラリコセ

ああ新宿　花園町
ああ新宿　アスファルト
ああ新宿　歌舞伎町
ああ新宿　ケーコターン
くそったれえ　くそったれえ
明日もまたくる　新宿ジャック子守唄
新宿懲役　五万年！

第7章 七〇年代を生き抜くための航海談論

気づくと、六〇年代はとうの昔に終焉していて、七〇年代に突入していた。息せき切って突っ走って来たせいか月日の経つのも速かった。『新宿プレイマップ』は七一年六月号で創刊二周年を迎えた。二年もよく続いたなあ！　と率直に感動を覚えた。

だが、私の身心はだいぶくたびれていたようだった。その頃のことなのだが、早朝目覚めたら甲府駅に到着した列車の中だったということがあった。酔っ払って新宿駅からなぜか夜行列車に乗り込み、寝込んでしまったのだ。七一年七月号の「編集ＭＥＭＯ」には、こんな記述も見られる。

★毎朝編集室へ出かける前の小一時間をベッドの中や朝食をとりながら、「ビートルズを聴く」のがこの数カ月来の日課になってしまった。……ビートルズだけは毎日渇えたように聴きたいという欲望が起きるのだ。

『新宿プレイマップ』では七一年六月号から、「七〇年代を生き抜くための航海談論」という通しタイトルでシリーズ対談を始めた。毎号、対論者とテーマを変え、十数ページを当て、徹底対論を目指してもらった。全一二回連載のテーマと論者を挙げておこう。

「漂流」　五木寛之（作家）＋東由多加（東京キッドブラザーズ主宰）　七一年六月号
「南へ」　鈴木悦子（イラストレーター）＋三沢憲司（彫刻家）　七一年七月号
「ビートルズ」　芥正彦（劇作家・俳優）＋A氏（音楽評論家）　七一年八月号
「結婚」　白石かずこ（詩人）＋宮谷一彦（漫画家）　七一年九月号
「犯罪」　赤瀬川原平（画家）＋唐十郎（劇団状況劇場主宰）　七一年一〇月号
「越境」　内田栄一（劇作家）＋池田正一（円劇場主宰）　七一年一二月号
「街路棲息者」　吉増剛造（詩人）＋清水昶（詩人）　七二年一月号
「ニュー・メディア」　天野祐吉（広告ディレクター）＋小島素治（編集者）　七二年二月号
「教育」　寺山修司（詩人）＋末永蒼生（画家）　七二年三月号
「労働」　黒井千次（作家）＋田原総一朗（評論家）　七二年四月号
「物質文明」　西江雅之（人類学者）＋おおえまさのり（映像作家）　七二年五月号
「宇宙船〈地球号〉」　金坂健二（評論家）＋日向あき子（美術評論家）　七二年六月号

◉――全共闘世代の異端児・芥正彦

すでに読者はお気づきだろうけれども、こうしてシリーズ対談の目次を並べてみると、奇異に思われるところが一箇所あるはず。三回目の「ビートルズ」をテーマにした対談の対論者名が、芥正彦＋A氏――と記されているところだ。

なぜA氏としなければならなかったのか。芥正彦とはどんな人物だったのか。その二点の問いは、対談の概要を紹介していく過程で明らかになるだろう。まずは冒頭の一節を引く。

A　あらゆるものを自分の中で同化してしまい、いろんなものを増繁させながら、絶えず変質していったり、拡がっていったりして固定していない。今までだったら一つの自分の型を作ってしまったらそれを円熟させ様式美を完成させるという形でしかものごとを見たり、あるいは出したりしなかった。ビートルズのおもしろい所っていうのはそれと全く逆であるという所にあるんで、つまり現代音楽であるとか、マドリガルであるとか、ポピュラー音楽であるとかいうものを別隔てなく全部自分の中に同化してしまう。その一種のハツラツさというものが今までなかったエネルギッシュな音楽家の生き方というか、若い世代の生き方というか、そこのところに僕は一番興味を持ちますね。例えば今までだとマドリガルなんてのもイギリスの群衆が寄り集って歌う非常にリリカルなものだったが、彼らの場合はマドリガルの非常にリリカルな歌い手の本質のようなものを取り入れながら、それと全く別な方へ持っていった。

芥　**その変質の過程を僕なんかは肉の舞踏って言うんです。**普通は時間を人に与えることによって人はその肉を泥に変えちゃうわけなんだけど、しかし、泥をカルチェラタンへ運び込むことによってその泥を肉に加工していき、その肉自体が動き出す。（中略）ビートルズがいいのは徹底したアンチ現代だからなのね。しかも徹底した現代の器物を使ってやっている点。カルチェラタンなんだな。だから人々がやっぱり周辺に集って来るわけ。そこにいつでも劇場が誕生する。

音楽評論家のA氏は、ビートルズの音楽の特徴を評論家的に要領よくまとめ、教師が授業をするような感じで、この対談をスタートさせたのだったが、それに対して芥正彦は、いきなり「肉の舞踏」などという概念をぶっつけて対論者

★70年代を生きぬくための航海談論 ③

THE BEATLES

★芥正彦

★音楽評論家A氏

（記）対談終了後A氏から「今日のは芥君の独演会なのだから、そのようにまとめて欲しい。」と強く主張されたのですが、氏の名のみを匿名とし、対談形式はそのままとすることにいたしました。

（編集部）

A　あらゆるものを自分の中で同化してしまい、いろんなものを増繁させながら、絶えず変質していったり、拡がっていったりして固定していない。今までだったら一つの自分の型を作ってしまったらそれを円熟させ様式美を完成させるという形でしかものごとを見たり、あるいは出したりしなかった。ビートルズのおもしろい所っていうのはそれと全く逆であるという所にあるんで、つまり現代音楽であるとか、マドリガルであるとか、ポピュラー音楽であるとかいうものを別隔てなく全部自分の中に同化してしまう。その一種のハツラツさというものが今までなかったエネルギッシュな音楽家の生き方というか若い世代の生き方というか、そこのところに僕は一番興味を持ちますね。例えば今までだとマドリガルなんてのもイギリスの群集が寄り集って歌う非常にリリカルなものだったが、彼らの場合はマドリガルの非常にリリカルな歌い手の本質のようなものを取り入れながら、それと全く別の方へ持っていった。

芥　その変質の過程を僕なんかは肉の舞踏って言うんです。普通は時間を人に与えることによって人はその肉を泥に変えちゃうわけなんだけど、しかし、泥をカルチェラタンへ運び込むことによってその泥が肉に加工していき、その肉自体が動き出す。この過程が肉の舞踏なんだ。しかしさらにその肉の舞踏を音に変えちまったやつてのがいるんだよ、ビートルズの背後に。最近でいえばコルトレーンなんだけど。ビートルズはそこまでいってはいない。要するにビートルズってのはある意味でリズムの舞踏者なわけよ。例えばリパッティなんかだと一匹しか居ないゴキブリって言えるわけよね。だけどビートルズの場合は一応常に人間がやるわけよ。だからその周辺にロックならロックの輪ができ、それでついでにフリーセックスや酒と追憶がフアーッとくるわけですよ。ああいう酒と追憶を持ってくるあたりブドウの木なんだよね。ある意味でビートルズが持っているものはかなり一つのヨーロッパの歴史じゃないかと思うんだ。例えば少年十字軍だとか、イルツラバツーレとか、カウトウリカルミナとかありますでしょ。街路で即興劇やってて結婚式やったりみたいなやつね、あれなんだな。だけどビートルズがいいのは徹底したアンチ現代だからなのね。しかも徹底した現代の器物を使ってやっている点。カルチェラタンなんだな。だから人々がやっぱり周辺に集ってくるわけ。そこにいつでも劇場が誕生する。しかしだからといって、彼らはその集ってきた人々までも引き連れては移動してないと思うんですよそれをしてないということはやっぱりビートルズは地球に負けてるんだな。でもとにかく**ビートルズの良さは20世紀じゃないって良さね。ということは19世紀の延長じゃないって良さよ、**これが非常に強いじゃない。

A　そうでしょうね。

芥　それは人の動きがそこにあるってことですよ。人には19世紀とか20世紀とかいう区別はありませんでしょ。つまり実物大の遊戯、172cmの男がそのままやっているという良さ。それに較べリパッティなんかはそうではありませんでしょ。ある意味ではもうフォークが鍵盤の上を移動するみたいな形でやりますでしょ。ビートルズはそうじゃない、やっぱり指から鳴ってくるって感じなんだな。自分の指や足をなくしてしまった人間が追憶にまかれていってしまうというのがもともと人だかに襲いかかった。二人の対談は対論にならず、次の事例で示されているように併行線というか、芥が終始一貫難解な観念用語と論理を駆使してA氏を立ち往生状態に追い込む、独演会のような対談だった。

A　よく解らないですけど、ビートルズとか芥さんなんかを見てると、やっぱり戦前の若者達の発言、また戦後のしかも20年過ぎた若者の発言とも全く違いますね。

芥　それは僕はいずれ結着をつけるよ。

A　そういう点ではビートルズは戦後の一つの変質した代表かもしれませんね。

芥　戦後って言っちゃうとまずいんだ。そう言うとまた三島が出てきちゃう。戦後じゃなくて原爆って言うべきなんだ。原爆後の人の恍惚の一形態だと言わなければまずいんだ。ジャズは水爆後の恍惚の一形態だからね。例えば俺がプレイマップに書いたものはセシル・テイラーのピアノの鍵盤の動きで、それが街路でも起ってるんだということをやったわけ。（中略）でも、あいかわらずビートルズは人間にしか働きかけてこないんだよ、だから俺は退屈なんだ。この俺の退屈を誰が処理してくれるのかって問題があるんだ。**ヒューマニズムでしょ。ヒューマニズムなんだよビートルズは、原爆以降誕生してきた人間が創ってきたものってのはみんなヒューマニズムしか発明してないんだよな。**

芥正彦は全共闘世代の異端児だった。一介の東大生だった芥が一躍名を馳せたのは一九六九年五月一三日、駒場の東京大学教養学部九〇〇番教室で開催された三島由紀夫と東大全共闘の有志学生たちとの討論会で見せた奇抜なパフォーマンスだった。三島と論戦を戦わす全共闘の一員だった芥は幼児（自分の子ども）を肩車して登壇、シェークスピア劇の役者のような演技と舌鋒で三島と渡り合ったという伝説の持ち主なのだ。三島由紀夫が戦後日本文学の代表的な作家であるという評価は不動のようだけれど、彼が七〇年一一月二五日、市ヶ谷自衛隊東部方面総監部に乱入し割腹自殺を遂げるという事件を待つまでもなく、作家三島由紀夫は希代のパフォーマーだったことでも知られてきた。そんな三島に全共闘世代の俊英が一歩も引かない論戦を挑んだ。というより、その場は、教養学部在学中に劇団駒場を主宰し劇作家・演出家・俳優を志していた芥正彦にとっては格好のパフォーマンスの舞台だったのだろう。彼はそのパフォーマンスを見事に演じきることで勇名を馳せたのである。

◉─「三島由紀夫論」の衝撃

芥正彦が前出のAとの対談のなかで「俺がプレイマップに書いたものは……」と言っているのは、『新宿プレイマップ』(一九七〇年九月号)に掲載された「街路コーポ類緑の航海コオヒイ動物マンションのお話をシモンマチュ――絶筆テーブルです」という意味不明かつ超長いタイトルのエッセイのことだった。これが、記号、あるいは暗号のような文字を散りばめて綴られた芥正彦の散文詩のような、あるいはお経みたいな文章・文体に接した最初だった。凡庸な編集者の私には筆者の綴ったエッセイはチンプンカンプンでよく理解できなかったのだけれど、若い読者からの反響は「芥の文章は面白い」と評判が良かった。この後に紹介する漫画家の宮谷一彦も芥正彦と同世代だけれど、自著の後記に「尊敬してしまう一人」に芥正彦の名を挙げていて、こんな絶賛をしている。

理念が言葉となり、肉体として現われるみごとさ。そのあふれるほどの才能としなやかな肉体は、全ての現世的拘束を突き抜け、天空に舞い上がらんばかりです。彼のことを語るのは、ものすごく荷が重いのですが、例えていうなら、今まであらゆる小説家の想像力が創り出したどんな人物よりも、彼の生きざまの方がみごとに勝っているのです。僕は彼が、この原爆の現代における究極的な愛(理念)を完成させ、ジーザス・クライストの再来になり得るのではないかと思っています。

（『もうひとつの劇画世界①宮谷一彦集とうきょう屠民エレジー』ブロンズ社、一九七三年）

広場の広場たる所以は様々な人間が自由に集えることだろう。そういう意味では芥正彦の文章は『新宿プレイマップ』にとって歓迎すべきものだった。で早々に、次号の一〇月号にも寄稿をお願いした。それが「三島由紀夫論」だった。前掲の討論会の全容を記録した『討論三島由紀夫vs東大全共闘――美と共同体と東大闘争』（新潮社、一九六九年）を読むと、論争が白熱化して芥の執拗な追求に辟易したのか三島がいなすような言葉を返すと、「もうおれ帰るわ、退屈だから」と壇上から立ち去っている。それから一年数か月後に芥正彦が『新宿プレイマップ』に発表した「三島由紀夫論」は、あの時の結着をつけようという意気込みが感じられた。だが、芥の文章と文体は前号のエッセイの時と同様、というより論文ゆえに一層難解だった。編集部としては、芥論文を多くの読者に読んでもらうために解説を付すことにした。

劇作家の別役実が「芥正彦氏に於けるそよそよ族的戦術について」と題して絶妙な解説を書いてくれた。別役は、「砂漠に棲息するといわれている失語症民族である……そよそよ族」というたぶん架空の民族を引き合いに出して、芥の文章を次のように評した。

ジャズが吃音音楽である如く、芥氏もそよそよ族的兆候の著しい失語症患者である。その文字面の上を疾風の様に吹き抜けてゆく、或る意志を見抜く事が出来るとすれば、そのために犠牲にして捨て去らなければならない数多くの言葉にわれわれはつまずく筈である。誤解を恐れずにいえば、ここに並べてあるものはその様にして氏の捨て去った言葉の死骸に過ぎない。そんなものを一生懸命「読んで」もしょうがないのである。

（別役実「芥正彦氏に於けるそよそよ族的戦術について」一九七〇年一〇月号）

別役実は、芥正彦の文章の特性をそう見抜き、「氏は少くとも、『読ませるために書いた』のではなく、ただ『書いた』のであろうから……。しかしそれでも『どうしても』読んでみたいという読者も居るであろうから、その場合には『読む』のではなく『見る』事をおすすめする」と書いている。これは芥正彦の文章を読むに値しないものと侮り、斬って捨てているわけではない。むしろその逆で、別役は芥の文章の意義深い点を次のように評価している。

人間が文字を知り、勿論その以前に言語を保有し、何事かのために「書く」という事は、その「書かれている内容」よりもはるかに感動的な事柄に違いないからである。芥正彦は「書いた!!」のである。「書いている」事の感動が、これほど生で実感される文章はあまりない。それが「見え」ればいい。読者にとっても筆者にとっても、それでここにおける取引は完了して然るべきなのである。

この別役実の名解説により、芥正彦の文章が『新宿プレイマップ』に発表される意味も確定したのだった。一九七一年二月号に「続・三島由紀夫論」を書いた。そして七一年八月号で「ビートルズ」を論じ合う対談をA氏と行ったのだった。

芥正彦は、A氏との対談のなかで〈肉の舞踏〉という概念を用いているけれども、彼は自身の文章もその思想で書いていたのだろう。それゆえ彼の文章は「味読」するものというより、読む者の感性を呼び覚ますものとして書かれたのである。しかし、芥正彦の〈肉の舞踏〉として書かれた文章は、抜群の感性と鋭利な批評精神で形成されていた。私がそのことを思い知るのは、七〇年一一月二五日の三島由紀夫の自死事件後、その数か月前に芥正彦が書いた「三島由紀夫論」をあらためて読み直してみて、次の文章に出食わしたからだった。

サーヴィス性の歓狂朝廷オペレッタにひたろうと街路から尻まくって逃げるでもそのまえに痔の手術でもして

画・中村　宏

小説の主人公を真似ようと情熱を燃やして天皇伝説騎士道を耽読してドンキホーテ不由起で血統インポが突風の歴史車にペニスぶん切レ腐れ入りかなしいそうである

三島由紀夫論――芥　正彦

とても花盛りの街路の逢火JAZZ潮サイ爆殺して宮廷料理CaFe物語てめえはバァテン土地の伝説体ビ痢糞タレ流し学習淫穴の酒宴ニ月給で司祭呼ぶメディア受難このブ男の金羊バーBeLLヒキガエルめっ楯もって跳ル水道局のタマゴめっネエ赤坂でまた人わてね大腸の調子は？　と女中が話しかけ海DYE文彼は読まれていないのである。だからもっと悪い散文を書いたかも知れないのだフン確かに何回か死んだよ。Deathネこれは絶対美なので非座淫部死出の天皇離性に架かる原理から独立して給仕か乗合バスの運転手淫世界ヲ観照スル植物のレンタルハイウェイつっ走り三日に一度は水をあげてやって下さいネ枯れないようにスルノデスヨ都会の言葉を海路アテハメッ島の言葉ヲ街辺アテハメッそうすれば二つのものの同質性を直エロスで捉えたことになります間エロスにおいて音痴児は卑婦から一歩も散歩シナイ悲シイベエト。ねえだんなっファンタスティクミランダとオ乳気断タレ謀殺は情夫ラザロ死骸ふんっ、セバスチャンてめえの息子じゃねえのかい殺意ハ固まってる宥し乞うたら原爆くれてやる乳房じゃ駄眼生キナガラサテエロスの皮剝ギ全身一傷一面血モピカピカのリノリウムテラスにしてコンクリ物の屠殺開始ザムザ科の幼虫小児マヒモラル望遠鏡ブチ込マレ出眼金毛探しギャング円卓クギナ競争ハチ植えのラッパ水仙このCaFeではテナァヴィッグバァンド一億の患者代表のどうも愚かな二十数年勿体ぶった態度は当然治るはずのポリオなんてそれだけじゃないぜえ縮少された無礼とよぶあのまじめな愚者に一杯のませてやれおいっバァーテン言葉も身振も意義が失われて理知に歪められておとなしくロマンセでも歌っておれっ島の見世物噺屋台この土地の伝説を小学校で大正天皇の電話無宿帳人別ケロイド暑中見舞忙中閑アリみてえベソカキの地にはいつくばりまだ全部でないのかえ？　ケツにミサイルつっ込んで排セツすればそう歯ヲズラしてセツ無い顔するこたア姉さん抜きで屠殺場に就職する気はないのか追放の栄光と不運のくったくない自由へテーブル皇ナプキン賞詠このつましく善良な人を最もひどい苦痛を負せて彼にとって友情の行使は皮肉を犠牲に払うことに均しい。湿田の住人に念仏をあげてやれとでも言ってほしいんだろうがダンナあのただ一つのリアルであってしかも伝達できない自己のオ真髄を、難局に怯えた習慣のために犠牲にすることだ。一服の親切を盛って、自己を恢復させてもらうことを習慣におねだりする内服薬かしらそれにしたって習慣が天皇でないように言語は天皇でないこのガマガエル供っ湿地王のために外交官はナタで切っちゃうてんでしょセコハンのバーテンのくせして恰好良さなんか気にすんなよバーテンはマアスタでないのと同じようにCaFeじゃ本職は権力とは無縁だ。日本刀の銹をけづりとって創口につけると癒るんじゃねえかいその傷は本来的に間偉い出来物Te

けっヤッパ振り回わしててめのケツメド切レ朝に宮廷は原爆をかかえて子宮破裂の輝きですぞ小説の主人公を真似ようと情熱を燃やして天皇伝説騎士道を耽読してドンキホテ不由起で血統インポが突風の歴史車にペニスちょん切レ腐れ入りかなしいそうである。テーブル武士道へヘェと木影からのぞき封印ハガレ銀貨三枚キリンレモンの炭酸ヌケ覚悟して熱狂のうちに死ぬ伝説の綱渡りを大時代小屋ブランコやるから見てあげてやって下さいね。ＣＡＦＥオペレッタの出し物です。

（「三島由紀夫論」一九七〇年一〇月号）

芥正彦は、この「三島由紀夫論」のなかで、三島由紀夫のあのようなかたちの死を予知し明晰にその死に様を叙述していたのだった。三島由紀夫が、芥正彦の「三島由紀夫論」を読んでいたかどうかは知らない。たぶん読んではいなかっただろうが、三島由紀夫は芥正彦が明晰に予知した死に様を自ら果敢に選択したのである。芥正彦は、三島の自死後、「続・三島由紀夫論」を書いている。「テーブルノ開放ヨリ歩行器ヲ壊滅セント余ノ日差シニテシモンマチュー遊戯ノ最中兵士来リテ彼等ニ屠殺ヲ知ラセルココニ遊戯屠殺ノブランコ誕生スッ肉ノ旗揚ゲラル首都ノ正后」というリードのようなタイトルの付けられた「続・三島由紀夫論」の結末の一節を引いておこう。

物という物に包囲されちまう人間なんて何ももつちゃいねえ文字は外出しないっ政治は犬一匹殺せないっ人類は何も産み出しやしない何匹タバになろうが零だメンタリティがはっきりしてるのはこのことだっ頭脳家が完成すべきは不明点排除の積分だ市民の息子供はフリィセックスばかしじゃなくて死を創造さすことだそれで結構だ負ける喧嘩はするなよっ科学者が励むべきは中性子爆弾の発明だっそうとも市民は気狂いだっそうでなくちゃ嘘だともしかもおまけがあるのだこの話にゃ気狂いであることを誰にも気付かせぬ強力な魂を持ってる奴だ全てはそいつが解決すらあ余ガイヅレ外出スルデアロウッとにかく眼の前で完全に阿呆が目眩を起したのだ首都の栄光はこうして物語

を錬金して行くのだぞっ未曾有の無邪気さのバランスフォワード!!　余ノ命と取引きの――。

（「続・三島由紀夫論」一九七一年二月号）

◉―ビートルズ論という踏み絵

三島由紀夫の自決死は、戦後日本の終焉、さらには戦後日本の分岐点となった六〇年代の終焉を象徴する事件と私には映った。そして芥正彦という人物の出現は、七〇年代の幕開けを宣言する旗手のような存在に私には映った。

芥正彦は、A氏との「ビートルズ」対談で、「日本でビートルズは誰かっていったら一応三島由紀夫だ」と言っている。ビートルズについては、「人間にしか働きかけてこないヒューマニズムの退屈さ」や、「言語の網をくぐり抜けてしまっただけで、網を破いていない」といった限界を指摘しながら、「彼らは二〇世紀において企業から買い取られなかった人間よ。普通名声を博すと必ず買い取られちゃうわけだけれど」と評価し、それを可能にしたのは、ビートルズが「肉の舞踏者」としての生き方を実践してきたからだという思想と論理を展開している。そして三島由紀夫も、ビートルズとはジャンルや方向性は違うけれども、「肉の舞踏」を行って来た人間と位置づけているのだ。

この対談での芥正彦のA氏への反発・反論は、「あなたは〈肉の舞踏者〉として生きているのか?」という地点から発せられていた。これは評論家とか学者たちには、例えばビートルズや三島由紀夫について研究し評論していても、〈肉の舞踏者〉のような生き方を実践している人が極めてすくなかったからだろう。

二人の対談は芥正彦のA氏に対するまるで尋問のような形で展開し、次のようなシーンで終っている。

芥　一応ビートルズの仕事は人類の枠組みの中でやってるんだ。それに対してあなたは音楽の学者として人類の枠組みでやってるかという問題でしょ。役者っていうのは肉を携えたりする時は倫理をつきつけることしかできないんだ。恨むなら恨んでもいいんだけど。もう倫理をつきつけることしかできない、そうしないと泥にされちまうからね。泥にされちまったら就職しなくちゃなんないわけだよ、何ものかに。（中略）だからあなたが学者だったら倫理を突きつけて欲しいんだ。僕みたいな淫らな女に。

A　僕は学者じゃない。

芥　じゃゴキブリですね。ゴキブリだったらリバッティやグールドを尊敬しなきゃ。リバッティにはリバッティの人間の大きさがあるもの。あなたとビートルズなんてのは関係ないよ。御門違いだ。本当のところ俺の前でビートルズのことなんか言えた柄じゃないよ。あなたは何一つやってないもの。格好だけがビートルズの影響だよ。ここまで言われてまだ俺を刺さないわけだろ、ゴキブリだよ。俺は人と話したいんだ、ゴキブリとは話したくないんだ。おそらくビートルズもそうだよ、人と話したいんだ、だけど人がいないから歌うんだ。ゴキブリを人にさせるんだから。偉大な仕事には理屈をくっつけることはないんだ。俺はあなたのことを言ってるんだ、まだビートルズのことはちっとも触れてない。だってずっと俺はグールドの話をしてたんだ。あなたがビートルズの話をしないからよ。だいたい役者ってのは風だからね。ビートルズの話をしていただくのはあなたなんですよ。

A　じゃ僕は今日はこれで失礼します……。

後味の悪い対談になってしまった。もし、A氏に三島由紀夫のようなカリスマ性と論戦力や戦略があったなら、ここまで悲惨な対談にはならなかったと思うのだが、対論者の方がはるかに若輩だったのだけれど、役者が数倍上回っていたのだ。大学闘争の中で攻撃目標になった教授が学生たちに突き上げを受けたという話は当時よく耳にしたけれど、そんなシーンを連想させた対談で、A氏には気の毒なことをしてしまったが、後の祭りだった。

ただしひとつだけ救いがあったことを思い出す。この対談の席にも芥正彦は子どもを同伴していたことだ。男の子だったのか女の子だったのか、名前も年も聞かなかったような気がするが、可愛らしい子どもだった。この子どもの存在が、対談の嫌悪な空気を時折和ませてくれたからだった。それと一見凶暴な芥正彦の論述の中に、「こうしてボーイさんが食べ物を運んでくる。無名が移動してくるんだ。この無名が移動してくる良さがビートルズにもあるんだな、人に対してへの語りかけが」といった描写がまじっていたのも、救いだった。

しかし対談終了後、A氏から「この対談は芥君の独演会だったのだから、そのようにまとめてください」という要望を受けた。だが、編集部としてはそれはできかねたので、名前を匿名とし、身分も明かさないという条件で了承してもらい、対談記事として掲載することができた。対談者の一方をA氏とした理由は以上の経緯からだった。

◉──五木寛之と東由多加の「漂流」談論

後先になってしまったが、対談シリーズ「七〇年代を生きぬくための航海談論」の第一弾は五木寛之と東由多加の対談で「漂流」というテーマで語り合ってもらった。覚えているのは、この対談が深夜の一二時を回った時刻から新宿二丁目の安宿の一室で行われたことだった。当時、超の付く流行作家と、前年ニューヨークのオフオフブロードウェイで半年間のロングランという快挙を成し遂げ、凱旋公演の準備にかかっていた人気劇団「東京キッドブラザース」主宰者の初顔合わせだったということもあってスケジュールの調整が難しく、そんな時間になってしまったのだった。

口火を切ったのは五木寛之だった。彼は、まず世代論から始めた。自分が昭和一ケタ世代であり、相手が戦後生まれの世代であること、そのお互いの立場を確認し合ったうえで対談に入っている。これはなかなか戦略的な論戦の構えだろう。A氏も芥正彦との対談において、こういう戦法で入ったら、あれほど火だるまにはならなかったのではないか。そんなことを思ったのはむろん後のことだった。まずそのくだりを引く。

五木　この間、斎藤龍鳳氏が死んだでしょう、それから小林勝さんが死んだ。一緒に並んで新聞に載ってたんですが、二人とも昭和一ケタなんだよね。昨日後藤明生が電話をかけてきて彼も調子悪いって言う。昭和一ケタ代の連中はみんな調子が悪いんだな。ちょっとこの四、五年猖獗《しょうけつ》してたからね、昭和一ケタグループというのは。その連中がみんなバタバタと討死しつつあるところなんだ。（笑）野坂なんかも、とにかくしばらくはほまち仕事を止めるというし、僕も実は締め切り性の十二指腸潰瘍っていうのにかかりましてね。（笑）それで昨日今日とあちこちの雑誌社を廻り歩いて診断書を見せて連載を全部休載させてもらうようにやって歩いてるところなんですが。ところで東君は何年ですか？

東　昭和二十年です。

五木　すごいね。そうなると十年代を飛越してたちまち二十年代になるということか。昨日小説現代新人賞っていうやつを野坂なんかも一緒に審査会やったんですが。候補に残ったので一番若いのが34歳なんですよ。後はみんな40代。何故こう10代、20代で小説書く人がいないかという話が出て結局十年後位には誰も書かなくなるだろうという話になったわけです。そうすると、じゃあ我々のように何とかかんとか一篇の小説をでっち上げる才能を持った人間はこれから先は後が出てこないのだったら無形文化財みたいで大事にされていいなあって話が片っぽで出たら、その途端にまた声があって、読む人間も少なくなっていくからそんな楽観的なことは許されないというので大笑いしたんだ。結局映像だとかステージだとか音楽だとかイラストレーションだとかカメラとかいろんな分野に拡散していくというか手を広げていくというか、才能が拡がってきた感じですね。ですから僕は今十代二十代の小説家で我々にとってとても大きなライバルだという人はあまり知らないけども、でもそんなことを言っているうちに別の分野でどんどん才能が新しい仕事を始めたという感じがすごくするんだ。

東　今、僕は講談社で本をまとめるという話しで打ち合わせをやってたんですよ。戯曲集って普通言うんですがねえ、ともかく向こうはすごく「東京キッドブラザース」っていうものを本にするということに熱中してるわけなんだけど、僕なんか面白くないんですね本にするなんていうことが。何とも言えない異和感がある。本にするとカッコイイんじゃないかとは思うんですがね。つまり僕らみたいなものが講談社から活字になって書店に並ぶというのはやっぱりおもしろいだろうと思うし、そういうのがつまり文化というんだろうという気がするけどね。でも全くのらないわけなんですよね。だけど本音を言えば僕らみたいなものはああいった活字みたいなものにまとめて、何か文化と呼んでいくみたいな世界には絶対居ないんだと思うし、そん中に入っていけないですよ。そういった点では寺山修司なんかは書を捨てよ町へ出ようなんてことを言ってても書を書くわけだし、あの人程本が好きな人はまあいない位ですからね。病室なんかは本の山ですからね、決定的に僕らとは違うと思うんだ。

五木　本というのは、ある意味でボリショイ劇場なんだ。モスクワ芸術座みたいなものでしょ。テント劇場じゃない。（後略）

（五木寛之＋東由多加「漂流」一九七一年六月号）

六〇年代はカウンターカルチャー（対抗文化）の蜂起した時代だった。それまで文化といえば、文学と映画——つまり活字文化と映像文化の二本立てだったが、五木寛之が指摘しているように六〇年代に入ると音楽・映像・写真・イラストレーション・漫画など様々な分野の文化が台頭して百花繚乱といった文化現象が生じている。それは私も『話の特集』の編集者時代に目の当たりにしたということは第5章のところでも述べた。

六〇年代文化の特徴は、既存文化に対するアンチとして台頭した点だろう。音楽はクラシックや歌謡曲ではなくジャズ・ロック・フォークミュージックが、映画は五社製作映画ではなくヌーベルヴァーグ・ニューシネマ・独立プロ製作映画が、演劇は新劇ではなくアングラ演劇・テント劇場などが脚光を浴びている。それゆえ「対抗文化」と呼ばれてきたのである。

六〇年代文化＝対抗文化というのは、所詮「若者文化」じゃないか。ということは以前から言われてきた。その通り

●七〇年代を生きぬくための航海談論

漂流

五木寛之
東由多加

五木 この間斉藤竜鳳氏が死んだでしょう、それから小林勝さんが死んだ。一緒に並んで新聞に載ってたんですが、二人とも昭和一ケタなんだよね。昨日後藤明生が電話をかけてきて彼も調子悪いって言う。昭和一ケタ代の連中はみんな調子悪いんだな。ちょっとこの四、五年猖獗してたからね、昭和一ケタグループというのは。その連中がみんなバタバタと討死しつつあるところなんだ。(笑)野坂なんかも、とにかくしばらくはほまち仕事を止めるというし、僕も実は締切性の十二指腸潰瘍っていうのにかかりましてね。(笑)それで昨日今日とあっちこっちの雑誌社を廻り歩いて診断書を見せて連載を全部休載させてもらうようにやって歩いてるところなんですが。ところで東君は何年ですか。

東 昭和二十年です。

五木 すごいね。そうなると十年代を飛越してたちまち二十年代になるということか。昨日小説現代新人賞っていうやつを野坂なんかも一緒に審査会やってたんですが。候補に残ったので一番若いのが34歳なんですよ。後はみんな40代。何故こう10代、20代で小説書く人がいないかという話が出て結局十年後位には誰も書かなくなるだろうという話になったわけです。そうすると、じゃあ我々のように何とかかんとか一編の小説をでっち上げる才能を持った人間はこれから先は後が出てこないのだったら無形文化財みたいで大事にされていいなあって話が片っぽで出たら、その途端にまた声があって、読む人間も少くなっていくからそんな楽観的なことは許されないというので大笑いしたんだ。結局映像だとかステージだとか音楽だとかイラストレーショーだとかカメラとかいろんな分野に拡散していくというか手を広げていくというか、才能が拡がってきた感じですね。ですから僕は今十代二十代の小説家で我々にとってとても大きなライバルだという人はあまり知らないけども、でもそんなことを言っているうちに別の分野でどんどん才能が新しい仕事を始めたという感じがすごくするんだ。

東 今、僕は講談社で本をまとめるという話しで打ち合せをやってたんですよ。戯曲集って普通言うんですがねえ、ともかく向こうはすごく「東京キッドブラザーズ」っていうものを本にするということに熱中してるわけなんだけど、僕なんかおもしろくないんですね本にするなんていうことが。何とも言えない異和感がある。本にするとカッコイイんじゃないかとは思うんですがね。つまり僕らみたいなものが講談社から活字になって書店に並ぶというのはやっぱりおもしろいだろうと思うし、そういうのがつまり文化というんだろうという気がするけどね。でも全くのらないわけなんですよね。だけど本音を言えば僕らみたいのものはああいった活字みたいなものにまとめて、何か文化と呼んでいくみたいな世界には絶対居ないんだと思うし、そん中に入っていけないですよ。そういった点では寺山修司なんかは書を捨てよ町へ出ようなんてことを言ってても書を書くわけだし、あの人程本が好きな人はまあいない位ですからね。病室なんかは本の山ですからね、決定的に僕らとは違うと思うんだ。

五木 本というのはある意味でボリショイ劇場なんだ。モスクワ芸術座みたいなものでしょ。テント劇場じゃない。それから僕は映画人の作品集というか、シナリオみたいなものを一冊の本にするでしょう。あれも好きじゃない。だってフィルムで勝負するものなのに、どうして活字にしなければいけないのかという気が時々するんですがね。だけど東京キッドブラザーズのあれを本にしようとするのは今の出版社では非常に新しい人間じゃないのかな。

東 僕なんか原稿を頼まれるとするでしょ、そうすると何となく調子悪いわけ、そんな時は僕なんか人に書かせて平気なんですね、僕が頼まれると女子高校生みたいのが一生懸命書いてね、僕はそれを平気で渡すんですよ。それがぜんぜんひどい文章を書くんですよ。ひどい文章書いて平気だというのは僕は特質だと思いますね。しかし、若い連中でも文章を書かせると三日位徹夜で書くとかするわけですよ。そういう人って多いですよね。だけども僕なんか活字に対する執着とか、文字になった時うまいと言われるようなことに関するくすぐりがぜんぜんないですよね。

五木 僕も対談のほうがおもしろいね。だから僕は今書く仕事をかなり整理しているけど、対談とか座談会とかいう仕事は増やしてるんだ。僕は本当いって、エッセイとか評論とかを書いているより喋っている方がおもしろいわけです。例えば東京キッドブラザーズのものを本にしようってのはある意味でいうと、ポスターやイラストレーションを専門でやってる人に、「君はポスターイラストレーションだけじゃなくてタブローも書ける人だ。しっかりやれよ」と言っているところがあるんで、発想としては活字文化の中で働いている人間としてはとても新しいけども、あなたはちょっとくすぐったい感じでしょう。

だろう。けれども、近・現代の日本文化史の中に若者文化以外の文化なんて一体あったのだろうか？　いつの時代もその時代の最新・最先端文化を取り入れたり、創出し、享受してきたのは、その時代の若者たちだけではなかったのか。その文化が成熟し、広く一般的な文化に定着するということが、これまでにあったのかどうか。むしろその問題の方が大問題だと思うのだけれど、それは本稿のテーマではないので、先に進もう。

曖昧だったのは文学だった。対抗文化としての文学が六〇年代に果たして出現したのかどうか。たしかに野坂昭如と五木寛之のデビューは鮮烈だった。六〇年代に入ってから日本文学界において、それまで主流だった純文学とか私小説とか文壇というものの存在力が急速に稀薄になったことは伺えた。しかし、それに代わって対抗文化としての文学が現れたという形跡は残念ながら認められない。変革の兆候はあったのかもしれないが、活字文化の分厚い伝統という雲に隠れてよく見えなかったのかどうか……。

この対談の冒頭で五木寛之は、まず、「ところで東君は何年ですか」と東由多加の年齢を訊ね、「昭和二十年です」と東が答えるや、「すごいね。そうなると十年代を飛越してたちまち二十年代になるということか」と感嘆している。この箇所の文脈からすると、五木は文学新人賞の応募者が三〇代半ば以上の世代ばかりで、一〇代・二〇代の小説家志望者がいなくなっている……という現象を述べているので、文学以外の分野から東由多加のような人物が出現している点に注目をしたのだろう。

この現象は、この対談シリーズ「七〇年代を生き抜くための航海談論」のメンバーにも当てはまっていたようで、東由多加―一九四五年（私は原則として自分の文章に元号を使用しないことにしているので西暦で記す）、三沢憲司―一九四五年、芥正彦―一九四六年、宮谷一彦―一九四五年、と四回目までの対論者の一方がいずれも戦後生まれであり、しかもその第一世代だったことや、ここには彼らと同世代の小説家は一人も入っていないことなどにも、あの時代の文化状況が伺えるだろう。

戦後世代の小説家が誕生するのは、七〇年代半ばを過ぎてからで、先陣を切って中上健次（一九四六年生まれ。七六年、『岬』で芥川賞受賞）が登場し、村上龍（一九五二年生まれ。七六年、『限りなく透明に近いブルー』で芥川賞受賞）、村上春樹（一九四九年生まれ。七九年、『風の歌を聴け』群像新人文学賞）らが続いた。これは活字文化というものが発酵し成熟するための時差であったのかどうか。

五木寛之と東由多加の対談で興味深かった点は、東由多加が活字文化に対して頑強に背を向ける姿勢と態度を示していたことだった。冒頭で彼は大手出版社が自分の戯曲集を出版したいと熱心に打ち合わせに来てくれているのだけれど、面白くないし、全くのらないのだと述べている。そしてその理由として「活字みたいなものにまとめて、何か文化と呼んでいく世界」には絶対に自分たちが目指す演劇は属していないし、「そんな中に入って行きたくない」と宣言するように語っている。それから次のような発言もしている。

東　僕なんか原稿を頼まれるとするでしょ、そうすると何となく調子悪いわけ、そんな時は僕なんか人に書かせて平気なんですね、僕が頼まれると女子高校生みたいのが一生懸命書いてね、僕はそれを平気で渡すんですよ。それがぜんぜんひどい文章を書くんですよ。ひどい文章書いて平気だというのは僕は特質だと思いますね。しかし、若い連中でも文章書かせると三日位徹夜で書くとかするわけですよ。そういう人って多いですよね。だけども僕なんか活字に対する執着とか、文字になった時うまいと言われるようなことに関するくすぐりがぜんぜんないですよね。

＊

東　僕は署名ってのがいつも嫌いでね、原稿用紙に、例えば寺山修司なんかは、原稿を渡す時に、寺山修司っていう風に目の前でパッと入れる時の何とも言えない恍惚感っていうものが僕は見ていていつも不思議に思ってたわけですよ。僕なんかはやっぱり原稿用紙に向って東由多加って書く時に何とも言えずイヤーな感じが逆にするんだ。結局僕は集団みたいなもの、共同幻想みたいなものを考えてるから、署名ってなものはまるであり得なくなっている。

◉——移動共同体的劇団

この五木・東対談のテーマを「漂流」としたのは、六〇年代末から七〇年代の初頭、デラシネ（根無し草）という気分や感覚が若者たちのあいだに蔓延していたからだった。こうした現象は社会学的な考察によれば、都市化社会の急ピッチな進行と、それに伴って起きるコミュニティの喪失、人間疎外がもたらした、現代病理の一つなのかもしれない。若者用語に翻訳すると、家にも学校にも社会の何処にも自分の居場所を見いだせないという気分であり、感覚であり、思想ということになる。

しかし、その「漂流」という概念も、世代や体験が異なれば当然のことながら受け止め方や解釈は異なる。東由多加は言う。「僕はね、今までわりと捨てるとか、つまり家を捨てたり、田舎を捨てたり、大学を捨てたりして、捨てることということで自分の存在証明をしていたみたいなところがあった」。いろいろなものを捨ててきた東由多加が自分の居場所として手に入れたのは演劇、というより劇団だった。早稲田大学在学中の一九六七年、寺山修司らと劇団天井桟敷を結成。翌六八年一二月、東京キッドブラザースを結成、主宰・演出・劇作家となっている。彼の目指したものは、演劇、というより劇団だった、と記したけれども、普通の劇団というものでもなかった。「僕はやっぱりみんなで見る夢ってのが好きなんです。みんなで見る夢ってのは一体何だろうかなと考えると、共同体というか一種のユートピアってのが浮んでくる」と、東由多加は、この対談の中で述べているのだけれど、彼が結成した東京キッドブラザースは、「共同体というか一種のユートピア」を目指したのである。

東京キッドブラザースは、劇団員二七人で構成されていた。ニューヨーク・オフオフブロードウェイでの半年に渡るロングラン公演は劇団員総勢が移動して行ったものだった。その後のヨーロッパ公演には、劇団員だけでなく、「おれも行きたい」「わたしも連れてって」といった追っかけファンも加わって総勢七〇人のパスポートを取って乗りこんだという。これはもう劇団の巡業公演というものではなく、ユートピアを志向する共同体の移動、あるいは漂流と映った。

五木　そうなると旅というより一種の移動って感じになるね。ねずみの群れの移動とか、そういう感じの集団の移動って感じになりますね。（笑）

東　だから、つまり移動共同体って言ってるんだけど。

たぶんこの時、五木寛之が連想したのは「ハーメルンの笛吹き男」の物語だろう。だが、東由多加の方は、「ノアの方舟」の神話を大真面目に夢想し実行しようとしていたのである。このようなお互いの「漂流」観の違いを、五木寛之は次のように語っている。

僕はナショナル・コンセンサスという言葉が横行しだした時期に、それに対するために、漂流という言葉を航海という言葉と対比させて、航海者の思想に対する漂流者の思想って言ったわけなんだけど、考えてみると僕らの世代というのは難破することができた世代というか難破させられた世代なんですよ。政治という嵐があったり、敗戦という台風に出合ったりして、航海するつもりでいたのが否応なしに漂流に叩き込まれた世代でしょ。（中略）だから今のあなた達の言っている漂流との差っていうのは、僕達は好むと好まざるとにかかわらず強制的に漂流させられた世代だし、あなた達は漂流を自ら選び取ろうという、そういうとこだろうという気がするね。

だが、東由多加は、漂流を選んだわけではなかった。彼がそれまでの人生で選択してきたことは、家を捨て、田舎を捨て、大学を捨てる……という生き方だった。そういう生き方が第三者には漂流者のように映ったのかもしれないが、彼自身は「僕は漂流とか旅とかいうことが大嫌いだった」と述べている。彼は、ここより他の場所（共同体＝ユートピア）を目指していたからだった。

東由多加の生き方や思想には、ヒッピー・ムーブメントの影響がみとめられる。日本のヒッピー・ムーブメントは、南の島の諏訪之瀬島や八ヶ岳の麓でごく少数の若者たちによって実践されてきただけで、運動としても、生き方としても根付かなかった。当時新宿にたむろしていたヒッピー風の若者たちは、ロング・ヘアーやヒゲをのばし、働きもしないでぶらぶら遊び暮らし、禁制のマリファナなどを喫煙するろくでなしの若者たち――とマスコミなどから冷笑気味に話題にされていただけで、世間的には、やはり当時風俗的な話題となっていたフーテンの若者たちと同列視されていたのだ。つまりヒッピー・ムーブメントは、若者新風俗《ヒッピー・ブーム》としか見なされなかったのである。

だが、東由多加は、ヒッピームー・ムーブメントを演劇の世界で実践したのだった。彼は東京キッドブラザースを結成することで、その手がかりを掴んだ。ニューヨークでのロングラン公演は「移動共同体」の創出を目指すものでもあった。本気で日本を捨てる気だった東由多加は劇団と共にニューヨークにそのままとどまることを考え、事務所探しもしたという。

けれども、現実は、東京キッドブラザースの人気出し物だったロック・ミュージカルのようには運ばなかった。周りのアメリカ人と一緒に過ごすという気になれなくなってきたり、劇団員の若い女の子のなかには「もう帰ろう、帰ろう」と泣き出す者も出てきたりで、やっぱり日本へ帰るしかないのかと思うようになり、帰って来たのだ。漂流の終焉だった。

注目してもらいたいのは、その後の東由多加の覚醒ぶりである。前述したように大学在学中に寺山修司のアングラ劇団に加わっている東由多加は全共闘の活動家だったわけではない。彼を目覚めさせたのは、漂流の選択と漂流の挫折という体験だった。

新宿の黄金バットがニューヨークではばたいたぞ！

JAPANESE LOCK FESTIVAL

Photo. 遠藤

きたねえ野郎たちがまい込んできた。6月の始め、みこしの祭じゃねえけれど、ワッショイ・ワッショイ、どやどや、これぞ新宿が生んだ若者の集団、東由多加がひきいる東京キッド・ブラザースの爽やかな16人である。平均年令21才。もちろんこの中には、童貞さん、お処女さんも多いだろう。ところがだ、居並ぶニューヨーク演劇界の海千山千の演出家、プロデューサーをぐっとうならせたのだからすごいぞ！

始めは〝ワンタン・スープ〟なる変な題名の芝居に応援出演のため、小屋まで売り飛ばし、全財産ひっかついではるばる来たぜニューヨーク。ところがワンタンは立消え、哀れ路頭に迷える小羊たちになりかけたところを拾い上げたのが、エレンスチュアートなる黒人女性、これがスゴ腕の女性だったからたまらない。

イーストビレッジの近く、詳しくは（スリーストリート・ビトウイン・ファースト・アンド・セカンド・アベニューとこうくるんだが）にカフェー・ラ・ママ、なるアングラ劇場がある。エレンはここのボス、すなわちニューヨークアングラ界のボスなのである。しからば、ラ・ママとは？君知ってるだろう〝ヘア〟は今やブロードウェーで大当りを取り、世界中でかせぎまくっているはずだが、この〝ヘア〟もじつは、ママから出発しているのである。ママの演出家メンバーには、いくら大劇場から札束でお呼びがあっても、ガンとして、自分の芝居を守り通す筋金入りが多いのだ。

小羊たちがライオンに変貌し始めたのは、わずか一週間であったぞ。連日、押せ押せの超満員で、クーラーがぶっこわれる程。今やニューヨークの酷暑をぶっ飛ばしたのは、ブラックパンサーのダイナマイトじゃない、キッドの黄金バットだ！

（文・篠原有司男）

日本人いや人間というのは、ここがダメな時常にここより他の場所を考えてきたと思うわけですね。ここより他の場所というより本当はここを変えなければいけないわけなんですよ。（中略）ここをどうするかという問題だけは、やっぱり日本の百年の明治維新だろうと戦後だろうといつでも脱けちゃってる。だけどここを変えるという問題を解決しない限り、漂流とか旅って言葉は今後使えなくなるって気がするわけですよ。（中略）

僕は今まで革命とか世の中を変えるとか世直しとかいう言葉に関しては全く音痴な人間だったけど、最近やっぱり忽然と世直しってことが本当に必要だなあって気がしますね。他の場所がないんだから。

東由多加の、この覚醒は、六〇年代という時代を生き抜いてきた若い世代の共通認識であり、共感思想だったのではないかと思う。しかし、その思いや志が、その後どう実を結んだのか、結ばなかったのか——。その答えは、私たち日本人ひとりひとりが検証していくしかないだろう。東由多加は二〇〇〇年四月二〇日没している。

◉——戦争を知らない世代へ異議申し立て

詩人の白石かずこと「結婚」というテーマで対談した漫画家・宮谷一彦も七〇年世代の旗手の一人だった。言うまでもないことだけれど、七〇年代の第一世代は、六〇年代文化の坩堝《るつぼ》をくぐり抜け、七〇年代に入って世の中に飛び出して行った者たちだ。当然、彼らは六〇年世代と見紛うような雰囲気や匂いを身にまとっている。とりわけ宮谷一彦はそんなイメージやカラーを遠目からも感じさせる青年だった。

その頃、「戦争を知らない子供たち」（作詞：北山修　作曲：杉田二郎　歌：ジローズ）というフォーク・ソングが流行っていた。

戦争が終って　僕等は生まれた
戦争を知らずに　僕等は育った

この歌を作詞した北山修も戦後生まれ（一九四六年）だった。当時はベトナム戦争の最中で日本でもベ平連の反戦運動が起きていて、新宿西口広場ではベトナム戦争反対を訴える目的でヤング・ベ平連が始めたフォーク集会の輪が拡大し、結局機動隊によって駆逐されるという事件が話題を集めていた。この歌はそんな時局の中で〝ラブ・アンド・ピース〟を志向する「戦争を知らない子供たち」の世代が作った反戦歌として歌われてきた。だが、私には額面通りそう受け止められない感じがした。たとえ反戦・平和を志向して作った歌とはいえ「戦争を知らない」ということをこんなに朗らかに歌い上げていることに違和感を覚えたからだった。とりわけ、私が引っかかったのは、三番まである歌詞のいずれにも歌われている次のリフレーンだった。

僕等の名前を覚えてほしい
戦争を知らない子供たちさ

この歌では、そんな歌詞が強調するように繰り返されている。「戦争を知らない子供たち」の世代である「僕等の名前」を覚えてほしい、知ってほしい、と歌っているのである。アピールしているのだ。なぜアピールしなければならなかったのだろうか。
それは彼らの上の世代、兄や父や祖父の世代が、戦争体験や戦後の焼け跡闇市の暮らしを語り続けてきたからではないか。恣意的な解釈かも知れないが、私にはそんなふうに思えた。なぜかといえば、世代論の弊害は共有体験を有するものと持たない者との間に断絶の壁を設けてしまうところにあるからだ。戦争を知らない世代にとって、戦争を体験した世代が鬱陶《うっとう》しい存在に映ったり、反発の対象となったとしても別に不思議ではない。これから世の中に巣立って行こうとしている青年たちにとってはアイデンティティーを確立しなければならないという命題もある。七〇年代初頭に、「戦争を知らない子供たち」というフォーク・ソングが作られ、若者たちの間でヒットした背景にはそのような事情があったのではないかと考えられる。

しかし、戦争というものが、戦争に巻き込まれた人々に与える大小様々な損傷は、単に戦争を体験した人々にとどまるわけではない。戦争が終わったからからといって帳消しされるものでもない。「戦争を知らない子供たち」の世代にも、戦争によって受けた損傷や傷跡を背負って生きた者たちも少なくない。その一人が、「七〇年代を生き抜くための航海談論」（第四回）で白石かずこと対談している宮谷一彦だった。

宮谷一彦は、父を太平洋戦争で亡くしている。一九四五年生まれの宮谷は父親を知らない。父を知らないだけではなく、当然の話だが戦争の記憶もない。だが、彼は、この対談の中で生い立ちについて次のように語っている。

宮谷　僕は子供の頃、すごく抑圧された生活だったんです。六帖一間に親子三人［筆者注：兄がいた］で何年間か居たんです。それはおやじが居ないのでおふくろがずっと水商売で働いていたんです。その頃の水商売は夕方三時頃出て行って夜中の三時から四時位まで働いてるので、僕が家に居る間はおふくろはいないわけですよ、そういう抑圧された生活が六年間位続いたんですよ。（中略）

僕の場合は（中略）抑圧されるとギャァーッと泣くわけですよ。それでギャァーッと泣いて3分位すると僕は今変な音色で泣いているなと思うんです。泣くだけでは面白くないのかギャァーッというのに高低がついているのに気が付くんです。そういう時代が相当あって、中学校から高校に進む頃になってパトロン氏がみつかって、僕達親子三人はパトロン氏の家にいっていわゆる人並な生活で高校から大学へ行けるレールが引けたんです。生活が良くなったので僕は泣くのは止めたんです。一人一人に部屋が与えられて人間が隔離され自己というものを順調に延ばせる状態ができたので。しかしそうなって僕は泣かなくなったけれどひどく暴力的になったんですよ。ケンカして殴ったり殴られたり鼻血が出ることがすごく楽しみになったんですよ。それは腹の中にあるドロドロしたヘドロみたいな黒いものが蚕がスーッと白い糸を出すような感じでスーッと緑の糸を出して飛んで行くような快感、快感じゃないな、一日に四度から五度セックスした後の虚脱感みたいな抜けていく部分みたいなところから緑色の線が延びていくんですよ。それが僕にとってギャァーッと泣く行為と同じだったんだと思うんですよ。それから書くという行為を覚えて、マンガを描いたんじゃなくてハードボイルドな小説を書いてたんです、大藪春彦とかダッシル・ハメットを読んで。

（白石かずこ＋宮谷一彦「結婚」一九七一年九月号）

宮谷一彦も「戦争を知らない子供たち」の世代だけれど、彼の生い立ちの原点には戦争で受けた損傷の傷跡が鮮烈に刻印されている。「おふくろにパトロン氏ができて、ようやく人並みの生活ができるようになった」と自嘲気味に語っているところなどにも、戦争の陰は揺曳《ようえい》している。ようやく人並みの生活ができるようになったにもかかわらず、宮谷は一五歳頃から喧嘩に明け暮れたり家出を繰り返した。腹の中のドロドロとしたヘドロのような不快物を吐き出したかったからだという。私は彼の話を聴いていて、その頃観たアメリカのロックシンガー、ジョー・コッカーのライブ・ツアーを追った映画の中で、「もし音楽をやってなかったら、人殺しになっていたかもしれない」と、ジョー・コッカーが語っている言葉を思い出した。

◉──劇画家・宮谷一彦の熾烈なアクロバット

宮谷一彦は一九六三年・一八歳の時、当時公害問題で名を轟かせていた四日市の街を飛び出して上京。漫画家・永島慎二のアシスタントを経て、六七年に『眠りにつくとき』という作品で漫画専門誌『ＣＯＭ』月例新人賞受賞、デビューを果たした。宮谷の初期の作品には、原爆による白血病を抱えたジャズ・プレイヤーを主人公にした『魂の歌』（六九年）、革命集団を描いた『太陽への狙撃』（六九年）、学生運動の日和見と公害問題を描いた『性蝕記』（七〇年）、米軍基地問題をテーマにした『蝿たちの宴』（七一年）、赤軍活動家の内面に迫った『ジャンピン・ジャック・フラッシュ』（七二年）など、社会問題を主題にした政治色の強い作品が多い。しかも宮谷一彦の漫画は、迫真的なリアリズム描写とジャズやロックが画面から流れて来るような雰囲気のあるストーリー性を重視した作品だったから、あの時代の問題意識を持った若者たちの間で一気に人気が高まった。

だが、私は先に五木寛之が東由多加との対談で述べていたように、「二十年代」に飛び越された「十年代」世代だったから、漫画など読んでいなかったので、この対談にゲストとして登場してもらうまで宮谷一彦の存在など知らなかった。『新宿プレイマップ』に当時四人ほどいた編集部員は私を除いて全員「二十年代世代」だったから、白石かずこの対談相手は宮谷一彦にしようと提案したのは彼らだったはずである。

宮谷一彦が、この対談の一方の対論者に選ばれたのには今ひとつ理由があった。それはこの年（七一年）二月に、彼が右翼団体の大物を父に持つ一八歳の女性と結婚していたからだった。もちろん、〝政略結婚〟などであったわけではない。普通の若い男女と同じように出会いがあって愛しあうようになった相手の女性が、たまたまそういう父親だったということなのだ。しかしその事実を知ると、この結婚は現代版の「ロミオとジュリエット」のような関係に変わってしまった。最先鋭の表現者として注目を浴びていた若者の結婚観とはどういうものか。それを聴いてみたかったからだった。まず冒頭の一節を引く。

宮谷　結論から先にいうと僕は結婚なんてものは認めない。ナンセンスの極地ですからね、結婚なんて。だけど僕は結婚したんです。この二月に。正確にいうと彼女を入籍させた。実は彼女の父という人は「日本及び日本人」という雑誌を出しているんですよ。七つも八つも肩書きのある人で、それが全部右翼のものなんです。（中略）二人の関係の典型的な例は、この間の三菱の株主総会のことなんかがそうなんですが、あそこへ行った僕を阻止したり僕をこずいたりした連中は、＊＊会の連中でその＊＊会の連中を動かしているのがおやじさんというわけなんです。（中略）だけど僕にはイージーライダーとして旅立ってしまってショットガンで撃たれてしまったらどうしようもないという思いがある。僕の最初の命題みたいなものは生き続けるというところにあるんですよ。（中略）生き続けるということと自分のある特殊な状態を維持することはほぼ一緒で、維持するためにはある程度の嘘みたいなものをポンポンと置いておくことが僕の人生にとって必要で、その嘘を置くということは作為ではなく営為になるんじゃないかと思うんです。

白石　宮谷さんは一応結婚の形式だけを貰っておいて相手が攻撃してこないようにしておくけどそれは一つの煙幕にすぎないということでしょ。自分の煙幕のための結婚だというわけでしょ。だけど私の場合は煙幕を張る必要がないからしないわけ。つまり結婚が煙幕になる人と、結婚しないことが煙幕になる人とがあるわけじゃない。

この白石かずこの〝結婚煙幕論〟は、宮谷一彦に対してはあてはまるようには思えなかった。なぜなら、彼は、煙幕を張るどころか、自分の新刊書に自身と妊娠五か月の妻のヌード写真を掲載するというスキャンダラスな行動に打って出ているからだ。そんな自分の行動について、彼は対談の中で次のように説明している。

七〇年代を生きぬくための航海談論④

結婚

白石かずこ

詩人。一九三一年カナダのヴァンクーヴァー市に生まれた。20代のはじめ、映画監督の篠田正浩氏と結婚したが「気がつくと、もう離婚していた」。世間からは、セックスをしてはそれをうたうスキャンダラスティックな〝性詩人〟とみなされている。

宮谷一彦

劇画家。一九四五年大阪の生まれ。父を太平洋戦争で亡くした。今年の2月、有力な右翼を父にもつ18歳のお嬢さんと結婚した。「恥部を見せない生き方それは恥部の公然露出である」という思想を貫いた近作「性蝕記」は若い人たちに共感を呼んでいる。

宮谷　結論から先にいうと僕は結婚なんてものは認めない。ナンセンスの極地ですからね、結婚なんて。だけど僕は結婚したんです。この二月に。正確にいうと彼女を入籍させた。実は彼女の父という人は「日本及び日本人」という雑誌を出しているんですよ。七つも八つも肩書のある人で、それが全部右翼のものなんです。というのは親にも自分が自分の人生を生き続けるがために貼ってきた看板またはレッテルみたいなものがあって、それで親自体がそのレッテルに左右されてできてしまった立場の上からものを言わなければならない状態になってしまっているんですね。だって500人も600人もの若い人がついていればどうしたって自分の娘には好きなようにやらせるぞといい、しかしお前達は僕の言う通りにしろというわけにはいかないですものね。やっぱりお前達は僕の言う通りにしろと言うからには自分の娘も自分の言う通りにさせるというような部分がないとカリスマとしての役目は果たせないと思うんです。だからそういう意味で向こうのおやじさんには非常にまずい立場がある。けれど、かといって僕はその人達と同化することをあまり好まない。そういう状態の二人の関係の典型的な例は、この間の

●PHOTOGRAPHER＝清水　彰

宮谷　彼女の父親はものすごく大きな決定権を持っていて、例えば彼は桜田門ともかかわりがあるのでそこでもって宮谷の本を全部没収しろと言われたら僕は場所を失なうわけですよ。父親がそこまでできる人であるから何らかの形で嘘をつきながらひっくり返す状態みたいのを待ってるわけですよ。一応結婚というのが認められたから今度はこちらの力関係を優位にしてやろうと思って女房の裸を載せちゃうのが一番おもしろいんじゃないかということでやったわけなんですよ。（中略）

白石　おもしろいわね、スキャンダルは。やはりすごい暴力ですよね。だけど私あの写真を見て感心したんだけど、あの彼女の目の中には威厳があったから良かったんですよ。それがあの写真を単なる下品なスキャンダル写真にしないでいる。

宮谷　しかし実際は怖かったですよ、おやじの下には若い人が沢山いるでしょ、いつ刺されるかと思って。でも僕達は逃げながらは描けないでしょ。だからどこか一ヶ所に居ながら自分を守ってやっていかなければならない。それにはどうしたらいいかということになるけど、それは右と左のバランスをうまくとって、僕は右でもあるし、左でもあるんだよ、みたいな顔をしてればどちらからも攻撃されないで自分の黒いものを吐き出していけるわけ。だけど今政治的に考えて、右、左というと、左のものなんて僕達が考えるところではなにもないわけ。すべて右でしょ。まさか共産党を左と考える人はいないでしょ。だから政治的には右と左のバランスをとるものがないわけですよ、そこで左に何を設定するかとすれば、それは一億の蟻んこさんなんです。すなわち左という設定は一般大衆というラインにしかできないんです。一般大衆のラインを左に設定するのはとても心もとないんですがね。しかし一般大衆は意識においてほぼ右に近いですが、資本に一握りのお砂糖を吸い上げられているという立場では左なんですよ。だから僕達非常にアナキーな考え方をする人間が身を守る便宜としては、お砂糖を持っている人間をどこまで味方につけてるかというところだと思うんですよ。だからそのためにある程度砂糖を売って、僕自身がいかにも売れるものなんだという幻想を右側の人達にかきたてておいて崩しちゃまずいみたいな部分を置いておかないと、バッサリやられちゃうからね。

宮谷一彦は、思わぬ状況に紛れ込んでしまったために、このような不安や危機感を感ずるようになったのだろうか。それから逃れようと奇妙なアクロバットや危険な綱渡りをやっているのだろうか。状況的にはたしかにそういう見方ができるのだけれど、しかしそれは決して特殊な固有のケースではなく、六〇年代にその基盤をほぼ確立する現代社会を生き抜かなければならない私たち現代人の普遍的な課題だろう。

「結婚」というテーマで白石かずこと宮谷一彦に語り合ってもらったこの対談は、二人の職業的な立場から当然の展開だったのだろうが、表現者としての生き方について論議が交わされている。その一節を紹介しておこう。

白石　銀行の預金と同じ様に結婚をすると何となく保証されて年をとっても安全であるみたいな感じがあるんでしょうね。だけどものを創る人間でも結婚型の人間ってのがいるわね。本当に結婚するとかしないの問題じゃなくて自分のパターンというものを創り上げる人間よ。私はそれはマイホームを作ることと同じだと思うの。（中略）だけどクリエーティブな仕事ってのは本来そんなものじゃないですよ。家を建てると、建てた瞬間にはそれを破壊してまた別の家を建てるってことですよ。だけど割と多かたの人間が結婚型の人間ですよ。自分のパターンの上に安住しちゃう。それが一番安全なことだからよね。

宮谷　僕はそういうパターンを作った人を作家として認めないんですよ。

白石　それはそうですよ。ただ世の中で認められてるに過ぎないわけで。人間というのは結婚するとかしないとかいうのは別にどうだっていい。というのはどちらにしても同じことでしょ。だけどそういうパターンの上にあぐらをかいてそこでもって仕事をしていこうと思う人間は結婚みたいな形で仕事をしてるから、やっぱり結婚しないと不安でしょうね？

宮谷　今、白石さんが言われた結婚型のもの書きというのは、それはもの書きであるんじゃなくて、一般大衆のラインの中でのもの書きとしてそういう人達がいるんであって、そういうもの書きを存在させるというのは作品を発表させる舞台であるところの本がダメだと思うんですよ。結局日本の中のどんな本でも砂糖を持った一億の蟻からその蟻の砂糖を資本のパイプみたいなものでどれだけ吸上げるかみたいな操作をしてるわけですよ。そしてどれだけ蟻の砂糖を吸い上げて大きな壺に入れられるかみたいな競争をしてるでしょ。だから日本における本当のもの書きというのは最終的には駆逐されちゃうわけですよ。何故ならば砂糖を吸上げ易い人が資本のルールの中では作家であるわけですから。いわゆるお菓子屋さんなんですよ。お菓子屋さんがいかに上品にまたは変ったお菓子を作って沢山の人に買わせるかということでお金を儲けるわけであって、だから今住んでいる日本の状況というのは少なくとも本当の意味でのクリエーター、もの書きがものを書いてそれが作品と呼ばれる社会ではないんだということですよ。

先に宮谷一彦が、表現者として生き抜いていくための味方に、そして武器のひとつに考えていた〈砂糖〉という譬喩《ひゆ》が、ここでは隘路《あいろ》に陥っている。この頃、彼は人気漫画家の仲間入りを果たしていたのだが、彼が目指していた表現者として生き抜いていくことの困難さを予知していたように、私には見受けられた。

宮谷一彦は現在どうしてるのだろうか？

私は本章を書くにあたって、そのことが急に気になり始めた。というのも近年ほとんど名前を聞かなくなっていたし、新作を出している様子も見られなかったからだ。

風聞によれば、あの時の結婚相手とはその後離婚したという。イージーライダーのように撃ち殺されてしまうことはなかったようだけれど、表舞台から姿を消してしまっていることは明らかだった。真相はわからないけれど、もし、

『新宿プレイマップ』のあの時の対談で彼が公言した〝お菓子屋さん〟のような作家にはならないという態度が、自身が予知したとおりの現実を招来させているのだとしたら……。この国のそんな文化状況を唾棄し呪わないわけにはいかない。

第8章
『新宿プレイマップ』の同志たち

〝新宿浪人〟たちが馳せ参じた編集室

この章では『新宿プレイマップ』の雑誌づくりに関わっていた者たちのことについて書いておきたいと思い、『新宿プレイマップ』の同志たち――という章のタイトルを付けたのだったが、まず「同志」といえば編集メンバーということになる。同志などというと、活動家のメンバーを連想してしまうかもしれないので、「仲間たち」としてもよかったのだが、前章でもちょっと触れたように、『新宿プレイマップ』の編集メンバーは全員が戦後生まれの「二十年世代」で、編集長の私ひとりが彼らの世代に飛び越される「十年代」の谷間の世代であり、ジェネレーション・ギャップを感じていたので、気軽に「仲間たち」と呼ぶわけにもいかなかったのである。

創刊時の編集メンバーのひとりだった田家秀樹が『70年代ノート』（毎日新聞社、二〇一一年）という本を書いていて、『新宿プレイマップ』の編集メンバーのプロフィールを紹介している。何人か私の知らなかった横顔の素描が記されているので引用させてもらおう。

創刊時のメンバーの一人だった浅岡香代子は、恋人が収監中の東大全共闘学生で、毎朝差し入れをしてから出社していた。創刊号を見てはせ参じた長島一郎は、大学を中退して作家修行のため全国を放浪中だった。「これを生かしたい」と自ら作成した膨大な新宿の店舗情報を携えて訪れた今上武蘭人は、独自のネットワークの持ち主。「英語日本語論争」を企画し、そのまま編集部に加わった中山久民は、アングラ演劇などサブカルチャーの最前線にいた。（中略）ロックと現代詩に傾倒していた児島敬子、大学に幻滅して違う何かを求めていた元大学院生の長島仲一、フォークやロックが好きで、雑誌『スイングジャーナル』から移ってきた白岩貴美子。いずれも二〇代前半の〝時代の子〟ばかりだった。

たしかに田家秀樹が記しているように、『新宿プレイマップ』の編集メンバーは〝時代の子〟ぞろいだった。六〇年代末から七〇年代のはじめにかけて新宿に集っていた若者たちの縮図を見るような顔ぶれが編集室に集結したという感じだった。それにしても創刊時の編集メンバーの一人だった浅岡香代子の恋人が収監中の東大全共闘の学生で、彼女が毎朝差し入れしてから出社してたなんてことは、私は全く知らなかった。こういう情報は同世代の仲間内でしか知り得ないからだ。創刊時の編集スタッフは、田家秀樹と浅岡香代子、それに私で、たった三人でのスタートだった。

私は『新宿プレイマップ』の編集責任者ではあったけれど、経営と人事は事務局（事務局長・横尾成弘）が行っていたので、編集スタッフの採用や雇用条件等については、私は門外漢だった。だから編集スタッフ一番手の田家秀樹が新卒で文化放送サイドの紹介で入って来たという程度のことは聞いていたけれど、それ以上のことは何も知らなかった。浅岡香代子に関しては、彼女がどんな人物で、どんな経緯で入ったのかということさえ知らなかった。しかも彼女はわずか三か月足らずで編集室を去っている。その理由も、そういえば聞いていなかった。

今上武蘭人については第3章でも触れたけれども、彼は個人的な動機で、新宿の繁華街を隈無く歩き調べた店舗情報を持って創刊前の編集室へ飛び込んで来た青年だった。こちらの内情を話すと、彼はアルバイトの営業マンを志願してくれ、助っ人も動員してアッという間に一〇〇軒近い会員店集めた。これによって『新宿プレイマップ』はようやく創刊の運びとなったのである。そして今上は五号（一九六九年一一月号）から編集メンバーに加わった。長島一郎も、アルバイト営業マンを務めたメンバーではなかったかと思うのだが、彼は今上より一足早く四号（一九六九年一〇月号）から編集スタッフになっている。今上と長島は、当時新宿に数多く集まっていた〝新宿漂流族〟の若者だった。

一九七〇年七月号からは白岩貴美子、同一一月号からは児島敬子が加わった。田家秀樹の前掲書によると、白岩はジャズの専門誌『スイングジャーナル』から移って来たとあるけれど、私には初耳だった。バンビみたいな印象の元気のいい女の子で、見た目で判断してしまったのは失礼千万な話だけれど、とてもキャリアのある編集者には見えなかったからだ。初対面で挨拶を交わした時、「新宿プレイマップの編集長さんって、ジーンズにスニーカーってファッションなんだろうな……とわたし勝手にイメージしてたんですけど、違うんですね」と彼女にキョトンとした表情で言われ、自分の冴えないスーツ姿に気づき、なぜか恥じた記憶がある。以後、私の服装がどんどん崩れていったのは、この時のカルチャーショックに因るものだったと私は思っている。

児島敬子は男子顔負けのガッツの持ち主で、新人ながら仕事をばりばりと着実にこなし、たちまち編集室の中心的な存在になった。彼女は実家の茅ヶ崎から東海道線で通勤していた。校了日など編集作業が深夜に及んで帰宅できないときは東京在住の女友達のアパートなどに泊めてもらっていたようだけれど、ご苦労な長距離通勤も若さと持ち前の突進力で乗り切っていたのだろう。

七〇年末、一二月号の編集作業を終えると、田家秀樹・長島一郎・今上武蘭人の三人が編集室を去って行った。田家秀樹は文化放送の深夜放送番組「セイ！ヤング」の機関紙『ザ・ヴィレッジ』の編集者に抜擢され、長島一郎は教育映画制作プロダクションに就職し、今上武蘭人は在職中から作っていた『ぴいぷる』というミニコミ紙を主宰しながらフリーランス・ライターを目指すというのが、彼らそれぞれの退職理由だった。この三人は『新宿プレイマップ』草創期の基盤を共に築いてきた同志だったから、編集長の私にとっては戦力の削がれることに対しての大いなる危惧があったのだけれど、彼らを足止めさせる手立てはなかった。

すでに述べたように、『新宿プレイマップ』の発行元であった新都心新宿ＰＲ委員会は新宿の有力企業・百貨店・商店街組合・著名な専門店の代表が集う形で組織された団体だったのだけれど、初期の、少なくとも私が在籍していた二年一〇か月の間の同委員会の実態というのは、狭い編集室内に事務局長がたったひとりいただけといった組織で、会社とか組織とはとても言えない団体だった。実態があったのは、『新宿プレイマップ』であり、この雑誌を編集制作していた私たち編集スタッフの方だった。

しかし、実態こそ何とか確立したけれど、その内情はいたって貧弱なものだった。脆弱な組織で雑誌づくりをしなければならない悲哀も沢山味わった。世間的には当時の新宿は日本一脚光を浴びていた都市だったから、その新宿が発行元である街の雑誌の編集者はさぞや恵まれた存在に映っていたに違いない。実際、私は、『新宿プレイマップ』の編集者になったことを知らせた仲間や知人たちから「よかったな！」と祝福を受けた。ニューヨーク・マンハッタンのような高層ビル街が誕生する、東京の新都心として生まれ変わる新宿のＰＲ誌編集者なのだから、良い給料がもらえるのだろうし将来性もあるんじゃないか！　と思われたのだろう。私も、『話の特集』の矢崎泰久編集長からこの話を聞いたとき、そんな思いがチラリと脳裏をかすめた。ところが、現実はとてもそんなものではなかった。その内情の一端はこれまでの章でも随所で述べてきたが、それは期待が裏切られたので腹いせに暴露したというものではない。なるべく事実を記しておこうと思って書いたに過ぎない。チラリと脳裏をかすめた――などと告白したのは、全然期待などしなかった、と言い切ってしまうのもちょっと意気がり過ぎかな……と思ったからだ。

けれども、当時の私の率直な気持ちは、前にも述べているように「新宿の雑誌なら面白そうだ！　やってみよう」という思いで占められていて、雇用条件とか将来性といったことに全く関心がなかったのだ。一般的には不逞な態度と見なされるのかもしれないが、私は『新宿プレイマップ』の編集者を志願して従事したのであって、新都心新宿ＰＲ委員会に就職するという気持はまるでなかったからである。

『新宿プレイマップ』は二年一〇か月、通巻三四号で廃刊となったのだけれど、準備期間の数か月と雑誌を刊行していた全期間を通して在籍したのは編集スタッフの中では私だけだった。延べ一〇人の編集スタッフにより雑誌作りをしてきたが、各人の在籍期間は一年ないしは一年半といったところが大半だった。普通の企業勤務者に比べると在籍機関が極めて短いことにお気づきだろう。これは言うまでもなく雇用条件が極めて悪かったからだろう。端的な例を挙げておくと、一〇人の編集スタッフのうち大半が近年問題視されている〝非正規雇用〟の編集者だったということである。

『新宿プレイマップ』には、入社試験などなかった。学歴とかキャリアとか賞罰の有り無しを問われてスタッフ入りしたという者もいない。私は、編集者の資格条件にそういうものは必要ないのではないか、という考えの人間《ひと》なので、それはそれで良かったのだと思っている。ただし採用の仕方や雇用条件はかなりいい加減なものだったとは後になって思ったことだった。採用の仕方についていえば、今上武蘭人が自分のアシで調べた新宿の店舗情報を名刺代わりに持参して、会員店獲得のアルバイト営業マンを務めてくれ、その実績を買われて編集スタッフになっていることや、中山久民が特集企画を持ち込んで、それをきっかけとしてスタッフ入りしているという採用の仕方は悪いどころか好ましいものだったと思う。なぜなら、今上や中山はいわば〝手土産〟持参でやって来て、『新宿プレイマップ』の編集スタッフになっているわけだが、これは〝手土産〟が『新宿プレイマップ』の編集スタッフとしての有資格条件に適うものだったからだ。では、中山久民が持ち込んだ企画とはどんなものだったのか。これは一九七〇年一〇月号掲載の「ニューロック」と題した座談会の企画・プロデュースだった。この座談会には、当時日本のロック・バンドの中で人気のあった内田裕也（フラワー・トラベリン・バンド）、鈴木ヒロミツ（モップス）、大滝詠一（はっぴいえんど）の三人が参加し、司会を相倉久人（ジャズ評論家）が務めているのだけれど、そのテーマ設定・人選・参加の呼びかけを、中山久民が行ってくれたのである。

六〇年代中頃から七〇年代にかけてロックとフォークソングが台頭して、若者たちを二分するような音楽シーンが展開するのだが、やがてフォークが退潮してロックが席巻する時代が到来する。ロックもフォークも外来音楽だから、初

喧論戦シリーズ2
「ニューロック」

☆内田裕也
（フラワー・トラベリン・バンド）
☆鈴木ヒロミツ（モップス）
☆大滝詠一（ハッピーエンド）
☆久　民
（LICK・UP・PLAYER）
★司会・相倉　久人（ジャズ評論家）
★撮影・羽永光則

■ロック→GS→ニューロック

内田　ボクはロカビリーから一貫して、12年間も、ロックに近い事をやってきたわけだけど、ボクのバンドは3年くらい前、つまりGSの最盛期の時あたりから、かなり変った事をやってきたつもりです。演奏法なんかもそうですけど、外国のマシーンの紹介ですね。ジェファソンや、チューニンルクスなんてボクらが紹介したようなもんだ。その意味では、パワーハウスとかモップスとかその類からやってる連中は、何らかの意味で、今やってる連中の指針になってるんじゃないかという気がしますね。それに、今みたいにウッドストックネーションなんて騒がれる前だから給料なんて全くないような状態でやってたけど、案外やりたい事やれたように思う。

鈴木　ロックがどうのとかいう事はオレは殆ど気にしないままGSの時代から、〝現実に即した歌を〟ということでやってきた。アニマルズが好きで彼等の歌をよく歌ったのも、エリックバートンさんという人が、現実に即した自分達の生活を歌っている点に共鳴したわけで、別にGSへの対抗というのではなかった。それに、今は、GSとロックの間に厳密な区別はなくなってるし、ロックゼネレーションというくらい、音楽の代名詞というより、世代になっているわけで、若者の間の共通の欲求、考え方、あらゆるものを音楽にしたものがロックだと思うんで、その意味じゃオレ達は昔からロックをやってるんじゃないかと思うのでゴザイマス（笑）

大滝　ボクはついこの間までGSみたいな事をやってたけど、去年の夏くらいから日本のロックについて考えているんです。つまり日

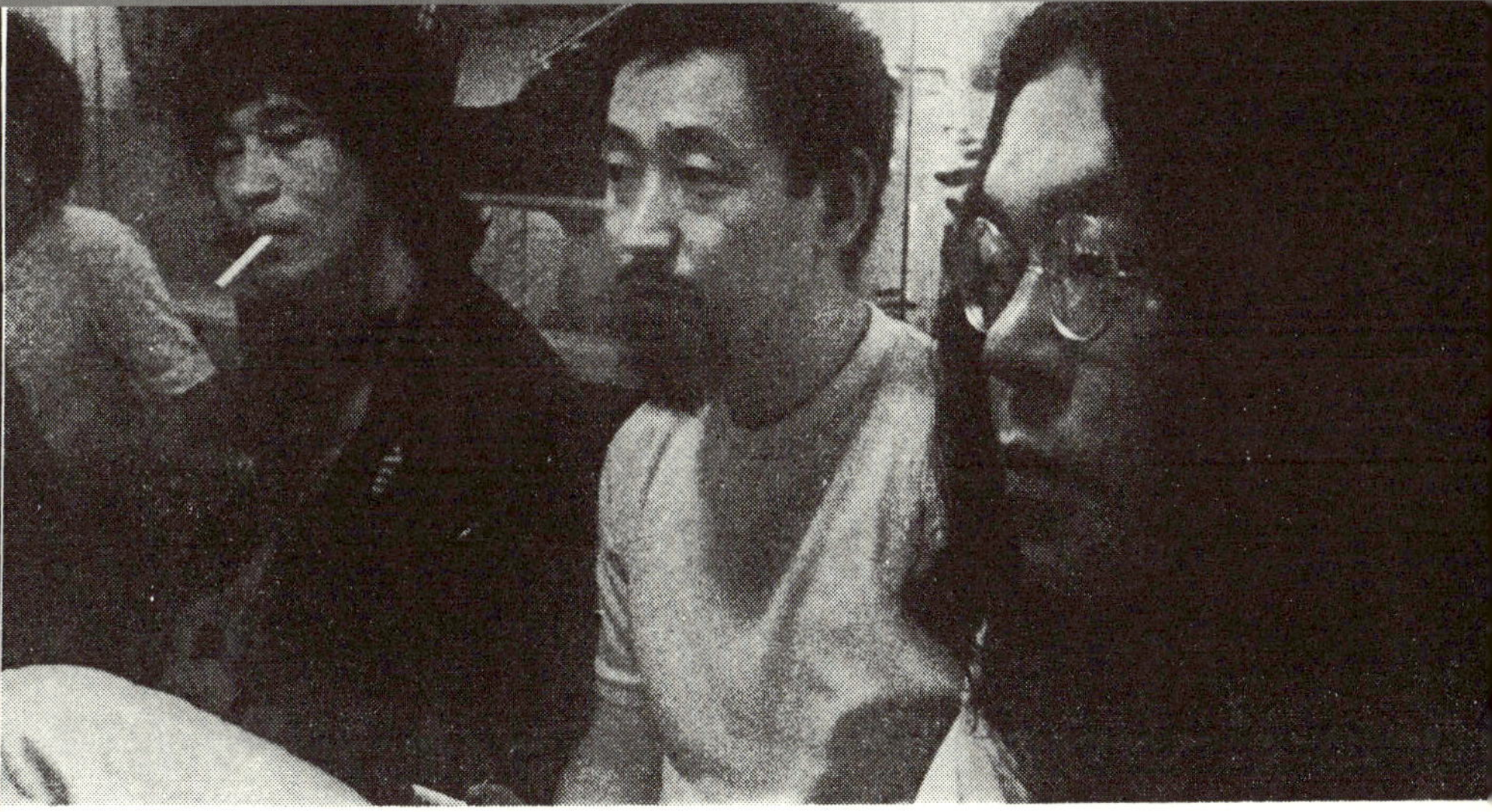

本の中に外国のロックを持ち込んでも何となく馴染めないという原因は、言葉の問題が一つにはあると思うわけです。そこで日本語でロックをやってみたわけなんです。今度ハッピーエンドというバンドを作って五日にレコードが出るんですけど、何かそういう試みをみんながやってみたらと思いますね。

久民　ボクなんか見てて思うのは、使う言葉が日本語でありながらビートは向うのまんまということとの不均合のようなもの。つまり、日本の歌というのは、やっぱり浪曲なんですよ。知らず知らずのうちに身につけちゃってる。だから、マスコミ的にロックが普及しててもこの間の富士急ハイランドみたいに人が集らなかったりするんで、もう一度、日本語の体系とリズム、日本人の体質という点を考えてもいいんじゃないかと思うけど、裕也さんなんかどうですか。

内田　前に日本語でやった時があるんですよ。やっぱり歌う方としては〝のらない〟というんですよね。ボクは夢が大きいのかもしれないけど、独立した時からロックは世界にコミュニケート出来るものと思っていたからエキスパートを狙っていたし、それに今度アメリカでやらないかという話があって向うへ行くんですけどその時にボクは変に日本民族というのを強調しなくてもいいと思うんですよね。別に着物を着ていく必要もないし、世界は一つだと思うから、着物着たけりゃ着てもいいし。だから、もし日本語で唱うより、英語で唱って言葉が判らなくても〝のって〟説得できれば、その方がいいと思いますね。それにフォークと違ってロックはメッセージじゃないし、言葉で〝戦争反対、愛こそ全て〟と云うんじゃなくて若い連中がいてそこにロックがあれば、何か判りあっちゃうと思うし、言葉は重要だと思うけど、ボクはそんなにこだわらない。でも、大滝君達が日本語でやるというのなら成功してほしいと思う。

鈴木　そりゃ日本語でやれれば日本語の方がいいさ、でも現実に日本語じゃ波にのらないね。日本語って母音が多いんだよな、だから〝オレはお前が好きなんだ〟なんて叫んでも〝何言ってる〟なんてシラケちゃう(笑)もっと演歌みたいに歌えば感じるんだろうけどロックで怒鳴っても〝アイツバカじゃねえか〟っていわれるのがオチだしね(笑)

相倉　ボクはニューロックが登場した時点が面白いと思うんだ。その前に反戦フォークの流行った時期があった。でも、そういう言葉期の日本のロックやフォークはコピーバンドであり、英語で歌われていた。それが七〇年代に入ると、コピーばかりでは日本のロックは育たない、日本語で歌えるロックを創ろう！　という動きが出てきた。この座談会では、その問題がテーマとなっていること。それから日本のロック・ミュージックの歴史や七〇年代当時の文化状況なども伺えるので一節を紹介しておこう。

■ロック→GS→ニューロック

内田　ボクはロカビリーから一貫して、12年間も、ロックに近い事をやってきたわけだけど、ボクのバンドは3年くらい前、つまりGSの最盛期の時あたりから、かなり変った事をやってきたつもりです。演奏法なんかもそうですけど、外国のマシーンの紹介ですね。ジェファソンや、チューニンルクスなんてボクらが紹介したようなもんだ。その意味では、パワーハウスとかモップスとかその頃からやってる連中は、何らかの意味で、今やってる連中の指針になってるんじゃないかという気がしますね。それに、今みたいにウッドストックネーションなんて騒がれる前だから給料なんて全くないような状態でやってたけど、案外やりたい事やれたように思う。

鈴木　ロックがどうのとかいう事はオレは殆ど気にしないままGSの時代から、〝現実に即した歌を〟ということでやってきた。アニマルズが好きで彼等の歌をよく歌ったのも、エリックバートンさんという人が、現実に即した自分達の生活を歌っている点に共鳴したわけで、別にGSへの対抗というわけではなかった。それに、今は、GSとロックの間に厳密な区別はなくなってるし、ロックゼネレーションというくらい、音楽の代名詞というより、世代になっているわけで、若者の間の共通の欲求、考え方、あらゆるものを音楽にしたものがロックだと思うんで、その意味じゃオレ達は昔からロックをやってるんじゃないかと思うのでゴザイマス（笑）

大滝　ボクはついこの間までGSみたいな事をやってたけど、去年の夏くらいから日本のロックについて考えているんです。つまり日本の中に外国のロックを持ち込んでも何となく馴染めないという原因は、言語の問題が一つにはあると思うわけです。そこで日本語でロックをやってみたわけなんです。今度ハッピーエンドというバンドを作って五日にレコードが出るんですけど、何かそういう試みをみんながやってみたらと思いますね。(中略)

内田　前に日本語でやった時があるんですよ。やっぱり歌う方としては〝のらない〟というんですよね。ボクは夢が大きいのかもしれないけど、独立した時からロックは世界にコミュニケート出来るものと思っていたからエキスパートを狙っていたし、それに今度アメリカでやらないかという話があって向こうへ行くんですけどその時にボクは変に日本民族というのを強調しなくてもいいと思うんですよね。別に着物を着ていく必要もないし、世界は一つだと思うから、着物着たけりゃ着てもいいし。だから、もし日本語で唱うより、英語で唱って言葉が判らなくても〝のって〟説得できれば、その方がいいと思いますね。それにフォークと違ってロックはメッセージじゃないし、言葉で〝戦争反対、愛こそ全て〟と云うんじゃなくて若い連中がいてそこにロックがあれば、何か判りあっちゃうと思うし、言葉は重要だと思うけど、ボクはそんなにこだわらない。でも、大滝君達が日本語でやるというのなら成功してほしいと思う。

鈴木　そりゃ日本語でやれれば日本語の方がいいさ、でも現実に日本語じゃ波に乗らないね。日本語って母音が多いんだよな、だから〝オレはオマエが好きなんだ〟なんて叫んでも〝何言ってる〟なんてシラケちゃう(笑)もっと演歌みたいに歌えば感じるんだろうけどロックで怒鳴っても〝アイツバカじゃねえか〟っていわれるのがオチだしね(笑)

相倉　ボクはニューロックが登場した時点が面白いと思うんだ。その前に反戦フォークの流行った時期があった。でも、そういう言葉による伝達ではもうダメなんだ、つまり戦争反対という言葉にメロディーをくっつけただけで考えを理解させるというオプチミズムが崩壊した後でニューロックというのが出てきた。だから内田さんの言う事はその通りだと思うし、大滝君が日本語でやるという事は、日本人に歌はあるのかという基本的でかつ深遠なテーマにもかかわりあっちゃうわけで非常に面白い試みだと思う。

大滝　ボクは別にプロテストのために日本語でやってるんじゃないんです。何か、日本でロックをやるからには、それをいかに土着させるか長い目で見ようというのが出発点なんです。ボクだって、ロックをやるのに日本という国は向いていないと思う。だから、ロックを全世界的にしようという事で始めるんだったらアメリカでもどこでも、ロックが日常生活の中に入り込んでいる所へ行けばいい。全世界的にやるんならその方が早いんじゃないですか。でも、日本でやるというのなら、日本の聴衆を相手にしなくちゃならないわけで、そこに日本語という問題が出てくるんです。でも、日本日本と言うからといってボクらは国粋主義者でも何でもないから誤解しないで下さい（笑）

この対談企画の話を持ちかけてきた中山久民は「ＭＡＰに記事を書かせて欲しい」と編集室に飛び込んで来た若者の一人だった。当時、イラストレーターやカメラマンの売り込みは多かったが、ライターの売り込みはほとんどなかったから、この久民という変った名前の眼光の鋭い大きな目玉をした痩躯の若者は印象に残った。この時、彼は『美術手帖』に連載しているというコラムを集録したスクラップ・ブックを見せてくれたが、それはジャズやロック、小劇場演劇の最新情報や活動をリポートしているコラム記事だった。この時に座談会企画の提案もなされたと記憶している。

そんな経緯で七〇年一〇月号で実現しているこの座談会には、企画者の中山久民も座談界のメンバーに加わり、総括のリポート記事も書いている。この座談会「ニューロック」の記事は好評で、以後、『新宿プレイマップ』の主要記事にはタウン誌にもかかわらず、若者を読者対象にした音楽専門誌と競い合うかのように音楽関係、特にロックをテーマにした記事が増えていくのだが、口火を切ったのがこの座談会の記事だった。

◉——正規雇用なんかどこ吹く風

七〇年暮、前述したように草創期の編集スタッフの三人が編集室から去ると、入れ替わりに中山久民と長島仲一の二人が新編集スタッフに加わった。中山の編集スタッフ入りは前記の経緯から生じたものだったが、長島仲一についてはどんな経緯で編集スタッフになったのか、私は覚えていない。田家秀樹の前掲書には、長島仲一が「元大学院生」だったと記されているけれども、そんな経歴も私は知らなかった。私の脳裏に消えずに残っているは、編集会議などでパイプ煙草を燻らせて気難しい論議や批評をしていた彼の映像ぐらいなのだ。

『新宿プレイマップ』の編集スタッフは、編集長の私を除くと、三人から多い時で四～五人という定員数だった。これはたぶん予算の関係でその枠が設定されていたのだろう。もっとも廃刊の予告を受けた七一年一〇月以降は、二人だけになってしまったが。スタッフ数のことはともかくとして、ここで思い起こしておきたかったのは、かれらが果たして正規雇用だったのかどうかという点だった。この点について各自に訊ねてみたかったのだが、田家秀樹には何度か会っているけれど、そのほかのメンバーには三十数年前に別れて以降消息も絶えた状態なので確認のしようがない。田家秀樹は「僕は一応正規雇用だったんじゃないですか……」と曖昧な返答だったが、確認もせずに「編集スタッフの大半は非正規雇用だった」と私が前記しているのは、当時の状況を改めて思い起こしてみると、そうとしか考えられなかったからだ。例えば、中山久民は僅か四か月、長島仲一は八か月で編集室を去っている。他のメンバーも前述のように一年前後という短期間の在籍しかしていないからである。これはどう考えても雇用条件に難があったために生じた現象だろう。

雇用条件の良くなかった点が編集スタッフの定着率の低さに繋がったものであろうことは否定できない。だが、それが必ずしも全ての理由というわけでもなかった。というのはかれらは一様に「雇用される」ということにそれほど関心

目次 VOL.㉙11月号

●編集＝本間健彦　児島敬子　上田功　●デザイン＝波羅多平吉　渡辺裕二　小林正勝　●事務局＝横尾成弘　二見暁　横江政典　酒井佳世

●表紙のことば＝湯村輝彦

木村道弘のゴリラはトイレットで笑っている。その迫力は昔とちっとも変ってないから驚きさ。レコードに描かれた矢吹申彦の原色の黒人はボロボロになって玄関に置かれてる。それでもその静かさといったら怖いくらいだ。グッドだ。河村要助のベティさん風なモノクロームの絵はボクのうしろにある。たまらないくらいのウキウキ加減はやっぱしナイス。

それじゃ次号までバイバイ、ピーチェス！。

●JACK & BETTY ⑩　河村要助　24

コラム 1200字
●POEM＝諏訪　優　38
●BOOK＝魚江　藍　39
●FILM＝福田みずほ　40

フォト・スケッチ⑬　川人忠幸　43

万華鏡＋地図　53

マチコミ・ミチコミ
●都内ロック喫茶全調査・他　59

実話読物⑤　三遊亭円窓　82

風のたより　95

THE MAPS　96

●編集MEMO　98

指名手配作家●紹介

●吉増剛造
Yoshimasu Gozo

吉増剛造　70年11月から半年アメリカのアイオア大学に遊学していた時は部屋の鍵をかけバーボンばかり飲んでいたが、その後渡欧してからの三カ月はボブディランのレコードと旅行鞄にしのばせあちこちの街を歩いた。一九三九年生。

●片岡義男
Kataoka Yoshio

片岡義男　ことしに入り「ぼくはプレスリーが大好き」（三一書房）「ロックの時代」（晶文社）の二著をモノし、現在はアメリカ論を執筆中という。テディ・片岡という筆名で書いてきた軽文にもファンが多い。一九四〇年生まれ。

●石丸　忍
Ishimaru Shinobu

石丸　忍　ロックジェネレーヨンの時の時といった生き方をしている。そのためだろうか、描く絵が子供のとき見た絵本の中のそれのようになってきた。一九四八年、佐賀県生まれ。

特集 ロック試考

SPECIAL FEATURE

●巻頭グラビヤ no drug rock festival 遠藤 正 7

●にっぽんロック元年 片岡義男 12

●ジミー・ヘンドリックスは魔薬? 石丸 忍 17

●ぼくたちのロックから、ぼくだけのロックへ 今野雄二 19

●ロック・ミュージシャンの生きざま 水上はる子 27

●望遠鏡の中でのみ浮遊したレッド・ツェッペリン 本間健彦 36

●カラー・グラビア DEAD ROCK 中村征二 河村要助 佐藤晃一 波羅多平吉 矢吹申彦 45

街 essay●MACHI 吉増剛造 6

●女性歌手周遊雑記⑪=奥村チヨ 「中年男」と「中途ハンパは止めて」 ●illustration=小林正勝 草森紳一 75

●巻末グラビア Fujio and Kazuko 細谷秀樹 91

●今野雄二
Konno Yuji

今野雄二 「アンアン」で映画と音楽のページを担当している。編集者としては仕事がそのまま趣味と一致した幸福な状態にあるそうだが、映画と音楽のこととなると評論家かミーハーかわからぬほど熱狂するという。一九四三年生

●中村征二
Nakamura Seiji

中村征二 ことしの四月まで新宿に住んでいたが、騒がしいのがいやになり、愛妻と手に手をとり、神奈川県戸塚に引越していったのだけれど、この街は静かではあるが退屈だ、ともの静かに語る。一九四七年熊本県人吉盆地の生まれ

●遠藤 正
Endo Tadashi

遠藤 正 一年半のニューヨーク漂流をきりあげ妻子の待つ東京へ帰ってきた。前衛芸術家篠原有司男を主人公にした"最後の芸術家"なる映画を撮ってきた。この作品が売れたら近々今度は家族を連れてニューヨークに帰るという。

を寄せていなかったからだ。言い換えると、かれらはそろって『新宿プレイマップ』の発行元である新都心新宿PR委員会に就職するという意識に欠けていて、もっぱら『新宿プレイマップ』の編集スタッフを目指して編集室に飛び込んで来た若者だったからだ。そういう意味で私はかれらを同志と呼んでいるのである。

昨今、就職難や非正規雇用の問題で不安を抱えている若者たちが増大していることが社会問題化しつつあるようだけれども、六〇年代末から七〇年代初頭にかけて世に出ている若者たちには、大学闘争の嵐をくぐり抜けた世代ということが大いに影響していたのだろうが、大学中退者や、卒業はしたけれど企業に就職しない（「ドロップ・アウト」現象などと称されていた）といった若者たちが目立って増え話題を呼んでいた。当時、新宿の街には、現代版の〝浪人〟のような、そんな若者たちが大勢集っていたのだが、『新宿プレイマップ』の編集スタッフを志望して集まって来たのは、その種の若者たちだったのである。

『新宿プレイマップ』の編集スタッフを、黒澤明監督の映画『七人の侍』の浪人たちに喩えたりしたら、それは褒め過ぎだよ、格好付け過ぎだよ、というブーイングが起こるかもしれないが、劣悪な雇用条件の中でそれぞれが黙々と持ち味を発揮した良い仕事をしてくれた、と私は編集長としてかれらを高く評価してきた。

私の記憶に残るかれらの仕事のいくつかを紹介しておこう。「マチコミ・ミチコミ」というコラム・ページがあった。ミニコミ誌やアンダーグランドペーパー、街の活動拠点などカウンター・カルチャー（対抗文化）の活動や情報を紹介していたページで、今上武蘭人・長島一郎・田家秀樹らが担当して作っていた。コラムを始めるにあたって今上が書いているレポートの触りを引く。

七十年には中頃から後半にかけて若者の手によるアンダーグランドペーパーが次々に発刊された。そこには今にもメラメラと燃え上がるほど若者の熱い心が、暑い愛がぶつかりあい、のたうちあうエクスタシーの世界があった。

（中略）

タテのつながりを拒否した彼らはヨコへと強い連帯を求める。そしてその為の情報センター、PEAK情報局、情報交換センターWORK・SHOP四〇九等が設立された。そして街に出れば模索舎などのミニコミセンターが彼らの為に解放されており、彼らの拠点、BE—BOP（吉祥寺）、ソールイート（新宿）、ほら貝（国分寺）、武蔵野火薬庫ぐわらん堂（吉祥寺）、ビレッジゲイト（新宿）、ブラックホーク（渋谷）等へ行けば情報交換出来る様になっている。

既成社会に絶縁状を叩きつけたNEW・PEOPLE達は、今燃えつきることを知らぬ強大なエネルギーで全てのものを自らの手で想像することに情熱をかけている。

（「マチコミ・ミチコミ」一九七一年二月号）

マスメディアの新聞や雑誌の記者には、媒体は公器なのだから記事は主観を交えずに〝中立公正〟に書かなければならないという不文律がある。私がかつて在籍した『内外タイムス』時代の先輩、映画記者だった頃の斎藤龍鳳は、自分の職場としている新聞を「絶対に〝私器〟だ」と主張し、「チンケな客観よりオレの独断！」をキャッチ・フレーズにして痛快な記事を書いていた。今上武蘭人の編集記者としてのスタンスは、斎藤龍鳳とは違っていて、自分自身も「既成社会に絶縁状を叩きつけたNEW・PEOPLEたち」の一員であり、同志という立ち位置で記事を書いている点だろう。そしてこれは『新宿プレイマップ』の他の編集スタッフにも共通するスタンスだった。

それともう一点、今上のレポートで注目しておきたいのは、「タテのつながりを拒否した彼らはヨコへと強い連帯を求める」と、対抗文化世代の特性を述べていて、新宿だけでなく都内や地方の街でユニークな活動している若者たちやミニコミ誌などを積極的に集めて紹介していることだろう。例えば、終刊間近の一九七一年一二月号の「マチコミ・ミチコミ」ページにはこんなコメントが記されている。

★マチコミ・ミチコミ

MACHIKOMI MICHIKOMI

マチコミ雑誌

〈摸索〉 左翼的?総合雑誌は新宿のマチにも反乱しているが、普通の本屋ではめったに見かけられない学生による総合的行動誌である

本誌は薄っぺらな雑誌である。そもそもは一九六八年中央大学のベ平連がつくったものだそうで、その後いくつかの大学のノンセクトラジカルズの学生に引きつがれて現在十七回発行にいたった。「共産主義の復権の……」という論文から「ブンカ・ブンカ・ドンドン」というジャズ行動文化論まではいっていて、なにか胸の中がモヤモヤする人、自分の考えを自分の言葉で原稿にまとめてみないか? などの呼びかけもある。先入観や知ったかぶりの既成観念にふりまわされているインテリのインポテンツなんかブッタギレ!! 摸索はあらゆる人に解放された紙面上の広場だ。もしこの雑誌が、中途半端な専門の左翼学術雑誌となるのだったら三流週刊誌かエログロナンセンス、はなはだしい雑誌となったほうが

●マチコミ　ミチコミ

どれほどカッコイイかしれない。けれど**模索**はどんな時世であれ常に新鮮な感覚であらゆるものごとを自分の素直な姿勢と感覚でとらえる人々の意見を求めている。この雑誌は全面ページ実費カンパ＝百円以上だそうだ、原稿は世田谷区代沢２の12の10、岩永正敏気付売っている場所は新宿の模索舎です。（352）３６６８

〈脱走兵通信〉　現在日本を中心としてアジア各地にひろがりつつある「米軍解体」をめざす日米両国民の運動を一層発展させるためにイントレピット四人の会が中心に編集していた。日本における反戦米兵支援の活動は「イントレピット」号の四人の水兵以来「脱走兵支援」の活動としてはじめられ、この「通信」も、そのタイトルが示すように「脱走兵支援」の運動をひろく市民の間にひろげることを意として発刊されたものだが、これらの活動は日々生きて動いている米軍を対象とする活動であり、多数の米軍兵士・米人反戦活動家を含むものであるため比較にならぬほど広範囲にわたる多様な、動的な性格をもっている。（現在この「通信」は編集・発行の主体が運動の現状にみあったものに改変される必要があるとのことで休刊。）都保谷市中町2―2―3大久保方、イントレピット四人の会。定価40円〒15円。取扱い店模索舎、TEL（352）３６６８

　サルのオナニーみたいなアングラ新聞には飽きてしまった！　なんてわかってるオヌシビックリニュースを教えよう。新宿のクリエィター達によって発刊されるニューペーパーの登場だ。それこそ全面各個々人のメッセージでうずまるコミュニケーション・ペーパー「**ぴいぷる**」だ。全面開放されたこの紙面空間に、ひとりぼっちの君も、行動派グループ諸氏も参加しようではないか。自己PR、FACKな広告、オピニオン、愛のメッセージなど全てOK!!　自分の広告やメッセージを百字以内にまとめて住所、年令、職業を書き、三百円同封の上新宿区西大久保二―二二五、コスモスビル四〇二号サロンドニューピープルまで。なおこのサロンはサブカルチャーの担い手たる飢えた狼たちに開放されたたまり場になる。開放日は火《ひ》の日、木《き》の日、土《つち》の日との事。何かやりたい男女諸氏よ、いってみよう!!　TEL（200）８９５５、10円玉で電話してみようか。

㊮情報

一食分で二食、食べられる定食屋

　手軽るにおいしく安い食事をとれる食堂はこの広い新宿にもなかなかみあたらない。**三平ランチ**にも**つるかめ**のめしにもあきた御仁に、出来たてほやほやのヴァラエティに富んだ食事を食べさせるマップ推選の定食屋をそのメニューとともに二、三紹介しよう。

　めざし―70円　いかバタ焼、いかフライ、湯どうふ、まぐろフライ、まぐろバタ焼―80円　とうふ汁、納豆、白菜お新香―30円　焼のり―45円　ぶた汁、野菜いため―50円　しめさば、さしみ―80円　さばみそ煮、さば塩やき―60円　おむれつ―80円　魚フライ―60円　丼ぶりもの140円平均　その他いろいろ。以上は四谷通りぞい新宿二丁目にある定食屋「**幸食堂**」TEL（341）一七九四のメニュー。

　新宿中央通り喫茶店プリンスの前にあるのは**めし処**TEL（356）―四六七〇、ここのメニューは各種家庭料理と定食もの　さばやき定食―150円　さばみそに定食―160円　野菜天ぷら―170円　魚天ぷら定食―160円　生鮭フライ定食、生ニシン定食―180円他。

今月からこの〝あのマチ・このマチ〟は生活と密着した次元でシコシコとＮＯＷな文化活動を続けている人達の生の声を伝えることにしました。今回のメッセイジは大阪、豊橋、新島、そして横浜のマップメイトから送られてきたものです。

対抗文化を志向した者たちは、〝タテ〟社会の閉塞状況を打破しようと様々な文化戦線で蜂起したのだった。必然的に同志や仲間との連帯を求めて〝ヨコ〟へ、視野を拡げて行くことになる。『新宿プレイマップ』は、タウン誌を標榜し、広場化した誌面づくりを編集方針としてきたから、例えば〝あの街この町〟の文化活動や情報を掲載していくことは理にかなっていた。だが、『新宿プレイマップ』は、特定の街、つまり新宿の街が発行している街のＰＲ誌という制約が存在していた。それゆえ『新宿プレイマップ』の情報ページに他の街や地域で活動している若者たちの情報が、しかも「既成社会に絶縁状を叩きつけたＮＥＷ・ＰＥＯＰＬＥたち」の情報などが堂々と掲載されることは、発行元の委員たちや新宿のスポンサーたちに歓迎されるはずもなかった。創刊一周年を過ぎてからは創刊当初のようなボツ原稿宣告に伴う騒動は影をひそめた。これは『新宿プレイマップ』の評判がすこぶる良くなってしまったために発行元としては露骨なクレームをつけられなくなったからではないかと考えられた。だが、編集側と発行者側との根本的な編集方針の違いは逆に深まる一方だったのだから、『新宿プレイマップ』の存立の危うさが影を潜めることはなかったのである。

誰も口にはしなかったけれど、『新宿プレイマップ』の編集スタッフは、そんな危機感を各自がそれぞれ抱えていた。それでも自分たちが志していた雑誌づくりの節を曲げなかった。そしてある日、編集室を去って行った。辞めて行った理由はそれぞれ異なったものだったろうけれど、単なる雇用条件が悪かったことがその理由でなかったということだけは共通していたのではないか。当時の私の感触はそういうものだった。

私が編集長として胸が張れたことのひとつは、今上武蘭人ら草創期の編集メンバーが抜けた後に入って来たメンバーも揃って短期間に形成された『新宿プレイマップ』精神を継承して仕事に専心してくれたことだった。その精神は、最晩年の「マチコミ・ミチコミ」欄の次のようなミニコミ紹介記事にも伺えるので引いておこう。

INFORMAP JAM

中央線沿線を地盤にした、新しいタウン誌。現在、中央線沿線には続々とタウン誌が生まれている。これは「新宿というひとつの象徴が、今や大東京に呑み込まれ、崩壊しようとしている時、都市と呼ばれるものは幻影であったのか等と考えつつも、若者達はえたいの知れぬ力に押される如く、或るいはそれがたとえ逃避という言葉で呼ばれるものであるにしても、西へ西へと向い、中央線の街々へ流れ着こうとしている。其処で現在何が起こりつつあるのか?」という様に、広く注目を集めているからだろう。そして、それぞれが独自の性格を強調しているので、競争状態にあるとしても、それが良い結果を生む様になるのではないかと思う。

この〝インフォーマップ・ジャム〟は「マスコミ等報道機関が、この沿線を喰いものに仕様と虎視眈眈と狙いを定めているのも事実である。そこで我々は独自の立場から若者の目を通してひとつのメディアを造るべく〝JAM〟を創刊した。」と「編集後悔」が表わしているように、若者路線（?）を打ち出している。しかし、なんで「編集後悔」なんて書くのかなあ。こんな書き方が一番イヤラシイと思うんだけど。

内容は、イラスト、詩、エッセイなどで、特集が中央線沿線の、中野、高円寺、阿佐ヶ谷、荻窪、西荻、吉祥寺の駅を中心にしたイラスト・マップとエッセイが集められている。イラスト・マップは、はっきり言って絵もコメントも、あんまりおもしろくないが、エッセイの方はおもしろい。他には「東京ふりい・たうん」「まんコミ」からのメッセージがある。発行：杉並区天沼（以下略）月刊で定価100円。

（「マチコミ・ミチコミ」一九七二年三月号）

◉──同志・高田渡の発見、発掘

雑誌作りのおもしろさは、作家、写真家、イラストレーターなどの表現者、誌面作りをするアートディレクター、そして編集者たちが、あるテーマを通してどのような表現を展開してくれるだろうかということが期待できて、その成果を堪能できることだろう。もちろん期待外れに終わることも少なくない。しかしコラボレーション（共同作業）がうまく運び、その相乗効果によって実現した素晴しい出来栄えに思わず目を見張ることなども生じて感動することも少なくない。雑誌作りにおいて編集者は裏方ではあるけれど、キー・マンでもあり、編集者の才能や人間力、あるいは知性や感性の良し悪しなどにより、雑誌の魅力度が大きく変わってくるといったおもしろさもある。

数年前、私は『高田渡と父・豊の「生活の柄」』（社会評論社、二〇〇九年）という本を書いた。高田渡は、一九六八年、一九歳の時にアイロニカルな反戦歌として話題を呼んだ『自衛隊に入ろう』という自作の歌でデビューを果たした。二〇〇五年四月一六日、ライブ・ツアー先の北海道釧路市で倒れ、享年五六を一期の生涯を閉じたが、生前から伝説的な〝フォークの吟遊詩人〟として親しまれてきた。

私はこの本を書いていた時、時代考証の資料になるのかもしれないと、自宅の本箱の隅で埃をかぶっていた『新宿プレイマップ』のバックナンバーをぱらぱらと拾い読みしていて、高田渡の署名記事を見つけて「えっ！」と思わず目を見張ったのだった。しかも一本だけではなく、二本もあったからだ。ひとつは、「自由なんて自分で見つけるもの」（「特集・一九七一年夏――フォーク&ロックフェスティバル報告」）（一九七一年一〇月号）というタイトルの記事で、この年の八月に岐阜県中津川で開催された「全日本フォークジャンボリー」に出演した高田渡が、一部の観客の甘ったれた言動や週刊誌等の報道のいい加減さを歌手の立場から辛口に批判したリポートだった。この特集記事には、同じく八月に箱根で開催された「箱根アフロディーテ」に編集スタッフ（児島敬子・上田功・本間健彦）も取材を兼ねて参加し、三人の報告記事も高田渡の記事と並んで掲載されていたのだ。それなのに私は編集長だったにもかかわらず、高田渡が『新宿プレイマップ』の寄稿者の一人だったことを知らなかった（あるいは失念していた）ということなのである。

そしてもう一本は、「THE　MAPS」という通しタイトルで『新宿プレイマップ』の仲間たちの参加ページに掲載されていた『武蔵野たんぽぽ団』（一九七一年一二月号）と題した記事だった。この記事には筆者名が記されていないので、まさか高田渡が書いた記事とは思わず、危うく見過ごしてしまいかねなかったのだが、よく読んでいくとおしまいにタネ明かしがされている。

『武蔵野たんぽぽ団』というのは、吉祥寺をホーム・タウンにしていた高田渡が、吉祥寺を根城にしていた音楽仲間を募って結成したジャグバンドのバンド名だった。ジャグ・バンドは、デキシーランドジャズと似た楽しい演奏を売り物にしたジャズで、フォークに食傷し、ロックのあさましさを嫌った高田渡が一時期世の中に普及しようとしていた音楽だった。ジャグバンドとその仲間たちを紹介する目的で書かれた高田渡のこの記事も軽妙で飄々としていて楽しい。

タネ明かしをしている部分を紹介したい。

日本に僕が帰ってきたのは七ヶ月程前です。武蔵野に僕は宿をとりました。どこも行く所のない僕は毎日フラフラとしていたのです。周りを見わたすと僕と同じ様な人間がフラフラとしているではありませんか、その人達の後を追っていくと一軒の店に行きつきました。そこがいわずと知れた武蔵野火薬庫『ぐわらん堂』だったのです。僕と同じ様な人間とは言うまでもなく例の四人であります。

我が武蔵野たんぽぽ団はこうしたメンバーによって作られているので御座います。やはり音楽は、楽しくなくてはいけないのです。となりますと、やはりジャグバンドしかないのです。で、ここまでウダウダと述べてきた僕はと言えば、**高田渡**というしがないちっとも売れない歌い手（自称）なのです。そろそろここいらで『武蔵野たんぽぽ団』で一もうけしようとたくらんでいるのであります。

THE MAPS ③

武蔵野たんぽぽ団

私達はしがない武蔵野の音楽士で御座います。私達は毎日毎日を楽しくタイダに過しております。昔から私達はロックの余りにもあさましい姿をひとつでもこの世から抹殺したいという悲願があるのです。『武蔵野たんぽぽ団』はそうした反ロック集団なのであります。メンバーの誰をとっても鼻水のジュクジュクする、耳くそのつまった、目の悪いどう考えても楽士になるには程遠い連中なのであります。そうした自分の姿を各々が悟った時このグループは無くなるでしょう。

ではこれより、メンバーの紹介をします。

シバ・彼と最初に会ったのはフランス・サンジェルマンデプレのカフェー、『るくようしゃ』であった。彼とはそれ以来くされ縁となってしまった。彼はフランスで僕と会う前に少しアメリカにいたそうだ。そこで場末の酒場で知り会った老ギターリストから手ほどきを受けた。後程分ったことだが、老ギターリストとはライトニング・ホプキンスであった。又同時期にソニー・テリーにも会っていたらしい。サンジェルマンデプレで彼と過したのは一週間ぐらいであった。彼は又ひとり旅に出た。非常に淋しい男である。誰か彼のカミさんになってやってはくれまいか。

若林純夫・目下彼はしがない花屋で御座います。花屋花屋と馬鹿にしちゃいけません。フラワーショップと言えばいくらか聞こえが良いではありませんか。彼は毎日毎日人々に花をくばって暮らしております。僕が最初に彼と会ったのは、ロンドンのピカデリー広場である。その頃彼は学生であった。ピカデリー広場でいつも彼は歌っていた。それから意気投合して彼といっしょにマドリッドへおも向いた。思いおこせば4年も昔の話で御座います。そこで二人は別れたのですが彼はそこで一人の女の人を見つけたのですが、今尚その女性と幼い交際が続いているのでありますす。メンバーの中で一番幼い人です。一度ドイツの医者を紹介したいと思います。

村瀬雅美・シバ君と別れてニューヨークにおも向いた僕はとある日本風のロック喫茶で彼と会ったのであります。僕はシバ君を探していたのです。結局シバ君はその時見つからなかったのですが、ひげをはやしたこのベースマンと知り合うことが出来たのです。彼はその頃ニューヨークでもかなりの人気を持ったモルディ・フィグにてベースを奏でていたのです。一時はグランド・ファンクにも在籍をしていたという噂もチラホラ。ところが彼のきらいなグループは他ならぬグランド・ファンクなのであります。ニューヨークにいや気がさした彼は、まもなく日本に帰っていったのであります。

山本コウタロー・村瀬氏と別れた僕はニューヨークを後にカイロにおも向いた。カイロで一夜過し、黒いベールを後にカンボジアに寄った。市内見物も終えホテルで一休みしラジオのスイッチを入れると、何故かカンボジア人気グループのうたが聞こえてきた。ボクはカンボジア語が良く分らないのでフロントに電話をかけると何でも『走れカンボジア』という愛国歌をうたっているという。ヒョンな事でカンボジアの野外劇場で彼と会ったのです。その時はもうグループの方は抜けていたのです。何か新しい事をしたい、したいとカンボジア語で僕に言うのです。それで僕は彼の手をとりはるばる日本まで連れてきたのです。又いつかカンボジアに帰れる時があるでしょう。

日本に僕が帰ってきたのは七ケ月程前です。武蔵野に僕は宿をとりました。どこも行く所のない僕は毎日フラフラとしていたのです。周りを見わたすと僕と同じ様な人間がフラフラとしているではありませんか、その人達の後を追っていくと一軒の店に行きつきました。そこがいわずと知れた武蔵野火薬庫『ぐわらん堂』だったのです。僕と同じ様な人間とは言うまでもなく例の四人であります。

我が武蔵野たんぽぽ団はこうしたメンバーによって作られているので御座います。やはり音楽は、楽しくなくてはいけないのです。となりますと、やはりジャグバンドしかないのです。でここまでウダウダと述べてきた僕はと言えば、**高田渡**というしがないちっとも売れない歌い手（自称）なのです。そろそろここいらで『武蔵野たんぽぽ団』で一もうけしようとたくらんでいるのであります。どなたか『武蔵野たんぽぽ団』を一〇〇万ドルで買おうと言う方はいらっしゃいませんか。

高田渡に原稿を依頼したのは編集スタッフの誰だったのか？　廃刊が間近に迫っていた編集室には、当時、児島敬子とこの年の九月号からメンバーに加わった上田功の二人しかいなくて、私は高田渡に原稿を依頼した覚えはないので、児島か上田のどちらかということになるのだけれど、本人たちに確認をとるすべがない。で、これは私の推理ということになるのだけれど、その頃デザイナーの波羅多平吉が吉祥寺に住んでいて、高田渡の記事にも書かれている「ぐわらん堂」で個展をしたり、同店のマッチのデザインを手がけているので、波羅多からの情報、ないしは引きたてで高田渡を紹介され、児島か上田のどちらかが担当したのではないか、と私は思っている。編集長の私が知らなかったというのは面目ない話だが、編集長の知らない世界に精通していて、良い記事を誌面に導入できる編集スタッフを抱えていたことが、『新宿プレイマップ』の面白さの秘密だったのである。

私自身は後年、高田渡についての本を書くルーツが発見・発掘できたことに大いに満足したのだった。

◉──巻頭コラム『街』に集った詩人たち

『新宿プレイマップ』では、一九七一年四月号から終刊号となる七二年四月号まで『街』というタイトルを付けた巻頭コラム・ページを設けていた。第一線の詩人たちに「街に対する思い、イメージ、苦言などを自由に語ってもらおう」という趣旨で設けたページだった。新宿のタウン誌編集者だった私たちは、たぶん現実の新宿に居心地の悪さを感じていたのだろう。あるべき姿の街を希求していたのだと思う。だから詩人の豊かな感性と鋭い批評力で街の閉塞状況に風穴を開けてもらおう！　そんな思いと狙いで作ったページだった。このページを担当したのが児島敬子だった。同僚の田家秀樹が「ロックと現代詩に傾倒していた児島敬子」と紹介しているけれど、彼女はその本領を遺憾無く発揮してくれた。それはこの巻頭コラム『街』の執筆者の名を挙げるだけでも、六〇年代・七〇年代の現代詩愛好家ならおわかりいただけるだろう。野球観戦で試合開始前に発表されるラインアップを見るようなつもりで執筆メンバーをご覧いただこう。

虫明亜呂無、寺山修司、富岡多恵子、三木卓、田村隆一、長田弘、岡田隆彦、吉増剛造、清水昶、渡辺武信、高橋睦郎、片桐ユズル、渋沢孝輔——以上の一三人だ。この一三人の中に一人だけ「彼は詩人なのか?」と、詩の世界に精通している人からクレームの付きそうな〝詩人〟が入っている。あえてトップバッターに指名した虫明亜呂無である。

そのころ虫明亜呂無は、競馬エッセイやスポーツ評論の斬新なライターとして人気があった。そのフィールドの人気を寺山修司と二分していた。「スポーツは恋愛に似ている。両者ともに精神と肉体とでなりたっている」と考えていた虫明亜呂無は、やがて不安定でたえず動揺している精神と、つねに精神を裏切ることにかまけている肉体を共有する、男と女の恋愛をエッセイや小説で描く作家となり、『シャガールの馬』『ロマンチック街道』『クラナッハの絵』など忘れ難い名著を残した。虫明亜呂無は、明晰でみずみずしいリリシズム感溢れた珠玉の文章を書いた作家だったけれど、詩人ではなかった。けれども、彼の文章に優れた詩の精神を読み取っていた私は、迷うことなく虫明亜呂無を、この巻頭コラム『街』シリーズのトップバッターに指名したのだった。これはいわば編集長特権の裁量で、後の人選は全て児島敬子に託し、彼女がいい仕事をしてくれたのである。

あの時代の状況、雰囲気、詩人たちの街観の一端を知ってもらうために、短いコラムとはいえ、とても全員の全文はご紹介できないので、それぞれのアフォリズム（警句・金言）の一節を引いておきたい。

僭越ではあるけれど、巻頭コラム『街』に参加していただいた詩人たちも、『新宿プレイマップ』の同志たちだと、私たちは勝手に思っていたからである。

☆**虫明亜呂無**（一九七一年四月号）

街は人がすくないのがよい。

樹木と噴水と公園が、数おおくあるのがよい。

＊

街はひっそりとしているのが良い。静かなこと、は、ぜいたくなことである。人が食事や、音楽や、演劇をたのしみ、軽く乾いて、しかも重みのある恋愛をする。それが街である。街のぜいたくである。

＊

日本にも肩の力をぬいて、淡々と生活のたのしみを味える街がふえるとよいと思う。ヨーロッパの街には鳥が飛んでいる。河には市内でも魚つりの人が竿を操っているのである。それが街というものである。

☆**寺山修司**（一九七一年五月号）

街は国家に反逆する

それはもう一つのコミューンだ。

1　市民は国家に隷属する

だが、迷い子や酔っぱらい、孤独な散歩者やスリ、恋人たちは街のなかに亡命してきた流れ者たちばかり。

2　街はどこにでもあり、どこにもない。

それは地図の区画整理ではとらえられない「もう一つの故郷」を思わせる。

☆**富岡多恵子**（一九七一年六月号）

西部劇を見ていると、あのひとはマチへいったわ、とか、明日マチへいく、というようなせりふをひとがよく喋っている。そのマチは道の両側に映画のセットみたいな店が並び、そのはずれに教会や学校があり、その道のまんなかで撃ちあいがあることになっている。その前に出てくるのは、たいてい酒場だ。そして主人公は撃ちあいが終るとそのマチから出ていく。

☆**三木卓**（一九七一年七月号）

街は人間が作ったもので、必要がなくなれば亡びてしまうし、かわってしまう。三〇年代や四〇年代にわたしが通りすぎた街は、いま、わたしの心の中に残っているだけで、そんなものはどこにもない。いったん変ってしまうと、それはもうまったく別のものになってしまう。

☆**田村隆一**（一九七一年八月号）

いまは見世物だらけで、見世物の看板を見ているだけでくたびれてしまう。どの食べ物屋に入っても味は均一だから（なにせ、天下の新宿だ、客は北海道から九州、オキナワまで集ってくる。味が均一でなかったら、それこそおかしいや）いっこうに食欲がおこらない。

女はみんなビューティフルだから、別嬪というものが存在しなくなった。そういう意味では、現今の新宿は民主主義のシンボルである。

☆**長田弘**（一九七一年九月号）

好きな店のある街が、好きな街である。横浜が好きなのは山手十番館で、沈んでゆく白い墓地のうえの明かるい夕空を珈琲を飲みながらながめるのが好きだからだ。元町のシェ・ヴィクトールの片隅で珈琲を飲んでいるのが好きだからだ。鎌倉が好きなのは、小町通りに門があるからだ。京都が好きなのは、百万遍に駸々堂が、荒神口にしあんくれーるが、三条寺町にイノダ珈琲店があるからだ。銀閣寺道にワールド・コーヒーが、河原町に六曜社やふるびたフランソワがあるからだ。

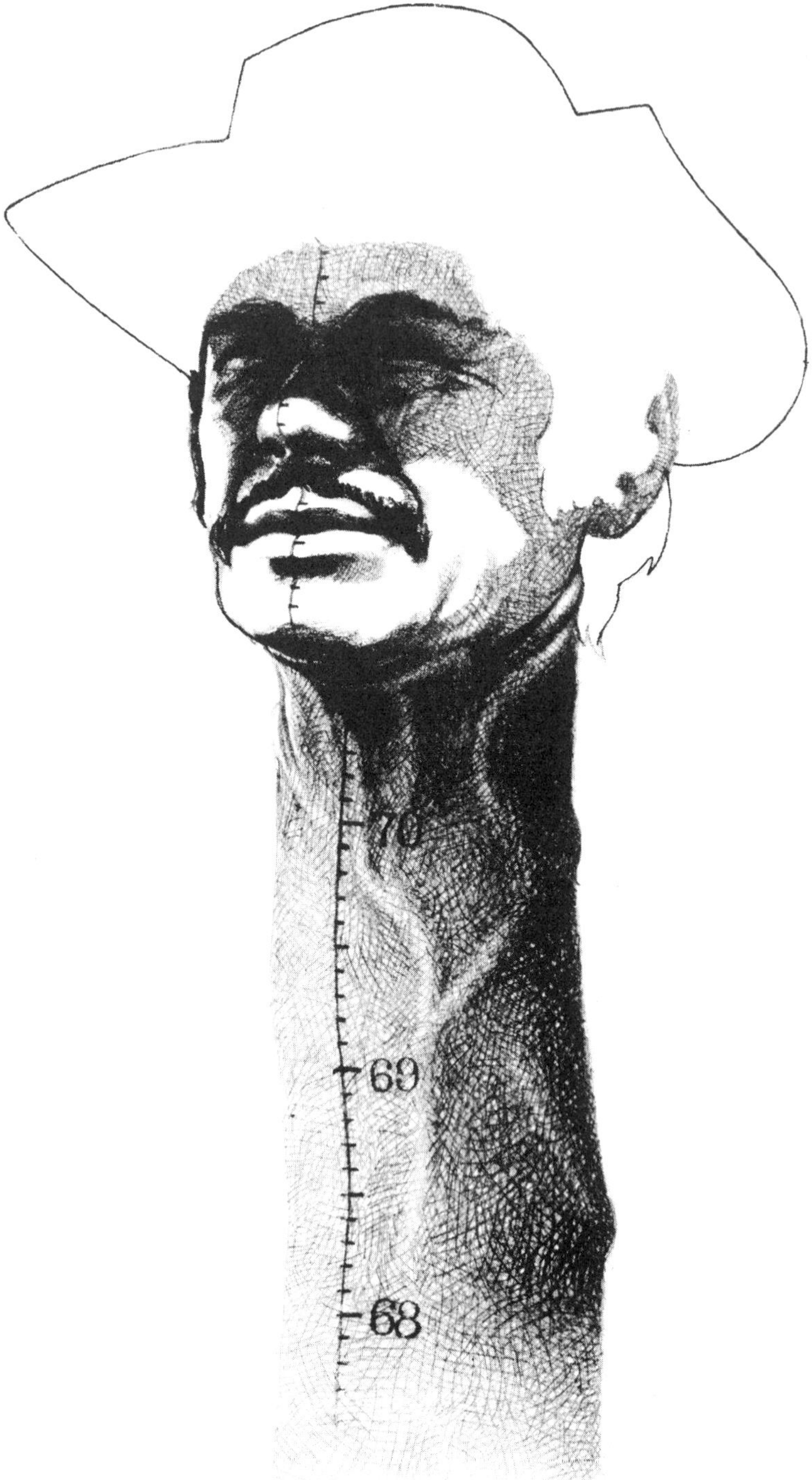
70
69
68

街

machi

田村隆一

東京の盛場というと、ぼくの子供のころまでは、浅草と上野と銀座ぐらいしかなかった。芝居は明治座か演舞場、歌舞伎座で、食事は精養軒、資生堂、宇治の里と、ぼくの家では相場がきまっていた。昔の人は、よくもあきずにおなじコースをのんびりと繰り返していたものである。学生時代になると、新宿と渋谷がニューフェイスで登場する。新宿には、文学仲間がいつもゴロゴロしていたので、ぼくもよく出かけたものだ。見世物は、「ムーラン・ルージュ」がただ一軒、あとは武蔵野館、光音座といった小屋で外国映画を、その好奇心のおもむくままに見てあるいた。喫茶店は「ノヴァ」という店で、昭和十五年ごろまではコーヒーが五銭だった。階下が酒場で、階上の喫茶部の窓ぎわにぼんやり坐っていると、帝都ダンス・ホールの白い裏壁が見えたりしたものだ。五銭のコーヒーで、夕暮れまでネバると、そのころにはかならず友人が顔を出して、「樽平」「ナルシス」といった飲み屋に出かけていった。戦争になっても、新宿にいれば、昭和十八年の暮までは、酒に不自由しなかったとおぼえている。（もっとも、その十二月には、ぼくは水兵になってしまったが）学生が出入りするような安いバーでも、ウイスキーは、みんなスコッチで、日本酒も、いまの特級など足もとにおよばないコクのある辛口だった。新宿では、紀伊国屋に入った記憶がまるっきりない。新宿では古本というのが、当時のぼくらの通念で、そのかわり、新本は銀座の紀伊国屋で買った。

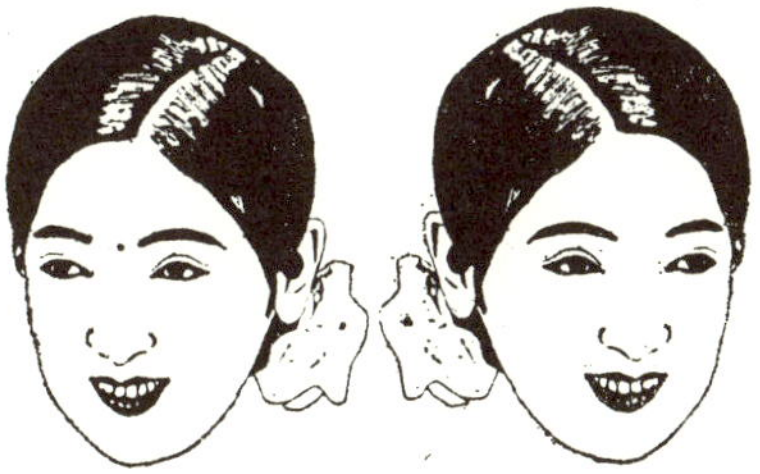

戦後、新宿と親身でおつきあいしたのは、焼跡のカストリ時代、そして青線赤線がなくなるころまでで、「歩行者天国」の新宿となると、もういけない。他人のようにヨソヨソしい。だって、ぼくの知っている新宿は、元来が歩行者のためにしかなかったのだから。いまでは、紀伊国屋で本を買うと、（あるいは買わないで見てしまうと）あとはすることがなくなってしまう。戦前から飲み屋に入ってももう娘さんの代で、その娘さんには赤ちゃんがいる。

いまは見世物だらけで、見世物の看板を見ているだけでくたびれてしまう。どの喰べ物屋に入っても味は均一だから（なにせ、天下の新宿だ、客は北海道から九州、オキナワまで集ってくる。味が均一でなかったら、それこそおかしいや）いっこうに食欲がおこらない。

女はみんなビューティフルだから、別嬪というものが存在しなくなった。そういう意味では、現今の新宿は民主主義のシンボルである。

☆**岡田隆彦**（一九七一年一〇月号）

街は虚構であるというのは、いろいろな意味がある。——機能上の必要からそこに人工的な構造がしつらえられているということだけでなく、人びとの欲望を反映しながら、舞台装置に似た仕組みができているということでもある。

＊

公害が公的なものだと誤解して、センスもないのに爽やかな風を扇いでいるつもりの都市計画者（ホントにきらいだ）などが身心ともに健全であるならば、街の虚構が、ずいぶん欲張りな構造を必要としていることに気づくだろう。街とは文化なのであるから、こういってわたしは力む。いつまでもラクチンしていると、きみは廃墟のなかで眼醒める！

☆**吉増剛造**（一九七一年一一月号）

Softly as in a morning sunrise（朝日のように爽やかに）というのは、もうダメなんだな……。それに、ことばがヒジキみたいにぶったぎれてしまうのは、きっとおれの地獄も古びちまった証拠だぜ。

昨夜、キャフェテリアで会った女の眼の、凄い深さ、ゾーッとするような深さを想いだす。星！　死星だ！

シカゴ。

夢をみる、すると更に混乱が現出する。この漆黒の、死の色みたいな、無気味に黒ずんだ街が、私の理想の街であると告げる声を聞く。旅の悪夢であろうか。

都市は死滅する。夢は埋葬される。

☆**清水昶**（一九七一年一二月号）

新宿といわず、あらゆる日本の街々は、見えない他人の手によって、でっちあげられた他人の街であり、若者たちは街にとって格好の餌食となっている。そんなことを知ってか知らずか、若者たちは相も変らず、なけなしの銭をはたいて街で呑んだくれたり、女（観念とは無関係の有機的商品の尊称）を買ったりして逆に街に買われている。そんなことをするよりも、しずかに安アパートにひきこもり、沈潜に沈潜をかさねて観念のちからを鍛えぬくべきなのだ。書を読み街に出るな！

けれど、わたしのような場合は必要悪として街は在り、歌舞伎町の裏手に在る小さな会社（諸悪の根源）へ自分でも良く飽きないと感心するほど、せっせせっせと通いつめ月末には雀の涙にも劣るゲッキュウを拝受せねばならない。

＊

忌むべき街め！　新宿め！　カチリとくる時刻には、もう電車はない。タクシーを拾って安アパートへまっしぐら……「あなたはアルコール漬けの骨だ！」と罵倒する非抒情的配偶者の声を大脳の片隅にひっかけたままわたしは眠る。明日も新宿に行かなければならないのはつらい。

☆渡辺武信（一九七二年一月号）

〝街〟のいいところの一つは無名性の中に埋没できることなのだろう。ガラス越しに外の人の流れを見ていると、自分も束の間ここに澱んで、またあの流れの中にもどっていくのだということを実感する。

☆高橋睦郎（一九七二年二月号）

machiとは町《まち》であるか、街《まち》であるか、市《まち》であるか。人それぞれの好みにもよろうが、私は市の字を当てる。この単純な一字にmachiなるものの反自然性を最もよく感じるからである。

＊

人為による反自然はいつか自然の反撃を受けるだろう。市《まち》はいつか森や野の復讐を浴びるだろう。

☆**片桐ユズル**（一九七二年三月号）

これからの新しいライフ・スタイルをかんがえるとき、ある種のコミューンはいなかでそだつし、ある種のコミューンは都会でつづけられるだろう、とゲーリー・スナイダーはいっている。これらの二種類はたがいにたすけあい、経験、人間、金銭と手づくりの野菜の交流がなされる。しかし最終的には、都市というものは、諸部族の集会というお祭りの期間二・三週間だけ存在し、あとは消えてなくなるべきだ――というのがみずからを帝国にしない組織論的歯止めを慣習のなかに内在させていたアメリカ・インデアン的結論だ。

☆**渋沢孝輔**（一九七二年四月号）

近頃の新宿はつまらないということを、ある同人雑誌の雑記欄に書いたことがあった。見かけだけはやたらにウルトラ・モダン化してきているが、内実はすっかり個性を失って、上げ底だらけの何の〈創造的〉刺激もない嫌な街に変りつつある。いんちきさえ機械的になりつつあるではないか。誰か見かけ倒しでない新宿の味のあるところを知らないか、云々といったようなことを。それを読んださる女流詩人から、なんてまあ物欲しげなことを書いて、年寄りくさい！　と早速冷やかされた。

ぼくのなかにある新宿の原像は、やはりあの戦後の寒々とした、そのくせ不思議に原始的なエネルギーの溢れかえったどさくさまぎれの雑閙といったものであるらしく、つい数年前まではそれがなんとなく続いているように思っていたのだが、いまにして思えば西口広場の大集団がどこかに追い散らされてしまったあたりを境に、いかなる意図が働いてかまったく別の街に生まれ変わってしまっているのである。その変化にあとから気がついた者の口惜しさは、多少の愚痴をこぼしてみるぐらいで解消しきれるものではない。

この渋沢孝輔の巻頭コラム『街』は、シリーズの最終回であったと同時に、『新宿プレイマップ』最終号に掲載された記事の一本でもあった。だからだったのかどうか。新宿への苦言というより、もはや〝新宿挽歌〟といった論調。それは『新宿プレイマップ』編集者の私たちの思いや声を代弁してくれたように思えたものだった。

巻頭コラム『街』シリーズの執筆者として参加してくれた詩人たちを同志扱いしてそう呼んでしまったけれど、他の執筆者やクリエイターの人たちも、じつは同志として共感しあえる人たちに参加してもらってきた。新宿の看板を背負ってはいたけれど、『新宿プレイマップ』の基盤は極めて脆弱だったし、私たち編集スタッフも熱意だけは十分だったけれど、力量も経験もまだまだ不十分の若い編集者揃いだったから、もし外部の同志たちに恵まれなかったらとても三年近くも継続はできなかったと思うからだ。そんな外部の同志の中でとりわけ編集長の私が頼りにしたのが草森紳一だった。

◉──我らの時代の雑文豪・草森紳一

草森紳一は、私が『話の特集』の編集者だったころ、一番数多く原稿取りをしていた作家だったことについては第3章で触れた。私は、いわば〝草森番〟だった。その誼《よしみ》で『新宿プレイマップ』では創刊号から連載を依頼した。草森紳一には、二度連載をしてもらった。最初は「スクリーン番外地」という通しタイトルの映画の愉しみ方を綴ったエッセイだった。第一回の「人斬りお勝」は当時人気絶頂の藤純子主演『緋牡丹博徒』をお目当てに出かけたのだが、併映（昔のレコードに喩えればB面）のやはり藤純子主演の『人斬りお勝』のほうに興奮してしまって……と同映画が

スクリーン番外地｜出獄｜●草森紳一

その日の空と太陽

一時、鶴田浩二の顔色が、冴えず、土気色になっていて、大丈夫かなと思ったが、また顔に赤味がでてきたので、安心したものだ。数年前は毎週のように出演していたから、疲労困憊が極をついていたのだろう。どうしてもっと自分をセーブしないのだろうかと心配などしてみたが、しかしフアンの気になってみれば映画が組かえになるたびに鶴田浩二の姿をみたいという欲もあるのである。だから東映や日活映画では主演でないときでも客演させて、フアンの気持をとりもつのである。歌舞伎と同じように東映やくざ映画のよさは、フアン本位にできている。そこから、ひとりでに「かた」が生みだされていくのである。「かた」を踏襲しながらその中にアイデアや工夫をもりこんでいけばよいのだ。

その数々ある「かた」の中で、やはりなくてはさびしいと思われるのは、葬儀のシーンとおなじように「出獄」のそれがある。歌舞伎の中に「身請け」とか「名刀紛失」といったものがチョイチョイ頻繁にでてくるように、それは「またか」なのではなく、絶対「マタ」必要なのである。

のっけから出獄ではじまる場合と、中盤からの場合とがあるが、それらは作劇上の発端をなしたり、発展・転折の契機にしたりする上において欠かせることのできない道具立てなのである。

　つまりこの場合の出獄とは、親分子分や一宿一飯の義理により、親分になりかわって敵のやくざを叩っきった、そのため牢にはいり罪に服していた、それがいま任期が切れて、ということなのである。やくざ同志の殺人は、ほとんど殺人罪にはならない。どうしてなのかしらべたことはないけれど、犯罪動機というものが、喧嘩沙汰でありどっちこっちであり、殺意といってもやくざの組同志のものにすぎない。「くさい飯」を何年か喰えば「ハク」がつく、よい地位が待っている、というわけだ。

　だがそうはいかない。五年や六年の入牢生活だといっても、そこに月日が流れているのである。おなじ五年でも、牢獄の五年とシャバの五年は大きくちがう。

　牢獄でも、たしかにトシはとるけれど、中の空気がまるで外とはちがうのである。ここでは空気が停滞し、腐っているのである。この世は、流々転々、変化することが原理である。ところが監獄は、その変化を人為的に制裁として途絶させてしまうのだ。

　私が推量するに、監獄の空気というものは、おそらく監獄設立以来の空気が、濃厚にのこっているにちがいない。つまり時間がとまっているのである。空気がいれかえられるとするなら、小さな窓からの換気と、新しい入獄者がやってくるたびに運ぶであろう外の空気の匂いだけである。しかしその男も入獄の日から過去の人となる。彼は、現在をもたなくなってしまうのである。彼の脳裏に浮ぶものは、入獄以前のことしかなくなってしまうのである。いっさいの流動変化をもたなくなってしまう。これが監獄の非情さである。現在をなくしてしまうことであるのだから。終身刑などは、死ぬまで現在を生きないということになる。徴役なら、現在をとんでとつぜん未来がひらかれ、その未来の日から現在がまたはじまるのだが。

　だから監獄で知りあった同志は、過去において外の空気で育った肉体から吐く息で語りあうことになる。話も過去の話しかなくなる。つまり法律によって自動的に過去の人となるのである。

　一方、彼等をよそに、監獄を一歩外にでれば、時間が流動してやまない。空気が流動してやまない。空気の変化とともに人間の心もかわる。はじめのうちは、面会にきていた弟分たちもこなくなる。これは、当然といえば当然のことなのである。毎日、親分の身代りになって牢にはいった男のことばかり考えていては、空気の流動する中を生きる彼等は生きていけないのである。二代目の位置が出獄後、用意されていたとしても、時間の経過とともに形勢はどんどんかわっていく。周囲の状況もかわり、人心も変化する。不人情ともいえるが、不人情も人情のうちである。変化することが、生きていることなのである。

　映画はたいてい、牢獄生活をあまりかかない。描く時は牢獄からシャバを逆に支配したり、「網走番外地」のように暴れまわったりして、「現在」を牢獄の中でも持続させようとしている。だがたいていは、獄内生活は省略される。

　さていざ出獄する。時には子分たちが迎えにくる。また彼が出獄してきて困る場合は、とつぜん車が近よってきて、銃撃したりする。また内部争いが激しい時は、忠実な少数の舎弟がさびしく迎えるということもある。

　出迎えというのは、彼が牢において完全に現在を失った生活をしていたのに、なおどのくらい人々の記憶にとどめられていたかのバ描いていた〝邪悪の輝き〟を微に入り細に入り論じている。以下、タイトルだけを挙げておくと、「映画は前で見ろ」「葬式論」「映画の宣伝文」「出獄」「映画館ルポ」「予告編論」など、映画評論家や一般の映画ファンがあまり話題にしない題材ばかりをとりあげている異色の映画エッセイとして評判だった。全八回の連載が七〇年三月号で終了すると、翌月四月号の「読者広場」欄には「草森紳一の評論が終ってしまうのは悲しくなる。センの抜けたビールにならないように……」と記した読者から編集室への警告が寄せられている。

草森紳一の二度目の連載は、七一年一月号から同年一二月号まで一年間続けてもらった「女性歌手周遊雑記」という読み物だった。取り上げられた女性歌手の名を掲載号順に紹介しておくと——藤圭子、渚ゆう子、和田アキ子、西田佐知子、都はるみ、上月晃、水前寺清子、美空ひばり、日吉ミミ、ヒデとロザンナ、奥村チヨ、カルメン・マキ——以上の一二人だった。今はもう一線から退いていたり、美空ひばりのような物故者もいるけれども、現在も活躍中の歌謡界のスターが勢揃いしている。

しかし当時の『新宿プレイマップ』の主要記事の企画としてはちょっとミス・マッチのような感じもしないではなかった。というのも、すでに見てきたように六〇年代後期に入ってからの若い世代を対象にした音楽界はロックとフォーク、フォークが退潮するとニューミュージックに席捲されてしまっていたからである。日常世界の潮流は先端の潮流とは常にズレがある。だからテレビのゴールデン・タイムなどでは、それまで日本の大衆音楽の王道を歩んできた歌謡界のスター歌手たちが主役を演じていたのだが、そうするとテレビの歌謡番組など見ないという若者たちが増えてくる。当時、新宿に集まって来る若者たちにはそんな若者が大半で、かれらが『新宿プレイマップ』の主要な読者層だった。それゆえ編集者としては「ミス・マッチだったかな?」と読者の顔色を覗ったりしたのだったが、それは杞憂だった。だれからのブーイングも起こることなく、この草森紳一の「女性歌手周遊雑記」は一年間の連載を続けることができたからである。

それにしても女性歌謡歌手を追った草森紳一の連載読み物が、なぜロック・フォーク世代にも受け入れられたのだろうか。その秘密の一端を「ためいきよ風に散れ　斬れるものなら切ってみな――美空ひばり」（一九七一年八月号）の巻で見ておこう。

美空ひばりは、〝天才〟少女歌手として登場し、長きにわたって歌謡界の〝女王〟として君臨した。だが、天才少女歌手と称されてデビューした当時のひばりには、一方で大人のモノマネをするこましゃくれたゲテモノとか怪物といった悪評も沢山聞かれた。天才の物語には受難が付きものだけれど、草森紳一の美空ひばり論は、まず天才についての次のような定義（はできない、と言っているのだから見解というべきなのかも知れないが）から始めている。

天才という言葉は、曖昧きわまるものなのだが、その人物の才を形容しようとして、その表現を拒否するような、そういう解きがたいなにものかを相手がもっている場合、人は窮して、天才の冠称を与えるものなのであり、だから天才とは、いわば絶句なのであり、天才にはもともと実態もなければ、したがって定義づけることも不可能なのである。

天才と称される人が、天才と賞賛を浴びる一方で、ゲテモノなどと罵られるという構造が、この草森紳一の「天才とは、いわば絶句なのだ！」という解釈により明らかになる。彼は加えてこう続けている。

最初、大人たちが、美空ひばりをゲテモノ扱いしたのは、その見慣れぬ物は、万事保守の大人には恐怖なのである。見慣れぬ姿に、恐怖を覚えたからなのである。しかし、子供たちは、この恐怖感に親しんでいくのが早い。大人のようにゲテモノなどといって、狼狽を隠すために逆に攻撃を企てたりする下品さをもたない。ひばりは、急速度に、心ひそかに子供たちのアイドルになっていった。

見慣れぬものに対する大人たちの違和感や恐怖感は、ポピュラー音楽の世界でも、エルビス・プレスリーとかビートルズなどのケースで若者たちは見聞していることだから、歌謡曲に背を向けてきた若い世代に、美空ひばりもそういう存在だったのか、と興味を抱かせたのではないかと思う。また、美空ひばりがデビュー当初、『河童ブギウギ』『拳銃ブギウギ』といったブギウギ調歌謡曲を歌っていたころ、あれは笠置しづ子（敗戦直後、『東京ブギウギ』という曲を歌い一世を風靡した女性歌手）のモノマネじゃないかと盛んに評されてことにたいして、草森紳一はこんな反論をしている。

> もともとブギウギは、頽廃色の濃いやけくそなリズムであって、明るければ明るいほど、その背後にある闇を知らされるという暗い酩酊感のあるものなのだが、それは笠置しづ子の「東京ブギウギ」にさえあったものなのだが、美空ひばりの場合は、ブギウギのリズム自体がもっているところの暗ければ明るくなるしかないという図式を超えていた。それは、美空ひばりの肉体そのもの、つまり声の質がもっている粘い哀れというもので、ブギウギのリズムの一般性は、彼女流に新しく征服されていた。
>
> ＊
>
> だから笠置しづ子のブギウギとひばりのそれとは、まるでちがっていた。笠置しづ子のバク発するやけ糞のリズムのかわりに、微妙な人なつこさがひばりのブギウギにはあった。笠置しづ子の歌は、子供心にも面白かったが、結局は大人の心の歌であった。それに反し、ひばりの、この奇妙な人なつこさのある歌唱は哀調を帯びていて、子供たちの心を収攬したのである。

歌謡曲は流行歌とも呼ばれてきた。流行は移ろいやすいものだから流行なのであり、一時、時代の風として脚光を浴びても歴史とはなりえない。流行歌手は、時代の風となるヒット曲に恵まれなければ、実力があっても泡沫のように消えてゆく。だが、美空ひばりは、歌謡曲の女王としての生涯を全うした。その理由を草森紳一はこう解読している。

歌手の中で「歴史」といえるものをもっているのは、美空ひばりしかいない。歌謡曲そのものが泡沫的なものゆえに、つまり瞬間的なものであるゆえに、歌手もまた泡沫的であり瞬間的である。つまり歴史をもたないし、もたなくてもよいのである。ひばりは、そういう泡沫性を、一本の糸で結んで、持続させてしまった。歌謡曲の本性を喰い破った稀な例なのである。

では、ひばりは、なぜ「歴史」をもてたのだろうか。草森は次のように説明している。

彼女はつねに名曲に恵まれていたとは思えない。凡作も彼女のためにかなりつくられていたことが、全集で聴くとわかるのだが、しかし、いったん彼女の手にかかると、すべてが聴くに耐えるものになってしまう。どんな駄作も彼女の舌にのせることによって、なんとかものになってしまうことは、泡沫の歌にならなかったということであり、それこそが彼女に歴史性があるということなのだ。

草森紳一の、この「美空ひばり論」で、私にとっても興味深かったのは、ひばりと同世代だったという立ち位置から、彼女と同世代の自分たちの関係をちょっと漫画チックに考察して結びとしていることだった。これはこの号の二号前の五木寛之と東由多加の航海談論で話題となっていた「昭和十年代谷間説」に応えたものだった点が、雑誌作りの面白いところでもあるな、と思ったりして、私にとってはこの点も大変興味深かったのである。その結びの文を引いておこう。

昭和十年代は、ヒーローをもっていないといわれる。それはそれでいいのだ。ひばりとともに育った年代は、な

女性歌手周遊雑記⑧

ためいきよ風に散れ 斬れるものなら 切ってみな／美空ひばり

草森紳一

「のど自慢狂時代」は、ワンカットしか憶えていない。昭和二十四年の映画だという。だとすると、私が小学六年のときだ。この年の春美空ひばりは「河童ブギ」でデビューしている。この曲は、私の記憶にはない。とはいえ、雑誌「平凡」などで、彼女の出現は知っていたはずなのだが、「のど自慢狂時代」で彼女の姿に接したときは、なにかゴーッと不気味な鳥が胸の中に飛びこんできたようなたじろぎを覚えた。

　どこの映画館であったか、いや映画館でなかったかもしれない。小学校の講堂ではなかったか。薄闇の雪道を歩いて学校に着き、長靴を手にもち、廊下を渡って、講堂に入り、新聞紙をひろげて座り、きちんと長靴は自分の横に置いたような気がする。あのころは、映画が最高の娯楽であったから、市民会館とか消防会館とか学校などでも、映画館より多少割り引きで、みせたりしたものである。他に三流の浪曲や講談や芝居なども、こういうところでよく開かれた。雲井なんだかという薄田研二を中年にしたようなドスの利いた風貌の講談師が、小平強姦魔事件をドキュメント・タッチで口演したりした。林の中で小平が、女のズロースに手をかけて姦し、殺すまでを、黒く太い毛虫眉をびくりとも動かさず淡々と語り、講堂は、怨気蒼蒼となり、たしか近所のおばさんが私のそばに座っていて、横顔しか見えないのに彼女の開いた鼻の孔の洞窟まで覚えているのは、多分おばさんも興奮していたせいであろうか。子供を膝の上にきつく抱きしめて、聴いていた。

　まあ、こんなことはよいとしても、小学校の夜の講堂というのは、映画館とちがって、窓を黒い布で隠しても、隠しきれずに、白っぽい外の夜がはいりこんで、独特の雰囲気が生まれる。講堂につながる四方の廊下は、真暗な鬼の口のように、ぽかーっと開いていて、気味が悪いのである。ともかく、確かでないにしても、「のど自慢狂時代」は、こういう険呑な場所でみた気がするのである。

　覚えている一カットというのは、のど自慢の放送風景ではなく、たしか笠置しづ子がこの映画にでていたと思うのだが、その笠置しづ子が、音楽塾の先生で、その先生が授業を休むのである。そこで、生徒たちの前に、美空ひばりが現れて、今日は先生のかわりに私が授業します。怠けないでしっかりやるように、ってなことを、顔色一つ変えずに、つらっとして言うのである。

　このつらっとした大人びた感じが、なんとも異様であった。焼きごてを、ジューッと押しあてられたみたいであった。なにか異質な、この世のものと思えぬ蛮鳥が地上にまぎ

れこんできたという風合であり、子供心に気押されたのである。

同じ年ごろなのに、大人をへとも思わぬその立居振舞いは、驚異であった。新しい天才の登場というものは、つねにこのような異和感を伴っているものなのであろう。天才という言葉は、曖昧きわまるものなのだが、その人物の才を形容しようとして、その表現を拒否するような、そういう解きがたいなにものかを相手がもっている場合、人は窮して、天才の冠称を与えるものなのであり、だから天才とは、いわば絶句なのであり、天才にはもともと実態もなければ、したがって定義づけることも不可能なのである。だから、本人は、天才とたとえ呼ばれても、ポカンとするだけでしみじみ自らの天才ぶりを味わうことはできない。天才という存在は、この世にありえないからである。

最初、大人たちが、美空ひばりをゲテモノ扱いしたのは、その見慣れぬ物は、万事保守の大人には恐怖なのである。見慣れぬ姿に、恐怖を覚えたからなのである。しかし、子供たちは、この恐怖感に親しんでいくのが早い。大人のようにゲテモノなどといって、狼狽を隠すために逆に攻撃を企てたりする下品さをもたない。ひばりは、急速度に、心ひそかに子供たちのアイドルとなっていった。

あのころは食糧難の時代であったから、みな発育はよくない。ひばりは、もう六年生であるはずなのに、映画の中では矮少な感じであった。だから先生の代理だと大人の生徒たちにむかって、こましゃくれた堂々さで告げる時、ひばりは、なにか台を置いて、その上にのっかったのをよく憶えている。今の六年生にはあのような小さいのはいまい。

ひばりの登場のころを憶いだすたびに、進駐軍の兵士のあのチョコンとのせた三角の、船を逆様にしたような帽子が浮ぶ。戦後四年たって、私の住んでいたところからは、ようやく進駐軍は姿を消し、疾走するジープの上から、チョコレートやビスケットを投げつけ、後の席には、唇からはみださんばかりに赤い口紅をひいた英雄気取りのパン助が黄色い声をあげて乗っているという、そんな風景がみられなくなったころ、いれかわりに美空ひばりが現われたという感じであった。

あれは何年ごろであろうか。私の学校に異変がおこった。小学四年か五年であろう。樺太やシベリアからの引揚者の子弟たちが大挙して、転入してきたのだった。彼等はまさに外国人であって、妙にみな垢ぬけていた。垢ぬけとは、しやあしやあとして異和の感じをあたえることである。彼等は旧陸軍の兵舎に集団して住んでいてみな貧しかったが、樺太時代はよい生活をしていたにちがいなく、一様にチャポチャポしていて、色白の子が多かった。勉強のできる子や喧嘩に強い子の勢力地図も彼等の突如の侵入によって一変した。

そういう侵入者たちの中で、とてつもなく美空ひばりを好きな男の子がいた。ひばりのことなら、なんでも知っていて、話題がそういうところにむかうと、同級生の視線を独占してしまうのである。ペダントへの魅力と嫌悪は、なにも大人たちの独占というわけではなく、子供たちはすでに嗅ぎわけていて、煙にまかれたり、煙にまいたりしているのである。ひそかに胸の中で皆があたためていたひばりの存在は、彼によってたちまち衒学の対象となってしまったのである。彼の美空ひばりに対する衒学ぶりは、なにも彼女の歌や事歴に関することばかりでなく、しぐさの真似にまで至っていた。首をかしげての笑いかたとか、頰杖のつきかたまで、巧みにやってのけるのであった。あれは、真似がうまいというより、一種の衒学であった。

ぜか権力志向をもてない卑弱なお人よしの世代だ。権力志向のあるのは、ひばりしかいない。ひばりがひとり背負ってくれているともいえるが、ひばりの堂々たる生きかたは、極論であるがかえって私の世代を骨抜きにしてしまったような気がしてならないのである。ひばり好きであれ、ひばり嫌いであれ、ひばりの毒気を浴びて育ったものは、風通しのよいテレ屋にしか、なるよりほかはなくなる。歴史などを信じられなくなっているこの時代にひばりは胸をはって歴史を所有しているとは、なんということか！　ひばりの権力は、一つに世間という総体にたいする反逆の果てに築きあげられてしまったものであったにしてもだ。

草森紳一は、映画はひとりで、しかも最前列二列目の席で観るのが好きだったようなので、「スクリーン番外地」の取材の際には深夜映画に一度お付き合いして一緒に観たぐらいだった。しかし、「女性歌手周遊雑記」の連載執筆は毎月、その頃私が住んでいた東中野は神田川沿いの安アパートの一室で行っていた。草森紳一の赤羽橋のアパートは家中の書棚や本の山で埋め尽くされていて、家具類はなく、レコードを聴くプレイヤーもなかったからだ。私の家の粗末なポータブル・プレイヤーで対象女性歌手の数十枚のレコードを繰り返し繰り返しレコード盤が擦り切れるほど聴き込みながら一晩、時には二晩も徹夜で執筆していた。西田佐知子ショーや都はるみショーを日劇だったかコマ劇場だったかに歌謡ショーの見学に行ったことがあったけれど、終始つまらなそうだった。やっぱりレコードを擦り切れるほど聴き込みながら、そこから立ち上がってくる西田佐知子や都はるみの歌に思いを馳せるほうがいいよ、と彼は言っていた。

連載の最終回のカルメン・マキを執筆の際は、新宿音楽祭が西口の京王プラザ脇の広場（副都心高層ビル街の計画地の一街区）で開催され、『時には母のない子のように』という曲でヒットを飛ばし歌謡界に迎えられた彼女が野外ステージでロックを歌うというので、取材がてらに草森紳一に同行した。ところが、お目当てのマキは出番の予定時刻を過ぎても現れない。「マキはどうしたんだい？」草森紳一が不機嫌な顔でせっつくので、私は本部に問い合わせに出向いた。私は部外者だったが、新宿音楽祭は新都心新宿ＰＲ委員会が主催したイベントだったから、草森紳一をこのイベントに誘った私は多少責任を感じてもいたからだった。本部の返答は曖昧だったが、カルメン・マキの出演はキャンセルのようだった。席に戻って、その旨を草森紳一に伝えると、「出ないほうが、よっぽどいいよ」と先ほどまでの不機嫌な顔を一変させた晴れやかな表情でそう応じたので、私はちょっと拍子抜けしたものだったが、じつはそういうところが草森紳一の真骨頂なのだった。

草森紳一は、「女性歌手周遊雑記」〈最終回〉「すっぽかしの魂――カルメン・マキ」(一九七一年一二月号)の一文をこう結んでいる。

マキを、この最終回になぜとりあげたのだろう。十一人の歌手をとりあげてきたわけだが、書き終ると、たいていの場合は、物足りなさを感じてならなかった。思いいれたっぷりに書いているのだが、書き終るとたいていむなしい風が胴の中を駈けた。私としては彼女たちを語る以上、歌を通して、女である生きものとしても語りたくなる。そうするたびに、空まわりした。女としての生きかたが、彼女たちの歌の中に染っていないからだ。もともと無理な注文だったのだ。マキの場合は、歌よりも生きかたが先き走っていた。その「我儘な」生きかたは、「すっぽかしの魂」は、つまり引き裂かれた魂であり、引き裂かれた彼女を見ることは、こちらが引き裂かれるわけであり、つらいのは彼女より、こちらなわけであり、そのような印象をあたえる歌手はいないのであり、ひいき心が沸かないわけにはいかない。

カルメン・マキは、ブルース・クリエーションと組んだレコードをだした。マキの声の質には、憂えをこえた物哀しさが新しく生まれている。期待しないわけにいかない。その「すっぽかしの魂」が続くことを望むとともに。

草森紳一は『新宿プレイマップ』に前掲の二本の連載の他に、「遅まきながらミニ・スカート論」(一九七〇年八月号)というエッセイを書いている。六〇年代の後半、ロンドンのストリートファッションとして発祥したミニ・スカート旋

ILLUSTRATION 谷川晃一

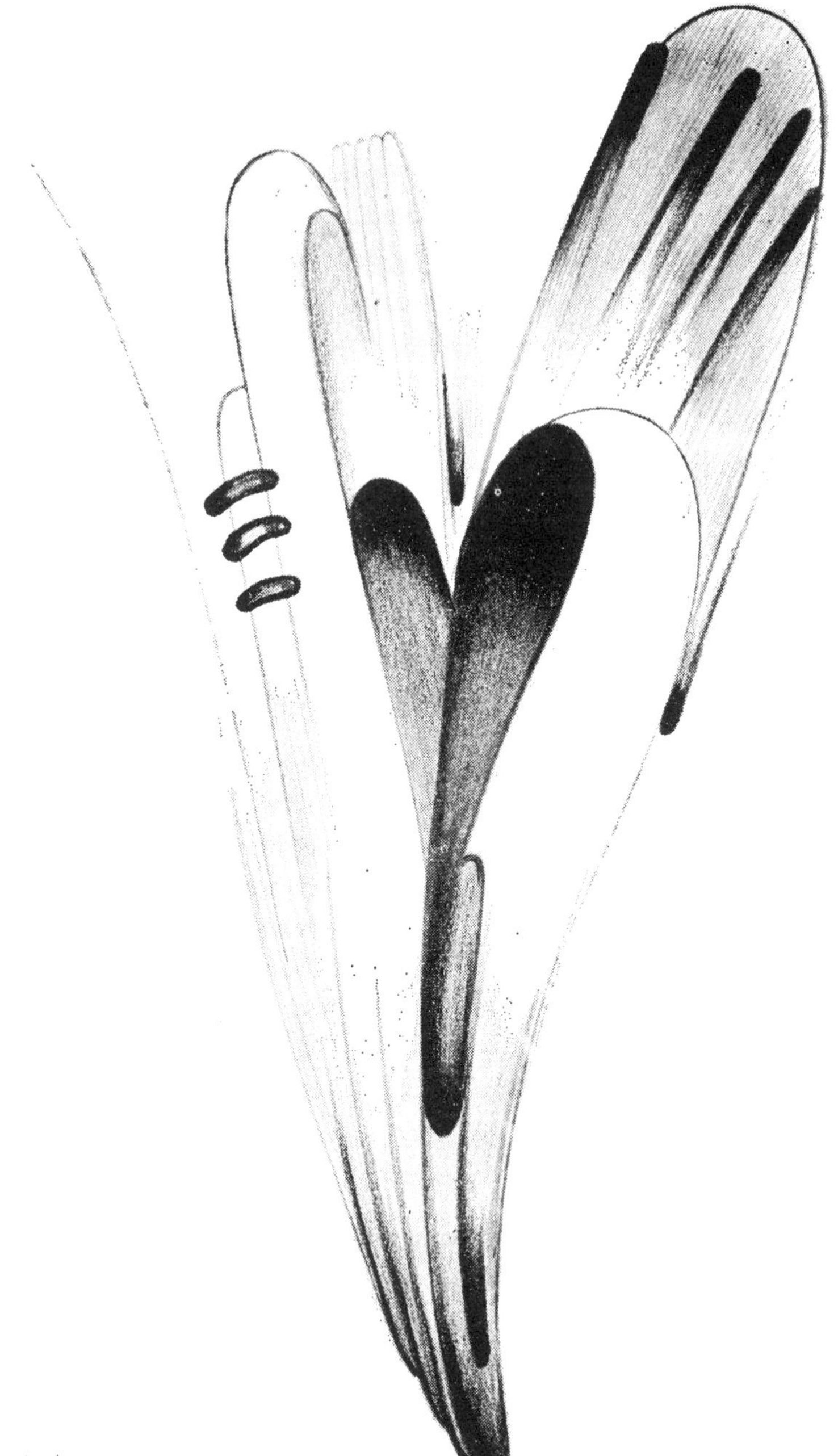

遅まきながらミニ・スカート論

文・草森紳一

ある女性が、「幼女暴行」の新聞記事をみて、しきりと首をかしげているのである。「できっこないのに」というのが、彼女の疑心の根拠であるらしかった。男も女というものが、わからないうちに棺桶にはいってしまうが、女も男というものがわからずじまいで白骨化してしまうことが、この言葉から推測できる。「できっこない」から、幼女姦をするのである。これがなかなかわからないらしい。男は、妄想する動物である。この妄想でとどまらずに行動に移す勇気をもっているものを痴漢というのである。「痴漢」というのは、「痴《たわ》けた漢《やつ》」ということで、いわゆるナンセンス人間なわけで、社会的な偽瞞の網を突破した男のことである。つまり無法の悪党であり、妄想というものに、大きな位置を与える私などは、そういう幼女姦の男が逮捕されたという報道を読んでも、無下に「社会の敵」などとして憎むことなどはできない。

「地獄に堕ちた勇者ども」には、幼女姦のシーンが二度ばかりでてくる。近親相姦や男色の場面などもあったが、幼女姦が、もっとも、この頽廃した悪の映画に、興奮の芯を与えていた。

もっとも妄想を行動化する男の勇気とは、概して臆病の塊のようなところがあり、臆病ゆえに妄想の情熱は、一層炎を燃えさからせるわけであり、その両者の角逐はついに臆病を蹴落し、妄想に勝名乗りを与えるのであり、その時は、「地獄に堕ちた勇者ども」となるのである。痴漢というのは、捕縛されてみれば、どうもぴりっとしたところがないのであるけれど、妄想し、妄想を行動化した刹那というものは、神に近く、精神の極致に達するもののように思えてならない。捕縛時にぴりっとしていないのは、肉体の中に妄想の緊張が去ってしまっていて、どうでもよい抜け殻になってしまっているからである。「地獄に堕ちた勇者ども」の中で、従妹の少女をテーブルの下で姦淫しようとし、その時、少女の引き裂くような悲鳴が、屋敷の中を、稲光となってつき走るのだが、この悲鳴をきいている時が、この「地獄に堕ちた勇者」にとって、溶けるような胴ぶるいの時であったにちがいない。

まあ、このようなことを書くことが、この稿の本意ではないのだが、少女というものは、すでに女になりきっていないわけであり、男の子か女の子か、わからないような無性的なところがある。しかし、いづれ女になる可能性をはらんだ無性なのであり、女としての訓練がもう開始されていて、服装なども、到達すべき女への道を予感した上でのプランにのっとって、着こなしている。だからスカートなどをはいているのである。水着などを着せても、まだ乳房などは遍平で、男の子並みなのにもかかわらず、大人の女の水着を縮少させて、胸に布地をあてさせるのである。

スカートなどは完全にミニである。ミニのスカートの下に、すんなりと長い肢がついている。余計な脂肪などはついていないから豚風は燎原の火のように世界中に広まった。日本では、一九六七年一〇月、イギリスのモデル、ツイッギーがミニ・スカートの〝宣教師〟として来日し、ミニ・スカートが大流行している。それから三年後の「ミニ・スカート論」なのだから、「遅まきながら」という枕を付けたのだろう。だが、草森紳一には、流行現象を追うことなどにはまるで関心がないのだから、時代遅れなどどうってことないのだ。彼の関心事は、視姦を愉しむことであり、それを文章に自由奔放に綴ることだったからである。「遅まきながらミニ・スカート論」は次のような言説で結ばれている。

ともかく、ミニ・スカートの登場以来、男たちはあまりよい状態にないように思われる。ぶしつけな目を失ったようである。女性に押されぱなしのようである。（中略）女たちに、「いやね」といわれてもかまわないから、図々しく女の太腿に目を注いで穴をもうがつ勢いがなければ一途にしぼんでしまうよりほかないのである。日本の男たちは、ミニ・スカートがまきあげる淫風の中を、よろよろ歩いて、ただ枯れるのを待つばかりであるように思われてならない。ミニ・スカートは反逆のスカートであって、強姦罪などというものを否定しているスカートなのだから、男たちはおずおずすることはないのである。すくなくとも目だけは強姦しなくてはならないのである。

これは市民社会においては、とりわけ女性たちには絶対に受け入れられない暴言といえるだろう。もし今、こんなセリフを女性の前で述べたりしたらセクハラ容疑で告訴されかねない。しかし、男どもが酒席などで交わす他愛の無い猥談と思えば笑い話で済んでしまうのだろうけれど、一応世間の一角であるタウン誌のような誌面で白昼堂々と語られると眉をひそめる人も少なくないことは言うまでもない。だが、もしこんな一文で筆者が世の指弾を受けるとしたら、編集者の私も共犯者なのだという覚悟だけはしていた。

本書の読者にはその必要はないのかもしれないが、念のため、草森紳一という物書きの特性に触れておこう。

まず青年時代のこんなエピソードから。草森紳一は慶応義塾大学中国文学科を卒業すると、映画五社の一社だった東映の入社試験を受けた。彼は映画監督志望だったのだ。学科試験はパスした。問題は面接試験のときに起きた。「君はどんな監督になりたいのかね?」と、当時、大映の永田雅一社長と並び映画界のドンとして知られた大川博社長に訊かれた。映画監督採用の入社試験に臨んでいたのだから、「〇〇監督のような映画監督を目指します」と受験する映画会社所属の好きな監督の名でも挙げておけばよかったのだろうが、草森紳一は「脚本も書きたいですし、プロデューサーもやってみたいと思っています」と答えた。すると大川社長は表情を曇らせ「そんなにひとりでたくさんのことはできないだろう」と不愉快そうに言い放った。そして草森紳一も、その社長の反応に反発するようなダメ押しの問答をしてしまった。もちろん、不合格だった。

草森紳一は、この苦い体験により「この国では専門一筋でないと生きにくいらしいぞ」という教訓を得ているのだが、その後専門一筋の生き方に宗旨替えしたわけではなかった。むしろ草森紳一は「自分のやりたいことは、臆面もなく何でもやろう」「それが自分の生まれついての性であるように思えるから」と不逞の志を固めているのである。

「映画監督にはなりたかったけど、物書きなんてなろうなんて考えていなかったよ」と、彼は言っていた。「仕事として効率が悪そうだし、物を書いて金を稼ごうなんて考えるのはおかしいと思っていたからだ」という。だが、中国文学を専攻していた頃から傾倒していた鬼才の誉れ高い唐の詩人・李賀と、〝日曜画家〟と称されてきたアンリ・ルッソーについてはいつか書いてみたい、と思ってはいたという。ちなみにルッソーの絵を知ったのは、予備校に通っていた浪人時代に神田の古本屋で偶然見つけたウイリヘルム・ウーデの『アンリ・ルッソー』(原書)という本で、ドイツ語の原書なので読めなかったのだけれど、この評伝書の本文内に別刷りで載っていたルッソーの不思議な魅惑の世界に引きずり込まれてしまったとか。そんな発想もいかにも草森紳一的だろう。

大学卒業後、婦人画報社に入社、メンズ・マガジンの編集者となるが三年で退社。その後週刊誌のフリー・ライターを務めたが、これは一年で辞めた。週刊誌の仕事は収入にはなったけれど、「一週間もしないうちに泡沫のように消えてしまう、そんな物書きにはなりたくなかったから」というのが撤退した理由だった。

草森紳一は、一九六四年・二六歳の時、「幼童の怪奇」と題したアンリ・ルッソー論を『美術手帖』（一九六四年八月号）に書いて、彼が目指す物書きとしてスタートを切った。最初の著書は『マンガ考』（コダマプレス、一九六七年）というマンガ評論集だったが、デビュー著作として知られるのは一九七一年一一月に刊行された『ナンセンスの練習』（晶文社）だった。この本には前記のアンリ・ルッソー論の他、ビートルズ考（四本もある）、中国の詩や文学を題材とした詩論・夢論・仙人論、ロバート・キャパやフランシス・ベーコンなどを対象に取り上げた写真論、港町函館と久生十蘭を素材とした地勢学的文芸論、体育館論など、とりどりのテーマについて綴った文章一八篇が収められている。

それぞれの文章に勝手に〝論〟を付けて紹介してしまったが、草森紳一は自分の文章は全て「雑文」と称して憚らなかった。また、作家とか評論家と自分から名乗ることはなく、単に「物書き」と言っていた。日本の文芸界では、雑文は小説や評論より低級なものと見下されていて、雑文を書いている物書きを「雑文書き」と蔑視してきた。だが草森紳一はそれを逆手に取り、こんな切り替えしをしている。

> 中国では、古来、雑文の位は高く、『阿Q正伝』や『狂人日記』などの名作で知られる魯迅の多くの文章も雑文なのである。（中略）
>
> 魯迅にとって、ジャンルに縛られない雑文のスタイルこそが、もっとも時代を迎え撃つことができるものであったにちがいない。時代の足音の暗い轟きをまともに感じ、まともに浴びて四方八方抗争的に生きた魯迅の「感応の神経」を容れる器は、雑文体であったのである。
>
> （草森紳一『底のない舟』昭文社出版部、一九七二年）

この魯迅文学「雑文」説の援用は、ノン・ジャンルの自由な「物書き」を目指した草森紳一のゲリラ的な戦略から編みだされたものだったのだろう、と気づくのは後のことだった。当時の私は、有名な文学賞や権威ある評論賞とかの関門を通らずに、『ナンセンスの練習』という雑文集で文筆家として颯爽とデビューしている草森紳一の事例をちょっとした事件だなあ！　とただひたすら感心し、同世代の鬼才を眩しい存在と遠望していたと記憶するからである。

六〇年代には、もうひとり雑文の名手がいた。植草甚一である。二人はタイプは違っていたけれど、サブカルチャー時代の旗手として脚光を浴び登場している物書きだった。草森紳一や植草甚一の、ゲリラ戦術（〝文術〟というべきか）やアクロバットのような戦略が見事に功を奏した背景には、あの時代がサブカルチャーの一斉蜂起した時代であったという点も見逃せない。

しかし、草森紳一は、古い時代に風穴を開けたはずのサブカルチャーもじきに既存文化に換骨奪胎して吸収され、商業主義の大海原に没していくのだという運命も知り抜いていた。文章も本も一個の商品であり、消費物資の一品に過ぎないという時代に爆進していくだろうという趨勢も見抜いていた。それゆえ、雑文書きと称しながら、「魯迅のように腰が入っていないぞ」という自戒を常に持ち続けてきた。

草森紳一は、二〇〇八年・七〇歳で亡くなるまでの四四年間に四五冊の著書を刊行している。せめて主な本の書名だけでも挙げておくと、『江戸のデザイン』『子供の場所』『歳三の写真』『絶対の宣伝ナチス・プロパガンダ』（全四巻）『素朴の大砲　画志アンリ・ルッソー』『円の冒険』『食客風雲録中国編』『あの猿を見よ――江戸佯狂伝』『荷風の永代橋』『随筆本が崩れる』など、身の回りの事象、森羅万象を逍遙し、全て雑文体で綴った、様々な本を書いている。そして没後も、『不許可写真』『中国文化大革命の大宣伝』（全二巻）『「穴」を探る――老荘思想から世界を覗く』『李賀――垂翅の客』といった本が続々刊行されている。再版ではなく、全て新刊だという点も注目しないわけにいかない。草森紳一の雑文が泡沫の雑文ではなかった証拠を見て取れるからである。

草森紳一が『狼藉集』（ゴルゴオン社、一九七三年）という著書の「あとがき」になぜか私の名を出している箇所があるので引いておこう。

多分、あのことを言ったのは『プレイマップ』の名編集長であった本間健彦君だったと思う。酒談の折に、あなたは、ゴミ箱のような人だ、と私に向って不意に言った。「えっ」と私は嬉しそうにききかえした。彼としては、非難をこめて言ったにちがいないのに、その時、私は、なにかとてつもなく上手にほめられたような感じがして、かえって面映ゆい気持にもなり、上機嫌になった。

——と草森紳一は書いているけれど、「われらの時代の雑文豪」と尊敬していた私が、いくら同世代同士の酒席だからといって、そんな失礼な言葉を発するわけがない。雑文には読者を楽しませるために、こんな戯文をまぎれこませられるという見本かもしれない。

編集室外部の同志・草森紳一についての話がつい熱が入って長くなってしまったけれど、ほかにも外部から支援してくれた同志は大勢いた。いちいち名を挙げて紹介できないので、あとひとり、ほぼ全期間の表紙画を描いてくれたイラストレーター湯村輝彦に代表になってもらい、彼のプロフィールを紹介しておこう。

湯村輝彦は、一九四二年新宿生まれ、新宿育ちで、その頃は新宿東大久保のマンションにオフィスをもっていた。六六年多摩美術大学デザイン科を卒業、デザイン事務所に務めたが、通勤が嫌になり三か月で退社、同社の嘱託勤務をしばらく続け、六八年に東京イラストレーターズ・クラブ新人賞を受賞。この受賞を期に独立しフリーランサーとなった。

湯村輝彦が、『新宿プレイマップ』の表紙画作者を務めてくれたのは六九年一一月から七一年一二月までの二年二か月間だった。湯村輝彦のイラストは、当時〝ヘタウマ〟などと評されていたが、それは彼のイラストレーションがポップで、すっ飛んでいて、底抜けに明るい絵だったからで、愛称みたいなものだった。

次の一文は当時、私がどこかのミニコミ誌に湯村輝彦を紹介した記事の一節。

「家のまわりがずーっと野原だった。野原の向こうに伊勢丹が見えるんです。逆に伊勢丹に遊びに行ってボクの家の方を眺めると、廊下でオフクロが何か仕事しているのなんかがはっきりと見えるんです」

湯村輝彦くんが記憶している二〇何年か前の、新宿の一風景である。たぶん、まだ、焼け跡闇市時代の頃のはずだから、彼の言う野原とは焼け跡に咲いた雑草の繁った原っぱのことだろうが、いずれにしても現在の新宿しか知らない人たちにはウソみたいな風景だろう。

新宿区東大久保一丁目——そこが湯村くんの生まれ育ち、暮らしてきた街だ。彼のマイホーム兼仕事部屋は、五階建マンションの四階なのだが、かつて朝夕に眺めた伊勢丹の姿は捉えられなくて、わずかに屋上に取り付けられた看板の文字の半欠けが覗けるだけ。そのくらいビルが建てこんでしまったわけなのだが、湯村くんはそんなことを少しも苦にする様子もない。

「ボクは常にビルの見える所に住んでいないと落ち着かないタチですから……。」

なんてケロリと言ってのける始末。（中略）

＊

湯村くんの好きなものは、「ビル、R&B、太陽、海」——だと言う。

ぼくは彼の四階のオフィスの窓辺に坐り、じっとり重く気だるい、そしてほこりくさい風を浴びながら、ああそうか、新宿には海がなかったんだっけな……なんてぼんやり思ったりしていた。

（本間健彦『街頭革命』所収「ビルと海の好きな新宿人」）

たぶん私はその時、湯村輝彦が表紙画イラストレーションにジャマイカあたりのイメージ風景を好んで描いていた秘密についてでも思いを馳せていたのだろう。『新宿プレイマップ』は、湯村輝彦のポップな底抜けに明るい表紙画によって多くの若い世代の読者の気持ちを繋ぎとめていたからである。

『新宿プレイマップ』の外部の同志として草森紳一と湯村輝彦の二人しか紹介できなかったけれど、あらためて言うまでもなく『新宿プレイマップ』に関わってくれた人びとは読者も含め全て私たち編集者にとっては同志だった。『新宿プレイマップ』は、そういう発想と手法で作られてきたのである。

◉——『新宿プレイマップ』の四人のデザイナーたち

外部の同志だったのか、内部の同志だったのか、境界が曖昧だったのが、草創期のアートディレクターを務めた山下勇三が四号で辞めた後、誌面のレイアウトとデザインを担当してくれた四人の新進デザイナーたちだった。四人といってもビートルズの四人のようにグループだったわけではない。

一番手は第5章でもちょっと触れた安原和夫だった。彼は東京芸術大学ヴィジュアル・デザイン科四年生で、すでに資生堂宣伝部への入社が内定していたから、来春三月に卒業するまでの期間という条件で本文レイアウトと表紙のデザインの仕事を引き受けてもらった。〝就活〟をする必要はなかったので気持ちの余裕はあったようだけれど、現在のようにパソコン編集などまだできない時代で、一ページずつ割付をしてページ・アップしていたわけだから、一〇〇ページ足らずの小冊子だったとはいえ、これを毎月一人で作業するのはかなりハードだったろう。報酬もたしか一般のアルバイト料金並みだった。それにもかかわらず安原和夫が「この仕事、ぼくにやらせてください」と手を挙げてくれたのは、『新宿プレイマップ』の編集に参加したいという強い意志があったからだった。これは安原だけでなく、後に続いてくれた渡辺裕二、小林正勝、波羅多平吉らにも共痛していた態度だった。

彼らはみんな芸大の同窓生で、安原和夫が資生堂に入社するために辞めると、安原が引き継ぎをしてくれて、渡辺裕二と小林正勝が七〇年四月から参加するのだが、じつは渡辺は電通に入社したばかりだったし、小林も美大専門の予備校に教師として就職したばかりという身分だった。つまり渡辺と小林の『新宿プレイマップ』の作業は、かれらの勤め先の勤務を終えた後に行なうという変則的なものだった。

この時点でもうひとつ困った問題が起きた。『新宿プレイマップ』の編集室は、新宿二丁目の四階建て店舗併用住宅だった小規模ビルの二階にあったのだが、一階の時計店経営者がビルの家主で三階と四階を住宅にしていて、午後九時には一階玄関口のシャッターを閉めたいということが賃貸条件だったからだ。それまで夜遅くなってからの打ち合わせなどは喫茶店や飲み屋で行っていたのだが、レイアウト作業はそんな場所ではできない。そういう事情を知った渡辺裕二と小林正勝は高円寺南口商店街裏手にあったマンションを借りて、そこを夜の編集室にしましょうと提案してくれ、それを実行してくれたのだった。

こうして『新宿プレイマップ』の〝夜の編集室〟は、原稿締切日が来ると新宿から高円寺へ移動するようになったのだけれど、こんなことも私たちに心理的に「新宿離れ」を加速させた一因だろう。それにしても深夜に及ぶことになり、しばしば半徹になり、時に完徹にもなった編集作業は、翌日出勤の待っていた渡辺や小林にとって過酷なものだったはずである。この二人も、そして編集スタッフも、私を除くと二〇代半ば前半の年頃だったから体力で乗り切っていたのだろうけれど、サーカスの綱渡りみたいな仕事の仕方をしていたことは否めない。

『新宿プレイマップ』のバックナンバーを紐解いていて気づくことは、誌面のレイアウト・デザインに勢いはあっても統一感がないことや、月号と通巻ナンバーがある時期から逆転して表示されているために何月号なのか通巻何号なのかが一見ではわからないといった問題点に遭遇する。これはアートディレクターの山下勇三に降りられてしまって以降、その補充ができなかったことや、私たち編集サイドの指示がきちんとされてこなかったことに起因するもので、デザイナーたちの能力や努力に問題があったわけではない。かれらは精一杯能力を発揮していたからだ。

七一年七月号からは、渡辺裕二と小林正勝の二人に加え、波羅多平吉が参加して三人体制でデザイン・ワークを行うことになった。波羅多平吉が他の先行デザイナーと異なっていたのは就職をしていなかった点だった。その頃はまだ独身だったはずであり親元で暮らしていたようだったから、学生時代の延長猶予期間としてそれが許されていたのか、あるいはただひたすらフリーランスのデザイナーを目指しての選択だったのか、その真意は聞き漏らしたが、彼は自由の身柄だった。

若き日の波羅多平吉の風貌については、前掲の草森紳一著『狼藉集』の装幀を彼に任せた著者が同書に紹介記事を記しているので引いておこう。


　波羅多君は、昭和二十二年吉祥寺生れ。東京芸大デザイン科卒業の俊英、などと書きだせば、いっぱしの紹介にはなるけれど、私が最初彼に逢ったのは、新宿の『プレイマップ』の編集室であった。

「草森さんですね」とまだ紹介もされていないのに、のっけから話しかけてきた青年がいた。それが彼であった。ええ、まあそうですけどと私は答える。『話の特集』の筆者紹介の欄へ、たしかに煙草をふかしたもやしのような私の顔写真が小さくのったことがあるが、そのふかしかたとそっくりな人がいたので、私だとすぐにわかったのだという。

　写真は、おそろしいもんだなと思ったけれど、真っ白な異貌をもち、どこやら宇宙からやってきた風情を漂わし、妙な記憶のかたちを示すこの青年は私の印象に強く残った。続いて面白いなあと思ったのは『プレイマップ』で波羅多君がレイアウトした頁に自分の名前をいれたと困ったような表情で本間君が言うのをきいた時である。思わず、私は、声をだして笑ってしまった。この『狼藉集』の装幀を誰に頼もうかと思った時、すぐに彼の名とあの逸話が想いだされた。

　私は、自分の本に肖像写真をいれるのには、かなり抵抗があるのだが、装幀者の彼は、ぜひいれましょうと言う。困っていると、間髪を入れず僕の写真もいれさせてくださいとも言う。私はその言葉ひとつで、拒否の道はふさがれた気がした。かくして、ずらずらと、あとがきの中にまで、私は姿を曝すことになった。

波羅多君は、妙な可愛げをもった青年で、真正面な上昇性をもっている。それは羨ましいほどに素晴しい。その奇妙な味をもった資質は、彼のまだ未知数な、これからのデザインやイラストレーションの活動を、大きく開花させ、羽ばたかせる、その原動力となるだろう。

これは若くして独立を果たそうとしている者の共通項だろうけれど、自分の定めた目標に向って前のめりなくらいに積極果敢で、草森紳一が指摘しているように「真正面な上昇性をもっている」点が挙げられる。後期の『新宿プレイマップ』には、編集スタッフが所感を綴るコラムが設けられていたのだが、一九七一年一〇月のそのコラム欄に波羅多平吉が「今年中に、どうしてもやりたい13の事柄を羅列すると、こんな具合になってしまった」と前置きして、一三の目標を掲げている。「今年中に、どうしてもやりたい事」と言っているけれど、掲載誌の月号は一〇月号で、一〇月号は八月中頃に校了しているはずだから、この年七一年度は残り四か月足らずだったのに、何とまあ欲張りな！　と意地悪に思ってしまいそうな一三の目標を挙げている。『新宿プレイマップ』のデザインを担当していた新進気鋭のデザイナーたちの精神の息吹きが伝えられそうなので、任意にそのいくつかを紹介しておこう。

①《**月に赤猫**》の大型徳用マッチをデザインする。②ジョージ・ハリスンとレッド・ツェッペリンのジミー・ペイジ、そして今、ストックホルムに滞在しているタジ・マハール旅行団の小杉さんと土屋君へ、**テレパシー**を送る。④**鋤田正義**氏の写真集の装幀をする。⑥本間編集長と共に真剣勝負について語り合い、その後**インド旅行**をする。⑦**地震**が起きぬ様に、九月一日、井之頭公園の七井橋より日の出を参拝する。⑧**ビートルズ**の全てのアルバムを静聴する。⑩プレイマップ誌の**表紙のプラン**をまとめておく。⑪吉祥寺の《**ぐわらん堂**》で、もう一度企画展を行なう。⑫手持ちのシルクスクリーンで、今までの行為とイメージの形骸を**作品集**の形で刷り上げる。⑬プレイヤー10台をセットして、各々にレコードを**同時進行**させる。その時僕に不可欠な「音」を選び採っていくこと。（波羅

多平吉）

右の目標項目の中に「本間編集長と共に真剣勝負について語り合いたい」という項目が挙げられているが、果たしてどんな語らいをしたのか、残念ながら覚えていない。波羅多平吉はフリーランス・デザイナーとして羽ばたこうとしていた時だったし、私の方は、来春三月には『新宿プレイマップ』は廃刊するという内示を事務局から受けた時期だったから、二人の真剣勝負の対象は異なったものだったかもしれないが、真剣勝負についての語り合いはしただろう。

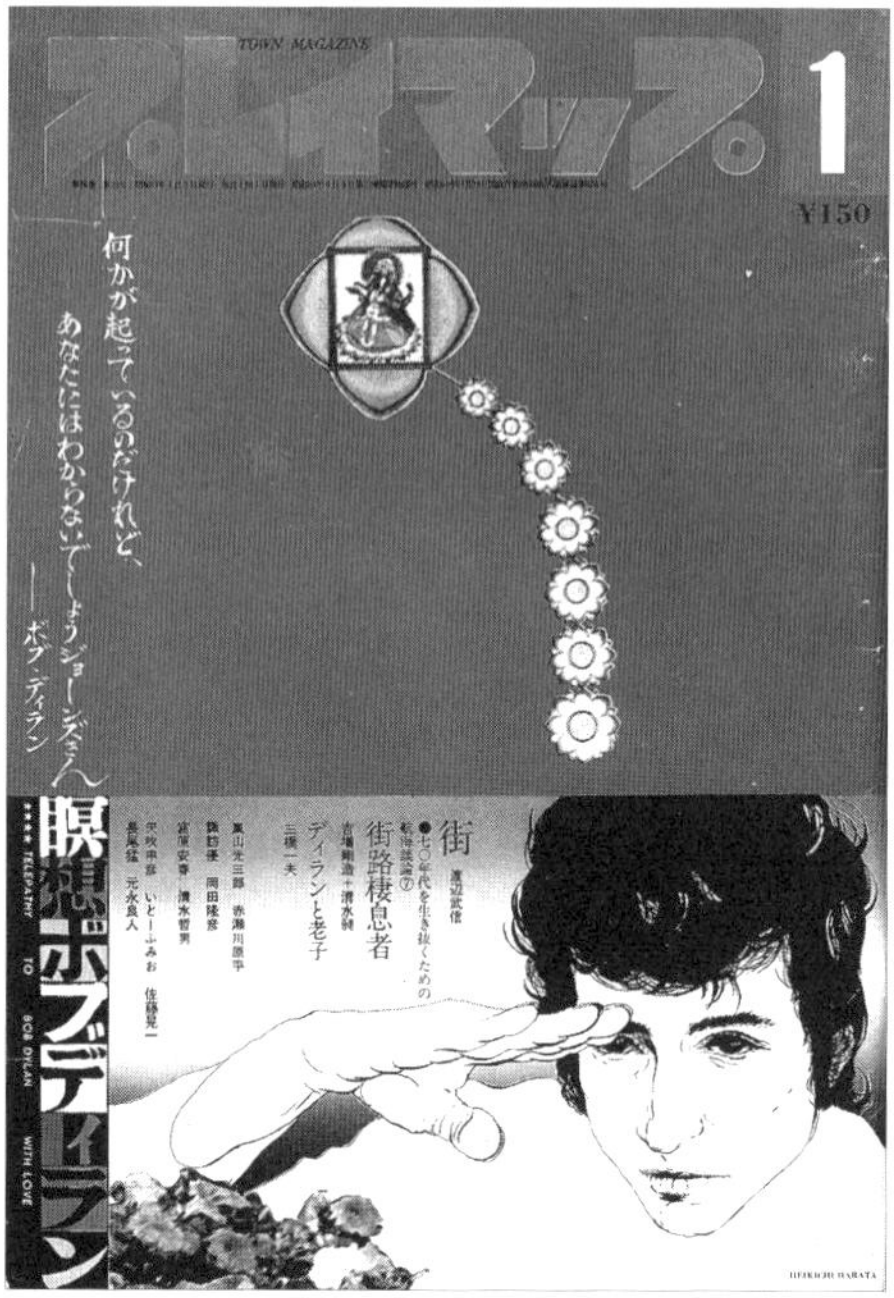

それと10番の「プレイマップ」誌の表紙のプランをまとめておく」という一項に関しては、一九七二年一月号から週刊誌サイズの大判の表紙に変った『新宿プレイマップ』の表紙画を波羅多平吉が描くというかたちで実現している。つい「新宿」を入れてしまったが、この号から題字は『プレイマップ』に変っている。いよいよ新宿を離陸しなければならないための準備に着手したのだった。波羅多平吉がはじめて手がけた一月号の表紙デザインは、表紙の下段三分の一くらいのスペースにボブ・ディランの肖像がイラストレーションで描かれていて、上段は真紅の地の上に『プレイマップ』という新タイトルが金文字で置かれていて、その下に曼荼羅のような小さな模様があしらわれ、左隅に「何かが起っているのだけれど、あなたはわからないでしょうジョーンズさん――ボブ・ディラン」というコピーがさりげなく記されている。俊英デザイナーの初陣を印象づけるような人目を惹く表紙のデザインだった。二月号はジョン・レノン、三月号はミック・ジャガーの肖像イラストレーショ

ンだった。波羅多平吉の表紙イラストレーションは若者層の読者たちには評判が良かったけれど、彼の表紙画はこの二回きりで終わってしまった。

一九七二年四月号は、新都心新宿PR委員会が発行する最終号になってしまったからだった。この新宿での最終号の表紙は、グアム島の緑野と海を背景に、ふた組のカップルの切り抜き写真を並べているという構図で構成されている。ひと組みは戦争が終わった後、この島のジャングルに隠れ棲んでいて遂に発見された元日本兵の横井庄一さんがアロハ姿でグアムのお偉いさんらしき人と抱き合っている写真であり、もうひと組は『プレイマップ』のデザイナーのひとりだった渡辺裕二とその新妻が手を取り合っているグアムでのハネムーンのスナップ写真であった。

新宿での最終号の表紙デザインを、なぜこんな絵柄にしたのか。その制作意図についてはよく覚えていない。そんなことを考えている余裕がなかったのかもしれない。ただし、その時もあまり出来栄えの芳しくない表紙デザインだな、と思ったことは覚えている。

思い起こして明確に言えるのは、仲間であり、同志であった者たちの、たとえばハネ・ムーン写真を表紙に堂々と使ってしまうことが恥知らずなことなどとは絶対に思わなかったということだろう。不遑な態度とお叱りをうけるのかもしれないが、『新宿プレイマップ』はそんな思想と姿勢で二年一〇か月作り続けてきたのだった。

第9章

タウン・オデュッセウスの旅立ち

◉─『新宿プレイマップ』廃刊の予告

物事の始まりとか終わりというのは案外曖昧なものでよく見分けがつかないことのほうが多いのではないだろうか。とりわけ曖昧な状態を善しとする日本においてはその感が強い。ある事が過ぎ去った遥か後になって、ああ、あの時が始まりだったのかな、とか、あれが終わりの前触れだったのだな……などと回想して曖昧に納得するしかない。

これは既に設置されているレールの上を、出発の意味も目的地が何処なのかもわからずに、ある時終わりが宣告される日まで、ひたすら生計をたてていくために走り続けなければならない大衆的市民である私たちの宿命的な意識なのかもしれない。だが、それでは悔しいので、この六〇年代新宿アナザー・ストーリーの舞台となった『新宿プレイマップ』の終焉の場面をこちらの側から明らかにしておこう。

私が新都心新宿PR委員会の横尾成弘事務局長から廃刊予告を受けたのは、一九七一年八月、夏の終わりの頃だった。「非常に残念だけれど、『新宿プレイマップ』は来年の三月で廃刊にすることが委員会で決まりました。編集の諸君には本間さんの方から、その旨を伝えて欲しい」

と、横尾事務局長はいつもの表情を表に出さない事務的な口調で予告を伝えた。

「そうですか。三月で、ということは、七二年三月発行の四月号までということですね？」

私も事務的にそうとでも応じるしかなかった。

「そういうことになりますね」

「『新宿プレイマップ』を廃刊にするということは、私たち編集スタッフも三月で全員解雇ということですか？」

と、私は一応確認の念を押した。

すると事務局長は、一瞬、表情を曇らせ言葉を詰まらせた後、

「じつはこれはまだ委員会の決定事項ではないけれど……」と断った上で、次のような説明をした。

「もし本間さんたちが、『新宿プレイマップ』を続けて出していきたいのなら、編集長の本間さんに題字権を譲渡してもいいんじゃないか……と、委員長の田辺さんは考えているようなので、その方向で委員会に検討をしてもらいますよ。それと、この件については文化放送の木下さんも何か腹案があるようなので、彼にも相談してみてください」。

田辺さんというのは、もちろん新都心新宿PR委員会委員長の田辺茂一（紀伊國屋書店創業者社長）である。組織上は上司だったわけだが、多忙な人だったたし、新宿PR委員会の仕事は名誉職だったのであろうから、めったにお目にかかれなかったけれど、目にかけてくれていたのかどうか。私にはこの土壇場にも田辺茂一に助けられたという思いがあった。

文化放送の木下さんというのは、開発課の木下功のことで、彼は、文化放送の開発課がプロデュースした新都心新宿PR委員会と『新宿プレイマップ』の立ち上げを第一線で担った実質上のプロデューサーだった。私とは同世代だったはずで、当初は話も合ってうまくいっていたのだけれど、私とPR委員会の間が編集方針をめぐって齟齬《そご》をきたすようになるにしたがって、立場上PR委員会の側に立たなければならない木下と私の間にも溝ができてしまった。

横尾事務局長の言葉として記した「木下さんの腹案」というのは、『新宿プレイマップ』の発行を身請けしてもいい

という会社を紹介してくれたことだった。このことについては後述するとして、話を前に進めよう。

このような経緯で『新宿プレイマップ』の廃刊予告は廃刊になる半年前に伝えられたのだけれど、公表するわけにはいかなかった。まだ内部での確認事項だったからだ。「廃刊」と、書いてきたが、普通は「休刊」だろう。休刊して、復刊するケースというのは極めて稀にしかないのだが、大方は休刊としている。廃刊とするのは、いかにも斬って捨て去ってしまうようであり、無情のイメージが強すぎるので使用を避けているのかもしれない。だが、新宿PR委員会の予告は、「休刊」ではなく、「廃刊」だった。それゆえ、「もし、続けたいのなら譲渡してもいいよ」という含みが付け加えられたのであろう。これは冷静に考えたら「お荷物だから降りるよ」と言い渡されたことなのだった。譲渡の道を残してくれたことには感謝したけれど、やっぱり厄介者として追い払われるのか！　と思えば、無念な気持ちは拭えなかった。

というわけで、新都心新宿PR委員会で発行してきた『新宿プレイマップ』が一九七二年三月号をもって廃刊されるという告知は最後まで伏せられてきたのだったが、遅かれ早かれ新宿から追い払われてしまうのだろうという危機感は創刊以来抱き続けてきたし、次第に強まってもいたので、それが誌面ににじみ出てしまっていたのだろう。熱心な読者の中にはそれを逸早く察して、激励や応援の便りを編集室に寄せてくれる者も少なくなかった。以下に紹介するのはその代表例で、『新宿プレイマップ』の発行元事務局長から編集長の私に「廃刊」予告が行われる数か月前に、三号つづけて、巨大地震を予知する鯰のような有難いメッセージを寄せてくれた、江戸川区在住の杉山勝彦（23歳・自由業）という若者からの便りだ。

▼新宿プレイマップは新宿を背景にして生まれたが生まれた後、成長した今新宿プレイマップから世界（日本）のプレイマップへと発展させられるぐらい支持層がふえつづけているのだろう。今や力となりつつある。これからは過去をふりすてても新宿から離れる日がくる気がするのです。未来を先行していく我々の雑誌として状況をつくろ

風のたより

KAZENO TAYORI ★ SHINJUKU PLAYMAP

▼毎日、新宿を通ります。そのたびに、新宿の雑多さを感じます。（日本的であったり、ある時はサイケであったり、今はビューティフル）とにかく「何かがおこる」的なイメージ、それは犯罪であり、SEXであり、ファッションである。プレイマップはそんな新宿の申し子だ。申し子だといって新宿と心中しないで下さい。とにかく長い間同じものを創作することはマンネリ化になりやすいものです。だから時にはボクのような若いのも起用して下さい。自己PRもしてしまいましたが、是非！参加したいと思っております。

中野区鷺ノ宮3　デザイナー　**正村史郎**　23才

▼編集MEMOにMAPが全国誌になりつつあるとしたら結果であり、新宿そのものがそのような存在になりつつあるとあった。なるほど新宿そのものが全国的などこにでもあるあそこにもある街と化し、東京の新宿以外に全国に類似新宿が現われだしたのかもしれない。しかし、これは新宿自体が新宿としての特異性を捨てたことにほかならない。もはやわれわれにとって新宿とは地図上の一点に過ぎず過去の街として若者の手から忘れられつつある現実もある。新宿でならぬ理由は今や何一つなくなりつつある。これがMAPの全国誌とならざるを得なかった背景の一つと私はそう考えた。われわれにとって新宿とは何であったのか。その魅力が夏の終りと共に一つづつ消えていった。時の流れとは意識すら無残にふりすててゆく。MAPは新宿を背景に生まれた、そして母体となった新宿から若者は離れて、新しい新宿を求めて渋谷、池袋へとさまよいゆく。MAPは今や新宿を必要としないまでに成長した。そして全国の新宿を求めている若者達に具体性のない新宿をつくりつつある。新宿は、新宿にもうないのだ。MAPの中に新宿は生きつづける。新宿とは若者達の求める若者達のための街の仮に名づけた幻の街なのだ。その代名詞でしかない新宿。MAPの中にこそ新宿があるんだ。国電新宿駅で下車した新宿は同名の別の街だ。

江戸川区松島4　自由業　**杉山勝彦**　23才

▼新宿ってどういう街だろう。若者の街。ムンムンしている欲望のフキダマリの街。それでいて殿山泰司がカッポしても全然おかしくない街。寺山修司。横尾忠則。家出少女・少年。社会風俗。低俗。副都心。裏と表がまるで甘いミックスジュースのように渾然とした街。

そんな新宿の街を集約した「新宿展」を、デパートでオンパレードしたら面白いのではないかしら。新宿の代表的お店の廉売即売もやって。きっと楽しいと思うのですが。

豊島区南長崎6　主婦　**伊東セツコ**　25才

うではないか。そのためにも新宿プレイマップは新宿プレイマップであってはいけない。(一九七一年五月号)
▼もはやわれわれにとって新宿とは地図上の一点に過ぎず過去の街として若者の手から忘れられつつある現実もある。新宿でならぬ理由は今や何一つなくなりつつある。これがMAPの全国誌とならざるを得なかった背景の一つと私はそう考えた。われわれにとって新宿とは何であったのか。その魅力が夏の終わりと共に一つづつ消えていった。時の流れとは意識すら無残にふりすててゆく。MAPは新宿を背景に生まれた、そして母体となった新宿から若者は離れて、新しい新宿を求めて渋谷、池袋へとさまよいゆく。MAPは今や新宿を必要としないまでに成長した。そして全国の新宿を求めている若者達に具体性のない新宿をつくりつつある。新宿は、新宿にもうないのだ。MAPの中に新宿は生きつづける。新宿とは若者達の求める若者達のための街の仮に名づけた幻の街なのだ。その代名詞でしかない新宿。MAPの中にこそ新宿があるんだ。国電新宿駅で下車した新宿は同名の別の街だ。(一九七一年六月号)
▼24冊目、満二年だそうだ。MAPの歴史である。そのうち十冊ほど買って、経済的基盤に協力したつもりである。それもここ数ヶ月は毎月買うことにしてしまったほどである。本当に好きなんです。そのセンス……。下品愛好者がMAP読者なら、俺は下品愛好者になりたいね。新宿プレイマップがもっと新宿という字から離れてゆくために全国のMAP読者増大を計ろう。ともかく存在するためにしつっこくやりつづける事であろう。やりつづける事が全てであり力であります。しつっこくゴキブリのようにMAPはMAPでありつづける事です。権力に負ける事ない、たった一つのレールのない道を走りつづける大困難を自ら選んだんです。たった百円で協力しつづけます。(一九七一年七月号)

◉―地方にも読者のいたタウン誌

どこの新聞、雑誌にも読者の投稿を載せている読者欄というものがある。『新宿プレイマップ』にも読者欄があって、創刊当初は、新宿西口広場が「広場」から「通路」に変えられてしまったことを皮肉ったつもりだったのか、「読者の通路」などという不粋な名称だったが、すぐに「読者の広場」と改名した。そして一九七一年三月号から「風のたより」とまたまた改名をした。別に運勢を占ってもらって呼び名を変えたわけではなかった。

実は七〇年代に入った頃から、地方にも読者が出現するようになり、全国各地から若い読者の声が編集室にチラホラ舞いこんでくるようになったことが、とても嬉しくて、「風のたより」という名称に変えたのである。そのあたりの編集室の心模様を「編集MEMO」から拾っておこう。

★毎日何通かずつの〈風のたより〉が全国各地から編集室へ舞いこんでくる。それらのいくつかを〈風のたより〉の欄に載せているわけだが、誌面の都合で載せられないものの中にも実にユカイなたよりや手厳しい批評、参考になる意見がたくさんあって、私たちがこのMAPを作って行くうえでひじょうに役立っている。いわば、〈風のたより〉をくれる読者こそがMAPの隠れたスタッフ、と言ってもいいのだ。

★たとえば締切りを過ぎてから――従って一番ラストに入稿するこの編集MEMOにしかすでに紹介できないわけなのだが――舞いこんできたのに、こんなのがあった。

《このプレイマップは次第に一つの新しい雑誌として型を持ち始めて来ている。一つの型にはまってしまっては、伸び悩みになります感じがしますであります。せめて今年71年はメチャクチャに試行錯誤をくり返えして下さい。西部の開拓者のように……。北海道のオイラにも、この雑誌にはピンとくるものがあるのです。》〈北海道旭川市

鈴木典彦　学生、16才）

この鈴木君の指摘は、私にも、ピンとくるものがある。考えなければいけないことのひとつだ。それにしても嬉しいのはおしまいの文章だな、北海道のオイラにも……ってくだりが、特にピンとくる、ってところが、実に泣かせるのです。

★ところが嬉しがってばかりもいられない。《この本、〝新宿プレイマップ〟というわりには、新宿についての記事が少ないように思います。》（東京墨田区　芹沢正巳　会社員25才）といったお叱りも受ける。これら苦言派の意見を要約すると、全国誌だなんて威張らないで、もっと新宿の雑誌ならそれらしくしたらどうか、ということになろうかと思う。らしくってことがどういうことなのかちょっと解らないけど、私たちは別に全国誌をめざしてきたつもりはないのだ。徹頭徹尾タウン誌の可能性を追求してきたのである。そのことが全国各地の多くの読者にピンとくるものを感じて貰えた。つまり、もし全国誌になりつつあるとしたら、それはあくまで結果なのである。

（「編集ＭＥＭＯ」一九七一年五月号）

『新宿プレイマップ』に地方在住の読者が少なくなかったのは、六〇年代の新宿が若者たちのメッカだったからだろう。対抗文化を創出する諸活動は新宿から発信され、対抗文化に賛同し、自分もそのムーブメントに参加しようと思う若者たちは新宿を目指したからである。けれども繰り返し指摘してきたように、六〇年代末、その対抗文化の拠点としての新宿は消失している。先進的な若者たちは足早に新宿を去っている。状況劇場主宰唐十郎の〈新宿見たけりゃ　今見ておきゃれ　じきに新宿　原になる〉という有名な捨てゼリフが吐かれた時代だった。

その六〇年代末に創刊されている『新宿プレイマップ』の編集者としては、〝燃えていた時代の新宿〟の残光と余熱をフル活用して、主要対象読者層の若者たちに関心を向けてもらえるような、そんな新宿のタウン誌を作ることを心がけるしかなかった。それゆえ若い世代の読者からの、しかも地方在住の読者からの「風のたより」は嬉しかったし、ずいぶん勇気づけられた。その何通かの便りを、抜粋だけれど記録にとどめておきたい。

▼十月号からPLAYMAPを買いたいのですが、送料を出しますので送ってくださいませんか？（大分県日田中城町、森山和伸）――一九六九年一一月号

▼地方にも読者がいるタウン誌すばらしいと思います。（静岡市駒形通り、高橋光幸）――一九六九年一〇月号

▼先日、新宿に出た時、アート・ヴィレッジでPLAY・MAPを買いましたが、内容が大変気に入りました。今後発行される部も欲しいのですが、確実に手に入れる方法がありましたら、お教え下さい。（大阪市東淀川区十八条町、岡山　元）――一九六九年一〇月号

▼僕は北海道に住む一高校生です。（もっとも一年前まで渋谷の神宮前に住んでいましたが……）「新宿プレイマップ」（No.８）を手に入れ楽しく拝見しました。このマガジンは月刊のようですネ、どうぞいままで発行したこの本のバックナンバーが残っておりましたなら「No.１からNo.７」までお送り下さい。ここに五百円を同封しますので、早速お送り下さい。（シンジュクをこよなく愛した田舎者）（北海道函館市日吉町、安原雅博）――一九七〇年四月号

▼この本を手に持ちページをめくったとき、私の心はすごく高鳴りました。あまり映画好きでない私が、２月号の映画特集を読んでたら、たまらなく映画を見たくなりました。そんなに私の心をガラリと変えてくれたこの本が、私にはとても気に入りました。まだ行ったことも見たこともない新宿、その街のすべてを知りたくなったのです。この本がそれを私に教えてくれるんですね。（鹿児島市下荒田町、水間恵子）――一九七〇年五月号

▼PLAYMAPのみなさんごくろうサマ。毎号楽しくよませていただいています。ところで6月号ですが5月30日現在とどいておりません。なんせゴラクの少ない田舎。少ないたのしみの中にPLAYMAPがあります。まさか倒産なんてことはないでしょうね。6月号！　ロクロ首のように首をながーくしてまってます。よろしく。新宿

に住んでいた男。（富山市永楽町、倉ヶ谷公孝　17歳）――一九七〇年八月号

年齢の記されていない人もいたけれど、上記に紹介した便りは、文面の内容から推定すると二〇歳前後の若者たちだろう。若い人たちの初々しい共感の声は、根源的なジレンマを抱え、模索しながら雑誌づくりをしていた私たち編集者を元気づけてくれた。

社会人になって間もない若いサラリーマン男性からの、こんな便りもあった。

▼新宿に生まれて新宿に育ちながら、宮仕えの悲しさ。入社と同時に大阪にとばされ、はや十か月。日々刻々変貌を遂げていく新宿を、毎日この目で確かめられないハガユサ……。せめて毎月「PLAYMAP」で我が故郷の現況を掴みたいと思います。新宿の街の写真をたくさん載せて下さい。（大阪市旭区大宮北之町、赤沢忠之　会社員）――一九七〇年五月号

▼新宿で飲み、つい終電をのがしてしまい雲助も拾えず、ふてくされて入った終夜喫茶店で思いがけなく小粋な貴誌にめぐり遇った。ワイシャツのエリが垢で脂じみてくる不快感も忘れ、深夜の何時間かを楽しく貴誌でなぐさめてもらった。あと2日で東京出張も終り長崎に帰る。アバヨ東京、さよならPLAYMAP。楽しかったぜ。フーテンバンザイ。長崎と東京を月に一度往復するあわれな高給とり。九州エリートより。――一九七〇年五月号

この〝九州エリート〟さんが、定期購読者になってくれたか否かは確認しなかったけれど、前記のような若い社会人が読者になってくれることにも大いに期待を寄せていた。と言うのも、私はその頃から、「若者文化」しか存在しない日本の未熟な文化状況を問題視するようになっていたので、いつの日か、虫明亜呂無が理想に挙げていたような街で、真の意味で人間らしい生き方を志す老若男女を対象にした〝おとなのタウン誌〟を作りたいという夢を抱くようになっ

ていたからだった。

しかし、まずは現実に向き合うことだった。広場が消失した街から出版するタウン誌に、誌面の広場を設けることから始めなければならないのだ。これはその試みの小さな一例に過ぎないのだけれど、「風のたより」ではなく、「読者の広場」と呼んでいた頃の読者欄にこんな公開の手紙を掲載している。

▼「読者の広場」への投書、又は武士勇吾個人にきわめてプライベートな手紙を「イラスト地図」でおなじみの武士勇吾君に送る。
おまえ昭和23年生れか？　日吉ミミと同じ年だとサバ読んでんじゃねェか？　指名手配作家らんでは勇吉になっていたな。芸名？かと思うじゃねェか。おまえはかなり軽くみられてるんじゃねェか？　ギャラは？ところでおまえ時々地図の中の漢字間違ってるぞ。茨城高校のレベルを疑われるぞ。気をつけろよ。「右手にペンを、左手に辞書を」しばらく会っていないのでどうしているのかなと思っていたら意外な所で対面した。水戸一高の戸田、武蔵美の戸田の事もたまたまは思いだせよ。じゃ又。
編集室の皆様、武士勇吾をかわいがってやって下さい。お願いします。（東京都小平市上水新町、戸田武雄）
——一九七一年二月号

武士勇吾は、新宿のイラスト地図を描いてくれたイラストレーターだった。名は体を現すというけれど、彼は〝水戸浪士〟のようないかつい風貌をしていた。初対面の時、今様の若者という印象ではない、そんな青年から「編集長はビートルズが好きですか？」と唐突に訊かれ、なぜか不似合いな感じがして、思わず苦笑してしまったことを思い出す。だが、現代の水戸浪士は、心底ビートルズの大好きな優しい青年だった。当初はよく編集室に遊びに来ていて、編集スタッフの白岩貴美子に恋をしているらしいなどという噂もあった。それがある時からぱったり顔を出さなくなった。

それから間もなく、「武士勇吾さんは亡くなったそうです」と、ある日、白岩貴美子から訃報を聞き、私も他のスタッフも大変驚いた。彼は元気な若者だとばかり、私たちは思っていたからだった。だが、武士勇吾は、実は白血病を患っていたのだった。病状が急変して入院したが、回復することなく亡くなったという。「武士勇吾さんは、〝よし、死ぬぞー〟と叫んで、亡くなったそうです」と、白岩貴美子が、うっすら涙を浮かべて訃報の報告をしてくれた遠い日のことを思い出す。まだ二〇代半ばの夭折だった。私との付き合いは浅かったが、この武士勇吾も、前章では触れなかったけれど、『新宿プレイマップ』の同志の一人だったことを記録しておきたい。

◉──克服できなかった根源的なジレンマ

これは地方在住の読者に限ったことではなく、読者全般に言えることなのだが、読者の雑誌や本の読み方や共感の仕方というのは様々で、その千差万別の声が聞けるのも、読者欄の有益なところだろう。つぎに紹介する便りは、『新宿プレイマップ』を、このように位置づけ、読んでいた若者もいたという一例。

▼ボクと新宿とは深夜放送を通じて結びついているのかもしれない。それでは何故ボクが貴誌を買う気になったか。それは、ボクが二年前から「現代詩手帖」という雑誌を愛読していると言えば、聡明なる方は解ってくれるかも知れない。両方の志向するところの類似性、しかし、それがものまねではなく、両誌とも独自に。つまり、ボクは現代を感じさせる雑誌としての「現代詩手帖」の副読本的な形として買うことにしたのである。しかし価値の転換はありえるものだから、現代詩手帖が貴誌の副読本的なものになりかねない事態さえ生じ得る。これは編集諸氏の努力による。(埼玉県熊谷市熊谷、柿沼明　学生　19歳)──一九七一年四月号

『新宿プレイマップ』を、『話の特集』の付録かな……と思ったという読者の投稿があったことについては前に触れたが、この現代詩の愛好家らしい若者は、『現代詩手帖』の副読本的に読んでくれているという。いずれも「物真似ではない」と読んでくれていたようなので、タウン誌編集者としてはお褒めの言葉と受け取り、嬉しかったのだが、喜んでばかりもいられないことは常に意識していた。なぜなら、『新宿プレイマップ』の発行元が、そんなタウン誌作りをけっして喜んでいないことを痛いほどに感じていたからだった。

話は少し前後するが、一九七〇年五月号の「読者の広場」欄に〈プレイマップ販売状況〉と題した編集室作成の小レポートが載っている。創刊一年目頃の概況が伝えられそうなので、このレポートを引いておく。

P・M創刊からもう11号目。各社の新聞を始めとするあらゆるジャンルのマスコミに紹介され、ようやく新宿以外の地域にもじわじわ浸透しはじめましたが、ここで再度P・Mの入手方法について説明すると共に、販売状況を報告いたします。

一、P・Mは会員店（P・Mエリート参照）に一五〇部置き、その配布方法は各会員店に任せてあります。従って無料配布の店もあれば、定価以下の値段で販売している店もあるわけです。

一、P・Mは会員店の他に販売店を設け、それは委託販売というかたちで一律一部八十円で売ってもらい、広く読者の目にふれるようにと心がけております。

一、P・Mは地方の読者のために一年分送料一、一〇〇円で定期購読の便宜もはかっております。

会員店は一六〇（3月14日現在）販売店は三〇。新宿の書店には全て置いてあります。ベスト3は紀伊国屋、三省堂、尾張屋の順で、毎月売れゆきは好調です。書店の他では画材店の売れゆきが目立ち、お茶の水画翠を始めいづみやでも好調。イラストレーター、フォトグラファ志望の若者に人気があることを示しております。その他は中野のスナック、サブロなどでも売れ始め、中央線沿線の人々にも、まだまだ利用される兆しが現れています。更に沖縄と小笠原を除く全国に五百名以上の定期購読者があり、その数は日増しに上昇しております。今後ともなにとぞ御愛読下さいますよう。

マスメディアと比べたら、発行部数も売上高も微々たる数字だけれど、創刊一年目時点のタウン誌の業績としては、まずは順調な発展だったことがおわかりいただけるだろう。このレポートには記されていないが、この前後から取次店を通して全国の主要書店での販売を始めてもいる。沖縄と小笠原地区の購読者がいなかったのは、一九六八年に小笠原は日本に復帰したが、その頃はまだ沖縄の本土復帰（一九七二年五月）は成っていなかったからであろう。ともあれ、新宿のタウン誌として順調に発展していたのである。

けれども、『新宿プレイマップ』発行元の新都心新宿ＰＲ委員会と編集室との間柄は、遂に水と油の関係でお互いに手を携えて発展していくという道が歩めなかった。その理由は明らかで、両者が同床異夢だったからである。

これは『新宿プレイマップ』の根源的なジレンマだった。世間の常識的なルールに従うとすれば、私たち編集者が発行元の夢——路線と方針に素直に従えばよかったのだろうけれど、私たちにはそういう選択ができなかった。だからサーカスの綱渡りのようなタウン誌作りをせざるを得なかった。

無論、こんな状態が長く続くなどとは思っていなかった。私自身は、もっと早期に解雇を言い渡されるか、それとも雑誌が休刊となって編集者を追われるか、そのいずれかを覚悟していた。

予期に反して二年一〇か月、通巻三四号まで編集者を務めることができたのは僥倖だった。それを可能にしたのは、ひとつには、あの西口広場のフォーク・ゲリラの若者たちを機動隊が追い払ったように、私たち編集者を追い払うことは体面上できなかったからだろう。それともうひとつは、六〇年代、若者文化の拠点としての新宿の残光と余熱が残っていて、それを活用できたことだった。その歴史と土壌が『新宿プレイマップ』の持続を外側からバックアップしてくれていたのである。視点を変えて言えば、発行元の新都心新宿ＰＲ委員会は、若者文化の拠点としての新宿の残光と余熱が遂に薄れて消え果てたと判定を下した時に、『新宿プレイマップ』の廃刊に踏み切ったのだ。

◉──私にとっての六〇年代の終焉

一九七二年四月号をもって廃刊になるまでの経緯を簡単に述べておこう。

この章の冒頭で記したように廃刊の予告を受けたのは、七一年八月末の頃だった。当時の編集スタッフは児島敬子と上田功の二人で、以後、補充はなかったので、最終号まで三人の体制で編集作業は行われた。廃刊の件は、しばらく公表しないということを、事務局長と約束していたので、二人にもしばらくは話さなかった。

一方、横尾事務局長から、廃刊後の身の振り方を木下功に相談した方がよいと言われていたので、早速私は彼に会って相談を持ちかけた。木下はすでに先方と話を詰めていて、こんな説明をした。先方はマドラという広告制作会社で、代表の天野祐吉は、『新宿プレイマップ』を高く評価していて、自分の会社で身請けしてもいい。もちろん、現状の編集長と編集スタッフにそのまま編集はやってもらっていいし、編集方針も基本的には現在の方針と内容を踏襲することに異存はない。──と、木下に内諾しているということだった。

天野祐吉は、後の一九七九年に『広告批評』を創刊して、発行人兼編集長を務め、コラムニストとしても活躍する人物だけれど、当時は広告制作会社の社長として敏腕を奮っていた時代だった。私はその時点では天野祐吉と面識はなく、人柄も知らなかったのだが、木下功の話で、「これはいける！」と乗ってしまったのだ。おっちょこちょいというか、軽率さは私の悪癖のひとつだけれど、乗ってしまったのにはもうひとつ理由があった。

それは、この時、木下功が漏らした「もし本間さんがマドラで『プレイマップ』を続けてくれるなら、私も文化放送を退社して、マドラへ転職してもいいって考えているんだよ」という言葉に思わず身震いしたからだった。前述したよ

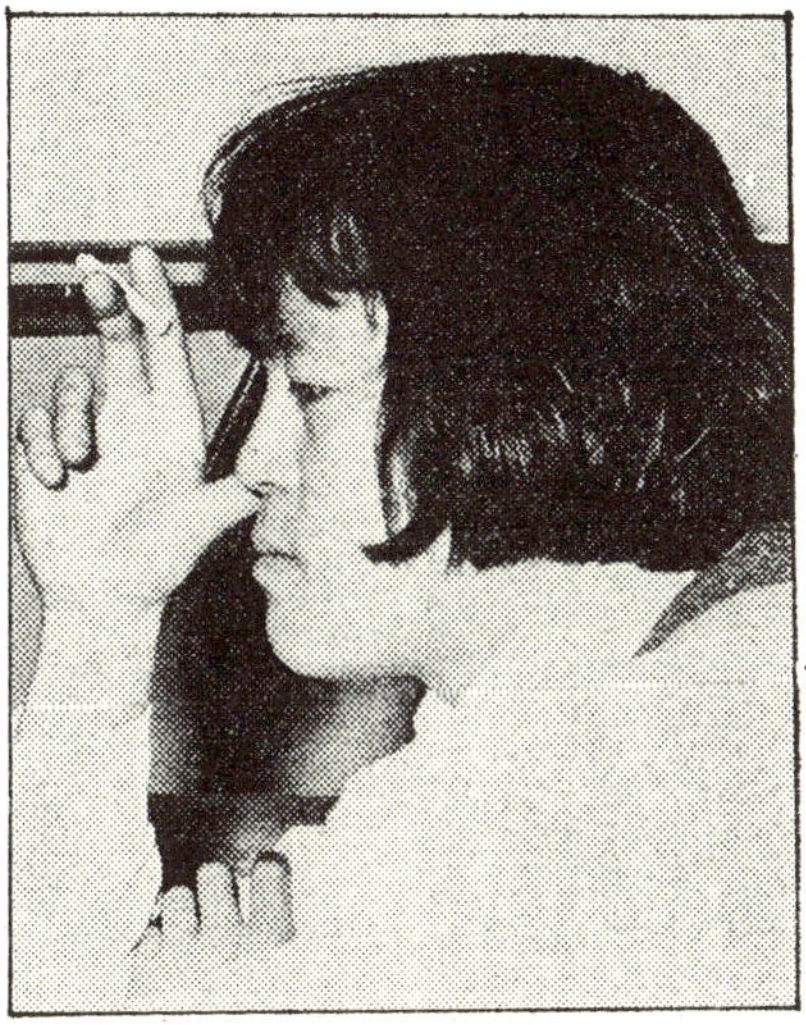

遠藤 正
●カメラマン

小島素治
●季刊〈サブ〉編集長

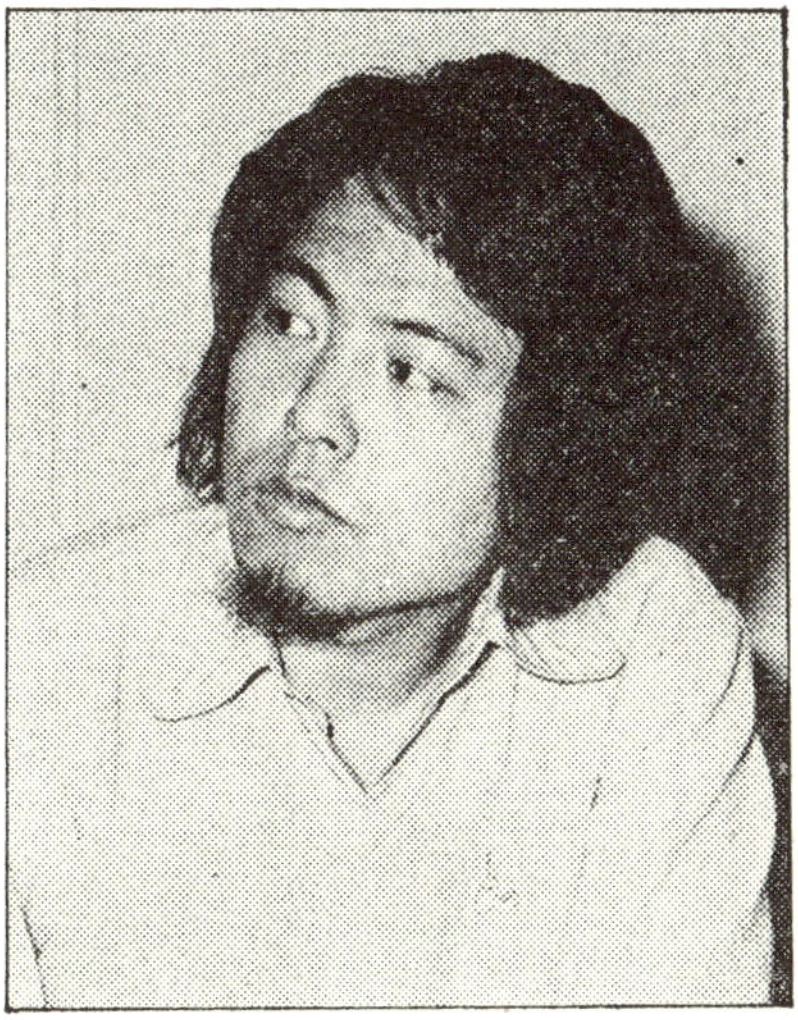

●舵取り●本誌編集長
本間健彦

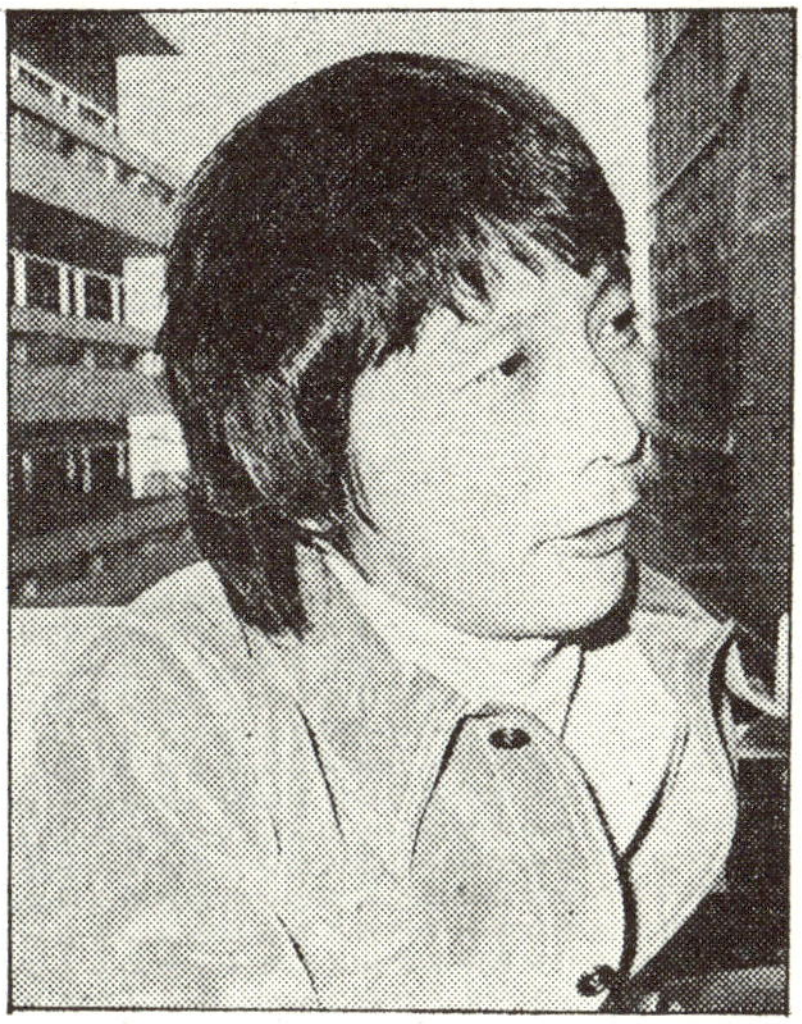

●マドラ・チーフ・プロデューサー
天野裕吉

●前頁の扉イラストレーション＝波羅多 平吉●

ニューメディアは ビートルズ から始まった!!

天野 ビートルズの一ファンとしてお聞きしたいんですけど、サージェントペパーの〝ア・デイ・イン・ザ・ライフ〟あれなんかすごく日常的でしょ。すごく日常的なものの中で何げない問題みたいなものを唄ってると思うんですよ。ああいうのを聴いていると僕はすごみを感じる

うに、木下功は、文化放送開発課で新都心新宿PR委員会と、『新宿プレイマップ』の立ち上げを第一線でプロデュースした人物で、私が新宿PR委員会とぶつかるようになってからは、木下と私も気まずい仲になっていた。そういうわけもあったし、未知の会社で不安がないわけではなかったから、木下功と共に『プレイマップ』の再生が図れるということに安堵したのだった。それと共に私は、木下功とタッグを組んで『プレイマップ』を作れるなら、ニュージャーナリズムとしてのタウン誌が実現できるかもしれないぞ！　と天啓のような閃きを感じたからであった。

新宿PR委員会での廃刊の件と、マドラという会社で身請けしてもらう件について、編集スタッフの児島敬子と上田功に話すと、二人も喜んで賛同した。移籍するための諸条件の調整は木下功に託し、私たちは新宿で発行するタウン誌の最終号までの編集作業に専念した。

一九七二年一月号から、『新宿プレイマップ』は、雑誌名を『プレイマップ』に替えた。冠の「新宿」が取れたのだ。また、雑誌の判型もこれまでの小冊子サイズのA５判からB５判（週刊誌の大きさ）に変わった。七二年四月号をもって新宿のタウン誌としての使命が終わり、同年五月号から株式会社マドラから一般市販誌として発行されることが双方の合意で決定していたので、新年号から大判サイズに変更したいという要望は編集室から出されていて、これが承認されたのだった。ただし、題字の「新宿」の冠を外して欲しい、という要望まではしなかった。「雑誌のサイズを変えるのなら、題字も新宿を取り、『プレイマップ』と変更したらどうですか？」と勧めたのは横尾事務局長だった。当初、私は、これも三か月後に新宿を離れる私たち編集スタッフへの餞なのかな、と嬉しく思い、その提案に従った。しかし、後日、『新宿』というタウン誌が出た時、「なんだ、俺たちはやっぱり厄介払いをされたんだな」と苦笑したものだった。

大判にした七二年一月号からは、「瞑想ライフスタイル」という通しタイトルを付け評伝シリーズの連載を始めた。六〇年代を駆け抜け、七〇年代を迎えた、地球市民として生きなければならないという自覚を持つようになった若い世代にとって最も希求されていたのは、いかに生きていくべきなのか、自分はどんな生き方を選択すべきなのかという命題だった。各フィールドの第一人者の論者に指針となる論説を、論文ではなく、エッセイ的な文体で執筆してもらおうという企画だった。

ボブ・ディラン、ジョン・レノン、ローリング・ストーンズに混じって毛沢東が入っているのは一見ミス・マッチと思われるかも知れないが、この四人は六〇年代の若者たちには注目を浴びた人物たちだった。その理由は彼らが単にミュージシャン、政治家として傑出していただけでなく、それぞれ独自の生き方を変革し、創出した者たちだったからであろう。

内容を紹介することができないのが残念だけれど、各月号に掲載された記事で対象に取り上げられている人物・タイトル・筆者名を記しておこう。

☆瞑想ライフスタイル①＝ボブ・ディラン
「ディランと老子」——三橋一夫（一九七二年一月号）
☆瞑想ライフスタイル②＝ジョン・レノン
「ビートルズの型は壊さなければならない」——ふじい・せいいち（一九七二年二月号）
☆瞑想ライフスタイル③＝ローリング・ストーンズ
「20世紀の荒野を行く転石たち」——中上哲夫（一九七二年三月号）
☆瞑想ライフスタイル④＝毛沢東
「毛沢東・その人間と戦略」——小山内宏（一九七二年四月号）

そして遂に終りの時が来た。「瞑想ライフスタイル④＝毛沢東」の特集記事が掲載された一九七二年四月号が、新宿のタウン誌『プレイマップ』の最終号となった。

「毛沢東・その人間と戦略」の筆者、小山内宏は、この記事の冒頭に毛沢東の次のような言葉をエピグラムとして掲

第31号（1972年1月）

●瞑想ライフ・スタイル①――ボブ・ディラン

ディランと老子

三橋一夫

――僕は、人々の心をかき乱そうなどとしているのではない。みんなが何かをしようとし始めているのだ。そして、そのことに余り興奮するので、みんな熱狂的になる。

ライフ・スタイルの原理

まだ始めたばかりだ、現代のボブ・デイランと二千年前の中国の哲人、老子とを重ね合わせてみるのは。ナンセンス！ゴヤと周恩来とを同じ皿にのせて計るみたいなものだ。と思う人は、さっさと本を閉じていただきたい。時間をムダにするよりは眠ったほうがよろしい。眠くない人は――この二万字の文章の活字一字一字を黒くぬりつぶしたまえ。

ボブ・ディランについて書かれたものはたくさんあるが、日本語で読めるものでは、ダグラス・ラミスの『脱出＝ボブ・ディラン論』（片桐ユズル訳、社会新報社、新報新書『時代はかわる』所載）を超えたものはない。新書版の本の三十ページほど。

原題は Bob Dylan : Breaking Out である。訳文中に出てくる〝精神破裂戦術〟というのがブレイキング・アウトのことなのだろう。ぼくがこれから書こうとすることは、このラミスのエッセイから出発する。だが、書きおえたときは、ふたたび、彼が語っていたことに戻らざるをえないだろう。

老子については、いくらかの前置きを必要としよう。「自然に還れ」とは、しきりに聞くことばだが〝自然 let-it-be〟とは、今日のこっている文書では、ほぼ老子あたりが最古のものだろう。老子といえば、霞をくって生き空を飛ぶ仙人の元祖のように通俗化され、レオン・トロッキーのようには憎まれも敬愛もされず、虚無主義の哲学者と思われている。

ぼくが老子を見直そうと思ったのは、山鹿泰治さんが亡くなってからのことだ。生きているうちは名前しか知らなかった。うっすらと、山鹿さんは戦前からの国際的なアナキストだというていどの知識しか持ち合わせていなかった。歿後、学生も含めた何人もの人々が、ノートや日記などの遺品の整理にあたった。そのなかに二冊の手づくりの本があった。ワラ半紙ふうの紙に手書きで書いて自分で製本したものだ。江戸時代の毛筆の写本は見たことがあったが、昭和になってインクで書いた手製の本は、想像するだけでも根気がいる作業だ。二冊重ねると厚さが三センチにはなる。たんなる写本ではなく、老子の原文（漢文）と自分の解釈とを書きつけてある。ぼくの若い友人がそれを原稿用紙に写し始めたがサジを投げてしまったらしい。きちょうめんに書いてあるから、読めないというのではない。ひどく根気が必要なのである。

山鹿さんが日本のアナキズムの歴史のなかで、どういう位置を占める人なのかは、ぼくはよく知らない。ただ、山鹿さんの遺品を見ると、アナキズムには歴史に残りやすい直接行動という面と同時に、ぼくらならば「日常性にマイボツするのはイヤだ」と投げ出してしまうようなことをコツコツと続けていく偉大な平凡さを感じないではいられない。しなやかな思考と軽やかな魂がなくてはできることではない。伊藤野枝の『男につけられた話』というエッセイなどを読むと――この場合の〝男〟とは特高のことなのだが――男につけられたことを、すっかり楽しんでいる。

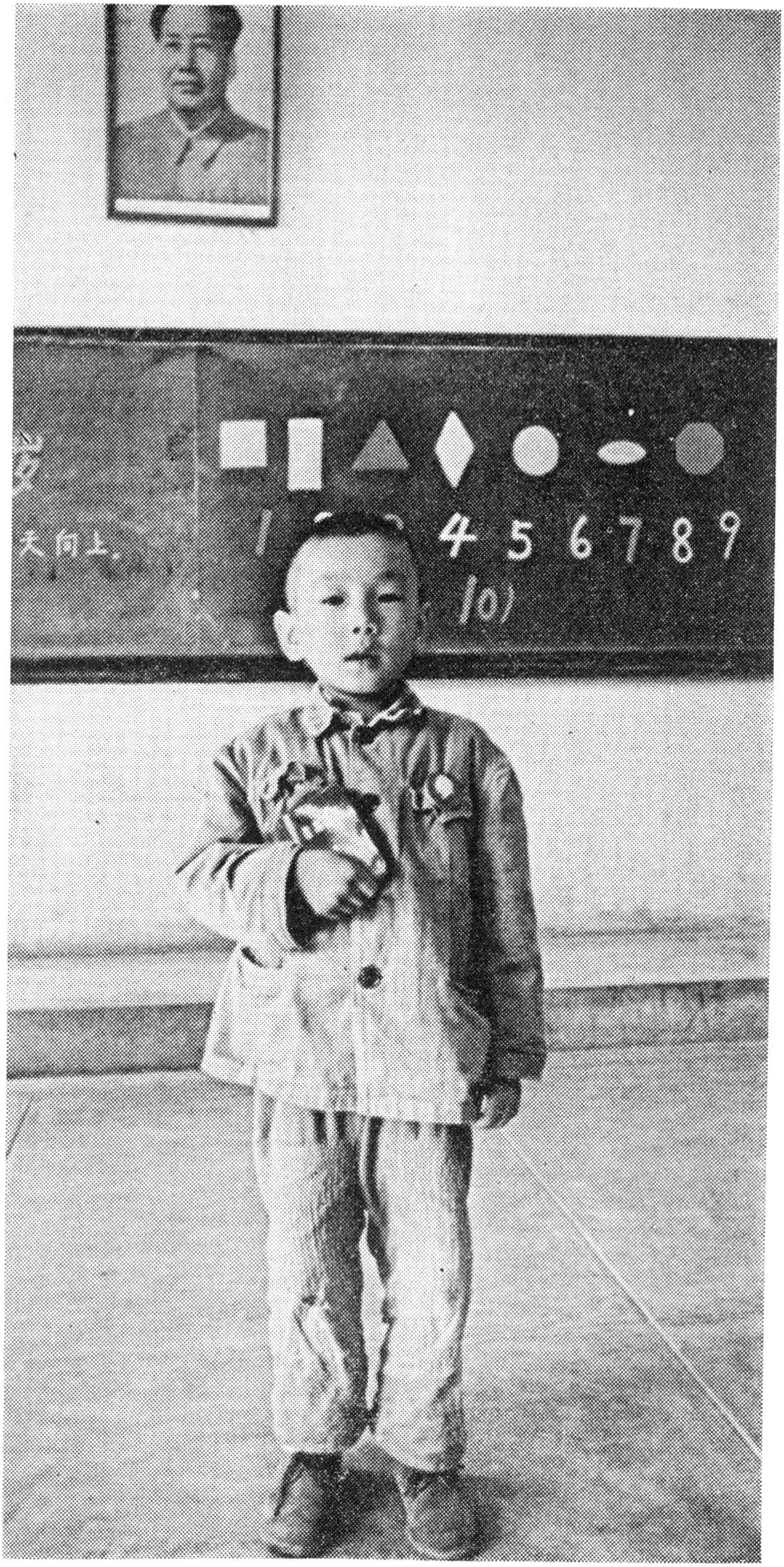

㉑前頁写真、資料、及び右写真は
Newsweek Feb. 21, 1972より

●瞑想ライフ・スタイル＝④

毛沢東・その人間と戦略

小山内 宏
●HIROSHI OSANAI

闘争、失敗、再び闘争、
再び失敗、再び闘争、
最後に勝利、
これが人民の論理である。
（毛沢東）

ニクソン米大統領は〝中国訪問〟という歴史的壮挙に旅立った。なぜ、最大の敵としていた中国へ彼自ら訪れるのか。その、彼を引き寄せた中国を把えるには毛沢東を把えねばならないだろう。今日の新中国を建設した一人の主役は毛沢東なのだから。その毛沢東の生き方と戦略のなかにも中国がある。

1 毛沢東・その若き日

一利を興すは　一害を除くに如かず
一事を生ずるは一事を減ずるに如かず
（耶律楚材）

★とにかく、いいことをやるということは〝いいこと〟だが、それにはわるいことをぶっつぶしてしまうことだ。

「……私は一八九三年湖南省の湘潭県韶山村で生まれました。私の父は毛仁生という名前で、私の母の娘の時の名前は文其美でした。」

「……私の父は貧農で、まだ若いじぶんに借金がかさんだので、やむなく軍隊に入らざるをえませんでした。かれは長い間兵隊となっていました。のちにかれは私の生まれた村にかえり、注意深く節約し、小売商とその他の事業で小金をこしらえ、やっとのことで自分の土地を買いもどしました。」

「……私が十歳の時には一家は十五畝の土地しか持たず、五人の家族は父、母、祖父、弟と私でした……私の父が中農であったころに、かれは穀物の輸送と販売をはじめ、これで小金をつくりました。」

「……私は八歳のときに土地の小学校で学びはじめ、十三才の時までそこにかよいました。朝早くと夜、私は田畑で働きました。昼間は、私は孔子家語と四書を読みました。私の先生は頑固派にぞくしていました。かれはきびしく苛酷で、生徒をよくなぐりました。私は十才のときに、この学校から逃げだしました。私は家でなぐられるのが心配だったので、家へ帰るのがこわく、どこか谷にあると信じていた県城をさしてあてずっぽに出かけました。私は三日間うろつきまわり、とうとう家族のものに見つかりました。そこで私はぐるぐる歩いていただけで、家からたった約八里しか離れていないのを知りました。」

「……私が十三くらいのとき、父は家に多くのお客を招きましたが、お客がいるうちに私たち二人の間に口論が起りました。私の父げている。

闘争、失敗、再び闘争、
再び失敗、再び闘争、
最後に勝利、
これが人民の論理である。
（毛沢東）

この毛沢東の言葉は冷えた心を熱くする。敢えて言うまでもないことだけれど、私たちの新宿での二年一〇か月の日々は、毛沢東の革命闘争のような勇猛果敢なものではなかった。「最後に勝利」もなかった。言ってみれば、サーカスの綱渡り――それもヘッポコ軽業師による危なっかしい曲芸をしたにすぎなかったのだが、それゆえ悪戦苦闘の日々ではあった。だが、それだけでもなかった。時には〝タウンジャック〟まがいの編集作業を面白がって愉しんでもきたのだった。新宿のPRにもいくばくかの貢献をしたという自負もある。その使命が終わったのだった。
そして私にとっての六〇年代も、この時に終焉したのだった。

◉──「敗北の美学」なんて歌えない

『六〇年代新宿アナザー・ストーリー』は、新宿のタウン誌『新宿プレイマップ』が廃刊となったところで、つまり右の一文あたりで終止符を打っておいたら、「敗北の美学」も歌え、恰好よかったのだろう。しかし生きるということ

manthly town magazine

プレイマップ

読者と関係者の皆さんへ

プレイマップは、これまで新都心新宿ＰＲ委員会から発行されてきましたが、その使命と役割が、一九六九年六月の創刊号から数えて三十四号を迎えたこの四月号をもって、終ることになりました。

そして次の五月号からは、一般市販誌として株式会社マドラから発行することになりました。つまり、新宿から巣立って、一人立ちすることになったわけであります。果して一人歩きができますか、どうか。それはともかくとしまして、分岐点に立っている編集者の心ずもりのようなものを、手短に語ることで、プレイマップを今日の時点まで育てて下さった読者のみなさん、そしてすべての関係者のみなさまへの御挨拶にかえさせていただきたいと思います。

単刀直入に申しますと、プレイマップが今日までやろうとしてきたことは、ＰＲ誌という足枷と制限の中で、いかにしたら、〈誌上広場〉は可能か、ということでした。〈誌上広場〉とは、自由な思想、自由な発言、自由な創作、自由な生きざまといったものを自由に表現しうるメディアとなることであります。こんなことはいまさらプレイマップなどにイキがって言われなくたって百も承知と笑われたことでしょうが、こちらもそれ承知でイキがりましたのは、あまりにもそのような場がチマタに少ないからでございました。

かつて〈西口広場〉が、ある日とつぜん〈通路〉に変えられてしまうという奇妙な事件がありましたが（プレイマップはちょうどその頃誕生したのです！）あの事件で新宿はずいぶん評判を落としたものですが（ということは、プレイマップも泥をかぶったということでございます、赤子の身で！）、あれは別に新宿だけが保守反動であったからの現象ではなかった。日本国中のあらゆる街にないだけではなく、政治の場にも、経済の場にも、教育の場にも、文化の場にも、そしてマス・コミュニケーションの場にさえも、わたしたちの〈広場〉なんてないのだ、あるのはただ〈通路〉だけなのだ、という事実を、あの事件はわたしたちによく教えてくれたものでした。とすれば――ないものをいかにあらしむるか。なんだかアラジンの魔法のランプを頼むようで心もとない話めきますが、まさにこのないものねだりの精神こそが、プレイマップというメディアを作り続けてきた情熱原点であったのです。

街はいったい誰のものなのか？もしかりに誰かさんのものであるとしたら、どうして誰かさんのものだけにしておいて、わたしたちのものとしないのだろうか？　わたしたちのやり方考え方はそんなふうであった。キザな言い方をすれば、そういうやり口でしか、荒野に花を咲かせるなんて作業は不可能であったからでございます。

タウン・マガジンが本当の意味で開花するためには、もっともっと多勢の人々が、わたしたちの〈街〉、わたしたちの〈広場〉にこだわり続ける土壌が必要であります。

わたしたちはその時が必ずや訪れることを信じている。従って新宿という拠点を去る（喪ったのでは決してない！）に際しても、これまで荒野の闇にかかげてきたタウン・マガジンなるランプは降さないつもりでおります。

毛沢東が井岡山から飛び出し、長征に活路を見い出したように、わたしたちも今、新宿から日本列島の様々の都市に向ってささやかな長征（ちょっとオーバーかな？）の途につこうと決意しているのであります。姿を見かけたら声でも（本音は買って下さいってことですが……）かけて下さい。よろしくお願い申し上げます。

☆　☆　☆　☆　☆

●プレイマップ五月号は四月二十日発売の予定です。お近くの書店でお求め下さい。

●なお、編集部は三月一日から左記の新・発行元の事務所に移ります。

千代田区平河町２の５の２　メゾン平河内　株式会社マドラ
電話（２６５）２７６７・２７７６

はけっして恰好のいいものではない。みっともない行為を嫌になるほど繰り返している。そんな恥ずかしい履歴を記録するのは気が重いけれど簡潔に記しておく。

『プレイマップ』の発行を引き受けてくれたマドラという会社は、当時千代田区平河町の国会議事堂が間近に見える高級マンションのような建物内にあったと記憶する。わずか二か月足らずの滞在（まるで観光旅行のようなー）だったし、その後出向いたことも、当時の関係者どころか編集メンバーにも会うという機会もなかったので確認もしていないから、建物のことなどはおぼろげな記憶を辿るしかない。けれども、新宿二丁目の店舗併用住宅小規模ビル二階の貧相な編集室からやって来た私たちには、その建物がひどく不似合いで違和感を感じたことはよく覚えている。ただし月給が約二倍にUPしたことは同道した児島、上田両君と共に歓声をあげて喜んだ。たぶん新宿時代の月給が安過ぎたのだろう。だがこれはたった二か月の糠喜びで終った。

マドラに発行が引き継がれた『プレイマップ』五月号は、市販誌として再スタートを切ることになった、いわば創刊号だったから、当然編集制作には力が入った。表紙の絵とデザインは横尾忠則に委嘱した。横尾忠則の表紙画は、古《いにしえ》のインドの王妃と貴婦人らしき妖艶なふたりの美女が深い森の奥の湖水を背景にして談笑しているといったコラージュの絵柄が金箔に縁取られて描かれているという作品で、まさに〝横尾ワンダーランド〟だった。表紙としては申し分のない出来栄えだったけれど、先頃まで〝チープ・シック〟に、新宿のタウン誌を制作していた私にはいささか眩しすぎて異郷に紛れ込んだような途惑いを感じないでもなかった。

しかしそんなことに途惑ってなどいられない事件が、またしても初っ端から勃発した。『新宿プレイマップ』の創刊号の時に生じた掲載不適切を発行元から命じられる事件が、この時にも起きてしまったのだ。どんな原稿がレッド・カードの宣告を受けたのだったかはもう忘れたが、たしか数本の原稿が没になった。一本だけ覚えているのは、アメリカのヒッピーたちの間で愛読されていたと聞く、『マリファナ・クック・ブック』（と記憶していたが、正確な書名は忘れた）という小冊子の要約を翻訳した記事だった。締切間際だったので、どの原稿のどんな部分が掲載不適切なのかという確認もせずに、代替の原稿を急遽依頼して、発行にこぎつけた。

不愉快な事件だったが、これによって面白い好結果も生じた。掲載不適切と宣告されて穴の開いたページを埋めるために、当初予定していた、「瞑想ライフスタイル⑤＝ビートニック詩人アレン・ギンズバーグ（執筆者＝飯村隆彦）の特集ページを拡大し、複数の執筆者に参加してもらうことで、より充実した特集を組むことができたことだった。急遽、この特集記事に参加してくれた執筆者は吉増剛造、岡田隆彦、諏訪優、中上哲夫、内田栄一の五人だった。また、ギンズバーグの代表的な長詩『吠える』（諏訪優訳）を全文掲載することもできた。

僕は見た　狂気によって破壊された僕の世代の最良の精神たちを
飢え　苛立ち　裸で夜明けの黒人街を
腹立たしい一服の薬《ヤク》を求めて
のろのろと歩いてゆくのを

この有名な冒頭の詩句で始まる『吠える』は、ビートニック詩人アレン・ギンズバーグを広く世に知らしめた代表作で、一九五六年にサンフランシスコで詩人ローレンス・ファリンゲティが経営していたシティ・ライツという小さなズバーグは新しい価値、新しい文化の発芽であり、蔓延なのだ。

これまでわたしは、ほとんど詩人格としてのギンズバーグにふれてきたが、むろんその文学から学んだもの、触発されたものが非常に多いことはいうまでもない。いま、そのいちいちについて語ることはできないが、たとえばその、力強いスピーチ・リズム、カタログ詩、フィジックなものとメタフィジックなものとを結合させてポエジーを現出させる詩法、長大で散文的な詩型、さらに詩の題材は無限であることなど。だからギンズバーグはわたしにとっては詩のエンサイクロペディアでもあったのだ。

さらに、ギンズバーグにふれた結果としてビートニックな詩人ばかりでなくウィリアムズその他現代アメリカ詩人の作品にふれることにもなったし、ホイットマンを読み返えすことにもなったし、さらにアメリカ文学やアメリカそのものにもかかずらわることになったのである。わたしが現在、ケルアックを愛好し、もっぱらアメリカ文学をやっているのは——英語しか読めないこともあるが——ギンズバーグのせいだとさえいえるのである。そうすると、ギンズバーグはわたしにとってアメリカ入門、アメリカ文学入門であったともいえるのだ。

こんなふうに書いてきて、いま、改めてギンズバーグって大変なんだなあ、と考え込んでしまうのだ。すべてはギンズバーグから始まった?! そしていまなおその余波のなかを漂いつづけているなんて、われながらまったく愕然とするものがある。こんな想像をしてみたことがある。——ギンズバーグに片桐ユズルに白石かずこ、それにサムシングというスパイスをふりかければ、中上哲夫の詩篇は生まれるんじゃないか？

むろん、こんなことはばかげた想像である。しかし、だからこそやっぱりギンズバーグを総括しなくてはならぬ、と強く思うのである。総括——ビート詩人といわれるわたしにとってギンズバーグとはなにか？

わたしはわが国では数少ないビートニックな詩人の一人と見られており、ギンズバーグの影響をたびたび指摘されてきた。改めて他人から指摘されるまでもなく、それはわたしにとっても自明な事実だが、問題はその影響の内容であるし、ギンズバーグの把握の仕方であると思う。影響という問題は決して一筋縄でなえる問題ではないし、まして当の本人にしてみればなかなか十全には認識できないものだ、というのがわたしの正直な気持である。

ここでおもしろいと思うのは、わが国におけるギンズバーグ研究の第一人者、諏訪優である。正直にいって、初めは諏訪優の詩篇とギンズバーグはなかなか結びつかなくて、なんでこのひとがギンズバーグをやっているのだろうといぶかったものである。ところが、である。一昨年あたりからギンズバーグが彼の詩篇に露頭しだしたのだ。その間、一〇年以上。影響というのは、それほど深い場所で作用するものなのかと、このごろのわたしは変に考え込んでいるのである。

思えば、わたしはまだ自分の詩学も詩法も形をなしていないときに、ギンズバーグの詩篇を読んだので、それだけに一層全身的にその影響を浴びてしまった、そしてその大きな影響を自分なりに消去しつつギンズバーグを摂取するという方法でおのれの詩学と詩法を発見し、創造してきた、といえるかもしれない。そして影響、受容といったことは決して一回性でもシンプルなものでもないのでわたしにおけるギンズバーグは決して終ったのではない。むしろギンズバーグ・ショックのおさまった現時点でこそ、わたしは新たにそして徐々にギンズバーグを読んでいるのかもしれないのだ。

いずれにしろ、ギンズバーグに触発されて詩篇を書き始めたわたしにとって、ギンズバーグは「詩人以上の存在」であるように思う。というのは、単に文学的な範囲にとどまらずわたしのライフ・スタイル、ハウ・トゥ・リブにまで決定的なそして強力な一撃を与えたからである。ローレンス・ファリンゲティは「彼（アレン・ギンズバーグ）に」という詩篇をつぎのように書き出しているのは、けだしさすがである。

彼は戻ってきた予言者の一人である
彼は戻ってきたカツラ頭の予言者の一人である
彼は旧訳聖書の顎髭をはやしていたが
**　パターソンでそってしまった**
彼はポエトリー・リーディングではまさに
**　動くマイクロフォンである**
そして彼は一人の詩人以上の存在である

アレン・ギンズバーグとはなにか？ この、詩人であると同時に、「詩人以上の存在」はどう総括すべきなのだ？ たとえ怠惰といわれようともわたしにはどうしても総括できないのである。それは、つまりそれだけ長くかつ深くわたしがギンズバーグにかかわってしまっているというなによりの証拠であろう。

アレン・ギンズバーグとは、やはり、わたしにとって圧倒的な詩人なのである。

「吠える」を書いた当時のアレン・ギンズバーグ

右から小島素治・著者・諏訪優

出版社兼書店から出版された詩集におさめられていた。発売されると若者たちの間ですぐに評判になったが、追うようにして警察と税関によって発売が禁止され、裁判にもかけられたという話題の詩だった。発売禁止になった理由は、ワイセツ容疑だったということだが、アメリカの肥大化した物質文明の病根を鋭く批評している内容が危険思想として当局からマークされたとも言われてきた。

私には、『マリファナ・クック・ブック』のような翻訳記事が掲載不適切の烙印を捺される一方で、その代替として紹介した『吠える』のような詩の掲載が容認されるということが、何とも面白く不可解な現象に映った。しかし歴史をふり返るなら、言論と思想の自由を表現しようとする者と、これを既成の価値観や権力の論理で押さえこもうとする者たちとの闘争はシーソー・ゲームのように展開されてきたのである。

このほかマドラ版『プレイマップ』五月号では、西江雅之（人類学者）とおおえまさのり（映像作家）の対論「物質文明の海で溺れないための遊泳術考」（70年代を生き抜くための航海談論⑪）、来日した映画『小さな恋のメロディ』の映画プロデューサー、ディヴィド・パットナムの人物評伝

（インタビューと文＝三橋一夫）、神戸の異人館を拠点にして斬新なリトルマガジン『サブ』を編集・発行している小島素治と詩人・諏訪優の対談、小島素治探訪記「ウエストコーストの風に吹かれて」（文＝浅井慎平・本間健彦）など、主要記事の目次を並べただけでも推察いただけると思うのだが、『新宿プレイマップ』時代の編集スタイルを継承しながらも、より進化が目指された。

木下功と組んでニュージャーナリズムとしてのタウン誌作りが今度こそできるかもしれないという大きな期待を抱いて、私は、新宿時代の編集スタッフ、児島敬子と上田功の二人と共にマドラへ移ったのだった。『新宿プレイマップ』時代、中・後期の主要な記事だった「70年代を生き抜くための航海談論」や、「瞑想ライフスタイル」というシリーズの連載が、マドラ発行の『プレイマップ』でも主要記事となっているのは、『新宿プレイマップ』の編集方針をそのまま引き継いでもよいという移籍の基本的な条件があったことと、四月号で新宿PR委員会発行の『プレイマップ』が廃刊となり、間をおかずに五月号をマドラから発行しなければならなかったという時間的な制約のためだった。追々、編集の内容を変えていく必要があることは当然だとは、私も思っていた。

大変回りくどい説明でわかりにくいかもしれないが、経緯はそういうことだった。それゆえ私は目の前の編集作業に追われる日々を過ごしていたのだった。

ところが、事態は私の知らないところで急展開していたのである。

五月号を校了して、六月号の編集作業にかかろうとしていた時だった。

「熱海で打ち合わせをしたいので来て欲しい」

と木下功から告げられた。

私は、『プレイマップ』の五月号、マドラ版の創刊号が上がり刊行されたので、その打ち上げの小宴でも熱海で開いてくれるのかな……などと暢気なことをかんがえながら、指定の日、熱海の所定のホテルへ出向いた。

だが、海岸沿いのホテルに夕刻到着して、マドラの面々とテーブルを囲んだ時、瞬時に気づいた彼らの硬い沈痛な表情は、私の暢気なかんがえを一挙に吹っ飛ばした。たぶんその席には、社長の天野祐吉、木下功、それに『プレイマップ』の制作担当者になった何人かもメンバーとして参加していたはずだけれど、その顔ぶれを特定することも、その席でどんな話し合いをしたのかということも、よく憶えていない。人間は嫌な事は忘れたがるものというから、この会議は私にとってよっぽど不快なものだったのだろう。

私がその時のことで覚えているのは、会議が終った後に木下功と二人だけで話し合った時に、彼から聞いた意外な説明だった。

「先の会議で編集の内容を変える必要がある、と言われたが、これって話が違うのではないか。マドラへの移籍は、『新宿プレイマップ』の編集方針を継続することが前提だったはずだ」。

私は、木下に、まずそう食い下がった。彼には甘えられたからだ。

「そのことは、私も、天野さんも、よく承知している。しかし……」

と、木下功は一瞬言いよどんだ後で、サイの目のような細い眼をキラリと光らせ、こんな説明をしたのだった。

じつはマドラには、経営実権を持っているX氏という人物が存在する。実質的なオーナーなのか、大株主なのかについては詳らかではなかったが、大阪に所在する大手印刷会社の社長だという。このX氏が、「現状の編集内容では今後の発行は認められない」と、表明したというのだ。私は、X氏の存在については全くの初耳だったので愕然としたことは言うまでもない。

「編集内容を、どのように変えればいいんですか?」

私はすでに絶望しかけていたけれど、確認だけはしておこうと思い、質問してみた。

「それが……」と、またまた言いよどんだ後、木下は一気に言い切った。

「情報ページだけのタウン誌を作りなさい、と、X社長は言っているようです。それなら発行を続ける、と」。

「えっ、情報ページだけのタウン誌⁉」

私は絶句した。万事休す、だと思った。

「明日、東京へ帰って、児島と上田の意見を聞いてみます。その後に私たちの回答をさせてもらいます」。

私はそう告げて、木下との話を打ち切り、部屋に戻った。眠れないので、夜が白むまで暗い海を茫然と凝視し続け、波の音を聞き続けた。

東京へ帰り、編集スタッフの児島敬子と上田功に顛末を報告して、意見を聞いてみたが、彼らの答えは言うまでもなく、

「辞めましょう。情報ページだけのタウン誌なんて作りたくないですよ」

という結論だった。

私は、木下功に私たちの答えを告げ、進行中の六月号を校了にした後、マドラを退社することを伝えた。

二号を出しただけで最終号となってしまった『プレイマップ』一九七二年六月号の主要記事の目次を紹介しておこう。

●70年代を生き抜くための航海談論（最終回）

宇宙船「地球号」に乗り遅れない為の総括　金坂健二／日向あき子

●瞑想ライフスタイル（最終回）

＊アビー・ホフマン「アビーとイッピー運動について」砂田一郎

＊「アビーとウッド・ストック・ネイション」宮原安春

●インタビュー「富士正晴」本間健彦

●インタビュー「中村敦夫」内田栄一

●「レイモンド・マンゴーの軌跡」室矢憲治

ちょっと脚注的な補足をしておくと、レイモンド・マンゴーはアメリカ人の若い作家だった。彼は、ベトナム反戦運動、コミューン生活、放浪の旅、小さな出版社兼書店の経営、原子力発電に反対して州知事選への立候補等々、この時代最先端のムーブメントに身を投じてきた。室矢憲治の記事には「この奇妙に透明でナイーヴな若者が、六〇年代後半の動乱の時代をどのように生きたか、どんな軌跡を描いて駆け抜けてきたか」というライフストーリーが記されている。室矢憲治に紹介されて、その頃来日していたレイモンド・マンゴーに会ったことがあるが、アメリカ人には珍しく背の低い、一見ひ弱そうな若者に映ったけれど、全く新しいタイプのアメリカ人の若者であり、絶滅危惧種の人類の群れから脱出してノアの箱舟に乗り込むことができるかも知れない選良のひとりだった。後に翻訳されて出版された著書の一冊『就職しないで生きるには』(訳＝中山容、晶文社、一九八一年)は、七〇年世代の隠れたベストセラーになっている。

最終号となった『プレイマップ』一九七二年六月号の横尾忠則がデザインした表紙画には、今にも崩壊しそうな岩棚に腰掛け、地獄の血の海と思《おぼ》しき光景を見下ろしているキリストと、血の海を越えてキリストのもとへ飛び立って行こうとしている天女の姿が描かれ、前号と同様に金箔の縁取りが施されていた。

僅か二号で消えているマドラ版『プレイマップ』については、これまで誰にも語られてこなかった。たぶんマドラの社史のようなものにも履歴として記されていないのではないか。私自身もなるべくなら触れたくないという思いが強く、長いあいだ沈黙してきた。不幸な出自の子のように見捨てられてきた、そんな〝幻のタウン誌〟だったのである。

二年後の一九七四年に『ぴあ』という情報誌が出現して、若者たちの評判になっているというニュースに接した時、私は一瞬「おっ！」と思った。〈そうか、X氏が作れと言っていたのはこういう情報誌のことだったのか……〉と忘れようとしていた出来事が思い出されたからだった。〈経営者というのは凄いものだな！〉そんな所感も抱いたが、すぐに関心は薄れてしまった。

その頃、下北沢の木賃アパートでひとり暮しを始めていた私は、よく通っていた近所の喫茶店で、『古新聞』という名のミニコミ紙に出会い、愛読していた。通称マンジェロと呼ばれていた青年が出していたワラ半紙にガリ版刷りの、このミニコミ紙には、「先週は雨の日に始まって雨の日で終った感じですが、その間ずっといい天気だったので、ぼくは、散歩と洗たくに精を出したのです」……そんな調子で自分自身と仲間たちの日常や思いが綴られていた。『古新聞』を喫茶店で珈琲を飲みながら読むのは、あの頃の私の愉しみのひとつであり、ささやかな希望の蘇るひと時だった。

私もいつかミニコミを作ってみようと思った。そのためには自分の生き方を、まず変革する必要を感じた。私の修行は、タウン・オデュセイアとして再び三度《みたび》歩み始め歩み続けることだった。

『新宿プレイマップ』総目次

［1969年］

7月号（創刊号）

TOWN'69（イラスト・ルポ）＝湯村輝彦　新宿紳士録その1＝吉村育矢　焼け跡派の〝じゅく〟望郷（対談）＝野坂昭如・矢崎泰久　スクリーン番外地「人斬りお勝『邪悪の輝き』」＝草森紳一　アソビ人間研究①殿山泰司＝本間健彦　星のきれいな新宿（小説）＝田中小実昌　イラストレーション＝灘本唯人　写真＝柳沢信・早崎治　表紙＝山下勇三（10月号まで）

8月号（2号）

TOWN'69＝黒田征太郎　〝新宿育ちのお銀さん〟（対談）＝江波杏子・矢崎泰久　空飛ぶズボン（小説）＝土屋耕一　反戦旗手チャンドラー（小説）＝河野典生　新宿紳士録その2＝吉村育夫　スクリーン番外地「藤純子論」＝草森紳一　アソビ人間研究②横尾忠則＝本間健彦　イラストレーション＝灘本唯人・柳生弦一郎　写真＝柳沢信・立木義浩

9月号（3号）

TOWN'69＝中野明美　PLAY MAP考現学・新宿における時計のおしゃれ学　ヨーロッパ悪口雑言（座談会）＝和田誠・湯村輝彦・阿部隆夫・山下勇三　スクリーン番外地〝映画は前で見ろ〟＝草森紳一　末広亭楽屋噺＝三遊亭円窓（71年6月号まで）　アソビ人間研究③浜口庫之助＝本間健彦　新宿第九レース（小説）＝山野浩一　新宿紳士録その3＝吉村育夫　イラストレーション＝松本はるみ　写真＝柳沢信

10月号（4号）

TOWN'69＝山崎英介　コラム戯評＝加太こうじ・河原淳・山野浩一・森秀人　茂一ぷれい対談・「夜明けの新宿」を唄うさわやかなコマ・ガール＝田辺茂一・大西睦美　新宿紳士録その4＝吉村育夫　花之新宿文化人双六（アンケート）＝富永一朗・金子光晴・梶山季之・竹中労・山口瞳・渥美マリ・宇野鴻一郎・永六輔ほか　ミュージック・セミナー＝岡正（12月号まで）　スクリーン番外地「やくざ映画の葬儀場面」＝草森紳一　アソビ人間研究④植草甚一＝本間健彦　写真＝早崎治

11月号（5号）

TOWN'69＝松永謙一　サンレモ音楽祭（座談会）＝岸洋子・河合秀朋・金子貞男・伊藤強　新宿音楽祭は〝現代の祭典〟になりうるだろうか＝一柳慧　プレイマップ考現学・新宿音楽地図＝牧家弘　茂一ぷれい対談・新宿を彼女は歩いてゆく……＝田辺茂一・波瀬満子　音楽的世代のプロフィール＝河竹禅　コラム戯評＝浜野安宏・河原淳・山野浩一・森秀人　アソビ人間研究⑤戸川昌子＝本間健彦　写真＝柳沢信　表紙＝湯村輝彦（71年12月号まで）

12月号（6号）

TOWN'69＝中原収一　新宿広場今昔（座談会）＝伴淳三郎・森光子・黒沢年男・田辺茂一　新宿アルコーリックナイト＝福中宏允　スクリーン番外地　この臆面もない名調子　映画の宣伝文＝草森紳一　アソビ人間研究⑥永六輔＝本間健彦　コラム戯評＝森秀人・河原淳・山野浩一・浜野安宏　イラストレーション＝松永謙一　写真＝柳沢信・一村哲也

［1970年］

1月号（7号）

TOWN'70＝真鍋博　新宿未来地図（座談会）＝岡本太郎・郭茂林・藤森作次郎　未来の新宿（マンガ）＝おかべ幸一　十年後の新宿＝吉行理恵　新宿は新宿だから新宿を広場に＝小山内宏　そのうち〝新宿通り〟ってのがはびこるぞ＝土屋耕一　山盛りのウンチ然＝長新太　新宿ゆきの電車が三分間停車しているときに＝植草甚一　スクリーン番外地「鶴田浩二と出獄」＝草森紳一　アソビ人間研究⑦唐十郎＝本間健彦　新宿音楽祭をふりかえって＝殿生文男　墓場（詩）＝塚本晃生　写真＝高梨豊・沢渡朔・柳沢信

2月号（8号）
TOWN'70＝伊坂芳太良　スクリーン番外地「深夜映画のはしご」＝草森紳一　スクリーンイメージ＝押山まさる　新宿の酒呑童子たち＝佐藤重臣　新宿・しんじゅく・シンジク＝宮井陸郎　あれから八年＝葛井欣士郎　新宿は女性であるか＝小川徹　映画出演と私＝田辺茂一　新宿と映画＝白石かずこ　アソビ人間研究⑧寺山修司＝本間健彦　写真＝深瀬昌久　イラストレーション＝久里洋二・後藤一之

3月号（9号）
TOWN'70＝後藤一之　私的遠近法による新宿戦後歌謡曲史＝内田栄一　新宿と歌謡曲＝長谷部日出雄　私の愛しい〝浮気な女〟＝加藤登紀子　どうせ作詞家＝永六輔　ストップ・ザ・シンジュク＝萩原朔美　スクリーン番外地「予告編論」＝草森紳一　写真＝沢渡朔・林弘史　イラストレーション＝山藤章二・水田秀穂・東君平・舟橋全二・古川タク・橋本勝

4月号（10号）
TOWN'70＝矢吹申彦　札幌ラーメン論＝石堂淑朗　新宿縁我帳＝金井美恵子・加賀乙彦・虫明亜呂無　木曜日には結婚しましょう（小説）＝白石かずこ　映画人生案内＝本間健彦　イラストレーション＝阿部隆夫・渡辺千尋　写真＝小川隆之

5月号（11号）
TOWN'70＝古川タク　競馬新聞論＝山野浩一　快いざわめきの街・新宿＝結城昌治　新宿ジーパンブルース＝福島晶子　フィクションとしての新宿＝村木良彦　舞踏家笠井叡＝塚本晃生　映画人生案内＝本間健彦　イラストレーション＝たなべみえこ　写真＝遠藤正・小川隆之

6月号（12号）
TOWN'70＝舟橋全二　恋愛論＝中嶋夏　男が男に惚れられるそんな男になってこそ男の中の男というものだ＝千代田朗　怪談は或る夜新宿で起こった＝竹内健　新しい私のシュク＝三田和代　いっそ小田急で逃げましょか＝林静一　映画人生案内＝本間健彦　新宿の恋人たち（ルポ）＝本間のり子　イラストレーション＝合田佐和子・林静一　写真＝井出情児・菅井博

7月号（13号）
TOWN'70＝河村要助　喫茶店文明論＝別役実　新宿裁判（座談会）＝内田栄一・小中陽太郎・田中小実昌・本間健彦　新宿博物誌＝筒井康隆　イラストレーション＝脇谷紘　写真＝福島昌子

8月号（14号）
TOWN'70＝高塚せいご　喧論戦シリーズ①演劇（座談会）＝笹原茂朱・平岡久明・橋本勝・久民・南川泰三・二見暁　唐十郎の怨恨＝根本茂男　新宿の股の下われらは流れる＝加藤郁乎　エンガチョ！＝虎見久美世　行くぞこの道どこまでも＝長島一郎　遅まきながらミニ・スカート論＝草森紳一　イラストレーション＝河村要助・谷川晃一　写真＝林弘史

9月号（15号）
TOWN'70＝高橋成器　髭鬚髯＝村松友視　新宿砂漠をジャズが吹く＝相倉久人　演劇・東西の観点＝根本茂男　ムーラン・ルージュありし頃の新宿＝野末陳平　街路コーポ類緑の航海コオヒイ動物マンションのお話を

シモンマチュ――絶筆テーブルです＝芥正彦　エンコ者のジュク観＝斎藤竜鳳　からだの広場・新宿ファッション仁義＝内田栄一ギーコ繚乱＝長島一郎　写真＝安士修三

10月号（16号）

TOWN'70＝樋口太郎　嗚呼、堂々の巨人軍！＝清水哲男　喧論戦シリーズ②ニューロック（座談会）＝内田裕也・鈴木ヒロミツ・大滝詠一・相倉久人・久民　新宿縁我帳＝緑魔子・太田治子・浅川マキ　三島由紀夫論＝芥正彦　新宿の黄金バットがニューヨークではばたいたぞ＝遠藤正・篠原有司男　イラストレーション＝川崎のぼる・中村宏

11月号（17号）

TOWN'70＝和田誠　コンクリート・ポエジー＝塚本晃生　新宿は外側の町＝平岡正明　新宿・映画・青春＝松本俊夫　花の人生流れ者（対談）＝相倉久人・内田栄一　創造母体としての〈さすらい〉世代＝望月照彦　FLOW生活＝久民　〝わたし名刺持ってる転落者です〟＝増谷暢子　写真＝井出情児　フォト・スケッチ＝川人忠幸（71年11月号まで）

12月号（17号）

TOWN'70＝小林泰彦　制服＝森秀人　個有に留まろうとして普遍を獲得するということ（座談会）＝朝倉摂・粟津潔・中平卓馬・石川弘義　これはそれらしい変わった服装でも有名になったらしい人の話らしい＝河原淳　おらっちの町のプディック考＝今上武蘭人　翼のない鳥（小説）＝鈴木いづみ　ジャック＆ベティ＝河村要助（71年12月号まで）　写真＝高瀬芳夫

［1971年］

1月号（19号）

極私的盛り場潜りは夢の屋台組み、その一浅草潜り＝鈴木志郎康　コラム＝三遊亭円窓・村松友視・塚本晃生・別役実・清水哲男・平昌司　女性歌手周遊雑記①白けて吠える遠い目・藤圭子＝草森紳一　レディ・マドンナ（小説）＝小林幸男　24時間都市交番白書（ルポ）＝森詠　イラストレーション＝藤本蒼・奥山民枝　写真＝内藤正敏

2月号（20号）

三島由紀夫はノオーエ＝三遊亭円窓　竜虎派出勝ち北の富士＝村松友視　〝女銭ゲバ〟デヴィ夫人＝塚本晃生　ファッションモデルとピーナッツ＝清水哲男　続三島由紀夫論＝芥正彦　極私的盛り場潜りは夢の屋台組み、その二橘銀座潜り＝鈴木志郎康　非デザインまたはナンセンスへのプロレゴーメナ①ふん！今週は幸先がいいぞ＝平昌司　女性歌手周遊雑記②私の心に鐘が鳴る・渚ゆう子＝草森紳一　ロスアンゼルスと詩人たち＝諏訪優　イラストレーション＝滝田ゆう　写真＝中川政昭

3月号（21号）

青森の川村由松＝三遊亭円窓　レネ・バリエントス＝村松友視　〝謎の人物〟シモーヌ・お春＝塚本晃生　吉田真由美＝清水哲男　女性歌手周遊雑記③八〇〇円のつけ睫・和田アキ子＝草森紳一　極私的盛り場潜りは夢の屋台組み、その三八重洲大地下街潜り＝鈴木志郎康　非デザインまたはナンセンスへのプロレゴーメナ②どっちがスケベエか＝平昌司　〝オンゴ〟もらわば＝平岩正昭　力の競馬を＝武市好古　ある〝いなか者〟の手記（小説）＝一寸宏　カトマンドゥのイッピー＝ケンタゴール・ミサワ　写真＝荒木経惟

4月号（22号）

街＝虫明亜呂無　風化の極地・鈴木いづみ＝内田栄一　ジョンレノン・ヨーコ＝横尾忠則　緋牡丹のお竜命＝斎藤竜鳳　アントニオ猪木　追分三五郎よ何処へゆく＝村松友視　女性歌手周遊雑記④ブルー・チーズのような女・西田佐知子＝草森紳一　非デザインまたはナンセンスへのプロレゴーメナ③ルンペンはルンペンである＝平昌司　極私

的盛り場潜りは夢の屋台組み、その四北千住界隈潜り＝鈴木志郎康　競馬航海日誌＝高石英太郎（5月号まで）　イラストレーション＝つげ忠男・山上たつひこ・武士勇吾　写真＝川人忠幸

5月号（23号）

街＝寺山修司　クレイは誰に負けたのか＝菊村到　極私的盛り場潜りは夢の屋台組み、その五人形町床屋潜り＝鈴木志郎康　女性歌手周遊雑記⑤うしろ指なら馴れてるさ・都はるみ＝草森紳一　非デザインまたはナンセンスへのプロレゴーメナ④持ちつ、持たれつ堕落する＝平昌司　愛のとんかつ＝竹邑類　イラストレーション＝鈴木悦子・木村道弘　写真＝荒木経惟・遠藤正

6月号（24号）

街＝富岡多恵子　極私的盛り場潜りは夢の屋台組み、最終回新宿言葉言葉潜り＝鈴木志郎康　70年代を生き抜くための航海談論①漂流＝五木寛之・東由多加　女性歌手周遊雑記⑥真昼の月・夜の太陽・上月晃＝草森紳一　詩のコラム＝諏訪優（12月号まで）　非デザインまたはナンセンスへのプロレゴーメナ⑤現実とイメージの相剋＝平昌司イラストレーション＝鈴木康司・佐藤晃一・松平維秋・彦凪ワタル・石丸忍　写真＝細谷秀樹・足利仁

7月号（25号）

街＝三木卓　70年代を生き抜くための航海談論②南へ＝三沢憲司・鈴木悦子　女性歌手周遊雑記⑦正義とニキビ・水前寺清子＝草森紳一　ＤＯＩＴについて＝魚江藍　円窓の実話読物＝三遊亭円窓（12月号まで）　イラストレーション＝鈴木悦子・高信太郎　写真＝清水彰

8月号（26号）

街＝田村隆一　独眼流支離滅裂考第一話　触れて見ることについて＝平昌司　70年代を生き抜くための航海談論③ザ・ビートルズ＝芥正彦・音楽評論家Ａ氏　女性歌手周遊雑記⑧ためいきよ風に散れ　斬れるものなら切ってみな・美空ひばり＝草森紳一　やし酒のみのこと＝魚江藍　イラストレーション＝若尾慎一郎・田島董美・空山基

9月号（27号）

街＝長田弘　70年代を生き抜くための航海談論④結婚＝白石かずこ・宮谷一彦　女性歌手周遊雑記⑨空洞のドス・日吉ミミ＝草森紳一　ＤＪ屋のことについて喋っちゃうと＝森直也　ホントにホットなニューヨークの夏＝大和純　純文学風ポルノ？　倉橋由美子《夢の浮橋》＝魚江藍　イラストレーション＝佐藤晃一

10月号（28号）

街＝岡田隆彦　70年代を生き抜くための航海談論⑤犯罪＝赤瀬川原平・唐十郎　自由なんて自分で見つけるもの＝高田渡　リバティー＆フリーダム＝角張和敏　霞の音・ピンクフロイド＝上田功　好きなものは好き嫌いなものは嫌い！＝児島敬子　酔生夢死的24時間＝本間健彦　女性歌手周遊雑記⑩何故に誰故に・ヒデとロザンナ＝草森紳一　独眼流支離滅裂考第二話　独断を超えるものについて＝平昌司　マンダラファッション＝福田みずほ

11月号（29号）

街＝吉増剛造　にっぽんロック元年＝片岡義男　ジミー・ヘンドリックスは魔薬？＝石丸忍　ぼくたちのロックから、ぼくだけのロックへ＝今野雄二　ロック・ミュージシャンの生きざま＝水上はる子　望遠鏡の中でのみ浮上したレッド・ツェッペリン＝本間健彦　女性歌手周遊雑記⑪「中年男」と「中途ハンパは止めて」・奥村チヨ＝草森紳一　イラストレーション＝矢吹申彦

12月号（30号）

街＝清水昶　70年代を生き抜くための航海談論⑥越境＝池田正一・内田栄一　御存知、長島茂雄考・二流の鬼っ子＝村松友視

独眼流支離滅裂考第三話　一人称としての歴史について＝平昌司　女性歌手周遊雑記最終回すっぽかしの魂・カルメン・マキ＝草森紳一　イラストレーション＝石丸忍　写真＝篠山紀信・遠藤正

［1972年］

1月号（31号）

街＝渡辺武信　瞑想ライフスタイル①ボブ・ディラン＝三橋一夫　70年代を生き抜くための航海談論⑦街路棲息者＝吉増剛造・清水昶　無礼地図その1・佐藤エーサク氏＝嵐山光三郎　その2・大学祭の季節＝諏訪優　その3・犬と犯罪＝赤瀬川原平　BABEのためのロックコラム①デイビッド・クロスビー＝宮原安春　新宿おとし話（マンガ）①ほも太郎＝高信太郎　路上視観・ニース＝岡田隆彦　路上視観・東京＝新藤厚　アナザー・ライフ＝石丸忠（4月号まで）　イラストレーション＝矢吹申彦・佐藤晃一・いとーふみを・中村征二　写真＝長尾猛・元永良人・細谷秀樹　表紙＝羽羅多平吉（4月号まで）

2月号（32号）

街＝高橋睦郎　70年代を生き抜くための航海談論⑧ニューメディアへの旅＝天野祐吉・小島素治・遠藤正　瞑想ライフスタイル②ジョン・レノン＝ふじいせいいち　BABEのためのロックコラム②エルトン・ジョン＝宮原安春　無礼地図その1・「怪傑紅ショーガ」氏＝嵐山光三郎　その2・若者と愛国心＝諏訪優　その3・年の暮れとお正月の関係＝赤瀬川原平　その4・マスコミパトロール＝清水哲男　独眼流支離滅裂考第四話　大いに飼い主の手を噛むべきことについて＝平昌司　百目妖怪＝草森紳一の視姦術＝坂崎靖司　路上視観・鳥＝浅井慎平　写性の彼方へ＝嶋岡晨　新宿おとし話②嗅ぐや姫＝高信太郎　写真＝鋤田正義・浅井慎平・清水彰

3月号（33号）

街＝片桐ユズル　瞑想ライフスタイル③ローリング・ストーンズ＝中上哲夫　BABEのためのロックコラム③CCR＝宮原安春　70年代を生き抜くための航海談論⑨ユートピア的「教育」のすすめ＝寺山修司・末永蒼生　ロック・オン・ウーマンリブ①オノ・ヨーコ＝水上はる子　無礼地図その1・相対性電話の中間報告＝赤瀬川原平　その2・詩とニュージャズのこと＝諏訪優　その3・マスコミパトロール＝清水哲男　その4・噂の夜桜銀子＝嵐山光三郎　新宿おとし話③暮島太郎＝高信太郎　独眼流支離滅裂考第五話　良心のための抵抗について＝平昌司　路上視観・ロンドン＝水上はる子・石坂敬一　エクスタシーオブファッキング（フィルムジェネレーション・ルポ）①＝ふじいせいいち　写真＝沢渡朔・仲佐猛・清水彰・金正坤

4月号（34号）

街＝渋沢孝輔　瞑想ライフスタイル④毛沢東・その人間と戦略＝小山内宏　老年ケニア・横井伍長＝嵐山光三郎　70年代を生き抜くための航海談論⑩シラケとひたすらさとのはざまで再点検「労働」＝黒井千次・田原総一朗　エロスを射るロックン・ローラー＝宮原安春　無礼地図その1・雪女＝赤瀬川原平　その2・好奇の眼と横井伍長＝清水哲男　その3・ホモセクシュアルの天使たち＝諏訪優　独眼流支離滅裂考最終回　やっぱり人間について＝平昌司　ロック・オン・ウーマンリブ②メラニー＝水上はる子　ニューシネマ・イン・ニューヨーク＝遠藤正　新宿おとし話④こぶとり爺さん＝高信太郎　路上視観・ロンドン＝水上はる子・石坂敬一　エクスタシーオブファッキング②＝ふじいせいいち　写真＝金正坤・細谷秀樹・仲佐猛

5月号（35号）

座談会・風景の見えるグリーング・ライフ＝小島素治・諏訪優・本間健彦　僕がほんの

ちょっぴり会った神戸　ジャンゴ・オオム・クッキー＝浅井慎平　瞑想ライフスタイル⑤アレン・ギンズバーグ＝飯村隆彦・諏訪優・吉増剛造・岡田隆彦・内田栄一・中上哲夫　70年代を生き抜くための航海談論⑪『物質文明の海』で溺れないための遊泳術・考＝西江雅之・おおえまさのり　クイック・シルバー＝宮原安春　デイビッド・パットナム＝三橋一夫　土曜日の影（短編小説）＝庄司鍵　PEOPLE'72　池玲子（インタビュー）＝坂崎靖司　ロック・オン・ウーマンリブ③キャロル・キング＝水上はる子　室内学入門①＝浜野安弘　原平歳時記①＝赤瀬川原平（6月号まで）　写真＝安井進・井出情児・長尾猛　表紙＝横尾忠則（6月号まで）

6月号（36号）

マスコミ・パトロールパン＝嵐山光三郎　アナザー・ライフ＝石丸忍　走り続けよ・佇ずみながら　レイモンド・マンゴーの軌跡＝室矢憲治　瞑想ライフスタイル⑥アビー・ホフマン＝砂田一郎・宮原安春　70年代を生き抜くための航海談論⑫宇宙船「地球」号に乗り遅れない為の総括＝金坂健二・日向あき子　レオン・ラッセル＝大森庸夫　街の博物誌（短編小説）＝河野典生　PEOPLE'72　富士正晴（インタビュー）＝本間健彦　PEOPLE'72　中村敦夫（インタビュー）＝内田栄一　ロック・オン・ウーマンリブ④リタ・クーリッジ＝水上はる子　中央線よ一直線に飛んでゆけ　彼女の胸に突き刺され＝細谷秀樹　室内学入門②＝桜井順　写真＝安井進・井出情児・長尾猛

餓

あとがき

六〇年代は、私にとって「覚醒の時代」だった。凡庸な〝遅れてきた青年〟が、性に目覚めるように、様々な文化蜂起、カウンター・カルチャー・ムーブメントに出会い、自分がどんな生き方をすべきなのかという命題に目覚めた時代だったからである。

そういう意味で、その後の私自身の人生の原点となった六〇年代の自分の歩みを記録しておこうと、「六〇年代の自分史」というスタンスで、私は本書を書いた。

なぜ「自分史」というスタイルを選んだのか。その理由については、「まえがき」でふれたので重複は避けるけれども、他にも動機があった。それは、自分の歩んで来た道、駆け抜けて来た街のことなのだから、せめて自分の「思いの丈」で綴っておきたいという気持ちからであった。

私の「六〇年代自分史」の主題は、新宿のタウン誌『新宿プレイマップ』とは一体どんな雑誌だったのか、このタウン誌に私がどうして関わるようになり、仲間たち同志たちとどのように作ってきたのか、そのことをどんなかたちで読者に伝えられるかということだった。現物をご覧いただければいいのだけれど、古雑誌はとっくに紙屑として処分されていてこの世に存在しない。手許に残されているバックナンバーで復刻版でも出せればいいのだろうけれど、そんな奇特な出版社があるわけもない。では、どうすべきか。

私はコラージュの手法を採ることにした。『新宿プレイマップ』の主要記事、私の琴線に触れた言葉、関わりのあった執筆者たちの書いた本、私が取材をして書いた記事などから任意に文章やイラストや写真を引用させてもらうという手法で本書を構成した。このような様式こそが、『新宿プレイマップ』というタウン誌の魅力や精髄、六〇年代という時代の特性や雰囲気の一端が的確に伝えられる……と、考えたからだった。コラージュ手法は六〇年代文化の特性のひとつで、物書きの世界では植草甚一、寺山修司、草森紳一らがその名手だった。で、私も本書に、この手法を活用させてもらったというわけだった。

それにしても、なぜ半世紀近くも前の古雑誌のことなどを記録しておく必要があるのか。六〇年代を懐かしんで回顧したいと思ったわけではない。むしろ気持ちは逆で、記録しておこうと思い立ち、当時の足跡をふり返ることは辛かった。羞恥、苦痛、苛立ちに遭遇し、しばしば立往生した。

じつは、その当時は、苦闘しながらも、結構苦闘を愉しんでいたところがあったはずなのである。時代の、というより、正確にはこの時代に台頭したカウンター・カルチャー（対抗文化）の熱気と自分自身の若さが、そんな気分にさせたのだろう。

しかし老兵と化した今、ふり返ると、忸怩《じくじ》たる思いがないでもない。冒頭に私は、六〇年代は自分にとって「覚醒の時代」だったと記したが、私はいったい何に覚醒したのか、という思いに駆られるからだ。

例えば、私自身にとっての六〇年代は、六〇年安保の年から、大阪万博の開催された七〇年まで一〇年間ということになるのだけれど、心情的には『新宿プレイマップ』が創刊された六九年から、廃刊となる七二年までの三年間に集約されて感得されている。

私は、昨年末、政権交代が後戻りして六〇年安保の頃の首相・岸信介の孫が首相の座に帰り咲いたというニュースに接した時、六〇年代が「覚醒の時代」だったという説に異議を唱えないわけにいかなくなった。結局、何も変えられなかったではないか。六〇年代文化はアダ花に過ぎなかったのではないか。そんな徒労感に襲われた。また、三年前、福島の原発事故が起きた時には、一九七一年に福島第一原発一号機が運転開始されていたことに危機感どころか関心も持たなかった無知に気づき愕然とした。私は大阪万博見学には行かなかったのだが、万博の会場に敦賀原発から送電された「原子の灯」がともされたというニュースにも関心を示した覚えのないことにも痛く恥じた。というのも、私たちの世代は、いや大多数の日本人と言い換えてもいいと思うのだが、戦争と核兵器に対しては明確に拒否の態度を堅持するというコンセンサスはあったはずなのだけれど、原発にたいしては胡散《うさん》臭さを感じながらも、断固とした反対を表明してこなかったという思いがあったからだ。「原子力の平和利用」という宣伝を鵜呑みにしたわけではないが、明治維新以降近代化路線を驀進してきた日本と日本人の私たちは、脳裏の奥底に「科学の進歩」という命題が刷り込まれていて、その文脈の中で原発を曖昧に容認してきてしまったのではないか。そんな痛烈な反省を余儀なくされたからだった。

福島第一原発の大事故は、私に、六〇年代末に公開されたアメリカ映画『二〇〇一年宇宙の旅』（監督：スタンリー・キューブリック、一九六八年）の印象的なファースト・シーンを想いださせた。この映画は宇宙船内での宇宙飛行士と、なぜか突然反抗的な態度をとるようになり宇宙飛行士の指示に従わなくなるコンピュータとの奇妙な葛藤を描いた、現代文明の破綻を暗示するようなSF作品だった。だが私の脳裏に蘇ったのは、本編の物語に先立って描かれていた序章の場面だった。そのシーンには太古のアフリカのサバンナに棲息していた猿人たちが骨角器の棍棒を武器にして大型動物を狩猟する場面や獲物の肉を食する姿、あるいは水辺での別の種族の猿人たちとの縄張り争いで、骨角器の棍棒を持った猿人側が、全員丸腰の相手方を撃退する生態が、何の説明もないまま、無声映画のように映像のみが映しだされていた。そして何とも啓示的なフィニシュ・シーンが描かれる。それは、戦いに勝った猿人側のリーダーが、勝利を祝福するかのように持っていた骨角器の棍棒を空高く投げると、その骨角器が一転して宇宙に向かって旅立つ宇宙船に様変わりすという鮮やかなからくりだった。福島第一原発の事故が起きた時、私がこの映画のファースト・シーンを連想したのは、そこに人類文明の破綻を見抜いた黙示録が描かれていたことが鮮烈に蘇ったからなのである。

このように六〇年代が「覚醒の時代」だったという認識には、重大な見落としもあったことは否めない反省すべき点もあるのだけれど、カウンター・カルチャー・ムーブメントが提唱した思想と精神、目指そうとした生き方は、未だ日常に広く定着はしていないけれど、その覚醒は老兵の私の胸の奥底には生き続けている。対抗文化運動の要諦は、どうしたら既成の文明社会に全面的に与《くみ》することのない自分たちの生き方を構築できるかという点にあった。この思想と精神に覚醒しなかったら、『新宿プレイマップ』や『プレイマップ』をもっと一般的な街のPR誌や情報誌として制作する道も拓けたのだ。そんな生き方をしたくなかったので、私は常に解雇も覚悟していたし、廃刊宣告も素直に容認したのだった。しかしそういう生き方を若い人たちに薦めるつもりは全然ない。時代の情勢と私の不器用さがそんな生き方を選択しただけのことで、今の若い世代の人たちにはもっと上手な自分たちの生き方を構築しつつある人が少なからず存在すると思うからだ。

けれども、ますます肥大化し深刻化している高度資本主義社会の歪《ひず》みの下で、就職難に苦労している若者たちや増大する非正規雇用に苦闘しているであろう人びとのことを思うにつけ、私は、六〇年代末に現れた「就職しないで生きるには」という道を選択し、自分たちの生き方を模索し、構築しようとしていた若者たちの存在を思い出す。その後、かれらはどんな生き方を作ることができたのかどうか。その人数はけっして多くはなかったし、中には挫折してしまった者もいることだろう。

私は、これまでにそういう先駆者の何人かに取材して記事を書いてきたし、本も何冊か書いてきた。その中のひとりに東京・高円寺でライブハウスを経営しながら、自分のバンドを持ち、歌い続けてきた仲田修子さんという人物がいるのだけれど、彼女から聞いた言葉に「自分自身で自分の生き方を発明する以外に救われる道はない」という名言がある。この言葉には自分の生き方を発明して生き抜いてきた者の自負と充足感が感じられるだろう。是非とも多くの人びと、とりわけ若い人たちに、自分の生き方を発明してもらいたいと、私は願っている。

自分自身の、その後のことにもふれておこう。

『新宿プレイマップ』が廃刊となり、新宿を離れてシティ・マガジンを目指そうとした『プレイマップ』もたった二号で発行に終止符を打つしかないという経緯を経て、その後の私は、またしても都市の漂流者のような生き方を過ごすことになる。『新宿プレイマップ』を再刊しないかという誘いも二、三あったけれど、すんなり話に乗れなかった。再刊するのなら、今度こそ自立した編集発行人を目指そうと考えていたからだった。しかし、私自身は、市販誌を自立して編集発行する経営基盤を有していなかったし、その基盤を新たに作る経営手腕も持っていなかったので、再刊の夢を果たすことは結局できなかった。

五〇歳の時に、私は二度目の妻を亡くした。途方に暮れた。暗闇から逃れるために私は何かをしなければ身心が保てないという心境に陥った。そういう状況の中でリトル・マガジンを創ろうという気持ちが芽生えた。零細の編集プロダクションで雑誌の発行などできるわけがないと半ば諦めていたのだが、〈そうだ昔、若者たちが作っていたミニコミなら作れるんじゃないか〉――そんな発想が啓示のごとくに閃いたのがきっかけだった。

私は、一九九二年一〇月に東京・北区で『街から』というタウン誌を仲間たちと創刊し、隔月刊で今日まで刊行してきた。

タウン誌は、商業施設の多い繁華街でしか成立しにくい。協賛会員や広告収入が見込めないからだ。北区には大きな繁華街はないので、定期購読者の購読料で印刷代などの直接経費を賄うことを目指した。四〇ページ足らずの小冊子で、カラーグラビアなどはないし、表紙も創刊当初は四色だったが、現在はモノクロという今時の雑誌にしては珍しく質素な雑誌作りを行ってきた。目覚しい発展もしなかったが、今日まで潰れないでやってこられたのは、そんな省エネ小冊子だったからだろう。八年目、五〇号を出したところで、「北区のシティ・マガジン」という看板を下ろした。拠点としての北区を離れたことに理由があったわけではない。

『街から』は、創刊する際の企画書に、

そこに住む人びとのひとりを愛すると、都会はひとつの世界になる。

（ローレンス・ダレル『ジュスティーヌ』）

というエピグラムを掲げてきた。これは、『街から』が、どこか特定の街を対象とするのではなく、あの街この町に住むひとりひとりの有志市民を対象としたタウン誌を目指していることを示した標語だった。

特定の街を拠点として持たない『街から』はタウン誌としての表徴を失ってしまったことで存立を難しくしているけれど、昨年一〇月創刊二〇周年を迎えることができた。目指してきた自立のタウン・メディアとしては弱小で心もとないが、私が元気なかぎり、ライフ・ワークとして発行編集人を務めたいと思っている。

＊　＊　＊

末筆になったが、本書を書くにあたって『新宿プレイマップ』時代の諸作家たちの記事や著作から文章の一節を引用というかたちで活用させて頂いたことにたいして、紙上からで大変恐縮だけれど心からの御礼を申し上げたい。

本書の出版に際しては、前著『高田渡と父・豊の「生活の柄」』に継いで、今回も社会評論社の新孝一さんに大変お世話になった。同じ出版社と同じ編集者によって新著を出版してもらえたことはとても光栄なことと感謝している。

表紙画の作者・成田宙路之（ヒロシ）さんは、二〇歳の時、名古屋から上京して、六〇年代末の新宿を彷徨していたという。彼は画家であり、詩人であり、店舗デザイナーを生業としている多芸なアーティストで、この数年『街から』の表紙画作者としても活躍してくれている。本書の表紙画も、「表紙で売りたいので……」という私の要望に見事に応えてくれ、愉しく、心に染みる私たちの〝心の新宿〟を描いてくれた。どうも有り難う。

それからベンチ裏で裏方として私を叱咤激励してくれた丸井正子にも感謝を！

二〇一三年五月

街から舎にて　本間健彦

［著者紹介］

本間健彦　（ほんま・たけひこ）

1940 年、中国東北部（旧満州）生まれ。

エディターズスタジオ「街から舎」主宰・ライター。

『話の特集』編集者を経て、『新宿プレイマップ』編集長（1969 ～ 1972 年）。

著書に『街を創る夢商人たち』（三一書房）、『戦争の落とし子ララバイ』（同）、『高円寺／修子伝説』（第三書館）、『人間屋の話』（街から舎）、『「イチョウ精子発見」の検証――平瀬作五郎の生涯』（新泉社）、『高田渡と父・豊の「生活の柄」』（社会評論社）などがある。

60 年代新宿アナザー・ストーリー

タウン誌「新宿プレイマップ」極私的フィールド・ノート

2013 年 6 月 15 日　初版第 1 刷発行

著　者＊本間健彦

発行人＊松田健二

装　画＊成田宙路之

装　幀＊後藤トシノブ

発行所＊株式会社社会評論社

東京都文京区本郷 2-3-10　tel.03-3814-3861/fax.03-3818-2808

http://www.shahyo.com/

印刷・製本＊倉敷印刷株式会社

JASRAC　出 1306435-301

高田渡と父・豊の「生活の柄」

●本間健彦

四六判★ 1800 円

1960 年代から 70 年代にかけてのフォークブームを先導した高田渡。詩人であったその父・高田豊は、筆を折り、貧窮のなかで渡たちを育てた。二人の軌跡を取材し、高田渡の原点を追う。

日活ロマンポルノ異聞

国家を嫉妬させた映画監督・山口清一郎

●鈴木義昭

四六判★ 1800 円

1972 年、性の思想を問う日活ポルノ裁判。日活ロマンポルノは国家を嫉妬させたのか？　猥褻とは、映画とは何か？孤高の監督が遺したインタビューから、70 年代の秘められた映画史に迫る。

昭和桃色映画館

まぼろしの女優、伝説の性豪、
闇の中の活動屋たち

●鈴木義昭

四六判★ 2200 円

日本映画史を彩る「ピンク・ポルノ映画」。女優、男優、監督インタビューでたどるルポルタージュ決定版封切。

［増補］戦後演劇

新劇は乗り越えられたか

●菅孝行

四六判★ 3200 円

演劇史とは、人間の身体表現と、それを見ることを介して生み出される固有の出来事の精神史である。脱新劇を目指した 60 年代演劇から 90 年代の変貌する演劇まで、その問題構造を剔出する。

宇宙戦艦ヤマトと 70 年代ニッポン

●アライ＝ヒロユキ

四六判★ 2300 円

1977 年、宇宙戦艦ヤマトは一気に社会現象になった。アニメ・サブカルチャー文化／資本の成立を刻印したその作品世界を詳細に分析し、この時代の社会・文化思潮と重ねて論じる。

語りの記憶・書物の精神史

図書新聞インタビュー

●米田綱路編

A 5 判★ 2500 円

「証言の時代」としての 20 世紀、掘り起こされる列島の記憶、身体からつむぎだされることば。図書新聞のロング・インタビューで語りだされる、アクチュアリティに満ちた問題群。

伝説の編集者・巖浩

「日本読書新聞」と「伝統と現代」

●井出彰

四六判★ 1800 円

『吉本・谷川新聞』などと戯称されつつ、安保闘争後の思想状況を切り開いた『日本読書新聞』。低迷する 80 年代に思想の孤塁をまもった『伝統と現代』。老辣無双のリベルタンの軌跡。

新版 路上のマテリアリズム

電脳都市の階級闘争

●平井玄

四六判★ 2300 円

都市の支配的メディアのネットワークに対して、地下から自在な横断の〈線〉を引き直すこと。アウトノミアの文化＝闘争戦略にインスパイアされつつ思考を紡ぎ出しはじめた著者の第一評論集。

表示価格は税抜きです。